개정증보판

신병주·노대환 지음

고전소설 속 역사여행

돌베개

고전 소설 속 역사 여행

신병주·노대환 지음

2002년 9월 2일 초판 1쇄 발행
2005년 7월 4일 개정증보판 1쇄 발행
2023년 3월 31일 개정증보판 28쇄 발행

펴낸이 한철희 | 펴낸곳 돌베개 | 등록 1979년 8월 25일 제406-2003-000018호
주소 (10881) 경기도 파주시 회동길 77-20 (문발동)
전화 (031) 955-5020 | 팩스 (031) 955-5050
홈페이지 www.dolbegae.co.kr | 전자우편 book@dolbegae.co.kr

책임편집 김희동
본문디자인 이은정·박정영 | 인쇄·제본 영신사

ⓒ 신병주·노대환, 2005

ISBN 89-7199-216-6 (03910)

이 도서의 국립중앙도서관 출판시도서목록(CIP)은 e-CIP 홈페이지
(http://www.nl.go.kr/cip.php)에서 이용하실 수 있습니다.(CIP제어번호: CIP2005001282)

_ 이 책에 수록된 사진들은 저작권 허가를 받은 것입니다. 무단 전재와 복제를 금합니다.
_ 저작권자를 찾지 못한 사진에 대해서는 저작권자가 확인되는 대로 절차에 따라 허가를 받고 저작권료를 지불하겠습니다.
_ 책값은 뒤표지에 있습니다.

고전소설 속 역사여행

개정증보판을 내면서

지난 2002년, 우리나라 사람이라면 누구나 한 번쯤 읽어 보았을 법한 고전 소설들을 역사적으로 풀어 보려는 소박한(?) 목적에서 『고전 소설 속 역사 여행』이라는 이름으로 책을 출간하였다. 한창 뜨거웠던 월드컵 4강 신화의 열기가 좀처럼 사그라지지 않고 있을 무렵이었다. 의미를 과장하자면, 월드컵을 통해 분출된 국가와 민족에 대한 애정이 우리 선조들의 고전 소설에 대한 관심으로 이어지기를 기대하면서 문학과 역사의 접목을 시도한 것이었다. 다행스럽게도 그러한 시도는 호평을 받아 여러 차례 권장 도서로 선정되었고, 그에 힘입어 9쇄를 발간하는 과분한 영예를 누렸다. 또 '고전 소설을 통한 우리 역사 읽기'라는 필자들의 의도가 독자들에게 전달되어 어느 정도 교감을 이루었다는 인상도 받을 수 있었다.

부족한 책에 대한 독자들의 호응에 보답하는 길은 좀 더 좋은 책을 내는 일일 것이다. 처음 이 책을 낼 때 미처 다루지 못한 고전 소설을 묶어 제2권을 발간하려는 계획을 가지고 있었다. 게다가 독자들의 반응도 좋아 계획대로 제2권을 내려는 욕심을 가졌다. 그런데 막상 작업에 들어가 보니 만만치가 않았다. 무엇보다 남겨진 작품들 대부분이 소설적인 요소가 지나치게 강해 역사적 맥락에서 설명하기가 쉽지 않았다. 고전 소설을 역사적으로 풀이한다는 취지를 도저히 충족할 수 없다는 판단을 내릴 수밖에 없었다. 결국 『금오신화』, 『사씨남정기』, 『홍경래전』, 『채봉감별곡』

등 네 편을 새로 추가하고, 대중들이 책을 좀 더 시원스럽게 볼 수 있도록 꾸미는 선에서 개정증보판을 내기로 결정하였다.

　새로 추가된 네 편 역시 대부분 일반인들에게 잘 알려진 소설이다. 상대적으로 소설적 요소가 강한 작품도 있고 반대로 역사적 요소가 강한 작품도 있지만, 당시의 역사와 시대상을 이해하는 데 빠져서는 안 될 것들이다. 이렇게 네 편을 추가하여 이 책에서 다루는 고전 소설은 총 20편이 되었다. 아직도 부족한 점이 없지 않지만, 한 번쯤 살펴보아야 할 중요한 작품들을 대략 망라했다는 것으로 위안을 삼아 본다.

　이 책은 앞서 언급한 것처럼 작품을 추가하고 일부 내용상의 부족한 점을 수정·보완한 것은 물론이고, 컬러 도판을 충분히 활용해 무엇보다 '읽어 보고 싶은 책'이 되게 하는 데 주안점을 두었다. 이 책이 많은 독자들이 고전 소설을 통해 우리 역사를 쉽게 이해할 수 있도록 도와주는 충실한 길잡이가 되기를 바라며, 초판에서 보여 준 사랑과 관심에 보답할 수 있는 보다 친근한 교양서로 거듭났으면 한다.

　마지막으로 이 책의 출간을 흔쾌히 허락해 주신 한철희 사장과 김혜형 편집장, 책을 만드느라 필자들보다 더 많이 애쓴 김희동 씨께 깊이 감사드린다.

2005년 7월

신병주·노대환

책을 내면서

『춘향전』, 『심청전』, 『흥부전』, 『허생전』 같은 옛 소설은 한국인이라면 누구나 알고 있는 작품들이다. 어린 시절에는 동화로, 중·고교 시절에는 교과서로 오랫동안 우리 삶에 밀착해 있던 이 소설들은 한국 전통문화의 중요한 부분으로 자리 잡고 있는 그야말로 '고전'들이다. 그러나 우리는 이들 고전 소설에 반영된 시대 배경과 역사적 진실에 대해 얼마만큼 알고 있을까?

소설은 실제로 있음 직한 사실을 작가의 상상을 통해 풀어 나간 이야기로, 그것이 창작된 시대의 역사적 현실을 배경으로 삼되 극적인 맛을 풍기기 위해 비현실적인 내용이 덧붙여져서 완성된다. 민중들의 입에서 입으로 전해진 혹은 글로 쓰인 조선시대의 소설 역시 이러한 성격을 지니기는 마찬가지이다. 입으로 이야기를 판 저잣거리의 이야기꾼들이나 글을 빌려 간접적으로 시류를 비판한 사람들이나 옛 소설의 저자들은 이야기의 주 향유층인 일반 백성의 정서와 바람을 적극적으로 표현하였다.

우리가 너무나 잘 아는 소설 속 등장인물 홍길동, 춘향, 심청은 실존 인물이 아니다. 그렇다고 전적으로 허구의 인물도 아닌 것이, 그들 대부분은 당대에 살았을 법한 인물이거나 저자의 주변 인물, 또는 민중들이 희구하던 인물이기 때문이다. 이들은 모두 당대의 역사 상황을 축소판처럼 반영하고 있는 인물임에 틀림없는 것이다.

　　이처럼 고전 소설은 등장인물을 통해 시대 상황을 적극 반영하고 있다. 환술과 기예에 능하고 귀신을 잘 부렸다는 전우치의 행적을 기록한 『전우치전』은 도가 사상이 유행했던 16세기 사상계의 모습을 반영하고 있으며, 서얼 차별 같은 사회 문제를 적극적으로 언급한 『홍길동전』은 이 소설의 저자이자 개혁 사상가인 허균의 시각에서 본 불평등한 사회상을 담고 있다.

　　역관인 변씨의 지원을 받아 일약 갑부가 되는 허생의 이야기 「허생전」은 도시와 상업의 발달, 역관의 지위 상승이라는 18세기 후반의 경제 상황을 그대로 보여 준다. 또 『흥부전』에는 성리학이 사회 저변으로 뿌리내리면서 정착한 '장자 상속제'의 단면이 고스란히 투영되어 있다.

　　한편으로 고전 소설에는 흥미와 극적인 상황을 유발하는 과장된 요소와 허구가 많이 숨어 있다. 이몽룡은 어린 나이에 쉽게 장원 급제를 하지만, 조선시대의 과거에서 장원으로 뽑힌다는 것은 제아무리 천재라 해도 하늘의 별 따기만큼이나 어려운 일이었다. 게다가 이몽룡은 급제하자마자 암행어사로 임명되어 남원으로 파견되는데, 조선시대에는 상피제(相避制)가 엄격히 적용되어 관리를 연고지의 암행어사로 보내는 경우는 없었다. 변 사또의 핍박에도 불구하고 절개를 지킨 춘향과 이몽룡의 극적인 만남을 위해 마련된 이러한 소설적 장치는 전우치나 홍길동의 신기에 가까운 도술과 마찬가지로 허구이다. 그러나 독자들은 이 모두가 허구인 줄 알면서도 소설의 매력 속으로 마음껏 빠져 든다.

　　'고전 소설을 통한 역사 읽기'를 시도하고 있는 이 책은 중·고교 국어 또는 국사 교과서에 한 번쯤은 언급되어 우리에게 매우 친숙한 고전 소설을 선별해 실었다. 또한 『설공찬전』과 『은애전』처럼 대중적으로 널리 알려지지 않았을지라도 조선시대의 사회와 생활상을 파악하는 데 도움을 주는 고전 작품도 엄선해서 수록하였다. 이렇게 선정한 16편의 고전 작품을 통해서 조선 중기부터 후기까지 조선시대의 정치사·경제사·사상사·생활사를 상세히 담아 내고자 노력하였다.

『임진록』과『계축일기』,『박씨전』,『인현왕후전』,『한중록』의 경우 작품 탄생의 배경이 되는 당시의 급변하는 정치 상황을 쉽게 풀어 써 조선시대 통사를 이해하는 데 도움이 되도록 하였다. 그리고『장화홍련전』,『옹고집전』,『은애전』,『배비장전』,『심청전』등을 통해서는 계모와 전실 소생 사이의 갈등은 왜 일어났을까, 숭유억불 사회에서 승려들은 어떠한 대우를 받았을까, 살인 사건이 일어나면 어떻게 처리하였고, 신임 관리가 치른 신고식에는 어떠한 것이 있으며, 조선시대에 맹인들은 어떻게 살았을까 하는 재미난 물음을 토대로 해서 조선의 다양한 사회상을 담아 보았다.

　우리 두 필자는 가능한 한 고전 작품의 내용뿐 아니라 당시의 시대 배경, 작자의 집필 의도, 역사적 허구와 사실을 평이하게 서술하여 소설을 읽는 재미와 역사를 공부하는 즐거움을 함께 선사하려고 하였다. 소설의 상황이 실제 역사를 어떻게 반영하고 있으며 허구적인 장면 뒤에 숨은 역사적 실체는 무엇인지 꼼꼼하게 짚어 나갔으며, 특히 소설의 주인공이 실존 인물을 모델로 하거나 작품의 저자가 밝혀진 경우 이들의 정치·사회 의식에도 주목하였다.

　이 책에 실린 글 가운데 상당수는 2001년 9월부터 청소년 잡지《틴뉴스》에 연재된 것으로, 역사를 전공한 사람뿐 아니라 청소년과 일반인도 이해하기 쉽게 서술하였다. 각 장의 앞머리에는 소설 줄거리와 작품, 작가, 시대 배경을 간단히 소개한 '작품 설명'을, 말미에는 각각의 고전 작품에 꼭 연관된 내용은 아니지만 조선시대 사람들의 역사와 생활에 관련한 흥미롭고 재미난 글을 짤막하게 실었다. 이러한 글들에는 이 책의 독자들이 고전 작품과 그 속에 담긴 조선시대 역사에 좀 더 흥미를 느낄 수 있기를 바라는 우리 두 필자의 마음이 담겨 있다.

　원고 작업이 한창 마무리되어 가던 2002년 6월은 월드컵의 열기가 세계를 강타하여 어느 때보다 대한민국에 대한 무한한 애정이 넘쳐 난 시기였다. 이 열기가 선조의 삶의 자취가 흠뻑 담겨 있는 우리의 고전, 우리의 역사 읽기에도 반영되었으면 하는 바람을 가져 본다.

끝으로 난삽한 글들을 알뜰하게 꿰어 맞춰 아담한 책으로 태어나게 해 준 돌베개 김혜형 편집장, 최세정 과장을 비롯한 편집부 여러분의 노고에 깊이 감사드린다.

2002년 8월
신병주 · 노대환

차례

개정증보판을 내면서 4
책을 내면서 6
참고 문헌 394

01 **금오신화** 현실과 환상의 세계가 결합된 최초의 한문 소설   015

작품 설명 | 미쳐야 미친다 | 『금오신화』 속으로 | 현실의 꿈을 잊지 않았던 방랑 | 절의와 광기의 지식인 김시습 | 사육신의 충절을 계승한 생육신

02 **설공찬전** 금서가 된 조선시대판 귀신 이야기   033

작품 설명 | 500년 만에 빛을 본 소설 『설공찬전』 | 음양·풍수·복서에 경도된 사림파 학자 채수 | 『설공찬전』이 금서가 된 까닭은? | 조선시대의 주요 금서 목록 | 금서가 되면 한 번 더 눈길을 끈다 | 제5공화국의 금서 목록

03 **전우치전** 소설로 다시 태어난 민중의 희망 전우치   051

작품 설명 | 환술과 도술에 능했던 실존 인물 전우치 | 도가 사상의 유행과 『전우치전』의 탄생 | 서경덕, 황진이 그리고 전우치를 배출한 도시, 개성 | 소설에 담긴 민중의 꿈과 희망 | 조선시대 도가의 계보

04 **임진록** 전쟁 영웅들의 무용담   069

작품 설명 | 치욕스러운 전란의 시작 | 전쟁을 승리로 이끈 영웅들 | 민중의 냉엄한 역사 평가 | 또 다른 점령군, 명의 원정대 | 전쟁 영웅들의 비참한 최후 | 임란 후 조선에 귀화한 왜인들

05 **홍길동전** 영웅 소설에 담긴 서얼들의 한풀이   089

작품 설명 | 신분 차별이 엄격한 성리학 중심 사회 | 『홍길동전』의 모델, 칠서지옥 | 도적 '홍길동'은 실존 인물 | 개혁 사상가 허균의 꿈과 좌절 | 역사 속의 서얼들

06 **계축일기** 광해군은 정말 패륜아인가?   109

작품 설명 | 궁녀의 눈에 비친 패륜아 광해군 | 광해군이냐 영창 대군이냐 ― 왕위 계승을 둘러싼 권력 투쟁 | 광해군의 빛과 그림자 | 인목 대비가 유폐되었던 곳, 서궁의 역사

07 **박씨전** 병자호란의 치욕과 여걸의 탄생   127

작품 설명 | 영웅의 탄생을 고대하던 시대 | 추녀에서 영웅 여걸로 변신하다 | 『박씨전』의 또 다른 짝 『임경업전』 | 병자호란의 치욕과 북벌의 길 | 현실의 패배와 소설 속 승리 | 조선시대 미인은 어떤 모습일까?

08 **사씨남정기** 가정 소설의 형식을 취한 정치 풍자 소설   145

작품 설명 | 한글 예찬론자 김만중 | 사씨 부인과 교씨 부인의 갈등 | 인현 왕후와 장 희빈, 숙종을 대비시킨 소설 | 소설에 반영된 당인의 입장 | 『사씨남정기』의 효험 | 유배지에서 꽃피는 학문

09 **장화홍련전** 실화를 바탕으로 한 계모 소설   163

작품 설명 | 계모 모시기가 어렵다 | 실화가 소설이 된 사연 | 『가재사실록』에 기록된 실제 사건의 전말 | 배 좌수에게 면죄부를 부여한 소설 | 성리학자들은 귀신의 존재를 믿었을까?

10 **인현왕후전** 두 여인의 치마폭에 가려진 정치사   181

작품 설명 | 사극의 단골손님 희빈 장씨 | 궁중의 여인들 ― 내명부와 외명부 | 인현 왕후와 장씨의 운명적인 만남 | 다시 뒤바뀐 운명 | 당쟁의 희생양, 인현 왕후와 희빈 장씨 | 적장자 출신의 조선 왕은 몇 명이었을까?

11 **한중록** 사도 세자에 관한 진실 혹은 거짓말 203

작품 설명 | '閑'중록에서 '恨'중록으로 | 불행의 시작 — 세자빈 간택 | 죽음에 이르는 병 | 방관자와 방관자 아닌 방관자들 | 마침내 나타난 『한중록』의 효험 | 사도 세자가 뒤주에 갇히던 날 | 사도 세자는 정말 역모를 꾸몄을까?

12 **춘향전** 춘향전 속의 역사, 역사 속의 춘향전 223

작품 설명 | 대한민국 대표 소설 『춘향전』 뒤집어 보기 | 1년여 만의 장원 급제, 이 도령은 천재? | 연고지의 암행어사가 될 수 있을까? | 사또는 초법적 존재인가? | 실존 인물을 모델로 한 이몽룡 | 허구를 벗기면 소설도 역사가 된다 | 『춘향전』과 〈피가로의 결혼〉

13 **옹고집전** 불교 배척론자 옹고집의 개과천선기 241

작품 설명 | 옹고집은 진짜 고집을 꺾었을까? | 옹고집의 선배, 골수 불교 배척론자들 | 산에는 절이 없고 절에는 중이 없어 | 신통술을 쓸 수밖에 없던 학 대사 | 조선시대의 땡추 여환

14 **허생전** 허생의 삶에 투영된 박지원의 꿈 259

작품 설명 | 연암이 들려주는 허생 이야기 | 한양 갑부 변씨의 정체 | 허생 축재기의 허와 실 | 허생, 이완에게 북벌의 비결을 공개하다 | 베스트셀러 『열하일기』의 뒷이야기 | 연암 박지원은 어떤 사람이었을까?

15 **은애전** 국왕 정조, 1급 살인범을 석방하다 279

작품 설명 | 소설이 되지 못한 실제 이야기 | 김은애 살인 사건의 전말 | 국왕 정조, 의외의 판결을 내리다 | 법을 적용할 것인가, 예교를 생각할 것인가? | 예교를 위해서라면 복수도 허용하다 | 정조는 왜 그토록 예교에 집착했을까? | 노비의 복수도 용서받았을까?

16 홍경래전 생생한 민중 항쟁사 299

작품 설명 | 차별받는 기회의 땅 평안도 | 봉기의 지휘자 홍경래 | 봉기군의 꿈과 좌절 | 되살아나는 홍경래 신화 | '홍경래의 난'과 김삿갓

17 배비장전 배 비장, 절해고도 제주에서 혹독한 신고식을 치르다 317

작품 설명 | 하층민이 엮어 내는 친근한 이야기 | 유배의 땅 제주도, 「배비장전」의 무대가 되다 | 관인 사회의 첫 관문, 신고식 | 율곡 이이도 피해 가지 못한 혹독한 신참례 | 국가와 민족을 초월한 신고식 문화

18 흥부전 해학으로 풀어 간 빈농과 부농의 갈등과 화해 337

작품 설명 | 놀부는 부자, 흥부는 가난뱅이가 된 사연 | 조선 후기에 정착된 장자 중심의 가족 제도 | 우리 부부 품이나 팔러 갑시다 | 흥부의 대박과 놀부의 쪽박 | 해학으로 풀어 간 부자와 빈자의 갈등 | 제비가 간 강남은 어디일까?

19 채봉감별곡 매관매직의 사회사 353

작품 설명 | 사랑마저 가로막는 부패한 사회 현실 | 매관매직의 실상 | 절대 부패하는 절대 권력 | 난장판 과거 풍경 | 과거 낙방자들

20 심청전 조선시대 맹인들은 어떻게 살았을까? 373

작품 설명 | 효녀 심청의 부활 | 「심청전」의 원형 「관음사사적기」 | 생업 전선에 뛰어든 맹인들 | 장애인을 위한 조선시대의 다양한 사회 보장 제도 | 심청이 살아나지 못했다면 심봉사의 운명은? | 신묘한 맹인 점술가 이광의와 허균

금오신화

현실과 환상의 세계가 결합된 최초의 한문 소설

작 품 설 명

「금오신화」(金鰲新話)는 조선 전기를 대표하는 광기(狂氣)와 절의(節義)의 지식인 김시습(金時習, 1435~1493)이 지은 우리나라 최초의 한문 소설이다. 『금오신화』의 창작 배경에 대해서는 여러 논란이 있지만, 그중에서 김시습이 30대에 6, 7년간 경주 금오산에 은둔하던 시절 창작한 작품이라는 설이 가장 유력하다. 금오산으로의 은둔은 대장부의 기개와 출사의 뜻을 품고 있으면서도 절의를 포기할 수 없는 현실의 벽에 부딪힌 김시습의 피할 수 없는 선택이었을지 모른다. 어린 시절 뛰어난 시재(詩才)로 신동으로 불리면서 세종의 극찬까지 받았던 김시습. 그러나 세조의 왕위 찬탈은 그에게 지조와 절의라는 명제를 강하게 심어 주었고, 결국 김시습은 현실에 저항하며 관직에 나아가지 않는 은둔자의 모습을 보였다. 하지만 전국을 유력하면서 우리의 고도(古都)와 고적을 보고 느낀 감상과, 현실과 이상의 차이에서 오는 괴리감은 그를 단순한 은둔자로 남겨 두지 않았다. 그의 풍부한 문학적 감수성과 예리한 현실 통찰력은 우리나라 최초의 한문 소설 『금오신화』를 탄생시켰던 것이다.

김시습은 경주 금오산에서 기거하는 동안 풍류기화(風流奇話)를 창작하면서 단편 소설집을 엮었다. 이것이 바로 『금오신화』이다. 『금오신화』는 1927년 최남선이 『계명』 19호에 소개하면서 알려졌으며, 원래는 다섯 편 이상의 작품이 수록되어 있던 정황이 나타나지만 현재는 「만복사저포기」(萬福寺樗蒲記), 「이생규장전」(李生窺牆傳), 「취유부벽정기」(醉遊浮碧亭記), 「남염부주지」(南炎浮洲志), 「용궁부연록」(龍宮赴宴錄) 등 다섯 편의 단편 소설만 전하고 있다. 이들 소설에는 이승과 저승을 넘나드는 다양한 인물들이 설정되어 있으며 이야기의 구성도 매우 정교하다. 또한 작품 곳곳에 시를 삽입하여 소설의 무대가 되는 정경이나 주인공의 심리 상태 등을 효과적으로 묘사하였는데, 이 시들은 사건의 전개에 따르는 극적인 긴장감을 높이는 효과도 낳고 있다.

미쳐야 미친다

'미쳐야 미친다'(不狂不及: 미치지 않으면 미칠 수 없다). 조선시대를 열정적으로 살아간 지식인의 내면을 가장 압축적으로 표현한 말이다. 이 말은 책의 제목으로 쓰여 많은 사람들의 관심을 끌기도 하였다. 그런데 이 말에 걸맞은 조선시대 지식인을 꼽으라면 김시습이 결코 빠지지 않을 것이다. 세종 때 신동으로 불리면서 세인의 각광을 받았던 그가 세조의 불법적인 왕위 찬탈에 맞서 미치광이로 살아간 것은 시대와 불화한 지식인의 모습을 선명히 보여 준다. 그리고 이러한 모습은 김시습에게만 국한된 것이 아니라 현대의 정치사를 수놓았던 수많은 양심적 지식인들에게로 그 맥이 이어지고 있다.

김시습은 명분과 예법에 구애되지 않는 거침없는 행동으로 당시 인사들에게 미쳤다는 비난과 손가락질을 받았다. 출세의 길이 분명히 보이는데도 그 길을 마다하고 남이 손가락질을 하건 말건 자신의 지조대로 살아간 김시습. 그런 그의 열정과 광기는 흔히 반광(半狂: 거짓 미침)으로 규정되었다. 조선시대 지성사에서 그만큼 미친(?) 모습으로 살아간 인물도 흔치 않았던 것이다. 한 천재를 이처럼 미치광이로 몰고 간 것은 과연 무엇일까? 지식인은 미쳐야만 그 존재를 보다 선명히 할 수 있는 것일까? 이 물음에 대한 해답을 찾기 위해 김시습의 사상이 압축된 소설 『금오신화』의 세계로 들어가

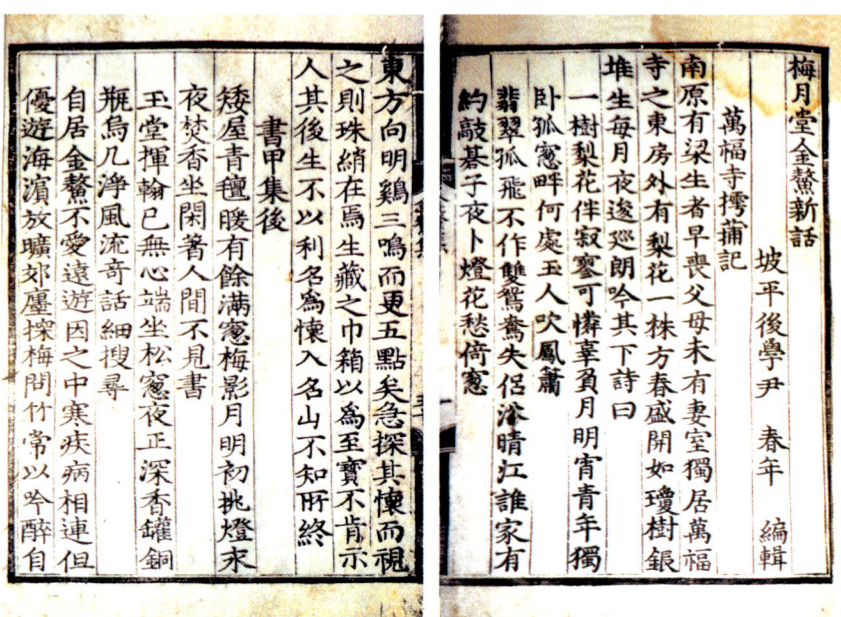

● 목판본 「금오신화」　우리나라 최초의 한문 소설로, 현실과 환상을 넘나드는 이야기로 구성되어 있다. 중국 대련도서관 소장.

보자.

　　우리나라 최초의 한문 소설 『금오신화』는 여러 가지 이야기로 구성되어 있다. 오늘날로 치면 단편 소설집의 형태를 띠고 있는 셈인데, 「만복사저포기」, 「이생규장전」, 「취유부벽정기」, 「남염부주지」, 「용궁부연록」 등이 그것이다. 이 다섯 편의 소설에는 시대와 결코 타협할 수 없었던 조선 전기 방랑과 광기의 지식인 김시습의 삶과 사상이 잘 투영되어 있다.

　　『금오신화』에 영향을 준 작품으로 중국 명나라 때 구우(瞿佑, 1341~1427)가 지은 『전등신화』가 손꼽히고 있지만, 질적 수준에 있어서는 『금오신화』가 훨씬 뛰어난 것으로 평가받고 있다. 「이생규장전」은 『전등신화』의

「위당기우기」와,「용궁부연록」은 『전등신화』의 「수궁경회록」과 거의 유사한 구성을 보이지만, 『금오신화』의 작품들은 한결같이 사건의 배경을 우리나라의 현실로 설정하면서도 결정적인 상황은 비현실적인 환상의 세계에 그 기반을 두고 있다. 이들 작품의 소재는 귀신·용왕·용궁 같은 비현실적인 것들이지만, 작가 김시습은 귀신을 통해 귀신을 부정하고 별세계를 통해 별세계의 존재를 부정하는 등 환상과 현실을 절묘하게 배합한 구성을 보여 준다.

또한 김시습은 몽유적(夢遊的) 구성을 통해 현실의 문제를 다루고 있다. 몽유적인 표현을 쓴 것은 단순히 꿈속의 경험을 서술하려는 의도가 아니다. 현실의 고통이 없는 비현실의 세계에서나마 자신의 영혼을 찾으려는 노력의 일환이다. 그런 의미에서 이들 소설은 낭만적이지만, 그 낭만성은 퇴행적이며 소극적인 측면이 많다. 아마도 김시습의 삶의 궤적이 이러한 경향을 낳은 것으로 보인다.

『금오신화』는 세조의 왕위 찬탈에 충격을 받은 김시습이 그 울분을 승화시킨 작품이자, 고려시대의 설화 문학, 전기(傳奇) 등을 계승하여 소설이라는 문학 양식을 확립시켰다는 점에서 문학사적으로도 의미가 크다.

☾ 『금오신화』 속으로

이제 『금오신화』의 세계로 들어가 보자. 먼저 「만복사저포기」는 전라도 남원의 양생(梁生)이라는 사람이 만복사에서 부처님과 저포(樗蒲: 나무로 만든 주사위를 던져 승패를 겨루는 놀이)를 하면서 아름다운 아가씨를 배필로 맞게 해 줄 것을 소원하여 마침내 예쁜 여인을 만나지만 그녀는 이미 죽은 여인이었다는 내용으로, 산 남자와 죽은 여자의 사랑을 이야기하고 있다. 마지막 부분에서 죽은 여인은 공중에서 양생을 부르며 "당신의 은덕으로 저는 이미 다른 나라의 남자의 몸으로 태어나게 되었습니다. 유명(幽明: 저승과 이승)의 한계는 더욱더 멀어졌으나 당신의 두터운 은정을 어찌 잊겠습니까? 당신은 다시 갈 길을 닦아 저와 같이 속세의 누를 초탈하소서"라고 말한다. 불교의 윤회 사상과 초탈의 냄새가 물씬 풍기는 대목이다. 이후 양생은 장가들지 않고 지리산에 들어가 약초를 캐며 살았는데 아무도 생사를 알지 못한다고 하였다. 지리산은 예부터 삼신산의 하나로 도가 사상과 밀접한 관련이 있는 공간이며, 양생의 생사를 모른다는 부분에서는 특히 도가적인 분위기가 느껴진다. 이처럼 불교와 도교 사상이 혼재해 있는 「만복사저포기」는 삶과 죽음을 초월한 사랑과 해탈의 경지를 잘 보여 준다.

「이생규장전」의 제목은 '이생이 담을 엿보다'라는 뜻으로, 개성에 사는 이생(李生)이 최랑(崔娘)이라는 처녀가 사는 집의 담을 넘겨다본 후 그녀와 사랑에 빠지는 이야기가 줄거리를 이룬다. 이생은 부모 몰래 밤마다 담을 넘어 다니며 최랑과 사랑을 속삭인다. 그러나 이생이 아버지의 명으로 울주의 농장으로 쫓겨난 데다 두 집안의 신분 차이 때문에 두 사람은 쉽게 사랑을 이루지 못한다. 이러한 난관 속에서 최랑은 목숨을 걸고 부모를 설득하여 마침내 혼인에 성공한다. 더구나 이생이 과거에 급제하여 명망을 드날림으로써 이들의 행복은 절정에 오르는가 싶지만 곧 불행의 반전이 이어진다. 불행의 계기는 홍건적의 난으로, 최랑이 홍건적에게 정조를 빼앗기지 않으려고 저항하다 죽음을 맞음으로써 행복은 막을 내린다. 고려 말의 역사적 상황이 절묘하게 소설에 배합되어 있는 것이다.

이후 이생과 죽은 최랑의 혼령이 만나는 부분은 데미 무어와 패트릭 스웨이즈가 열연했던 영화 〈사랑과 영혼〉을 연상시키기도 한다. 밤중에 최랑이 나타났을 때 이생은 이미 그녀가 죽은 줄 알았지만 반갑게 맞이하며 열렬한 사랑을 나눈다. 최랑의 죽음을 도저히 받아들일 수 없는 이생. 그래서 현

● **만복사 터 전경** 전북 남원에 위치한 만복사는 한때 수백 명의 승려들이 수도하던 거찰이었으나 정유재란 때 소실되었다. 이곳을 배경으로 한 「만복사저포기」는 삶과 죽음을 초월한 사랑을 잘 보여 준다. ⓒ 김성철

실 속에서 이루지 못한 그들의 사랑은 더욱 아름답고 비장하게 느껴진다. 이제 이생은 세상사를 잊고 친척과 친구마저 물리치고 두문불출하면서 현실보다는 환상의 세계에 집착하게 된다. 최랑의 혼령과 이별한 뒤 이생은 결국 병을 얻어 죽게 되는데, 김시습은 이생마저 죽게 함으로써 사랑의 극적인 효과를 더하고 있다.

　　이 작품은 주인공이 행복을 성취해 가는 운명의 상승 과정과 행복이 좌절되어 가는 하강 과정으로 구성되어 있다. 전반부는 이생과 최랑이 주위 상황에 맞서 점진적으로 결합을 이루어 가는 과정이고, 후반부는 이미 이루어진 사랑이 상황의 도전을 받아 분리되는 과정이다. 처음에는 난관에 부딪

히지만 그것을 극복하고 해피엔딩으로 끝맺는 대부분의 고전 소설과 달리 행복에서 불행으로 나아가는 특이성이 있다. 어린 시절 최고의 찬사 속에서 화려한 조명을 받다가 만년에는 급기야 미치광이 취급을 당하게 된 김시습. 이 작품에 그의 삶이 투영되어 있는 것은 아닐까?

「취유부벽정기」의 주인공 홍생(洪生)은 송도(지금의 개성) 출신의 부잣집 아들로, 친구들과 함께 평양에 물건을 팔러 갔다가 술에 취한 후 이곳의 명승고적인 부벽정과 영명사의 절경에 심취되었다. 부벽정에 올라 노닐다가, 이곳이 기자(箕子) 조선의 옛터였지만 영화는 간 곳이 없다며 세월의 무상함을 시로 읊었다. 한참 이곳에서 노닐던 홍생은 뜻밖에 아름다운 여인을 만나는데 그녀는 기자의 딸이자 천상의 여인이었다. 홍생은 그녀와의 짧은 만남에서 시를 주고받았다. 「취유부벽정기」는 제목 그대로 '부벽정에서 취해서 노닐다'가 천상의 여인을 만나 시를 주고받고, 끝내는 그 여인을 잊지 못해 병을 얻어 죽게 되는 꿈같은 이야기가 중심을 이루고 있다. 이 작품에는 평양의 역사와 명승고적에 대한 묘사가 자세하다. "평양은 옛 조선의 도읍이다. 은(殷)나라를 정복한 주(周)나라 무왕이 기자를 방문했을 때 기자가 홍범구주의 법을 일러 주었다"거나 "부벽정 남쪽에는 돌로 된 사다리가 있는데 왼쪽은 청운제, 오른쪽은 백운제라 한다. 돌에다 글자를 새기고 화주(華柱)를 세워 구경꾼들의 흥미를 끌었다"라고 한 부분 등이 그러한 예이다.

「남염부주지」는 경주에 사는 박생(朴生)이라는 선비가 잠깐 조는 동안 남쪽의 섬나라 염부주에 가서 그곳 국왕과 '주공, 공자, 석가, 천당, 지옥' 등에 대해 토론한 꿈 이야기가 중심 내용이다. 조선 초에 유행한 지옥의 관념을 소재로 삼으면서 올바른 이념이 실현되지 못하는 현실의 악을 고발하는 방식을 취하고 있다. 또한 이 작품에는 왕도 정치에 대한 김시습의 소신이 담겨 있다. 과거에 낙방한 박생은 불우한 선비지만 왕도 정치의 신봉자인데, 김시습은 박생을 통해 자신의 종교관과 인생관을 드러내고 있는 것이다.

특히 박생이 꿈속에서 만난 염라왕을 왕도 정치를 구현한 이상적인 군주로 그리고 있는 점이 주목할 만하다. 염라왕을 이상적인 군주로 보는 파격적인 발상, 이것은 김시습만이 가질 수 있는 독특함이 잘 표현된 것이라 할 수 있다.

「용궁부연록」은 개성에 살던 한생(韓生)이 어느 날 박연(朴淵)에 있는 용왕을 만난 후 세상의 명리(名利)에 마음을 두지 않고 명산으로 들어가 자취를 감춘 행적을 담고 있다. 용왕은 한생에게 깨끗한 구슬 두 알과 빙초(氷綃) 두 필을 노자에 쓰라고 준 뒤 문밖까지 나와서 환송했다고 한다. 박연폭포에 산다는 용의 전설을 끌어들여 환상의 공간 속에서 모든 고통이 소멸되는 환희를 표현하고 있다. 한생은 용왕이 준 구슬과 빙초를 대나무 상자에 깊이 간직하고 남에게 보이지 않았다고 하는데, 그것은 바로 현실 속에서 자신의 이상을 드러내 보이지 않았던 김시습의 모습이 아니었을까?

☾ 현실의 꿈을 잊지 않았던 방랑

앞에서 살펴보았듯이 『금오신화』에 실린 다섯 편의 소설은 현실과 환상의 세계를 넘나들면서도 작가 김시습 자신의 이상을 은연중에 반영하고 있는 점이 특징이다. 예를 들어 「만복사저포기」는 양생이 죽은 여자와의 인연 때문에 이후로도 장가들지 않고 지리산에 들어갔다는 것으로 결말을 맺고 있는데, 이것은 단종에 대한 충절을 지켜 끝까지 은둔한 김시습의 모습이 그대로 투영된 것이라 볼 수 있다.

『금오신화』에는 많은 귀신들이 등장한다. 원한 맺힌 여인이 궁귀(窮鬼: 가난을 가져오는 귀신)가 된다고도 하였고, 기아와 갈증으로 신음하는 귀신도 나타난다. 어쩌면 김시습은 자신이 그런 귀신이 되고 싶었는지 모른다.

자신이 추구한 이념을 현실에서 실천할 수 없는 절망감 속에 살았기 때문에 저승에 가서도 자신은 궁귀가 될 수밖에 없다고 여기지 않았을까? 이처럼 『금오신화』에 실린 글들은 인간과 귀신의 만남, 저승 세계와 용궁으로의 여행 등 비현실적인 소재를 택하고 있지만 그 속에는 애절한 사랑, 일상의 고통에서 탈출하고픈 욕망과 함께 작가 김시습의 현실 도피 의식이 잘 나타나 있다.

한편 남원, 경주, 개성, 평양에 사는 인물을 주인공으로, 우리나라의 산천과 명승고적을 주요 배경으로 삼고 있는 점도 주목할 만하다. 이것은 김시습이 중국의 『전등신화』에 영향을 받았지만, 그가 몸담고 방황했던 토양인 조선의 색채를 표현하는 데 상당한 관심을 기울인 것으로 풀이할 수 있다.

김시습은 21세 때인 1455년, 세조의 왕위 찬탈에 충격을 받은 후 승려의 행색으로 긴 방랑길에 올랐다. 송도에서 시작한 여행은 평양을 거쳐 안시성에 이르렀고, 역사의 웅대함과 아픔을 간직한 곳에서는 역사의 흥망성쇠를 노래했다. 1459년에 간행된 『유관서록』(遊關西錄)은 그 결실이었다. 1460년에는 관동 지방을 유랑한 경험을 담은 『유관동록』(遊關東錄)을 엮었고, 1463년에는 『유호남록』(遊湖南錄)을 집필했다. 그리고 31세 때인 1465년 정착한 금오산에서 느낀 자연과 역사에 대한 감상은 『유금오록』(遊金鰲錄)으로 구체화되었다.

『금오신화』는 바로 이러한 배경에서 나온 책이다. 전국을 유람하면서 체험한 우리 국토와 자연, 역사에 대한 애정이 소설에 반영된 것이다. 『금오신화』에 유독 향토색 짙은 주인공들이 등장하는 것도 이러한 맥락에서 이해할 수 있다. 김시습은 관직에 진출하지 않았기에 전국을 유람하면서 복잡다단한 생각을 정리할 수 있는 기회를 가질 수 있었고 『금오신화』는 바로 그러한 생각들의 결정판이었는지도 모른다.

절의와 광기의 지식인 김시습

『금오신화』에는 무엇보다 작가 김시습의 파란만장한 인생 역정이 반영되어 있다. 김시습의 자는 열경(悅卿), 승명은 설잠(雪岑)이다. 호는 잘 알려진 매월당(梅月堂) 이외에 청한자·동봉산인·벽산청은·취세옹 등 여러 가지가 있는데, 은둔자의 풍취가 물씬 배어 있는 이름들이다. 본관은 강릉이다. 한양에서 태어난 그는 어린 시절 신동으로 이름이 나 세종에게 칭찬을 받고 비단 50필을 하사받을 만큼 뛰어난 인재였다. 세종은 '시습이 장성하고 학업이 성취함을 기다려 장차 크게 쓰겠다'고 공언했으나 그 약속은 이루어지지 못했다. 세종은 김시습이 16세 되던 1450년 세상을 떠났고, 김시습이 21세 되던 1455년에는 단종이 수양 대군의 핍박을 받아 상왕으로 물러났기 때문이다. 삼각산 중흥사에서 공부하다 세조의 왕위 찬탈 소식을 듣고 발광(發狂)한 김시습은 뒷간에 빠졌다가 머리를 깎고 승려가 되어 전국을 방랑하는 등 파란만장한 생애를 보냈다. 특히 사육신의 충절을 계승한다는 뜻에서 남효온 등과 함께 생육신으로 자처하면서 은둔과 방랑으로 울분을 삭였다.

이긍익(李肯翊, 1736~1806)은 『연려실기술』에서 "공은 사람됨이 호매(豪邁)하고 영리하며 강직하였다. 시대를 슬퍼하고 세속을 분개하여 울적한 기운을 펼치지 못하고 시속(時俗)을 따로 넘지 못하여 드디어 물외(物外)에 방랑하였다. 국내 산천을 두루 돌아다니며 경치 좋은 곳을 만나면 머물렀다. 고도(古都)에 유랑하여 머뭇거리며 슬피 노래하며 여러 날을 보냈다"고 하여 김시습이 시대가 만든 불운의 지식인임을 언급하였다. 이어 "재주와 지혜가 탁월하였는데 유가(儒家)의 종지를 잃지 않았고, 불교·도교에 이르러서는 깊이 그 병근(病根)을 연구하였으며, …… 명예가 일찍 드러났다가 일조에 세상을 도피하여 마음은 유학자이면서 행적은 불(佛)이어서 세상 사람들이 해괴하게 여길까 하여 짐짓 미친 태도를 취하여 실상을 숨기려 하였다"

고 말했다. 김시습이 유교·불교·도교에 두루 해박하였음과 함께 시대와의 불화로 광인의 모습을 보였음을 잘 지적한 대목이다.

김시습의 초상화에서도 이러한 모습은 단박에 드러난다. 일반 유학자들은 흔히 쓰지 않는 모자를 쓰고 흡사 염주와 같은 장식을 건 모습은 그가 기인(奇人)의 풍모를 지녔음을 여실히 보여 준다. 또 『해동이적』이나 『해동전도록』과 같이 도가(道家)의 학맥(學脈)을 정리한 책에는 대부분 김시습이 조선시대 도가의 비조(鼻祖)로 기록되어 있다.

『해동전도록』은 전진교(全眞敎)의 7대 조사(祖師) 중 한 명인 당나라 종리권을 도맥의 시초로 보고, 입당(入唐) 유학생 최승우·김가기·승(僧) 자혜 3인에 의해 우리나라에 전파되었다고 설명한다. 우리나라의 도맥은 자혜를 거쳐 명법(明法)에서 권청(權淸), 설현(偰賢), 한계산(寒溪山)을 지나 김시습에게로 이어졌다고 하여 김시습을 조선 도맥의 비조로 파악하고 있는 것이다. 김시습은 홍유손, 정희량, 윤군평에게 『내단요법』(內丹要法)과 『참동계』(參同契), 『용호비결』(龍虎秘訣) 등 도가에 관련된 비법을 각각 전수했다고 하는데, 이것은 사실 여부를 떠나 김시습이 그만큼 도가 사상을 수용한 인물임을 나타내는 기록이라 할 수 있다.

김시습은 유·불·도 삼교를 회통(會通)하면서 「신귀설」, 「태극설」, 「귀신론」 등 다양한 논설을 남겼는데, 이들 논설에서는 오히려 신비론을 부정하고 현실론을 강조하는 냉철한 학자의 모습을 보여 주기도 하였다. 이이(李珥, 1536~1584)는 김시습의 전기를 쓰면서 '심유적불'(心儒跡佛)이라는 네 글자로 그의 생애를 표현했다. '마음은 유가였지만 자취는 불가'라는 뜻이니, 이 말에는 결국 시대와 화합하지 못했던 김시습의 모습이 압축적으로

● **김시습 초상** 이이가 지은 「김시습전」에 따르면, 그는 재판정에 나아가 그른 것을 옳다고 우겨 재판에 이기면 허허 웃으며 그 판결문을 찢어 버렸으며, 장바닥의 아이들과 어울려 쏘다니다가 술에 취해 쓰러져 자기도 했다고 한다. 이처럼 방랑과 광기로 일생을 보낸 김시습은 무량사에서 59세의 나이로 삶을 마감했다. 부여 무량사 소장.

나타나 있다. 이이는 또 "매월은 일종의 이상한 사람이다. 색은행괴(索隱行怪: 궁벽스러운 것을 캐내고 괴이한 일을 행함)에 가까우나 만난 시대가 마침 그러하여서 드디어 그 높은 절개를 이룬 것뿐이다"라고 하여 시대와의 불화로 인해 절개를 평가받은 것일 뿐 그의 도피적이고 기괴한 행실은 바람직하지 못하다는 부정적인 평가를 내렸다. 정통 주자 성리학자이자 모범생인 이이에게 김시습은 결코 만족스러운 인물이 아니었을 것이다.

숙종 때의 정치가 최석정(崔錫鼎, 1646~1715)은 "세조가 왕위에 오른 후에 사인(士人) 김시습이 중이 되어 세상을 도망하였는데, 그 문장과 절행이 탁월한 때문에 그 뒤의 명현들이 지금 세상의 백이(伯夷)라고 일컬었으니, 이러한 사람을 만일 특히 증직(贈職)하고 치제(致祭)하면 절의를 격려하는 도리가 될까 합니다"라는 건의를 올려 숙종의 허락을 받았다. 조선 후기 명분과 의리가 강화되어 서원과 사우(祠宇)가 전국에 세워지던 시절에 김시습은 절의의 화신으로 거듭 태어났던 것이다.

김시습은 방랑과 은둔으로 일생을 보냈지만 결코 현실을 외면하지는 않았다. 성종 즉위 후 왕도 정치를 구현하기 위해 오랜 은거 생활을 접고 한양 수락산으로 올라온 것도 이 때문이었다. 그러나 현실의 정치는 그의 이상대로 흘러가지 않았다. 영의정 정창손의 행렬을 보고 "네놈은 그만두어라"라고 일갈했던 사건은 현실에 대한 불만을 가차 없이 드러낸 것이었다. 정창손은 1456년 사육신의 단종 복위 계획을 고발하여 좌익공신 2등에 올랐고, 1468년에는 남이 장군 등의 옥사를 처리하여 익대공신 3등에 오른 인물이었다. 성종이 즉위하자 유교 이념에 충실한 바른 정치가 이루어지리라 기대했던 김시습은 정창손 같은 이가 영의정으로 있는 현실을 참을 수 없었던 것이다. 결국 김시습은 이상을 펼쳐 보지 못한 채 1493년 충청도 홍산 무량사에서 59세로 삶을 마감했다. 그가 임종 직전에 지은 「아생」(我生)이란 시에는 그의 삶이 압축적으로 표현되어 있다.

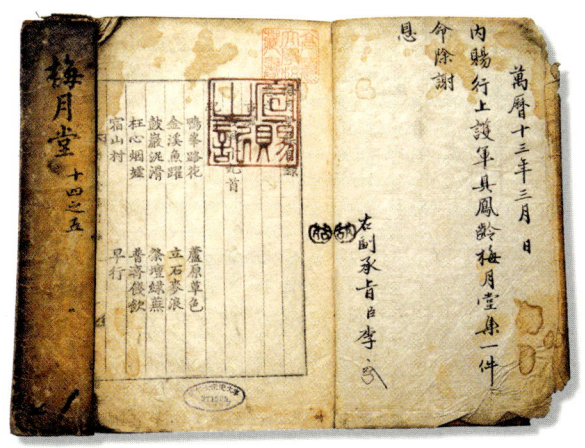

● 「매월당집」(梅月堂集) 김시습은 세조의 왕위 찬탈 소식을 듣고 사흘 동안 방 안에 박혀 있다가 통곡을 하며 책을 모두 불태웠다고 한다. 하지만 그의 시문집인 이 책은 그가 죽은 지 100여 년이 지난 1602년에 간행되었기 때문에 무사히(?) 오늘날까지 전한다. 고려대학교 도서관 만송문고 소장.

백세 뒤 나의 무덤에 표할 적에
마땅히 꿈속에서 죽은 늙은이라 써 준다면
거의 내 마음을 안 것이라
천 년 뒤에는 나의 회포를 알아줄까

　　자신의 시에서 표현했듯 김시습은 정말로 꿈속에서만 살다가 죽은 인물이었을까? 그는 세조의 불법적인 왕위 찬탈이라는 시대적 충격에 타협하지 못하고 방랑과 은둔, 광기로 일생을 마쳤지만 설화와 전기 문학이 적절히 가미된 『금오신화』를 통해 현실과 환상의 세계를 넘나드는 다양한 인물을 설정하였다. 이러한 인물들은 시대와의 불화를 극복하려 했던 김시습 자신의 모습을 대변한 것이 아닐까?

사육신의 충절을 계승한 생육신

1453년 수양 대군은 계유정난을 통해 김종서, 황보인 등을 제거하고 완전히 권력을 장악했다. 단종은 형식상으로나마 왕위를 유지하고 있었지만 단종과 수양 대군의 불안한 동거는 오래 지속되지 못했다. 1455년 수양 대군의 핍박을 받은 단종은 결국 상왕으로 물러났고 수양 대군이 세조로 즉위하였다. 역사 속에 충절의 대명사로 인식되는 사육신의 활동은 바로 이 순간부터 시작된다.

성삼문은 집현전을 중심으로 동문수학했던 박팽년·하위지·이개·유성원 등 뜻이 맞는 동지들을 규합하기 시작하였고 무인인 유응부도 거사에 합류했다. 그러나 이들의 거사는 결국 실패로 끝났고 모두 체포되어 참수당했다. 당시 이 사건에 연루되어 죽임을 당하거나 화를 입은 인물은 사육신을 비롯해 권자신, 김문기 등 70여 명에 이르렀다. 그런데 우리가 단종 복위 운동에 나선 인물을 대개 사육신으로만 알고 있는 까닭은 바로 생육신으로 자처했던 인물 중의 한 사람인 남효온이 「육신전」을 저술한 것에서 비롯된다.

남효온은 자신의 문집인 『추강집』에 사육신에 관한 기록을 「육신전」으로 남겼고, 수양 대군의 불법에 맞서 저항한 이들의 명성은 재야의 사림(士林)들을 중심으로 널리 전파되었다. 이후 사육신은 성리학의 이념인 충절과 의리가 한층 강화된 조선 후기 숙종대를 거쳐 정조대에 이르러 마침내 국가적인 공인을 받게 되었다.

한편 이 시기에는 김시습을 비롯해 남효온·원호·조려·성담수·이맹전·권절·정보 등 사육신의 충절을 따라 관직에 오르지 않고 은둔하고자 하는 지식인들이 다수 존재했다. 또한 숙종 연간에는 강원도 선비들이 상소하여 사육신의 사당에 배

김시습 시고 김시습은 태어난 지 여덟 달 만에 말을 알아듣고 두 돌에 시구를 지어 신동으로 각광받았다. 성균관대학교 박물관 소장.

향하기를 청하였고, 영조 연간에는 영월 선비들이 팔현사(八賢祠)를 육신의 사당 옆에 세우기도 했다. 이처럼 사육신의 충절을 계승한 선비는 많았지만 사육신이 여섯 명인 만큼 앞서 언급한 여덟 명 중 권절과 정보를 제외한 여섯 명을 특별히 생육신이라 지칭한다고 보는 것이 일반적인 견해이다.

김시습이 울분을 참지 못하고 전국을 유랑한 것은 잘 알려진 사실이며, 원호는 원주의 남송촌에서 세상을 등졌다. 이맹전은 선산 강정리 전원에 묻혀 살았는데 대궐을 향해 앉지도 않았다고 한다. 조려는 낙동(洛東)으로 돌아와 낚시질로 생을 마쳤는데 '세상을 등지고도 번민함이 없는 뜻이 김시습과 같았다'는 평가를 받았다. 성담수는 부친 성희가 성삼문의 역모 죄에 연좌되어 벼슬길이 막힌 채 죽자 파주의 어버이 묘 밑에 살면서 한 번도 한양에 이르지 않았다고 한다.

남효온은 「육신전」을 저술한 사실에서 알 수 있듯이 가장 적극적으로 세조의 비행을 고발한 인물이었다. 세조 권력의 서슬이 시퍼렇던 시절에 체제 비판적 지식인의 행적을 기록한 「육신전」을 쓴 것은 매우 위험한 일이자 대단한 용기를 필요로 하는 일이었다. 현대사에서 보면 전두환 군사 정권의 압제 시절인 1980년대 초반에 언론 통제의 벽을 뚫고 광주 민주화 운동의 기록을 비밀리에 『죽음을 넘어 시대의 어둠을 넘어』라는 책으로 출간한 것과 유사하다고나 할까?

생육신의 존재는 세조의 불법적인 왕위 찬탈에 맞서 은둔과 울분으로 평생을 지

사육신 묘 이긍익의 『연려실기술』에 따르면 김시습이 사육신의 시신을 수습했다고 한다. 민간에서만 인정되어 온 사육신 묘는 숙종 때에 비로소 공식적으로 인정받게 되었다. 서울시 노량진 소재. ⓒ 김성철

낸 지식인이 다수 존재했음을 보여 준다. 이들의 행적과 사상은 사림파로 이어지게 되고 사림파는 결국 훈구파를 대체하며 역사의 승리자가 된다. 이러한 점에서 김시습 등 생육신의 절의 정신은 조선 전기 사림파의 성장에 커다란 토양분을 제공했다고 할 수 있다.

설공찬전

금서가 된 조선시대판 귀신 이야기

작 품 설 명

『설공찬전』(薛公瓚傳)은 중종대의 학자 채수(蔡壽, 1449~1515)가 지은 소설이다. 귀신 설공찬의 혼령이 설공침에게 깃들면서 벌어지는 에피소드와 설공찬이 들려주는 저승 이야기를 중심 내용으로 하고 있다. 이 소설은 조정의 비판을 받고 금서로 지목되어 보급이 금지된 특이한 이력을 지니고 있다. 『설공찬전』은 원래 제목만 전해 오다가 1996년에 『묵재일기』라는 책의 이면에 기록된 것을 서경대 이복규 교수가 발견하면서 비로소 빛을 보게 되었다. 이 작품은 국가의 공식 기록인 『조선왕조실록』 1511년(중종 6) 기록에 여섯 차례나 오를 정도로 당시에 큰 파문을 몰고 왔다. 작자 채수는 교수형에 처해질 뻔하였다가 중종의 배려로 겨우 사형을 면하고 파직당하였다. 『설공찬전』이 금서가 된 까닭은, 귀신을 소재로 했을 뿐 아니라 화복(禍福)이 윤회(輪廻)한다는 허황된 이야기를 통해 백성을 현혹한다는 이유 때문이었다. 특히 채수는 당시 정치권에서 큰 영향력을 갖고 있는 데다 사림파의 학문을 계승해 정통 성리학의 보급에 주력해야 할 위치에 있었음에도 불구하고 이러한 작품을 썼기 때문에 큰 곤욕을 치렀다.

소설의 내용은 죽은 설공찬의 혼령이 사촌 동생 설공침에게 들어와 들려주는 저승 이야기로 구성되어 있다. 저승 이야기에 등장하는 인물은 간신·충신·반역자·여성 등으로, 채수는 이런 인물들을 통해 은연중 당시의 세태를 비판하였다. 즉, "비록 이승에서 임금을 하였더라도 주전충 같은 반역자는 다 지옥에 들어가 있었다"거나 "여자라도 글만 잘하면 세상의 아무런 소임이나 맡을 수 있다" 등의 내용을 통해 은근히 국왕을 비판하고 여성의 지위 향상을 주장하였다.

귀신을 소재로 한 단순한 이야기에 불과한 이 작품이 조선시대 최대의 필화(筆禍) 사건을 일으키는 등 엄청난 파장을 불러왔다는 사실을 통해 우리는 500여 년 전의 조선 사회에서도 체제 유지를 위해 학문과 사상을 엄격히 통제했음을 알 수 있다.

500년 만에 빛을 본 소설 『설공찬전』

『설공찬전』은 '설공찬이 죽어 저승에 갔다가 그 혼이 돌아와 남의 몸을 빌려 수개월간 이승에 머물면서 들려준, 자신의 원한과 저승에서 들은 이야기'를 주요 내용으로 삼고 있다.

『설공찬전』은 『조선왕조실록』에도 그 제목이 여섯 번이나 등장할 정도로 당시에 논란이 되었던 책이다. 그런데 이 책은 제목만 전해 내려오다가 최근 극적으로 소설의 원문이 발견되었다. 1996년 서경대학교 이복규 교수가 이문건(李文楗, 1494~1567)이 쓴 『묵재일기』(默齋日記, 총 10책)를 검토하던 중 3책의 이면에 바로 이 『설공찬전』의 국문본이 기록되어 있는 것을 발견하였다. 이문건은 중종, 명종대에 활약한 학자로, 채수와 거의 비슷한 시기를 살다 간 인물이다. 조선시대에는 종이가 귀하여 책의 이면에 다른 내용을 기록한 사례가 많이 보이는데, 잃어버린 소설 『설공찬전』도 『묵재일기』의 안쪽 면에 숨겨져 있다가 무려 500년 만에 빛을 보게 되었다.

소설의 줄거리는 다음과 같다. 어느 날 저녁, 전라도 순창에 사는 설충수네 식구들이 둘러앉아 밥을 먹고 있었다. 이때 갑자기 설충수의 아들 공침이 숟가락을 오른손에서 왼손으로 옮겨 쥐고 밥을 게걸스럽게 퍼먹기 시작했다. 이를 이상히 여긴 아버지가 그 까닭을 묻자, 공침은 갑자기 음산한 표정을 지으면서 "5년 전에 죽은 조카 공찬을 기억하느냐"면서 저승에서는

〈지장시왕도〉 중 제8 평등대왕
사람은 죽으면 저승에서 10명의 명부 왕에게 심판을 받는다고 한다. 그림의 제8 평등대왕은 죽은 지 100일째 되는 날 심판을 담당하는 왕이다. 고성 옥천사 소장.

다 이렇게 왼손으로 밥을 먹는다고 했다.

그 후로도 공찬의 혼령이 몸에 들어올 때마다 공침은 계속 왼손으로 밥을 먹었고 날로 피골이 상접해졌다. 이에 설충수는 귀신을 쫓는다는 김석산을 불렀으나 오히려 설공찬이 공침을 괴롭히는 정도는 더욱 심해진다. 마침내 설충수가 공찬에게 다시는 그렇게 하지 않겠노라고 빌자 설공찬은 공침의 모습을 회복시켜 준다. 설공찬은 주변 사람들에게 저승 소식을 종종 전해 주었는데, 잠시 이 소설에 표현된 저승에 대해 살펴보자.

저승은 바닷가이로되 매우 멀어 여기서 가면 40리로되 우리 걸음은 하도 빨라 여기서 술시(戌時: 오후 8시경)에 나서면 자시(子時: 오후 12시경)에 들어가 축시(丑時: 오전 2시경)에 성문이 열리면 들어가노라 하고 또 말하되, 우리나라 이름은 단월국(檀月國)이라 하고 중국과 제국(諸國)의 죽은 사람이라, 이 땅에 모인 사람이 하도 많아 수를 세지 못한다. 또 우리 임금 이름은 비사문천왕(毘沙門天王)이라.

저승의 위치는 소설의 배경인 순창에서 바닷길로 40리 거리이며, 귀신의 걸음이 매우 빠르다는 것, 저승 나라의 이름은 단월국이라는 것 등을 알 수 있다. 설공찬이 전하는 저승의 분위기를 보면, 왕에게 충언을 하다가 억울하게 죽었지만 생전에 충언을 했다는 이유로 대접을 받는 사람이 있는가 하면, 이승에서는 평범한 여인이었지만 글을 잘한다는 이유로 대접받는 여성도 나온다. 남녀 차별이 점차 강화되어 가던 시절, 여성의 지위를 저승에서나마 높이려 한 것은 아닐까 추측해 볼 수 있다.

또 중국 당나라의 신하였다가 국왕을 배반하고 후량(後梁)을 세운 주전충(朱全忠, 852~912)도 설공찬이 저승에서 만난 사람이다. 설공찬은 "비록 이승에서 임금을 하였더라도 주전충 같은 반역자는 다 지옥에 들어가 있었다"면서, "이승에서 비록 존귀한 인물이라도 악을 쌓으면 저승에 가서도 불쌍하고 수고롭게 지낸다"는 점을 강조하였다. 이처럼 『설공찬전』에 나오는 저승의 인물은 충신·반역자·여인 등 다양하게 구성되어 있으며, 특히 정치적인 성격을 띤 인물이 많다.

한편 설공찬은 염라왕의 지위가 매우 높음을 강조하였다.

염라왕이 있는 궁궐은 장대하고 위엄이 매우 성(盛)하니, 비록 중국 임금이라도 미치지 못할 정도였다. 염라왕이 지시하면 모든 나라 임금과 어진 사람이 나란히 앉고 예악을 썼다.

이어 중국의 황제가 신하 애박을 염라왕에게 보내 자신이 "가장 예뻐하는 아무개를 한 해만 저승에 잡아오지 말라"는 청탁을 하는데 염라왕은 "사람을 죽이고 살리는 것은 다 내 권한에 속하였는데 어찌 거듭 내게 빌어 청할 수가 있단 말인가"라면서 강한 거부감을 나타내고 황제가 청탁했던 사람을 즉시 잡아오라고 하는데, 여기에서 이야기가 끝난다. 이처럼 저승의 염라왕을 현실 정치의 최고 정점에 있던 중국 황제보다 우위에 있는 것으로 설정한 것은 해석에 따라서는 현실 세계에 대한 강한 비판이라 볼 수도 있다. 그렇다면 작자 채수가 설공침의 귀신 이야기를 통해 전하려고 한 주제는 무엇이었을까? 먼저『설공찬전』의 작자 채수의 삶에서 그 단서를 찾아보자.

음양·풍수·복서에 경도된 사림파 학자 채수

대부분의 고전 소설과 달리 작자가 확실한『설공찬전』은 조선시대 최대의 필화(筆禍) 사건을 일으킨 작품이다.『조선왕조실록』에는 이 책에 대한 금지 조치와 함께 작자 채수에 대한 처벌 논의가 여러 차례 등장하는데,『홍길동전』같은 사회 소설이 실록에 전혀 등장하지 않는 것과는 매우 대조적이다.

채수는 세조대에 문과에 장원 급제한 후 관직에 올라 성종대에는 청요직을 두루 거치며 젊은 언관(言官)으로 명성을 떨쳤다. 간신 임사홍의 전횡을 비판하여 주목을 받았으며, 34세에 언관의 수장에 해당하는 대사헌(지금의 검찰총장)에 오를 정도로 자질을 인정받았다. 학문에도 능력을 보여『세조실록』과『예종실록』, 그리고『동국여지승람』의 편찬에 주도적으로 참여하였다.

그러나 연산군대에는 줄곧 지방에서 관직 생활을 했으며, 1506년에는 중종반정에 참여하여 정국공신에 봉해졌으나 "관직 생활 40년이니 영화가 이미 다했다"는 말을 남기고 경북 상주의 향촌으로 내려가 쾌재정(快哉亭)이라는 정자를 짓고 풍류와 학문으로 여생을 보냈다. 일찍이 사림파의 영수인 점필재 김종직(佔畢齋 金宗直, 1431~1492)에게 학문을 배웠으며,『용재총

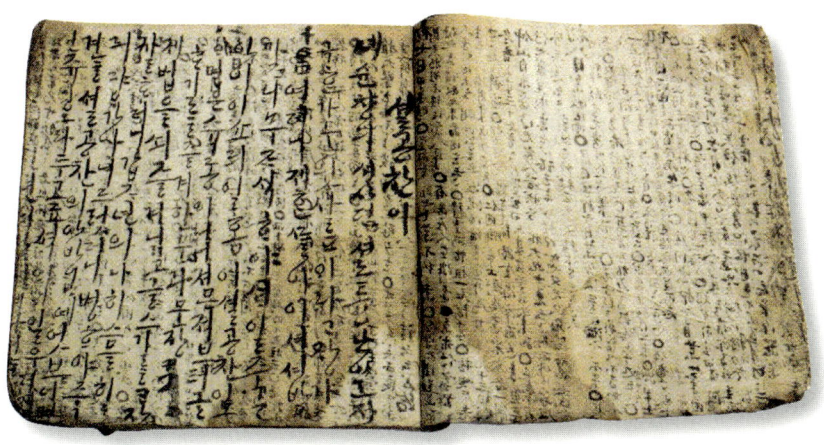

●「설공찬전」   채수의 「설공찬전」이 「묵재일기」의 안쪽 면에 기록된 것은 당시 종이가 귀했기 때문으로 보이지만, 금서인 이 작품을 몰래 보기 위해 일부러 숨겼을 가능성도 없지 않다. 국사편찬위원회 소장. ⓒ 이복규

화』(慵齋叢話)를 저술한 성현(成俔)과는 막역한 관계를 유지했다. 『중종실록』에 실린 채수의 졸기(卒記)에는 다음과 같이 기록돼 있다.

채수는 사람됨이 영리하며 글을 널리 보고 기억을 잘하여 젊어서부터 문예로 이름을 드러냈고, 성종조에서는 폐비(廢妃)의 과실을 극진히 간하여 간쟁하는 신하의 기풍이 있었다. 그러나 성품이 경박하고 조급하며 허망하여 하는 일이 거칠고 경솔하였으며, 늘 시주(詩酒)와 음률을 가지고 즐겼다. 일찍이 『설공찬전』을 지었는데, 떳떳하지 않은 말이 많기 때문에 사림(士林)이 부족하게 여겼다. 반정 뒤에는 관직을 맡지 않고 늙었다 하여 고향에 물러가기를 청해서 5년 동안 한가하게 휴양하다가 졸(卒)하였는데, 뒤에 양정(襄靖)이라는 시호가 내려졌다.

채수는 학자이면서도 귀신이나 풍수, 복서(卜筮) 등에 깊은 관심을 가졌다. 그에 관한 기록 중에 "천하의 서적과 산경(山經), 지리에 이르기까지 해박하여 다른 나라라도 직접 본 듯이 훤히 알았다"는 평가가 있는가 하면, 그가 쓴 글 중에는 귀신과 복서에 관한 「귀신무격복서담명지리풍수책」(鬼神巫覡卜筮談命地理風水策)이 눈길을 끈다. 왕의 질문에 대한 답변 형식으로 된 이 책문의 주요 내용은 귀신·복서·지리는 원래 음양의 위치에 따라 백성을 이롭게 하기 위한 것이나 후세에 와서 사설(邪說)로 흘러 그 폐단이 심하게 되었다는 것으로, 귀신이나 음양·풍수·복서 등에 해박했던 채수의 모습을 살펴볼 수 있다.

결국 이러한 귀신이나 복서에 대한 그의 관심이 『설공찬전』의 저술로 이어진 것으로 보인다. 기본적으로 사림파 학자였지만 불교나 무속, 귀신, 지리 등 다양한 학문과 사상에 깊이 경도되어 있었던 채수였기에 『설공찬전』의 저술이 가능했던 것이다.

1511년(중종 6), 채수는 조정의 집중적인 공격을 받게 된다. 그가 저술한 『설공찬전』이 가져온 파문 때문이었다. 실록에는 채수가 『설공찬전』을 저술했다는 이유로 교수형에 처해질 위기를 맞았다가 겨우 사면을 받고 파직당하였다고 기록되어 있다. 그해 9월 2일 사헌부에서는 다음과 같은 내용으로 채수의 처벌을 요청한다.

채수가 『설공찬전』을 지었는데, 내용이 모두 화복(禍福)이 윤회(輪廻)한다는 논설로 매우 요망한 것인데, 중외가 현혹되어 믿고서 문자로 옮기거나 언어(諺語: 한글)로 번역하여 전파함으로써 백성들을 현혹합니다. 사헌부에서 마땅히 공문을 발송하여 거두어들이겠으나, 혹 거두어들이지 않거나 뒤에 발견되면 죄로 다스려야 합니다.

이러한 건의에 대해 중종은 "『설공찬전』은 내용이 요망하고 허황하니 금지함이 옳다"는 답을 내린다. 이어 『설공찬전』의 배포를 금지하고 동시에 채수의 파직을 명한다. "그가 지은 『설공찬전』이 괴이하고 허탄(虛誕: 허망)한 말을 꾸며 사람들을 혹하게 하기 때문에, 부정한 도(道)로 정도(正道)를 어지럽히고 백성을 선동하여 미혹케 한 죄로 사헌부가 교수(絞首)할 것을 청했으나 파직만을 명한 것이다"라는 실록의 기록에서 『설공찬전』이 민심을 현혹했다는 것이 당시 조정의 주된 인식이었음을 알 수 있다.

그러나 이에 대해 영중추부사 김수동 같은 사람은 "만약 채수가 죽어야 한다면 『태평광기』나 『전등신화』 같은 글을 지은 사람도 모조리 베어야 하겠습니까?"라며 귀신을 소재로 한 글을 저술했다고 하여 중죄로 다스리는 것은 문제가 있다고 지적하기도 하였다.

이처럼 『설공찬전』은 중종대의 뜨거운 감자였다. 도대체 채수가 지은 『설공찬전』에 어떤 문제가 있어 금서라는 딱지가 붙은 것일까?

『설공찬전』이 금서가 된 까닭은?

『설공찬전』에 등장하는 인물은 설씨 집안의 사람들로 모두 다섯이다. 설공찬의 증조부인 설위, 공찬의 아버지인 설충란, 숙부인 설충수, 공찬이 몸을 빌린 사촌 동생 설공침, 그리고 이야기의 주인공인 설공찬이다. 그런데 순창 설씨의 족보를 살펴보면 설위는 대사성을 지낸 실존 인물이며 그의 아들인 설충란과 설충수도 족보에 기록돼 있다. 그러나 설공찬이나 공침은 족보에 나오지 않는다. 실존 인물과 허구의 인물이 적절히 배치돼 있는 것인데, 이처럼 실존 인물을 소설 속에 등장시킴으로써 독자들을 좀 더 이야기 속으로 빠져 들게 한 것은 『전우치전』이나 『홍길동전』, 『임경업전』 등과 유사하다.

일반적인 저승 경험담의 경우 죽은 사람이 다시 살아나서 이야기를 이끌어 가거나 혹은 마지막에 모든 것을 꿈속의 일로 돌리는데, 『설공찬전』에서는 죽은 자의 혼이 다른 사람의 몸을 빌려 저승의 모습을 진술한다는 점이 독특하다. 이것은 조선 후기의 대표적인 귀신 소설 『장화홍련전』에서 장화와 홍련의 귀신이 직접 고을 수령에게 나타나는 것과도 차이가 있는데, 『설공찬전』은 무속에서 혼령이 무당의 몸에 실려 나타나는 것에 더 가깝다.

『설공찬전』이 금서가 된 첫 번째 이유는 귀신 이야기를 소재로 하여 백성을 현혹했다는 데 있었다. 특히 "적선(積善)을 많이 한 사람이면 이승에서 비록 천하게 다니다가도 가장 품계가 높이 다닌다"는 등의 글을 통해 불교의 윤회화복 사상을 표현하였다는 것이다. 그런데 불교의 윤회화복이나 사후 세계를 다룬 소설은 『설공찬전』이 처음은 아니다. 조선시대 한문 소설의 효시로 꼽히는 김시습의 『금오신화』 또한 사후 세계를 다룬 작품이며, 『금오신화』에 영향을 준 중국의 『전등신화』에도 사후 세계를 다룬 작품이 21편이나 실려 있다. 그뿐 아니라 16세기의 사상가 서경덕은 「귀신론」(鬼神論) 같은 논설을 써서 학문적으로 귀신에 대한 견해를 밝히기도 했다. 물론 이러한 글들은 전혀 금서가 되지 않았으며, 오히려 귀신에 대한 소재 선택이 자유로웠음을 보여 준다. 그렇다면 왜 유독 『설공찬전』만 금서로 지목되었을까?

『설공찬전』이 금서로 규정된 데는 무엇보다 당시 조선의 시대적·사상적 분위기, 그리고 채수의 사회적 지위와 관계가 깊다. 채수가 『설공찬전』을 쓴 16세기는 조선 사회의 지도 이념으로 수용된 성리학이 중앙 정계뿐만 아니라 지방 사회 곳곳에까지 침투한 시기였다. 따라서 15세기까지 어느 정도 용인되었던 불교 사상은 완전히 배척을 받게 되는데, 이러한 시대 흐름 속에서 불교의 윤회화복 사상을 주요 소재로 한 『설공찬전』은 매우 위험스

● **조광조 적려유허지**   조광조의 영정을 모신 영정각과 유배 당시 거처했던 초가집이 복원되어 있다. 중종대는 조광조를 필두로 한 사림을 중심으로 성리학이 주요 사상으로 대두된 시기였기 때문에 귀신과 저승을 다룬 『설공찬전』은 금서가 될 수밖에 없었다. 전남 화순군 소재. ⓒ 김성철

러운 소설로 인식될 수밖에 없었던 것이다.

채수가 귀신 이야기로 은근히 시국을 비판한 것 또한 문제가 되었다. 채수는 성종의 총애를 받아 34세의 젊은 나이에 대사헌에 오를 정도로 자질이 뛰어났으며, 당시 정치권에서도 상당한 영향력을 지니고 있었다. 조정의 입장에서는 성리학의 보급과 전파에 전념해야 할 유능한 인물이 오히려 불교 사상에 심취하여 그 역할을 소홀히 한다면 이는 사회적으로 중요한 문제가 될 것이라 판단한 것이다.

특히 『설공찬전』에서 채수는 은근히 국왕을 비판하고, 성리학적 사회질서에서는 도저히 받아들일 수 없는 여성의 지위 향상에 관한 내용도 거침없이 서술하고 있다. "비록 이승에서 임금을 하였더라도 주전충 같은 반역자는 다 지옥에 들어가 있었다"는 대목이 그것인데, 주전충은 당나라의 신하였다가 쿠데타를 일으켜 후량을 세우고 국왕의 자리에 오른 인물이다. 이 대목은 채수의 행적과 관련하여 매우 중요한 의미를 지닌다. 해석에 따라서는 연산군을 폐위시키고 즉위한 중종을 겨냥한 것일 수도 있기 때문이다. 채수가 중종반정에 참여하기는 했지만, 만취한 상태에서 본인의 의사와 관계없이 사위에게 이끌려 참여한 것이기 때문에 이런 해석이 가능하다. 그리고 만약 중종을 비판한 것이라면 비록 중국의 사례에 비유했다 할지라도 최고 권력자인 국왕에 대해 "지옥에 들어가 있었다"고 표현한 것은 엄청난 불충(不忠)이라 할 수 있다.

이와는 대조적으로 『설공찬전』에는 이승에서 충언을 했다는 이유로 억울하게 죽은 관리가 저승에서는 귀인 대접을 받는 장면도 나온다. 곧은 말을 생명으로 하는 채수와 같은 언관의 모습을 상정한 것이 아닐까? "여자라도 글만 잘하면 세상의 아무런 소임이나 맡을 수 있다"고 표현한 대목 또한 당시의 사회 질서 속에서 쉽게 수용될 수 있는 내용이 아니었다. 그리고 무엇보다도 저승의 염라왕을 중국 황제보다 높은 최고의 지위로 파악한 점은 국왕 중심의 현실 정치, 나아가 중국 중심의 세계 질서를 비판한 것일 수 있었다.

『설공찬전』의 배경이 되는 중종대는 사림파를 중심으로 성리학 이념이 주요 사상으로 대두된 시기였다. 이것은 『설공찬전』의 파문이 가라앉은 후에 중종이 기호 사림의 영도자 조광조(趙光祖)를 파격적으로 등용하여 성리학 중심의 국가를 지향한 것에서도 잘 나타난다. 또 도교의 제천 행사를 주관하던 소격서(昭格署)가 폐지되고 성리학 이념을 담은 『소학』(小學)과 향약이 보급되면서 철저하게 성리학 중심으로 사회 체제가 정비되었다.

이러한 시대 흐름 속에서 채수 같은 사회 지도급 인사가 귀신과 저승에 관한 허황한 이야기를 쓰고 여기에 국왕과 체제에 대한 비판을 담았으니 조정에서는 커다란 위기의식을 느끼지 않을 수 없었을 것이다. 특히나 이것이 백성들의 호응을 얻으면서 급속히 전파되어 확산될 조짐을 보이자 '금서'라는 극약 처방으로써 이를 강력히 차단했던 것이다.

조선시대의 주요 금서 목록

조선시대에는 『설공찬전』처럼 『조선왕조실록』에 공식적으로 기록된 책 외에도 다양한 금서들이 존재하였다. 조선시대에는 어떤 책들이 금서 목록에 올랐을까?

성리학을 국시로 선택한 조선 왕조는 건국 초기인 태종 때 도참사상과 음양 사상을 담은 도가류(道家類)의 서적을 불태운 일이 있으며, 중종 때에는 『설공찬전』이 금서로 지목되었다. 선조 때에는 과거에서 노자와 장자 관련 서적을 인용하는 사례가 잦아지자 인용을 금지하는 조치를 취하였다.

● 윤휴 초상(좌)　조선 중기의 학자로, 주자의 해석 방법을 배격하고 유교 경전을 독자적으로 해석하여 당시 학계에 큰 파문을 불러일으켰다.　**박세당 초상**(우)　조선 후기의 학자. 주자학을 비판하고 독창적인 견해를 발표하였다가 노론에 의해 사문난적으로 낙인찍혀 유배되는 도중 사망하였다. 개인 소장.

『홍길동전』은 역모 혐의로 처형된 허균의 작품인 데다 백성들을 선동하는 내용을 담고 있다고 해서 조선 후기 내내 금서 취급을 받았다.

　　이후에도 성리학이 지도 이념으로 정착되는 과정에서 양명학·불교·노장 사상에 관련된 책들이 조정의 금압 정책에 의해 공식적으로 탄압을 받았는데, 민간이나 일부 학자들이 부분적으로 수용하면서 그 명맥이 유지되었다. 조선 후기에는 주자 성리학이 대세를 이루었기 때문에 그 틀을 벗어난 학자들은 윤휴(尹鑴)·박세당(朴世堂)의 경우처럼 사문난적(斯文亂賊)이라 하여 혹심한 탄압을 받았으며 이들이 남긴 책은 내용이 바뀌거나 불태워졌다. 그런 와중에도 기존 사회의 모순을 느끼고 왕조의 교체를 희구하는 다양한 사상이 유포되었다. 『정감록』(鄭鑑錄)은 이러한 사상을 반영한 대표적인 저술로서 민간에 광범위하게 영향을 끼쳤으며, 이 책을 근거로 역모를 꾀하는 경우도 생겨났다.

16세기 이후 선교사들에 의해 중국에 수용된 천주교는 중국을 사행한 이수광, 허균 등에 의해 국내에 소개되었다. 그러나 18세기 이후 천주교가 빠른 속도로 전파되기 시작하자 천주교 관련 서적은 금서가 되었으며, 정조에서 헌종 연간에 걸쳐서는 대대적인 박해가 가해졌다. 천주교 서적이 불태워졌음은 물론이고 신도들이 처형되기도 하였다. 19세기에는 천재 지리학자 김정호가 제작한 목판본 『대동여지도』가 국가의 기밀을 누설한다 하여 목판이 불태워진 적이 있으며, 19세기 중엽에는 최제우에 의해 창시되어 농민들을 중심으로 급속히 확산된 동학의 경전 『동경대전』(東經大全)과 동학의 교리를 한글 가사체로 표현한 『용담유사』(龍潭遺詞)가 금서가 되었다.

일제 강점기에는 조선의 독립과 민족의식을 강조한 책들이 금서가 되었다. 일제는 특히 1909년 '출판법'을 공포하고 사전 검열 제도를 확립하여 체계적인 금서 정책을 취하였다. 이때의 대표적인 금서로는 을사조약의 부당성을 규탄한 안국선의 『금수회의록』(禽獸會議錄), 민족주의를 고취한 신채호의 『을지문덕전』과 박은식의 『한국독립운동지혈사』(韓國獨立運動之血史) 등을 들 수 있다.

특히 체제 비판 의식을 담은 책들은 어느 시대에나 금서 목록에 올랐는데, 조선시대에는 국시인 성리학 이념과 다른 사상을 소개한 책들이, 일제시대에는 일제에 대한 저항 의식이 담긴 책과 독립운동에 관한 책들이 금서가 되었다. 현실을 비판하면서 기존 사회 체제에 저항한 책들은 언제나 존재했으며, 집권 권력층은 이를 금서로 분류하여 철저하게 사상을 통제하였다. 시대마다 금서 목록에는 정치적 입장이 강하게 반영되었기 때문에 대부분의 금서는 정치권력이 교체되면 곧바로 블랙리스트에서 벗어나곤 하였다.

🌙 금서가 되면 한 번 더 눈길을 끈다

500여 년 전에 나온 귀신 이야기 『설공찬전』은 성리학 이념의 보급과 전파가 주된 과제로 대두된 16세기 조선 사회의 시대 분위기 속에서 금서의 멍에를 쓰고 역사의 저편으로 사라졌다가 최근 원문이 발견되어 새롭게 관심을 끌고 있다. 그리고 무엇보다 금서였다는 점이 이 책의 매력을 배가시키고 있다.

예나 지금이나 전파력이 높은 책들이 자주 금서 목록에 오르내리곤 한다. 독자의 관심 밖에 있는 책이라면 굳이 금서로 지목할 필요도 없을 것이다. 관심의 대상이 된다는 것은 그만큼 공감하는 계층이 많음을 의미한다. 『설공찬전』이 빠른 속도로 전파되어 '백성을 현혹한다'고 조정에서 우려한 사실을 보면 당시 이 소설이 갖는 영향력이 매우 컸음을 짐작해 볼 수 있다.

귀신 이야기를 빌려 당시 정치, 사회 현실의 문제점을 예리하게 지적했기에 『설공찬전』은 공식 금서 목록에 올라가는 영예(?)를 차지했다. 그러나 채수의 목숨까지 위협할 만큼 위험스러웠던 『설공찬전』은 금서라는 타이틀 때문에 오늘을 살아가는 우리들에게는 훨씬 더 친근하게 다가오는지도 모르겠다.

제5공화국의 금서 목록

1979년 12·12 군사 쿠데타로 집권한 1980년의 제5공화국 정부는 군사 정권과 인권 탄압 등에 대한 지식인들의 저항이 크자 대대적인 금서 조치를 통해 사상을 통제하려 하였다. 특히 비판 세력의 중심지였던 대학가를 중심으로 널리 읽히던 책들에 대해 강력한 금압 조치를 취하였다.

먼저 1970년대 이후 지식인들에게 많은 영향을 준『창작과 비평』,『문학과 지성』 등의 잡지를 폐간시켰으며, 제3세계의 이론이나 한국 경제의 전개 과정을 다룬 책, 마르크스주의를 소개하거나 열악한 노동 현장을 다룬 도서 등 대학가에서 널리 읽힌 책은 일정한 기준도 없이 모두 이념 서적으로 규정해 판매 금지 조치를 취하였다.『우상과 이성』,『8억인과의 대화』,『제3세계와 종속이론』,『어느 청년 노동자의 삶과 죽음』,『전환시대의 논리』,『세계철학사』등은 이 시기의 대표적인 금서들이다.

1985년 5월에는 당시 문화 공보부 당국과 경찰의 합동 단속반이 소위 '이념 서적'에 대한 대대적인 압수 수색을 하였고, 수시로 불심 검문을 하며 '이념 서적'을 색출하는 데 혈안이 되었다.

그러나 이러한 제5공화국의 금서 정책은 정권의 의도와는 전

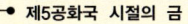 제5공화국 시절의 금서들 제5공화국 정부는 금서 조치를 통해 사상을 통제하려 했지만 금서들은 오히려 지식인의 필독서가 되었다.

혀 다른 방향으로 전개되었다. 즉 정부의 금서 목록에 오르기만 하면 오히려 대학생과 지식인의 관심이 늘어나는 기현상이 벌어졌던 것이다. 그 결과 정부의 금서 목록은 지식인의 필독서 목록이 되었으며, 이러한 책들이 정부의 눈을 피해 은밀히 유통되는 경우도 많았다.

불과 20년 전만 하더라도 이처럼 엄청난 금서 조치들이 있었던 것을 돌이켜보면 조선시대에 금서로 지정된 『설공찬전』의 이야기가 그리 낯설지만은 않다.

전우치전

소설로 다시 태어난 민중의 희망 전우치

작품 설명

『전우치전』(田禹治傳)은 작자와 제작 연대를 알 수 없는 고전 소설로, 조선 중종대에서 명종 연간에 활약했던 실존 인물 전우치의 행적을 소설로 승화시킨 작품이다. 필사본(43장), 경판본(17장, 22장), 활자본(31장) 등 다양한 판본이 전해 오며, 각 판본은 내용상 조금씩 차이를 보이고 있다. 『어우야담』(於于野談)이나 『지봉유설』(芝峰類說) 같은 16, 17세기의 저서들에는 도술과 환술(幻術)에 능한 전우치의 신비한 행적이 기록되어 있는데, 『전우치전』은 이러한 기록들과 짝을 이루고 있다.

소설은 송도 사람 전우치가 도술을 얻었으나 재주를 숨기고 살다가, 백성들의 비참한 생활상을 목격하고 이를 보고만 있을 수 없어 하늘의 선전관으로 변신한 뒤 국왕에게 나타나 옥황상제의 명령이니 황금 들보를 만들어 바칠 것을 명하는 것으로 시작된다. 전우치는 황금을 팔아 가난한 백성들에게 골고루 나누어 주지만, 그에게 속은 것을 안 조정에서는 체포령을 내린다. 이후에도 전우치는 사방을 돌아다니면서 횡포한 관리를 응징하고 억울하고 힘든 사람들을 도와준다. 소설의 전반부는 의적 소설과 사회 소설의 성격을 강하게 띠고 있으나, 후반부는 전우치가 역적 혐의를 쓰고 도망친 후 도술로써 일생을 풍미하다가 생을 마치는 것으로 설정돼 있다. 특히 후반부에는 화담 서경덕 형제와 도술 실력을 겨루다가 굴복한 후 함께 산중에 들어가 도를 닦는다는 흥미로운 내용이 들어 있다.

『전우치전』은 실존 인물의 행적이 입에서 입으로 전해 내려오다가 소설화된 대표적인 작품으로, 가난한 백성의 편에 선 주인공이 '도술'이라는 무기로 기존의 힘과 권위에 맞선다는 내용이 중심을 이룬다. 이 속에는 헐벗고 고통스런 삶 속에서 영웅의 출현을 희구하는 민중의 염원이 담겨 있다. 『전우치전』은 의적을 주인공으로 설정한 점에서 『홍길동전』과 유사한데, 내용이 극히 간략하고 신분 차별의 철폐라든가 이상 국가의 건설 같은 적극적인 사회 개혁 의지가 노출되어 있지 않은 점에서 『홍길동전』과 구별된다.

환술과 도술에 능했던 실존 인물 전우치

　　전우치는 16세기 명종 연간에 황진이와 서경덕을 배출한 도시 송도, 즉 개성에서 그들과 함께 살았던 기인이자 도술가였다.『지봉유설』(芝峰類說)이나『대동기문』(大東奇聞) 같은 조선시대의 각종 기록에는 전우치가 "환술(幻術: 변신술, 둔갑술)과 기예(技藝)에 능하고 귀신을 잘 부렸다"거나 "밥을 내뿜어 흰나비를 만들고 하늘에서 천도(天桃)를 따 왔다", "옥에 갇혀 죽은 후 친척들이 이장(移葬)하려고 무덤을 파니 시체는 없고 빈 관만 남아 있었다"는 등 그에 관한 신비한 행적이 공통적으로 나타나 있다.『어우야담』(於于野談)의 다음 기록은 전우치의 행적을 간략히 보여 준다.

전우치는 송도의 술사(術士)로 기억하지 못하는 책이 없었다. 가업(家業)을 일삼지 않고 산수간에 마음껏 노닐며 둔갑술과 몰귀술(沒鬼術: 귀신이 되는 술법)을 얻었다. …… 이때 박광우가 재령 군수가 되었는데 전우치가 여러 책에 박식한 것을 사랑하여 아주 친하게 지냈다. 하루는 관아 동헌에 마주앉아 있는데 박광우에게 편지와 공문이 전해졌다. 이것은 감사가 보낸 비밀한 일이었다. 박광우는 그것을 뜯어보고는 얼굴색이 변하여 급히 자리 밑으로 감추었다. 편지의 내용은 조정에서 전우치의 요술을 무척 시기하여 기필코 우치를 잡아 죽이려 한다는 것이었다. 전우치가 무슨 일인지 계속 묻자

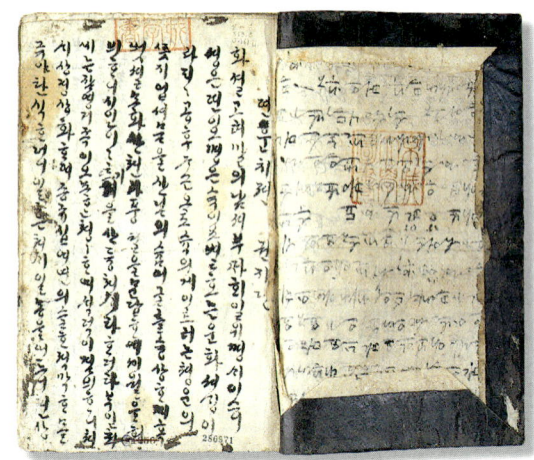

●「전우치전」 도술 이야기가 중심을 이루는 이 작품은 오늘날의 기준에서 보면 허황된 이야기에 불과하지만, 당시에는 고통스런 삶 속에서 영웅의 출현을 기대하는 민중의 염원이 담겨 있었다. 서울대학교 규장각 소장.

박광우는 그 내용을 이야기하고 전우치에게 달아날 것을 청하였다. 전우치는 웃으며 "내 알아서 마땅히 처리하겠소"라고 한 후 그날 밤 목을 매어 자결하였다. 박광우는 전우치의 장례를 후하게 치러 주었는데, 2년 후 전우치가 찾아와 자신의 지팡이를 찾아갔다. 지금도 재령군에는 전우치의 묘가 있다.

전우치가 일찍이 벗의 집에 모여 술을 마시는데 좌중 사람들이 말하였다. "자네는 천도를 얻을 수 있는가?" 하니, 전우치가 "무엇이 어렵겠는가. 가는 밧줄 백 가닥만 가져오게" 하고 밧줄을 공중에 던지고 아래에 있는 동자에게 밧줄을 타고 올라가라고 명하면서 "밧줄이 다하는 곳에 벽도(碧桃: 전설상의 복숭아)가 무척 많이 열렸을 것이니 따서 던지거라"라고 말하였다. 아래에서 보고 있던 사람들이 몰려나와 벽도를 주워 먹었는데 그 맛이 인간 세상에 있는 바가 아니었다.

전우치와 친분을 맺은 박광우(朴光佑, 1495~1545)는 중종대의 인물로 1536년에 재령 군수를 역임하였다. 따라서 전우치의 활동 시기를 짐작해 볼 수 있다. 또한 조정에서 전우치의 요술을 싫어하여 그를 죽이라는 공문을 지방에까지 보낸 것을 보면 전우치가 당시 상당한 위험인물로 인식되고 있었음을 알 수 있다.

　　『전우치전』은 이러한 실존 인물 전우치의 행적을 소설화한 작품으로, 그와 관련된 여러 이야기를 삽화(揷話) 형식으로 전개하고 있다. 현재『전우치전』은 필사본, 경판본, 활자본 등 다양한 판본이 전하는데, 1책의 분량이 17장에서 43장 정도로 구성은 무척 간략한 편이다. 줄거리는 다음과 같다.

　　송도에 사는 전우치는 신기한 도술을 얻었으나 재주를 숨기고 살았는데, 이때 남방 해변의 여러 고을에 바다 도적이 나타나 노략질을 해 가고 엎친 데 덮친 격으로 해마다 흉년을 겪게 된다. 전우치는 가난한 백성들의 비참한 처지를 보고 하늘의 관리로 가장하여 국왕 앞에 나타나 옥황상제의 명령이라며 황금으로 들보를 만들어 바칠 것을 요구한다. 그 황금 들보를 팔아 가난한 백성들에게 곡식을 골고루 나누어 준 전우치는 거리에 방(榜)을 붙이는데, 여기에는 소설의 작자가 전하려는 내용이 압축적으로 나타나 있다.

이번 곡식을 나눔으로 혹 나를 칭송하는 듯하나 이는 마땅치 아니한지라. 대개 나라는 백성을 뿌리 삼고 부자는 빈민이 만들어 준 것이어늘 이제 너희들이 양순한 백성과 충실한 일꾼으로 이렇듯 참혹한 지경에 이르렀으나 벼슬한 이가 길을 트지 아니하고 감열(感悅)한 이가 힘을 내고자 아니하니 과연 천리에 어그러져 신인(神人)이 공분(公憤)하는 바이므로 내 하늘을 대신하여 이러저러한 방법으로 이러저러하였으니 너희들은 모름지기 이 뜻을 깨달아 잠시 남에게 맡겨 놓은 것이 돌아온 줄로만 알고 남의 힘을 입은 줄은 알지 말지어다.

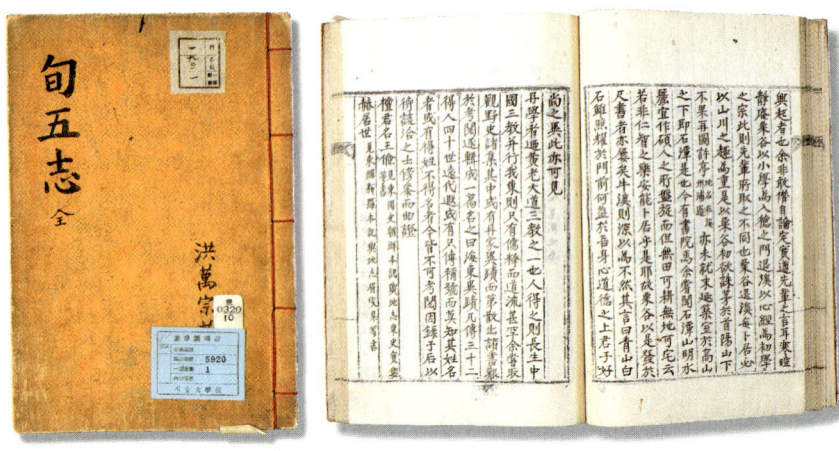

●「순오지」 홍만종이 지은 문학 평론집으로, 문학 평론을 비롯해 우리나라의 역사, 유·불·선에 관한 일화 등 다양한 내용을 담고 있다. 사진은 「해동이적」에 관한 내용이 기록된 부분. 서울대학교 규장각 소장.

이 인용문에는 '나라는 백성을 뿌리로 삼아야 한다'는 민본 사상이 핵심적으로 나타나 있으며, 국가가 제대로 민생 문제를 해결해 줄 수 없는 상황에서 잠시 맡겨 놓은 곡식을 백성에게 되돌려 준 것뿐이라는 논리가 제시되어 있다.

전우치는 후에 그의 행적이 탄로 나서 관가에 체포되었으나 곧 탈출하였고, 이후에도 가난하거나 억울한 일을 당한 불쌍한 백성들을 도와주었다. 그는 역적의 혐의를 받은 후에는 도망쳐서 세상을 등지고 도술로 한 시대를 풍미하며 살았는데, 인근에 사는 서경덕 형제와 도술을 겨루다가 굴복한 후 함께 산중에 들어가 도를 닦으며 만년을 보냈다는 것으로 이야기는 끝을 맺는다.

소설의 전반부가 뛰어난 도술을 발판으로 가난한 백성들을 구제해 주는 전우치의 활약상을 중심 줄거리로 삼고 있는 것과 달리, 후반부는 친한

벗을 위하여 절부(節婦)를 훼절시키려다가 강림 도령에게 제지를 당하고 서경덕 형제와 도술 시합을 벌이다가 패하는 등 도술과 관련된 에피소드들이 주를 이루고 있다.

1536년 재령 군수 박광우와 전우치의 대화가 담긴 『어우야담』 등 여러 문헌의 기록들을 종합해 보면 전우치는 실제로 부패한 관리들을 상당히 괴롭힌 것으로 짐작되는데, 이러한 사실이 이야기로 전해지면서 과장과 전설이 섞이게 되었고 결국에는 『전우치전』이라는 의적 소설, 사회 소설이 탄생한 것으로 풀이된다.

도가 사상의 유행과 『전우치전』의 탄생

전우치가 살았던 16세기에는 도가 사상에 심취하여 도인(道人)의 기질을 보인 인물이 다수 배출되었다. 소설 속에서 전우치와 도술을 겨루는 서경덕 형제를 비롯하여, 이지함(李之菡, 1517~1578), 남사고(南師古, 1509~1571), 정렴(鄭濂, 1506~1549), 곽재우(郭再祐, 1552~1617) 등 도가적 경향을 보인 인물 대부분이 이 시기 사람들이라고 해도 지나친 말은 아니다. 이들은 학자이면서 동시에 신이한 행적을 보였으며 예언자적인 능력을 갖추고 있었다는 공통점이 있다.

특히 전우치가 화담 형제와 도술 경쟁을 벌였다가 결국 패배하여 화담의 가르침을 따르기로 했다는 『전우치전』의 내용은 흥미를 끈다. 이러한 내용은 사실 여부를 떠나 서경덕과 전우치가 사상적으로 서로 통하는 면이 있었음을 보여 준다. 서경덕의 학풍에 도가적인 성향이 있다는 사실은 홍만종(洪萬宗, 1643~1725)의 『해동이적』(海東異蹟)과 같은 자료에도 나타나 있으며, 서경덕의 두 아우인 형덕과 숭덕에게 도가의 이술(異術)이 있었다는 기록이 1648년(인조 26)에 김육(金堉) 등이 편찬한『송도지』(松都誌)에 전해지고 있어서 서경덕 집안의 분위기가 도술에 상당히 경도되었음을 짐작할 수 있다. 도술적인 능력과 가장 관련이 깊은 사상은 노장 사상으로 대표되는 도가 사상이다. 그렇다면 왜 이 시기에 도가 사상이 여러 학자들 사이에서 유행한 것일까?

　　　　이것은 무엇보다 사화(士禍)와 관계가 깊다. 16세기의 시작과 함께 50여 년에 걸쳐 전개된 사화는 지식인들에게 현실 정치에 대한 실망감을 안겨 주었다. 무오사화(1498), 갑자사화(1504), 기묘사화(1519), 을사사화(1545)가 계속 이어지면서 능력을 갖춘 학자들이 정치적 탄압을 받아 처형되거나 귀양 길에 올랐다. 사화로 인해 많은 인재들이 지방에 은거한 사실은 조헌(趙憲)이 올린 다음의 상소문에 잘 나타나 있다.

오직 사화가 혹심하였기 때문에 기미를 아는 선비들은 모두 출처에 근신하였습니다. 성수침(成守琛)은 기묘사화의 난을 알고 성시(城市)에 은거하였고, 성운(成運)은 형이 희생되는 슬픔을 당하고 보은에 은거하였습니다. 이황은 동기(同氣)가 화를 입은 것을 상심하여 예안으로 물러났고, 서경덕 같은 사람은 화담(花潭)에 은둔하였습니다. 조식(曺植)과 이항(李恒)이 바닷가에 정착한 것은 을사년의 화가 컸기 때문이었습니다. …… 성제원(成悌元)은 송인수의 변을 목격하고 해학으로 일생을 보전했습니다. 이지함은 안명세(安名世)의 처형을 보고 해도(海島)를 두루 돌아다니며 미치광이로 세상을 피했습니다. 이들은 모두 조정의 큰 그릇들이고 세상을 구제할 재목들이었으나, 기러기가 높이 날아 주살을 피하듯이 세상을 버리고 산골짜기에서 늙어 죽었습니다. ―『선조수정실록』선조 19년(1586) 10월 임술

●── **김홍도의 〈군선도〉**(부분)   사화가 이어지던 16세기 전반의 학자들은 정치적 현실에 좌절하여, 신선의 술법이나 불로장생할 수 있다는 믿음을 주는 도가 사상에 큰 매력을 느꼈다. 호암미술관 소장.

사화로 대표되는 16세기 전반기에 대부분의 학자들은 정치에 나아가는 것보다 현실에 은둔하는 처사(處士)의 길을 택했고, 좌절된 정치 현실의 돌파구를 찾는 방안으로 피안(彼岸)의 세계에 관심을 가졌다. 이러한 시대 분위기 속에서 자연과의 친화를 강조한 노장 사상이나 신선의 술법, 현실에서 벗어나 불로장생할 수 있다는 믿음을 주는 도가 사상은 큰 매력이 아닐 수 없었다. 『해동이적』에는 도가적 성격을 지닌 38명의 인물이 소개되어 있는데 이 가운데 16세기, 사화가 연속되던 시대에 활약한 인물이 무려 10여 명에 이른다.

특히 화담 서경덕의 문인 중에는 도가 사상에 심취한 인물이 많았다. 천민 출신의 서기(徐起), 서얼 출신인 박지화(朴枝華)가 그 대표적인 인물로, 한문학 4대가의 한 사람인 이식(李植)은 『택당집』(澤堂集)에서 "박지화는 박학하고 문장에 능했으며 또한 이학(理學)으로 명성이 있었다. 서기는 천인이다. 경학에 밝아 문인들을 가르쳤으며 산수를 좋아하여 명산에 은거하였다. 대개 화담 문하의 제자들은 자못 기이한 것을 좋아하니 세상에서 신선이라 여긴다. 서경덕은 전지지술(前知之術)이 있었으니 화담의 학풍을 배운 자는 대개 이와 같았다"며 화담 문하에 도술적인 분위기가 상당했음을 기록하고 있다.

또한 이지함의 『토정비결』(土亭秘訣), 남사고의 『격암유록』(格庵遺錄), 정렴의 『북창비결』(北窓秘訣) 등 오늘날까지 전해지고 있는 비결류 저술들이 대부분 이 시기에 쓰였거나 이들의 명성에 가탁(假託)한 것을 통해서도 이 시대에는 사화라는 좌절된 현실에서 벗어나기 위한 돌파구로서 도가 사상이 유행했음을 알 수 있다. 이러한 비결류의 저술은 현실 속에서 고통받는 민중들에게 미래에 대한 예언과 함께 꿈과 희망을 안겨 주었을 것이다. 전우치는 바로 이런 시기에 생존했던 인물로서, 그의 신비한 도술 능력이 시대 분위기와 맞물리면서 소설 속 주인공으로 다시 태어났던 것이다.

☾ 서경덕, 황진이 그리고 전우치를 배출한 도시, 개성

『송도지』에 의하면 전우치의 집은 송도의 영전(影殿) 옆에 있었다고 한다. 또 『대동기문』(大東奇聞)의 「전우치분식화접」(田禹治噴食化蝶)에는 전우치의 이인(異人)적인 풍모와 그가 송도에 오랫동안 거주한 사실이 기록되어 있고, 『어우야담』에도 송도 출신이라 쓰여 있어 전우치가 주로 개성 지역에서 활동했음을 알 수 있다.

개성은 고려 왕조의 수도였기에 조선시대에 정치적 탄압을 받기도 했지만, 학문적 전통과 기반은 그대로 유지되었다. 특히 학문적인 분위기는 개방적인 지역 정서와 맞물려 성리학 이외에도 도가 사상 등 다양한 사상이 유행하였다. 경기 북부인 고양·장단·개성 등은 육로뿐만 아니라 임진강·한강 등 수로 교통이 발달하여 한양과 왕래가 잦아 하나의 학문 교유권을 형성하였다. 그리고 이러한 학문적 기반 위에서 서경덕 같은 대학자가 탄생했던 것이다.

『송도지』 「토속」(土俗) 편에는 개성의 상업적 면모를 엿볼 수 있는 자료들이 수록돼 있다. 즉, 남자가 10세가 되면 행상에 종사한다거나 대부분의 사람들은 상업을 업으로 삼으며 본전이 없으면 대출하여 사용한다는 글들은 이 지역에서 상업 활동이 매우 활발했음을 보여 준다.

16세기의 학자 이덕형(李德泂, 1566~1645)은 『송도기이』(松都記異)에서 개성 지방에 대해 "세대가 멀어져서 고려조의 남은 풍속이 변하고 바뀌어 거의 없어졌는데 오직 장사하고 이익을 추구하는 습관은 전에 비하여 더욱 성해졌다. 그 때문에 백성들의 넉넉한 것과 물자의 풍부한 것이 참으로 우리나라에서 제일이라 하겠다. 상가의 풍속은 저울눈을 가지고 다투므로 사기로 소송하는 것이 많을 듯한데 순후한 운치가 지금까지 오히려 남아 있어서 문서 처리할 것이 얼마 되지 않았다"고 언급하였다. 또 서경덕·차식·안

경창·황진이·차천로·한호·임제 등 개성 출신 인사들에 얽힌 일화들을 주로 소개하였는데, 개성 지역의 상업적 분위기, 무과 출신자가 많다는 내용 등이 주목된다.

『조선왕조실록』에도 한양에 사는 사람과 개성부의 장사치들이 의주 사람들과 왕래하며 멋대로 무역을 한 경우가 매우 많고, 개성부의 주민들은 모두가 장사하는 사람들로서 괴로움을 견디고 행실을 익히며 하는 일에 근면하여 경성의 시정(市井) 사람과는 다른 점이 있다고 기록돼 있다. 이처럼 개성에 상업적인 분위기가 형성된 데는 조선 건국 후 이곳이 고려 왕조의 수도였기에 받은 지역 차별도 한몫을 했을 것이다.

그런데『전우치전』의 배경이 된 개성 지역에서 우리가 익히 알고 있는 16세기의 유명 인물들이 다수 배출된 점이 무엇보다 흥미롭다. 전우치와 도술을 겨룬 서경덕을 비롯해 서경덕과의 스캔들로 유명한 기생 황진이, 조선 중기 서예의 최고봉 한호(한석봉),『강촌별곡』으로 유명한 차천로 등이 모두 개성 출신이다. 이들은 재미있는 일화들을 남기면서 민중 속에 그 이름을 깊이 각인시켰다.

학문적 식견뿐 아니라 인간적인 면모도 지녔으며 도술에도 일가견이 있었던 서경덕, 신이한 도술 능력의 소유자 전우치, 기생이라는 신분의 한계에도 불구하고 당대의 명사들과 학문을 교유했던 황진이, 등잔불을 끄고 어머니와 시합을 벌인 한석봉. 이러한 유명한 일화 모두가 이들 개성 출신자들의 이야기이다.

조선 중기의 학자 허균은 아버지 허엽(許曄)이 서경덕의 수제자라는 인연으로 개성 지역에 관심이 많았다. 허균은 "송도는 산수가 웅장하고 꾸불

● **조선 후기 송도 지도** 개성의 학문적 전통과 개방적인 지역 정서는 도가 사상 등 다양한 사상이 유행하는 데 크게 기여하였다. 서울대학교 규장각 소장.

꾸불 돌아서 인재가 무리 지어 나왔다. 화담의 학문은 조선에서 첫째이고 석봉의 필법은 내외에 이름을 떨쳤으며, 근일에는 차씨의 부자 형제(차식·차천로·차운로를 일컬음)가 또한 문장으로 명망이 있다. 황진이 또한 여자 중에 빼어났다"고 하여 개성에 빼어난 인물이 많았음을 칭송하였다.

　　유명한 사람들에 관한 일화는 대개 그의 출생 지역을 중심으로 전해 온다. 16세기 전반 이황과 함께 영남 학파의 양대 산맥을 이루었던 남명 조식(南冥 曺植, 1501~1572)에 얽힌 일화가 주로 그가 활동했던 진주·합천 등지에 널리 전해지고 있는 것이 그 좋은 예이다. 그런데 개성 출신 인물의 일화는 그야말로 전국적으로 전파되었다는 점에서 다른 지역의 유명 인물들과는 차이가 있다. 개성의 인물들이 전국적으로 유명해진 까닭은 무엇일까? 그 해답은 개성 지역의 상업 발달과 긴밀한 연관이 있다.

　　개성의 활발한 상업 분위기는 수많은 행상을 낳았다. 거주지에서 이동이 자유롭지 못했던 타 지역 사람들과 달리 개성의 상인들은 상행위를 위해 여러 곳을 떠돌아다녔다. 일반적으로 개성의 여인들은 화초 가꾸기를 즐겼다고 하는데, 이는 남편이 타 지역에서 행상하는 일이 빈번하여 그 외로움을 이기기 위한 하나의 방편이었다고 전해 온다.

　　전국을 돌아다니던 개성상인들이 지역의 자랑거리인 서경덕이나 황진이, 전우치, 한석봉의 이야기를 곳곳에 전파했을 가능성이 매우 크다. 요즈음에는 그리 흔하지 않지만 1970년대까지만 해도 문명의 혜택을 받지 못하던 외딴 지역에서는 동네를 돌아다니며 화장품을 팔던 외판 아줌마들이나 떠돌이 봇짐장수들이 곳곳의 소식을 전해 주었다. 이처럼 개성 지역의 인물들이 전국구 인물로 널리 알려지게 된 데에는 개성상인들의 역할이 컸을 것으로 짐작된다.

소설에 담긴 민중의 꿈과 희망

전우치는 조선 왕조의 지배 질서에 저항하는 영웅을 희구하던 시대에 하늘의 관리로 변신하고 국왕 앞에 나타나 황금 들보를 바치도록 하고, 또 그것을 팔아 백성들에게 곡식을 나누어 줌으로써 국왕의 권위를 완전히 무너뜨렸으며 억눌리고 소외받는 가난한 백성들의 희망이 되었다.

바다 도적이 해안 마을을 노략질하고 흉년이 겹치는 내우외환의 시기에 비참한 생활을 하던 백성들을 구제하기 위해 분연히 일어선 그는 가난한 백성들 편에 선 의적이었다. 그는 돼지 머리를 사 가던 백성과 그것을 빼앗으려는 관리 사이에 싸움이 일어나자 바로 주문을 외워 돼지 머리가 관리에게 달려들도록 하였으며, 부친상을 당하였으나 가난하여 장례를 치르지 못하는 효성 지극한 사람에게는 돈이 나오는 족자를 주기도 하였다. 전우치가 확보한 돈은 도술로써 호조의 창고에서 빼 온 것이었다.

이처럼 전우치가 가진 신비한 도술은 수탈을 자행하는 국가나 관리에게 저항하는 무기가 되었다. 그리고 백성들은 도술을 지닌 전우치를 통해 쌓여 있던 울분을 통쾌하게 풀어 나가며 대리 만족을 느낄 수 있었을 것이다.

민중의 상상 속에서 전우치의 도술은 지상이 아닌 천상에서만 부여받을 수 있는 전지전능한 것으로 한껏 과장되었다. 전우치가 천상을 마음껏 돌아다닌 것이나, 감옥에 갇혀 죽은 후 그의 무덤을 파니 시체는 없고 빈 관만 있었다는 내용에는 전우치는 영원히 죽지 않는다는 믿음이 강하게 배어 있다.

그러나 『전우치전』은 사회 문제의 해결에는 별다른 관심을 보이지 않은 한계도 있다. 도술을 통해 백성들을 도와준다는 이야기는 그 구성이 매우 단순하며, 내용에 있어서도 과장되고 황당한 부분이 많다. 이것은 『전우치전』 이후에 등장하는 『홍길동전』이 서얼 차별 같은 사회 문제를 보다 적극적으로 언급하면서 율도국이라는 이상 국가를 건설하는 내용을 다루고 있는 점과 일정한 차이를 보인다. 하지만 전우치는 자신의 신분적 한계를 극복하는 데 주력하는 홍길동과 달리 다수의 민중을 도와주는 의적이 되어 그들의 쓰라린 속마음을 훌훌 풀어 주었다는 점을 높이 살 만하다.

최근 영국의 작가 조앤 K. 롤링을 돈더미에 앉게 한 세계적인 베스트셀러 『해리 포터』 시리즈의 가장 중요한 바탕이 되고 있는 소재도 바로 마법, 즉 도술이다. 이처럼 도술과 마법으로 대표되는 인간의 신비한 능력은 예나 지금이나 시공을 초월하여 많은 사람들에게 관심의 대상이 되고 있음에 분명하다.

『전우치전』은 400여 년 전 이 땅을 살았던 사람들에게 자신도 언젠가는 소설 속의 주인공 전우치처럼 신비한 능력을 부여받을 수 있다는 꿈과 희망을 안겨 줌으로써 피곤에 지친 민중들에게 신선한 청량제 역할을 하였던 것이다.

조선시대 도가의 계보

『전우치전』의 배경이 되는 사상은 도가 사상이다. 현실에서 벗어나 도술에 심취하며 자유의 삶을 찾는 도가 사상은 성리학을 국시로 채택한 조선 사회에서 이단으로 취급되었다. 그러나 조선시대에는 도가 사상에 깊은 관심을 가진 학자들이 다수 나타났고 이들의 행적을 정리한 저술도 편찬되었다.

조선시대 도가적 성향을 지닌 학자들의 계보가 체계적으로 정리된 책은 17세기에 홍만종이 쓴 『해동이적』이다. 홍만종은 유·불·도교에 두루 관심을 가졌으며 이들 세 사상이 서로 통할 수 있다는 삼교회통(三敎會通)의 입장을 보였다.

『해동이적』에는 단군부터 곽재우까지 38명 인물들의 신이한 행적이 기록되어 있는데, 조선시대 인물로는 김시습·홍유손·정붕·정수곤·정희량·남추·지리선인·서경덕·정렴·전우치·윤군평·한라선인·남사고·박지화·이지함·한계노승·유형진·장한웅·남해선인·장생·곽재우 등 21명이 포함되어 있다. 홍만종은 불로장생의 가능성과 초능력 획득의 실례들을 여러 자료에서 찾아 인물 중심으로 이 책을 저

●**최명룡의 〈선인무악〉** 현실에서 벗어나 도술에 심취하며 자유의 삶을 찾는 도가 사상은 조선 사회에서 이단으로 취급되었으나 일부 학자와 민중을 중심으로 꾸준히 명맥을 유지하였다. 국립중앙박물관 소장.

술하였는데, 조선시대 인물로는 사화를 경험한 인물이 많고 정렴·이지함·남사고 등과 같이 비결류 저서의 저자들이 다수 나타나는 것이 특징이다. 특히 『해동전도록』(海東傳道錄)이 우리나라 도가의 근원을 중국에서 찾고 있는 데 비해 『해동이적』은 도가의 기원을 단군에 연결시켜 주체적 역사 인식을 보이고 있는 점이 주목된다.

『해동전도록』은 17세기 초반 한무외(韓無畏)가 쓴 책으로, 여기에는 우리나라 도가 단학(道家丹學), 즉 내단 수련(內丹修練)의 계보가 밝혀져 있다. 신라 말에 최승우 등이 중국에 들어가 종리권(鍾離權)에게서 단학을 전수받은 이후 최치원, 고려의 이명(李茗)을 거쳐 조선의 김시습, 한무외에게까지 전해진 계보를 기록하고 있다.

그런데 무엇보다 흥미로운 사실은 세조의 왕위 찬탈에 회의를 품고 은거하며 일생을 마친 천재 김시습이 『해동이적』과 『해동전도록』 두 책 모두에 조선시대 도가의 비조(鼻祖)로 기록되어 있다는 점이다.

『해동이적』이나 『해동전도록』과 같이 도가의 계보를 정리한 책들이 꾸준히 저술된 사실을 통해 우리는 조선 후기 성리학이 대세를 이루는 시대 상황 속에서도 이단으로 인식된 도가 사상에 대한 연구는 끊이지 않고 이어지고 있었다는 사실을 확인할 수 있다.

임진록

전쟁 영웅들의 무용담

작 품 설 명

『임진록』,(壬辰錄)은 작자와 연대를 알 수 없는 고전 소설이다. 인조대 이후에 지어진 것으로 추정되는데, 한문본과 국문본을 합쳐 이본이 50여 종에 이르고 이본마다 등장인물의 이름과 내용에 약간씩 차이가 난다. 이처럼 이본이 많고 내용도 조금씩 다른 것은 『임진록』이 당대 사람들 사이에 많이 회자되었음을 의미한다.

『임진록』에는 인물들의 활약상이 각각의 독립된 이야기로 구성돼 있는데, 주요 등장인물에는 최일령 · 이순신 · 정출남 · 김덕령 · 이여송 · 김응서 · 사명당 등이 있다. 주인공 대부분이 실존 인물이지만 구체적인 내용은 거의 허구이다.

이야기는 최위공의 부인이 남방으로 큰 별이 떨어져 광채를 발하는 태몽을 꾼 후 아들 일령을 낳는 것에서부터 시작된다. 최일령은 장성하여 관직에 올랐는데 어느 날 선조의 꿈을 풀이하여 왜군이 쳐들어올 것이라고 주장하다가 귀양을 가게 된다. 그리고 얼마 지나지 않아 조선은 결국 왜군의 침입을 받는다. 이순신을 비롯한 전쟁 영웅들의 활약상이 차례대로 전개되며, 그 결과 왜군을 물리칠 뿐만 아니라 일본 본토로 쳐들어가 마침내 왜왕의 항복을 받아내는 것으로 이야기는 끝을 맺는다.

임진왜란을 허구적으로 풀어 간 『임진록』은 문학적으로 별반 가치를 인정받지 못하는 작품이다. 그러나 조선 민중들이 전쟁의 아픔을 어떻게 치유하려 했는지를 살피는 데는 매우 좋은 자료가 된다. 『임진록』에는 몸을 돌보지 않고 왜군에 대항했던 전쟁 영웅들에 대한 민중의 경외심과 존경심이 녹아 있으며, 일신의 번영을 위해 영웅들을 모함했던 인물에 대한 증오심도 서려 있다. 또한 반드시 일본을 정벌하여 왜란의 치욕을 씻었으면 하는 염원도 담겨 있다. 하지만 이러한 염원과는 달리 조선이 일제에 강점되면서 『임진록』은 금서로 지정되는 아픔을 겪기도 하였다.

🌙 치욕스러운 전란의 시작

1592년(선조 25) 4월 13일 고니시 유키나가(小西行長)·가토 기요마사(加藤淸正)·구로다 나가마사(黑田長政) 등 세 장군이 이끄는 왜군 선봉대가 부산으로 들이닥쳤다. 부산진 첨사 정발(鄭撥)은 처음에는 조공을 바치러 온 왜인인 줄 알았지만 조총을 쏘아 대자 비로소 사태의 심각성을 깨달았다. 적에게 몇 겹으로 둘러싸인 군민들은 사력을 다해 항전하였지만 성은 함락되고 말았다. 동래 부사 송상현(宋象賢)은 적의 상륙 소식을 듣고 미리부터 단단히 대비하고 있었으나, 중과부적으로 만여 명의 군민들과 함께 전사하고 말았다.

관군의 패배 소식이 알려지자 지방관과 군사들이 지레 겁을 먹고 도망가 버려 왜군은 별다른 저항 없이 한양을 향해 진격할 수 있었다. 4월 28일에는 충주 탄금대에서 신립(申砬) 장군이 배수진을 치고 필사적으로 항전하였지만 그마저도 무위로 끝나고 말았다. 이로써 관군은 완전히 궤멸되었다.

신립 장군의 패배 소식을 들은 선조는 한양을 버리고 의주로 피난을 떠났으며, 조정 신료들 또한 각기 제 살길을 찾아 흩어졌다. 왜군은 국왕과 신료들이 떠난 텅 빈 한양을 5월 3일에 접수하였다. 침략 개시 이후 20일 만에 한양을 접수하였으니 거의 아무런 저항도 받지 않고 걸어온 것이나 다름없었다.

한양을 점령한 왜군은 계속해서 북쪽으로 향하여 6월 15일에는 평양을 점령했으며, 그 뒤 함경도까지 진출해 근왕병(勤王兵)을 모집하고 있던 임해군(臨海君)과 순화군(順和君) 두 왕자를 포로로 잡기까지 하였다. 명에서 온 조승훈(祖承訓)의 원군마저 왜군을 얕보고 섣불리 덤볐다가 7월의 평양 전투에서 패하여 조선은 그야말로 백척간두의 운명에 처하게 되었다.

좁은 조선 땅은 왜군에 의해 철저히 유린되었다. 왜군은 조선인을 길잡이 삼아 방방곡곡을 이 잡듯이 뒤지고 다녔다. 그 때문에 난을 피해 깊은 산골짜기에 모여든 백성들도 수없이 죽임을 당하였으며, 특히 함경북도의 경우 지형이 병의 목처럼 생겨 한번 들어가면 나오기 힘들었기 때문에 왜군의 칼날을 피한 자가 드물었다고 한다. 왜군에게 잡힌 부녀자들은 절개를 지키기 위해 스스로 목숨을 끊었다. 왜군의 손아귀에서 요행으로 목숨을 건진 백성들은 굶주림과 질병 속에 죽어 갔으며, 목숨을 부지하기 위해 나무껍질과 풀뿌리는 물론 인육까지 먹는 참상이 벌어지기도 하였다.

전쟁의 피해는 개인의 억울한 희생에 그치지 않았다. 더 심각한 것은 전쟁으로 야기된 사회적 갈등이었다. 가장 먼저 들 수 있는 것은 조정에 대한 백성들의 신뢰가 깨졌다는 점이다. 누구보다 앞장서서 국난 수습에 나서야 할 국왕과 조정 신료들이 앞 다투어 도망가자 국가에 대한 믿음이 일순간에 허물어져 버렸다. 백성들의 원성은 극에 달하여 성난 군중들이 선조의 어가 행렬을 막고 시위를 벌일 정도였다. 이러한 틈을 타 일부 노비들은 관청을 습격하여 파괴해 버렸고 모반이 연이어 발생하였으며 사방에서 도적이 들끓었다.

사회 구성원들 간의 갈등도 표출되었다. 위기의 순간에 가장 필요한

──● 〈동래부순절도〉 동래 부사 송상현의 충절을 기리기 위해 세운 안락서원에 봉안되어 있던 것이다. 그림 하단에는 왜군에 맞서 싸우는 동래부민의 모습이, 왼쪽 상단에는 도망가기에 급급한 경상좌병사 이각의 모습이 그려져 있다. 육군박물관 소장.

것은 서로에 대한 따뜻한 애정이었지만 현실은 그렇지 않았다. 갈등의 씨앗은 바로 이기심이었다. 전쟁의 와중에도 자신의 영달을 꾀하는 인간은 있게 마련이었다. 경상도 영산(靈山) 땅에 살던 공휘겸(孔撝謙)이라는 자는 왜군에게 빌붙어 "내가 당연히 경주 부윤이 될 것이요, 낮아도 밀양 부사가 아니고는 갈 데 없다"며 호기를 부리다가 의병장 곽재우의 칼날에 목이 떨어지기도 하였다. 장홍(張鴻)이라는 자는 아내가 왜군을 꾸짖다가 죽임을 당하였다고 진술하여 정려(旌閭) 표창을 받았는데 후에 왜에서 돌아온 포로 속에 그의 아내가 끼어 있어 사람들의 분노를 산 일도 있었다.

　　운 좋게 화를 면한 집에서는 왜군에게 잡혀 간 여성의 집안과는 혼인관계를 맺으려 하지 않아 피해자들에게 씻지 못할 또 하나의 큰 상처를 남기기도 하였다. 왜군의 머리를 베어 오면 관직에 오를 수 있다는 말에 굶주린 백성을 살해한 후 머리를 깎아 마치 왜군인 것처럼 만들어 바친 사람까지 등장하였던 것을 보면, 공휘겸이나 장홍 같은 이의 이기심은 그래도 점잖은 편에 속하였다.

　　전쟁으로 앞날에 대한 희망을 잃고 삶에 지친 사람들은 술과 향락에 자신을 맡긴 채 하루하루를 지탱하였다. 이러한 참담한 전쟁이 막을 내리기까지는 7년이라는 긴 시간을 기다려야 했지만 전쟁의 상처가 아무는 데는 훨씬 더 긴 시간이 필요하였다.

전쟁을 승리로 이끈 영웅들

　　전란의 시작은 분명 치욕스러운 것이었다. 하지만 조선도 곧 반격을 시도하였는데, 그 선봉에 선 이는 이순신(李舜臣, 1545~1598) 장군이었다.

이순신은 5월 7일에 옥포 해전을 승리로 이끈 후 사천과 당항포 등지에서 연이어 왜군을 크게 격파하였으며, 6월 말과 7월 초에 걸쳐 총공세로 반격에 나선 왜군을 한산도에서 대파하였다. 이순신 함대의 활약으로 해상권을 완전히 장악하여 곡창 지대인 호남을 지킬 수 있었고, 이미 북진한 왜군은 남쪽의 보급로가 끊겨 거꾸로 독에 갇힌 쥐 신세가 되었다.

이순신이 바다에서 왜군을 상대하고 있을 때, 육지에서는 의병이 결성되어 관군이 떠난 빈자리를 메웠다. 향병(鄕兵)이라고도 일컬어졌던 이들 의병은 스스로 집안의 재산을 털어 동지들을 규합하고 직접 병기를 만들며 군량을 자급하였다. 의병의 선봉장은 경상도 의령 출신의 홍의 장군 곽재우(郭再祐, 1552~1617)였다. 곽재우는 50여 명의 동지를 규합하여 전투에 참여하였다. 마흔이 넘은 나이에 의병 운동을 하는 그를 보고 일부에서는 미친 사람이라거나 도적 노릇을 한다고 비아냥거리기도 했지만, 그는 민첩한 첩보 활동과 신출귀몰한 게릴라전을 통해 가는 곳마다 승리를 거두면서 의령·삼가·합천 등지를 수복하고 이어 현풍·창녕·영산의 왜군까지 섬멸하여 경상남도 지역을 평정하였다. 곽재우의 이러한 활동은, 왜란이 발발하자 전라도로 피신했다가 곽재우의 승리 이후 비로소 모습을 드러낸 경상 감사 김수(金睟)의 모습과 좋은 대조를 이룬다.

이순신과 곽재우의 활약상에 자극받아 각지에서 의병이 결성되었다. 영남의 정인홍(鄭仁弘, 1535~1623), 호남의 고경명(高敬命, 1533~1592)·김천일(金千鎰, 1537~1593)·김덕령(金德齡, 1567~1596), 호서의 조헌(趙憲, 1544~1592) 등이 대표적인 의병장이다.

이 가운데 『임진록』에서도 활약상이 크게 소개된 김덕령은 전라도 광주 석저촌 출신이다. 유학을 익힌 데다 무예에도 뛰어나 '지혜는 제갈공명과 같고 용맹은 관우보다 낫다'는 평가를 받았다. 무게가 백 근이나 나가는 큰 철퇴 두 개를 허리 아래 좌우에 차고 다녀 '신장'(神將)이라고 불리던 그는

1593년 겨울, 어머니 상중임에도 불구하고 담양에서 의병 수천 명을 규합하여 전쟁에 뛰어들었다. 김덕령은 타고난 용맹으로 가는 곳마다 전투에서 승리를 거두었으며 경상도 지방에까지 진출하는 등 크게 활약하여 왜병들은 그의 이름만 들어도 가슴을 쓸어내릴 정도였다.

　　의병 운동에는 불법(佛法)을 닦는 승려들도 참여하였다. 서산 대사로 더 잘 알려진 휴정(休靜, 1520~1604)은 선조의 명을 받들어 팔도의 사찰에 격문을 보내 승병 결성을 독려하였다. 금강산 표훈사에 있던 휴정의 제자 사명당 유정(泗溟堂 惟政, 1544~1610)은 휴정의 격문을 받고 다시 사방에 글을 띄워 무리를 모아 평양에 도착하였는데 그 수가 거의 천여 명에 이르렀다. 이들 승병들은 직접 전투에 참여하기보다는 경비나 무너진 성을 보수하는 임무에 투입되었는데, 전열이 흐트러지지 않아 여러 곳에서 이들의 도움을 크게 받았다.

　　사실 의병은 대부분 군사 지식이 없는 사람들이었기 때문에 실제 전투에서 혁혁한 전과를 거두는 경우는 많지 않았다. 의병 항쟁 당시 환갑이던 고경명은 적병과 무모한 전면전을 펴다가 패배해 목숨을 잃고, '군사의 행진에 기율이 없고 이르는 곳에 진영의 설비가 없어 마침내 패하게 되었다'는 평가를 들어야 했다. 하지만 개별 전투의 승리 여부에 상관없이 이들 의병의 활동은 왜군에게 커다란 부담을 안겨 주었으며 조선군 전체의 사기 진작에도 큰 역할을 하였다. 그 때문에 이수광(李睟光, 1563~1628)은 왜란에서 국가를 지켜 낸 것은 오로지 의병들이었다며, 『지봉유설』에서 다음과 같이 의병의 공로를 부각시켰다.

명령이 통하지 않아서 거의 나라가 없어진 지 달이 넘었을 때에 영남의 곽재우·김면, 호남의 김천일·고경명, 호서의 조헌 등이 앞장서서 의병을 일으키고 원근에 격문을 전하니 이로부터 백성들이 비로소 나라를 받들려는 마음

● **문경 새재 제1관문** 북방 여진족과의 전투에서 명성을 떨친 신립은 천혜의 요새인 새재를 포기하고 8,000명의 기병을 앞세워 탄금대에 배수진을 쳤으나 조총으로 무장한 왜군을 물리치기에는 역부족이었다. ⓒ 김성철

이 있게 되었고 고을의 사자들은 곳곳에서 군사를 모집하였다. 의병장으로 칭호하는 자가 무려 백 명이나 되었는데 왜군을 초멸하고 국가를 회복한 것은 오로지 의병의 힘이었다.

의병들이 곳곳에서 적극적인 항쟁을 벌이는 사이 1593년 정월에는 조선과 명의 연합군이 평양성을 탈환하고, 2월 12일에는 권율(權慄, 1537~1599) 장군이 경기도 행주산성에서 대승을 거두었다. 이로 인해 왜군은 더 이상 진격하지도 못하고 퇴로가 막혀 뒤로 물러날 수도 없는 진퇴양난의 난관에 봉착하였다. 왜군은 이미 전력의 3분의 1 이상을 손실한 데다가 지도층

임진록 77

내부의 반목까지 격화되어 갈피를 잡지 못하고 있었다. 이런 상태에서 조선을 배제한 명과 일본의 화의 교섭이 진행되었고, 그 결과 왜군은 제 발로 조선 땅에서 걸어 나갈 수 있었다.

　　왜군은 1597년에 재차 조선에 출병하였지만, 1598년 도요토미 히데요시(豊臣秀吉)의 병사를 계기로 완전히 철군하였다. 이로써 전쟁은 막을 내렸다. 그러나 전쟁의 아픈 기억은 조선 사람들의 뇌리에서 두고두고 지워지지 않았다. 『임진록』은 바로 그 아픈 기억의 산물이었다.

❰ 민중의 냉엄한 역사 평가

　　『임진록』은 가상의 역사 소설이다. 소설은 가공인물인 영의정 최일령이 선조의 꿈을 왜가 쳐들어올 징조라고 해몽하는 장면부터 시작하여, 사명당이 일본에 건너가 왜왕에게 항복 문서를 받아 오고 왜왕이 조공을 바치는 장면으로 끝맺는다. 임진왜란을 조선이 승리한 전쟁으로 재구성한 것인데, 이는 그만큼 조선 백성들의 전란에 대한 아쉬움과 안타까움이 컸음을 반증하는 것이기도 하다.

　　50여 종의 이본이 전해질 만큼 세간에 널리 유행한 『임진록』은 몇 개의 단편적인 이야기로 구성돼 있다. 이야기 속에는 최일령이나 정출남 등과 같은 가공인물과 함께 이순신 장군을 비롯하여 논개(論介)·김덕령·김경서(金景瑞)·이여송(李如松) 등 실존 인물들도 등장한다. 『임진록』의 이야기는 언뜻 보면 황당무계한 허구인 것처럼 생각된다. 이순신 장군이 전사한 후에야 왜군이 비로소 한양으로 진격을 시작하여 탄금대에서 신립 장군을 격파하는 대목이나, 김경서가 일본에 건너가 왜왕의 머리를 베려 하는 부분은 역사적 사실과는 전혀 다르다. 사명당이 임금의 명을 받고 갖은 신통술을 부린 끝에 왜왕의 항복 문서를 받아 오는 대목에 이르면 한 편의 만화를 보는 듯한 느낌을 받는다.

하지만 그 내용을 곰곰이 따져 보면 그저 허구의 이야기로만 넘길 수 없는 구석이 있다. 선조의 꿈을 일본이 침략할 전조라고 해몽한 최일령은, 명종 말년(1567) "오래지 않아 왜변이 일어날 것인데, 만약 진(辰)년에 일어나면 구할 길이 있지만 사(巳)년에 일어나면 구하기 어려울 것이다"라고 한 유명한 예언가 남사고(南師古)나, 일본에 사신으로 가서 정세를 정탐한 후 왜적이 반드시 침략할 것이라고 보고했던 황윤길(黃允吉)의 모습을 떠올리게 한다.

또 명나라 장수 이여송이 원군을 인솔하고 내려와 조선의 국왕이 왕상(王像)이 아니라는 이유로 철군하려 하는 대목은, 이여송 부대가 조선의 청원에도 불구하고 한동안 요동에 머물러 있었던 사실과 벽제 전투에서 왜군에게 패한 후 병을 핑계 삼아 본국으로 돌아가려 했던 상황을 비유한 것으로 볼 수 있다.

왜왕의 항복 문서를 받기 위해 일본에 건너간 사명당은 천리마를 타고 지나가며 360칸 병풍에 빼곡히 적힌 1만 1천 구절의 글귀를 일순간에 외우거나, 뜨겁게 달군 구리 방을 고드름이 맺힌 방으로 변화시켜 놓는 등의 신통술을 부린 끝에 마침내 왜왕의 항복 문서를 받아 오는 것으로 묘사돼 있다. 이는 물론 극적 재미를 위해 첨가한 허구이지만, 1604년에 일본에 건너가 형세를 관찰하고 도쿠가와 이에야스(德川家康)와 담판하여 조선인 포로를 구출해 돌아온 사명당의 공적을 과장하여 표현한 것이기도 하다.

의병장 김덕령이 최후를 맞는 장면은 후일 이몽학(李夢鶴)이 주도한 모반에 가담하였다는 무고(誣告)로 고문을 받은 끝에 억울하게 세상을 떠난 사실을 그대로 옮긴 것이다. 칼을 맞고도 죽지 않는 김덕령이 왕에게 자신을 죽이려면 왼쪽 다리 아래의 비늘을 뗀 후 쳐야 한다고 말하는 부분은 혹독한 고문에도 굴하지 않았던 김덕령의 기개를 설명하기 위한 수식이다.

한편 왜를 토벌하기 위해 출정한 강홍립(姜弘立)이 왜왕의 환대에 끌려 변절하자 김경서가 그를 죽이고 자결하는 대목은 1619년의 상황을 차용한 것이다. 즉, 이 이야기는 후금을 토벌하기 위해 도원수 강홍립을 따라 출정했던 부원수 김경서가 포로가 된 뒤 정세를 기록해 몰래 조선에 보내려다 강홍립의 밀고로 사형당한 사건을 변형한 것이다.

이처럼 『임진록』은 크고 작은 역사적 사실을 바탕으로 하고 있다. 다만 그 역사적 사실이 이야기를 풀어 가는 사람의 시각과 바람에 따라 윤색되어 있을 뿐이다. 이순신 장군의 전공에 대한 외경심은 이순신이 전사한 후에야 비로소 왜군이 한양으로 진격하는 장면으로 나타났고, 강홍립에 대한 분노는 시간의 흐름을 거슬러서라도 그를 이야기 속으로 끌어들여 죽게끔 만들었다. 그런 점에서 『임진록』은 역사에 대한 민중의 냉엄한 평가서이기도 하다.

또 다른 점령군, 명의 원정대

『임진록』에는 낯선 이방인 한 사람이 포함되어 있다. 명나라 원군을 인솔했던 이여송이 바로 그 사람이다. 『임진록』 속에서 이여송은 왜장 가토 기요마사에게 조금도 밀리지 않는 믿음직스러운 원군 대장으로서의 면모를 유감없이 발휘하고 있다. 하지만 그와 함께 오만한 대국 장군으로서의 모습도 지니고 있다. 조선의 왕(선조)이 왕으로서의 면모를 갖추지 못했다며 회군하려 하고, 접반사(接伴使: 외국 사신을 접대하던 벼슬아치)에게 용의 간을 먹고 싶다고 하거나 하룻밤에 술 천 독을 준비하라고 하고 심지어 백마 천 필을 마련해 놓으라는 등 무리한 요구를 서슴지 않는다. 그뿐 아니라 조선에 영웅호걸이 많이 나는 것을 염려하여 각 읍을 돌아다니며 명산대천의 혈맥을 자르기까지 한다. 이러한 이중성을 가진 이여송의 모습은 바로 조선인의 눈에 비친 명나라 원군의 모습이었다. 과연 이여송으로 대표되는 명나라 원군의 실상은 어떠했을까?

　　명은 원군의 이름으로 조선에 군사를 파견하였지만, 처음부터 자국으로 전선이 확대되지 않도록 한다는 생각만 있었을 뿐 왜군을 축출해야겠다는 적극적인 의지는 없었다. 그런 생각을 가지고 들어온 명군이 제대로 전쟁을 수행할 리 만무하였다.

　　왜군이 아직 평양에 있다는 말을 듣고 이는 하늘이 자신으로 하여금 큰 공을 세우게 하려는 것이라며 자만하던 조승훈(祖承訓)은 평양에서의 첫 전투에서 크게 패하고 말았다. 이에 명 조정은 송응창(宋應昌)을 경략, 이여송을 도독군무로 삼아 다시 출병토록 하였다. 실질적으로 군사를 통괄하던 이여송은 영하(寧夏: 중국 황허 강 주변 지역으로 지금은 닝샤후이 족의 자치주)에서 일어난 반란 진압에 큰 공을 세운 바 있는 장수였다. 이여송의 원군이 조선에 들어오자 선조는 몸소 나아가 "과인이 나라를 잘못 지켜 황제께 염려를 끼쳐 드리고 여러 대인께서 멀리 정벌하러 오시게 하였다"며 감사를 표시하기까지 하였다.

　　최강의 군사로 구성된 이여송 부대는 기대에 부응하듯 평양 전투에서 왜군을 격파하였다. 그런데 명나라 원군의 위력이 확인되는 순간부터 그들은 점령군의 모습을 띠기 시작하였다. 기한 내에 군량을 반입하지 못했다는 이유로 호조 참판 민여경(閔汝慶)과 의주 부윤 황진(黃璡)이 명나라 장수 애유신(艾維新)에게 장형(杖刑: 형장으로 볼기를 치던 형벌)을 당하였다. 권율과 유성룡(柳成龍)마저도 명나라 장수에게 곤장을 맞은 일이 있을 정도였으니

● **동관왕묘 내부** 임진왜란 당시 원군으로 조선에 들어온 명나라 군대는 우리 사회에 적지 않은 영향을 미쳤다. 관우를 신으로 모시는 관제 신앙도 이 무렵에 수입되었다. 당시 명나라의 황제였던 신종(神宗)은 관우를 '나라와 백성을 수호하는 무신(武神)'으로 선포할 만큼 열렬한 관왕의 숭배자였기 때문에 관제 신앙을 제후국인 조선에 강요하려 했다는 분석도 있다. 서울시 종로구 소재. ⓒ 김성철

명군의 횡포와 무례는 가히 짐작할 만하다.

　명나라 군사는 일반 백성들에게도 공포의 대상이었다. 명군은 왜군의 준동을 저지하기는커녕 오히려 이동하는 동안 조선 민가를 습격하여 재물을 탈취하고 부녀자를 겁탈하는 등 갖은 행패를 부려 그 폐해가 오히려 왜군이 저지르는 것보다 심하다고 이야기될 정도였다.

　무례하고 규율이 없는 명군이 계속 승리를 거두기는 힘들었다. 명군은 이후 벽제 전투에서 크게 패했으며 이여송은 겨우 목숨을 건졌다. 전의가 급격히 약화된 명군은 이후 회군의 명분을 찾기에 급급했다. 이여송은 병을

핑계로 직임을 바꾸어 줄 것을 요청했으며, 이여송 휘하의 장세작(張世爵)은 퇴군을 반대하는 조선 순변사 이빈(李薲)에게 욕설을 퍼부으며 발길질까지 하였다. 명 지휘부에서도 일본과의 직접적인 대결을 회피한 채 강화 논의에 치중하였다. 결국 송응창과 이여송은 1593년 8월에 군사를 이끌고 돌아갔고 남은 군사들도 이듬해 대부분 조선에서 철수하였다. 행패가 두렵지만 그래도 의지할 수밖에 없는 존재, 그것이 바로 명군의 실체였다.

전쟁 영웅들의 비참한 최후

전란이 모두 끝난 후 1601년(선조 34), 경연석상에서 이항복(李恒福)은 선조에게 비록 명나라 원군의 도움을 받았지만 조선 장수들의 노고도 적지 않으니 만일 공신의 말석에 부친다면 여러 장수들이 불만스러워 할 것이라는 의견을 피력하였다. 그에 대해 선조는 "명나라 군대의 힘이 아니면 왜적을 어떻게 물리쳤겠는가? 강토를 회복한 것은 모두 명나라 군대의 공이다. 우리나라 사람은 한 일이 없다. 이는 내가 사실에 근거하여 한 말이다. 여러 해 동안 방수(防守)한 공이야 어찌 전혀 없다고 하겠는가"라며 강하게 반박하였다.

선조는 신하들의 공을 평가하는 자리에서도 왜적을 평정한 것은 오로지 명나라 군대의 힘이었고, 우리나라 장사(將士)는 그 뒤를 따르거나 혹은 요행히 잔당의 머리를 얻었을 뿐 제힘으로는 한 명의 적병을 베거나 하나의 적진을 함락하지 못하였으며 그나마 이순신과 권율 정도가 조금 나은 편이라고 지적하였다. 선조의 이러한 인식은 왜군에 대항하여 필사적인 항쟁을 벌였던 조선 장수와 의병장들의 운명을 짐작케 하기에 충분하다.

이순신이 전공을 시기하는 자들의 모함을 받아 죽음 직전까지 몰렸던 것은 잘 알려진 사실이다. 그 때문에 『임진록』의 이본 가운데는 이순신의 죽음을 후일 반대파들에 의해 목숨을 잃느니 차라리 장렬한 죽음을 택한 데서 비롯된 일종의 자결로 그리고 있는 작품도 있다. 그래도 선조에게서 약간의 공적을 평가받았으며 전장에서 명예롭게 전사한 이순신은 오히려 행복한 편에 속한다.

의병장들의 운명은 더욱 비참하였다. 의병들의 공이 컸음을 치하하는 것은 관군의 역할이 미미하였다는 것을 인정하는 일인데, 그것은 정권 담당자들에게 큰 부담이 될 수밖에 없었다. 또 백성들의 큰 신망을 받고 있던 이들이 혹시 어수선한 시국과 전란을 틈타 모반을 꾸미지 않을까 하는 불안감도 있었다. 실제로 전란 중 곳곳에서 도적이 일어났고 모반 사건도 적지 않게 발생하였다. 이들이 세력을 규합하기 위해 이름난 의병장의 이름을 파는 경우가 있어 정부는 촉각을 곤두세우고 있었다. 여기에 의병장들의 공을 시기하는 사람들의 입김까지 작용함으로써 많은 전쟁 영웅들이 희생을 당하였다.

1594년(선조 27)에 죽임을 당한 의병장 이산겸(李山謙)은 그 첫 희생자였다. 이산겸은 『토정비결』의 저자로 알려진 토정 이지함의 서자로, 조헌 의병 부대의 잔병을 규합하여 의병을 일으켰던 인물이다. 그런데 누군가 충청도 홍산에서 일어난 송유진(宋儒眞) 반란의 주모자로 그를 무고하는 바람에 억울하게 잡혀 죽고 말았다.

김덕령은 희생된 의병장 가운데 가장 거물이었다. 그는 의병 항쟁에 뛰어들면서 다음과 같은 시를 읊은 일이 있다.

거문고와 노래 이것은 영웅의 일이 아니고
칼춤으로 모름지기 옥장(玉帳)에서 놀 것이다
다른 날 난이 평정되어 칼을 씻고 돌아온 뒤에
강호에 낚시질하는 외에 다시 무엇을 구하리

● **김덕령 장군 묘** 김덕령은 의병을 일으켜 혁혁한 전공을 세웠지만 전란이 끝난 뒤 모함을 받아 억울하게 죽고 말았다. 하지만 그의 이름은 사람들의 가슴속에 오래도록 남았는데, 광주시 충장로는 바로 충장공(忠壯公) 김덕령의 충절을 기리기 위해 붙여진 이름이다. 광주시 충효동 소재. ⓒ 김성철

        전란이 평정된 뒤 한가로이 낚시질이나 해야 할 김덕령을 기다린 것은 그러나 뜻밖에도 모함이었다. 1596년 7월에 이몽학이라는 자가 모반하였는데, 관련자들의 공초(供招)에서 장수가 김덕령이고 함께 거병하기로 일을 모의했다는 진술이 나오면서 김덕령은 모반 사건에 연루돼 체포되었다. 이때를 틈타 김덕령의 명성을 꺼리는 자들에게서 "덕령이 사람 죽이기를 삼〔麻〕을 베듯 하였으며, 또 모반할 조짐이 있으니 죽이지 않으면 반드시 후환이 있을 것"이라는 참소(讒訴)가 이어졌다. 심지어 형리에게 빨리 죽이도록 사주하는 자까지 있었다. 김덕령은 26일 동안 여섯 차례에 걸쳐 신문을 받았

다. 고문으로 인해 정강이뼈가 부러진 상황에서도 그는 무릎으로 기면서 자신의 죄라면 어머니의 삼년상을 지키지 못하고 의병을 일으킨 것뿐이라고 항변하였지만, 받아들여지지 않아 끝내 형장의 이슬로 사라졌다.

홍의 장군 곽재우의 삶도 순탄하지 않았다. 그의 혁혁한 전공은 일찍부터 시기의 대상이 되었다. 병사 조대곤(曺大坤)은 곽재우가 의심스럽다고 보고한 바 있으며, 도망한 일로 곽재우에게 목숨까지 위협받았던 경상 감사 김수 역시 그를 도적으로 지목하면서 비방하였다. 선조는 함부로 감사를 죽이고자 하는 자가 도적이 아니고 무엇이냐며 없애 버리지 않으면 후환이 있을 것이라고 하였다. 전란이 끝나자 조정에서는 은밀히 중사(中使)를 파견하여 순검(巡檢)한다 사칭하면서 곽재우의 동정을 살폈고, 곽재우는 이를 의심스럽게 생각하고 있었다. 그는 김덕령이 무고하게 죽는 것을 보고는 지금은 일할 수 없는 때임을 알고 은거하여 66세의 나이로 쓸쓸히 세상을 떠났다.

이름조차 알려지지 않은 수많은 의병들 역시 표창을 받기는커녕 전란이 끝난 후에도 고향으로 돌아가 생업에 종사할 수 없었다. 정부에서 이들을 강제로 군인으로 만들어 전선에 배치하거나 수시로 동원하였기 때문이다. 이로 인해 의병들의 원망과 고통은 극에 달하였다. 이런 상황을 지켜본 이수광은 국가가 백성들의 신뢰를 크게 잃어 차후에 또 전란이 생기면 의뢰할 수 없을 것이라고 한탄하였다.

임란 후 조선에 귀화한 왜인들

임진란 당시 침입한 왜군들 가운데에는 전쟁이 끝난 후에도 돌아가지 않거나 돌아가지 못하고 조선에 남은 자들이 적지 않았다. 잘 알려져 있다시피 우록 김씨(友鹿金氏)의 시조 김충선(金忠善)과 함박 김씨(咸博金氏)의 시조 김성인(金誠仁)은 왜군 장수였다. 그러나 이들은 조선의 문물에 감화되어 귀화한 후 오히려 왜군을 물리치는 데 앞장서 선조로부터 성을 하사받고 조선에 뿌리를 내렸다. 김향의(金向義)·김귀순(金歸順)·이귀명(李歸命) 같은 인물들도 모두 귀화 왜군으로 관직까지 얻었다. 귀화 왜군들의 이름 대부분이 '충성스럽고 선하다', '의로 향하였다', '순한 곳으로 돌아왔다'는 뜻을 지니고 있는 것이 재미있다.

한편 이름이 알려져 있지 않은 귀화 왜인들도 많았는데, 이들은 대개가 항복한 왜군들이어서 흔히 '항왜'(降倭)로 불렸다. 이들 가운데에는 조선군에 소속되어 왜군을 상대로 선무 공작을 벌이는 등 조선을 위해 봉사한 인물도 심심치 않게 있었다. 이시언(李時言) 휘하의 항왜 기오질기(其吾叱己)와 사이소(沙已所)는 경남 거창에서 왜군 17명을

●〈동래부순절도〉(부분) 임진왜란 당시 조총과 칼 등을 든 왜군의 모습을 엿볼 수 있다. 특히 양손에 칼을 들고 있는 모습이 이채롭다. 육군박물관 소장.

유인해 오는 성과를 거두기도 하였다.

　전란이 끝난 후 조선에 남은 항왜는 귀화인이라는 의미의 향화인(向化人)으로 불렸다. 그들 중 화약 제조 기술 같은 특별한 재주를 갖고 있는 사람은 관청에 소속되어 염초(焰硝: 화약의 원료)를 굽는 등의 활동을 하였지만 그렇지 않은 왜인들은 자기들끼리 촌락을 이루고 살았다. 특히 해변 고을에 많이 거주하였는데, 이들은 결혼도 하지 않고 일본의 풍속을 그대로 지키며 독자적으로 생활하였다. 조정에서도 이들을 조선에 동화시키려는 노력을 별반 기울이지 않고 그저 예조에 소속시켜 아전들로 하여금 세금만 거두게 할 뿐이었다. 명령에 따라 전장으로 끌려 나왔다가 고향에 돌아가지 못하고 일본을 그리워하며 살아갔을 이들 향화인들도 일본으로 끌려간 조선인들과 마찬가지로 결국은 전쟁의 희생자들이었다.

홍길동전

영웅 소설에 담긴 서얼들의 한풀이

작 품 설 명

「홍길동전」(洪吉童傳)은 사회 문제에 대한 견해를 적극적으로 표시했다는 점과 작자가 밝혀진 몇 안 되는 소설이란 점에서 일찍부터 주목을 받아 왔다. 주인공 홍길동이 뛰어난 능력을 지녔으나 신분의 한계 때문에 차별받는다는 설정을 통해 조선시대 신분 제도의 문제점을 지적하고 있다. 특히 연산군대에 활약한 실존 인물 홍길동을 주인공으로 등장시킨 점도 예사롭지 않다. 홍길동을 도술을 부리고 탐관오리를 응징하는 영웅으로 설정한 것이나 율도국이라는 이상 국가를 건설하게 한 것은 현실의 고통 속에 신음하는 백성들에게 꿈과 희망을 주기 위함이었을 것이다. 「홍길동전」이 사회 소설, 영웅 소설, 의적 소설로 불리는 것은 현실에 대한 비판 의식과 함께 영웅의 등장을 희구하는 사람들의 염원을 담았기 때문이다.

「홍길동전」의 작자 허균(許筠, 1569~1618)은 조선시대 최대의 기피 인물이었다. 그의 문집 어디에도 「홍길동전」을 저술했다는 기록이 없어 작자에 대한 의문이 제기되기도 하지만 조선 중기의 학자 이식(李植)은 『택당집』(澤堂集)에서 허균이 「홍길동전」의 작자임을 분명히 밝히고 있다. 또 소설의 시대 배경, 내용 속에 나타난 인재 등용의 필요성과 호민(豪民) 사상이 허균이 「유재론」(遺才論)과 「호민론」(豪民論)에서 제시한 사상과 거의 일치하고 있는 점 등을 고려할 때 허균을 「홍길동전」의 저자로 보아도 될 것이다.

「홍길동전」의 배경은 1613년(광해군 5), 은상(銀商)을 살해하고 거사 자금을 확보하려 한 7명의 서얼들에게서 찾을 수 있다. 신분 차별을 극복하려 했던 서얼들의 움직임을 개혁 지향적인 사상가 허균이 주목했고, 이것이 소설의 집필로 이어진 것으로 추측할 수 있다. 허균은 후에 백성을 선동하고 궁궐에 흉서를 투서한 혐의를 받아 역모 죄로 처형당한다. 그러나 개방적인 학문 성향을 지닌 허균이 평소 주장해 온 능력 본위의 인재 등용 사상은 소설 「홍길동전」으로 되살아났다.

☾ 신분 차별이 엄격한 성리학 중심 사회

　　오늘날 홍길동은 우리들에게 가장 친근한 이름 중의 하나이다. 은행이나 동사무소의 참고 서류에 표본으로 제시된 인물 중 상당수가 '홍길동'인 것에서도 이 이름이 지니는 대중성을 알 수 있다. 또 홍길동과 관련된 만화와 영화가 수없이 제작되어 그의 이름을 모르는 대한민국 국민은 거의 없을 정도이다. 이처럼 우리에게 친숙한 이름 홍길동은, 그러나 조선시대에는 그리 곱지 않은 시선을 끌었던 이름이다. 연산군대에 관가에 체포된 도적의 이름인 데다 조선시대 최대의 기피 인물이었던 허균의 소설 속 주인공이었기 때문인데, 그로 인해 『홍길동전』은 오랫동안 금서로 묶여 있기도 했다.
　　홍길동은 판서인 아버지와 시비(侍婢: 곁에서 시중드는 몸종) 출신인 어머니 춘섬 사이에서 출생한다. 주인공에 대한 이러한 환경 설정은 홍길동이 필연적으로 신분 문제에 저항할 수밖에 없는 인물임을 암시한다. 다음은 『홍길동전』에서 갈등 구조가 가장 부각되어 있는 부분이다.

소인이 평생 서러운 바는 대감 정기로 당당한 남자가 되어서 부모가 낳아 주고 길러 주신 은혜가 깊거늘 그 부친을 부친이라 하지 못하옵고 그 형을 형이라 부르지 못하오니 어찌 사람이라 하오리까?

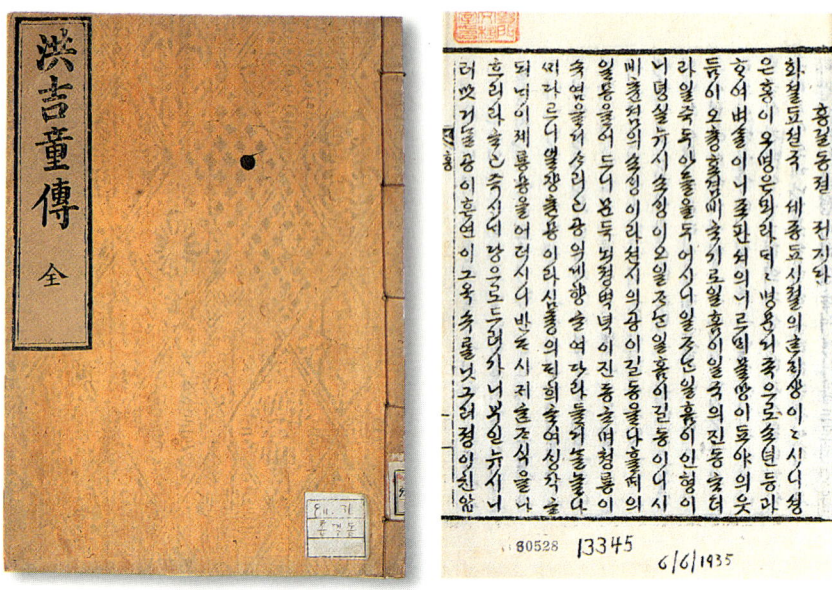

●「홍길동전」 서얼 차별의 문제와 부패한 정치를 개혁하려는 허균의 혁명 사상이 담겨 있는 한글 소설이다. 24장 경판본. 연세대학교 중앙도서관 소장.

  홍길동은 서얼의 설움을 부친과 형제를 제대로 호칭하지 못하는 것으로 표현하고 있다. 가족을 마음대로 호칭할 수 없는 서얼차대의 현실은 가족의 범위를 떠나 사회적으로도 큰 제약으로 다가섰다.
  서얼은 조선 전기까지만 해도 그다지 큰 차별을 받지 않았다. 그러나 16세기 이후 조선 사회에 명분과 신분 차별을 옹호하는 성리학 이념이 강하게 정착되면서 양반과 상민의 구분, 적자와 서얼의 차별이 보다 분명해졌다. 서얼의 과거 응시를 금지해 영구히 등용하지 못하게 한 것은 서얼 차별의 대표적인 사례이다. 꿈과 이상을 실현하기 위해 거쳐야 했던 관문인 과거에 응시조차 할 수 없게 한 것은 매우 가혹한 조치였다. 서얼차대는 성리학의 이념이 확고히 자리 잡으면서 그 정도가 더욱 심해졌다. 『홍길동전』의 경우처럼 아버지가 있으되 아버지라고 제대로 불러 보지도 못하는 시대가 된 것이다.

홍길동은 이러한 현실의 장벽을 극복하기 위하여 사회적으로 비난받아 마땅한 도적의 길로 들어선다. 즉 자신의 처지를 극복하기 위해 도적이 될 수밖에 없었던 것이다. 특히 실존 인물 홍길동이 도적이었고 허균이 크게 영향을 받았다는 『수호전』의 주인공도 도적인 점을 감안하면 소설 속 주인공을 도적으로 설정한 점은 매우 자연스럽다.

도적의 우두머리가 된 홍길동은 부정한 방법으로 재산을 모은 해인사와 탐관오리가 수령으로 있는 지역을 집중 약탈하는 의적이 된다. 그들 무리의 이름은 가난한 백성들을 살려 준다는 뜻으로 '활빈당'(活貧黨)이라 하였다. 홍길동은 고통받는 민초의 편에 서서 탐관오리를 통쾌하게 물리침으로써 그들에게 대리 만족을 가져다준 것이다.

소설에는 홍길동이 "8세에 총명함이 다른 사람보다 뛰어났으며 스스로 도술을 익혔다"라고 되어 있다. 무술이나 축지법, 둔갑술 등 각종 도술에 능하다는 것은 도가 사상과 밀접한 관련이 있다. 도가 사상은 조선 사회의 주류 사상인 성리학에 밀렸지만 백성들 삶의 저류에 녹아들어 그 명맥을 이어 왔다. 조선 전기에는 김시습, 서경덕같이 도가 사상에 깊이 심취한 학자들이 여럿 있었다. 특히 허균의 아버지 허엽이 서경덕의 수제자인 점을 고려하면 가계(家系)로도 허균과 도가 사상은 연결 고리가 있다. 『전우치전』에는 서경덕 또한 도술에 매우 능한 인물로 묘사되어 있는데, 현실 정치에서 좌절을 겪은 인물을 중심으로 도가 사상이 수용되고 있었음을 알 수 있다.

이외에도 『홍길동전』에는 당시의 사회상을 엿볼 수 있는 장면들이 곳곳에 배치되어 있다. 자신을 죽이기 위해 자객 특재를 보낸 장본인이 부친의 후처인 초란임을 알지만, 부친이 그녀를 사랑함을 알고 목숨을 살려 준다는 대목에서는 조선 사회를 지배하는 효의 관념을 엿볼 수 있다. 이러한 효 사상은 홍길동이 도적으로 성공한 후에도 부형(父兄)이 고난에 처하자 자수하거나, 율도국 정벌을 계획할 때 부친이 죽자 삼년상을 모두 마치고 군사 훈련을 하는 장면에서도 반복적으로 나타난다.

  소설의 후반부는 홍길동이 백룡의 딸을 납치한 요괴와 싸워 승리한 후 그녀와 결혼을 하고, 포도대장을 물리친 후 병조 판서로 제수되는 등 더욱 허구적인 내용으로 전개된다. 그리고 홍길동이 유구국(琉球國: 오키나와)으로 추정되는 율도국으로 건너가 그곳의 왕이 되는 내용으로 화려한 대미를 장식한다. 상상의 나래를 마음껏 펼칠 수 있는 소설이라는 공간을 이용하여 작자가 소망했던 바를 파격적으로 실현해 나간 것이다.

  그런데 우리가 주목할 점은 홍길동이 왜 하필 율도국의 왕이 되느냐는 것이다. 이것은 결국 홍길동이 현실에서 꿈을 이루지 못하고 율도국이라는 새로운 공간, 즉 이상 세계에서만 그 꿈을 실현할 수 있음을 보여 준다. 신분 차별이 엄격한 당시 사회의 높은 벽을 암시하고 있는 것이다.

『홍길동전』의 모델, 칠서지옥

소설 『홍길동전』은 작자의 체험이 형상화된 작품이라는 평가를 받고 있다. 즉 주인공 홍길동이 서얼로 설정된 것은 다분히 허균의 삶의 체험이 반영되었다는 것이다. 허균은 아버지 허엽이 판서직을 역임했을 뿐 아니라 형과 누나가 모두 학문과 문장으로 명망을 떨친 명문가의 기대주였다. 그러나 그는 이러한 신분적 특권을 스스로 박차 버렸다. 오히려 스승 이달(李達)이 서얼이라는 점 때문에 차별을 받고, 서양갑·심우영 등 명문가의 능력 있는 젊은이들이 단지 서얼이라는 이유만으로 좌절당하는 현실을 결코 좌시하지 않았다.

양반 중심의 조선 사회에서 서얼은 사회적 희생양이었다. 서얼 차별의 문제는, 양반의 축첩(蓄妾: 첩을 두는 것)을 허용해 서얼을 양산하면서도 이들에 대한 차별은 강화하여 양반 적장자 중심으로 정치적·경제적 특권을 유지한 사회 체제에 그 근본 원인이 있었다. 여기에 명분을 주요 이념으로 하는 성리학 사상이 큰 몫을 했다. 양반과 상민, 남자와 여자, 적자와 서자의 차별을 엄격히 함으로써 소수 지배층의 기득권을 보다 강화한 것이다. 『경국대전』(經國大典)에서 법제적으로 서얼의 과거 등용을 자손 대대로 금지시킴으로써 서얼의 정치 참여 기회는 급격히 사라졌다. 16세기 이후 성리학이 지방 사회에까지 확산·보급되면서 반상(班常)의 구분, 적자와 서얼의 차이가 더 분명해진 것이다.

서얼들은 점차 불우한 처지를 비관하는 단계에서 벗어나 자신들의 입장을 알리고 서얼 제도의 모순을 근본적으로 개혁하려고 하였다. 이러한 점에서 『홍길동전』의 구체적인 모델은 1613년(광해군 5)에 있었던 칠서지옥(七庶之獄)에서 찾을 수 있다. '칠서'란 '일곱 명의 서자'를 가리키는 것으로, 이들이 현실 개혁의 뜻을 품기 시작한 직접적인 동기는 1608년에 제기한 서얼허통(庶孼許通: 서얼들도 관직에 등용되도록 요구한 것)이 받아들여지지 않은 데 있었다. 1613년 봄, 서인의 영수 박순의 서자 박응서를 위시하여 서양갑·심우영·이경준·박치인·박치의·허홍인 등 일곱 명의 서자들이 조령에서 은상(銀商: 은을 사고파는 장사꾼)을 살해하고 은 700냥을 강탈한 죄로 체포되었다. 그리고 국문(鞠問) 도중 이들이 역모를 꾸몄다는 놀라운 사실이 밝혀졌다. 일곱 명의 서얼들을 중심으로 거사 자금을 확보해 영창 대군(永昌大君)을 옹립하려 했다는 이 역모 계획은 엄청난 파란을 몰고 왔다. 역모의 수창자로 지목된 영창 대군의 외할아버지 김제남과 그의 세 아들이 화를 당한 것은 물론이고, 집권층 북인의 반대 세력이었던 서인들이 대거 관직을 삭탈당하고 유배되었다. 결국 영창 대군까지 강화도에 위리안치되었다가 살해당하는 비운을 맞았다.

  1613년의 칠서지옥은 서얼들이 조선 정부에 대해 조직적으로 저항한 최초의 움직임이었다. 개혁 지향적인 사상가 허균은 이러한 서얼들의 활동을 주시했고, 이 사건은 어떤 형태로든 『홍길동전』의 집필에 영향을 미친 것으로 판단된다. 허균은 『홍길동전』의 저술을 통해 사회 제도의 모순을 폭로하면서 현실에서 이루지 못한 서얼들의 꿈과 희망을 대변하려 하였다.

  능력은 있으되 그것을 발휘할 수 없는 닫힌 사회, 허균은 이런 부조리한 상황을 예리한 눈으로 주목한 지식인이었다. 개방적이고 개혁적인 성향을 지녔던 그는 서얼의 처지에 크게 공감했으며 서얼들이야말로 자신이 추구하는 개혁 사상의 동반자임을 확신한 것으로 보인다.

  한편, 『홍길동전』의 작자가 허균이라는 것에 여전히 의문을 제기하는 사람들도 있지만 조선 중기 한문학 4대가의 한 사람인 이식은 『택당집』에서 허균이 『홍길동전』의 저자임을 분명히 밝히고 있다.

세상에 전하기를 『수호전』을 지은 사람은 삼대가 농아(聾啞)가 되어 그 응보를 받았다. 도적이 된 사람들은 그 책(『수호전』)을 좋아하는데, 허균·박엽 등도 그 책을 좋아해서 그 도적의 우두머리로 각각 호(號)를 삼아 서로 즐거워했다. 『홍길동전』을 지었는데 『수호전』을 모방한 것이다. 그 무리 서양갑·심우영 등이 그대로 실행하다가 한 마을이 가루가 되었고 허균 또한 모반죄로 처형되었으니 이것은 농아로 보복받은 것보다 심한 것이다.

  『택당집』은 허균 이외에도 16세기에 활약한 주요 인물의 행적을 자세히 기록하고 있는, 인물 평가에 대한 신빙성이 매우 높은 자료이다. 따라서

『홍길동전』의 작자가 허균임은 거의 확실하다고 판단할 수 있다. 18세기의 학자 황윤석(黃胤錫)도『이재난고』(頤齋亂藁)에서『홍길동전』이 허균의 작품이라는 세간의 설을 제시하고 있다. 그리고 무엇보다도『홍길동전』에는 적서 차별의 부조리한 사회 현실 고발, 초능력을 지닌 영웅의 출현 등 허균의 '삶의 이력'에서 보이는 여러 모습이 드러나 있다.

작품 형성 배경으로는 중국의『수호전』을 주목하고,『홍길동전』이 중국 소설의 영향을 받았다는 지적이 있다. 허균이 여러 차례 사신의 임무를 띠고 중국을 왕래하면서 많은 책을 구입하였으므로,『수호전』뿐 아니라 중국의 여러 소설이『홍길동전』을 창작하는 데 참고가 되었을 가능성이 크다.

허균은『홍길동전』이외에「유재론」(遺才論) 같은 논설에서도 서얼들이 차별받는 잘못된 현실의 문제점을 날카롭게 지적하였다. 다음의 기록은 이러한 입장을 잘 보여 주고 있다.

고금(古今)이 멀고 세상이 넓지만 서얼 출신이라 하여 그 현명함을 버리고 어머니가 개가(改嫁)했다고 하여 그 재주를 쓰지 않는다는 말은 듣지 못하였다. 그러나 우리나라는 그렇지 아니하여 어머니가 천한 출신이고 개가한 자손은 모두 관직에 나아갈 수 없다. 나라가 양 오랑캐에 끼어 있어 모든 인재가 국가의 쓰임이 되지 않을까 염려해야 할 판에 도리어 인재 등용을 막고 "인재가 없다, 인재가 없다"고 하니, 이것이 남으로 가면서 수레를 북쪽으로 돌리는 것과 무엇이 다르겠는가?

한 부인이 원한을 품는 것도 걱정스러운데 원망하는 남정과 홀어미가 나라 안에 반이 넘으니 화평한 기운을 이루기는 또한 어렵다. …… 하늘이 낳아 주는 것을 사람이 버리니 이것은 하늘을 거스르는 것이다. 하늘을 거스르면서 하늘에 기도하여 목숨을 영원하게 한 자는 없다.

허균은 「유재론」에서 서출이라 하여 능력 있는 인재를 수용하지 않는 것은 우리나라에만 국한된 폐단임을 지적하고 서얼차대가 많은 사람들의 불만으로 표출될 것임을 강력히 시사하였다. 이러한 허균의 급진적인 성향은 그가 광해군대에 백성을 선동했다는 역모 죄의 혐의를 받고 형장의 이슬로 사라지는 주요한 원인이 되었다.

그러나 허균이 제기한 서얼의 신분 상승 운동은 조선 후기에 이르러 더욱 적극적으로 실현되었다. 1777년(정조 1) 마침내 서얼허통절목(庶孼許通節目)이 반포돼 서얼들의 관직 진출이 공식적으로 허용되었다. 학자 군주 정조는 특히 서얼들의 능력을 높이 평가하였다. 정조가 개혁 정치의 산실로 만든 규장각(奎章閣)에는 박제가·유득공·이덕무 등 서얼 출신의 학자들이 검서관으로 발탁되어 학문 연구와 정책 결정에 핵심적인 역할을 하였다. 19세기에 이르러 서얼들의 역할은 한층 더 확대되었으며, 서얼들은 그들만의 역사를 정리한 책 『규사』(葵史)를 편찬하기에 이른다. 그러나 책 제목에 해바라기 '규'(葵) 자를 써서 '국왕에 대한 변함없는 충성심'을 강조한 것을 통해 여전히 체제 내에서의 신분 상승에 만족한 그들의 입장을 확인할 수 있다.

도적 '홍길동'은 실존 인물

『홍길동전』에서 가장 흥미로운 부분은 홍길동이 실존 인물이라는 점이다. '홍길동'은 『조선왕조실록』에 등장하는 역사적 인물이다. 『연산군일기』와 『중종실록』 등에 기록된 도적 홍길동은 한자가 '洪吉同'으로 소설 『홍길동전』의 주인공 '洪吉童'과는 차이가 있다. 그러나 실존 인물 홍길동이 도적

● **김홍도의 〈규장각도〉** 서얼의 능력을 높이 평가한 정조는 박제가, 이덕무 등 서얼 출신 학자들을 규장각 검서관으로 발탁하여 적극적인 개혁을 추진하였다. 그림은 정조대 규장각과 부속 건물의 모습. 국립중앙박물관 소장.

이라는 점과 인근의 관리들을 꼼짝 못하게 한 점, 일부 백성들의 지지를 받았다는 점 등은 소설 속의 홍길동과 매우 흡사하다.

『연산군일기』 연산군 6년(1500) 10월 22일의 기록에, 영의정 한치형(韓致亨) 등 삼정승이 "듣건대, 강도 홍길동을 잡았다 하니 기쁨을 견딜 수 없습니다. 백성을 위하여 해독을 제거하는 일이 이보다 큰 것이 없으니, 청컨대 이 시기에 그 무리들을 다 잡도록 하소서" 하는 대목이 보인다. 삼정승이 임금에게 홍길동을 잡은 사실을 직접 보고한 것으로 보아 국가적인 관심을 기울일 만한 엄청난 도적이었음을 짐작할 수 있다.

이어 홍길동을 도와준 엄귀손 등의 처벌에 관한 내용이 나타나며, 같은 해 12월 29일 홍길동을 심문한 기록에는 홍길동이 체포되기 전 상황에 대한 내용과 함께 "강도 홍길동이 옥정자(玉頂子: 깃 꼭대기에 옥으로 만들어 단장식)와 홍대(紅帶: 겉옷에 두르는 붉은 띠) 차림으로 첨지(僉知: 정3품 무관 벼슬)라 자칭하며 대낮에 떼를 지어 무기를 가지고 관부(官府)에 드나들면서 기탄없는 행동을 자행하였는데, 그 권농(勸農: 농사를 장려하던 직책)이나 이정(里正: 마을 책임자)들과 유향소(留鄕所: 지방 수령을 보좌하던 자문 기관)의 품관(品官: 벼슬아치)들이 어찌 이를 몰랐겠습니까? 그런데 체포하여 고발하지 아니하였으니 징계하지 않을 수 없습니다. 이들을 모두 변방으로 옮기는 것이 어떠하리까?"라는 글이 보인다. 이것은 홍길동이 관원의 복장으로 도적질을 하였으며 일부 하급 관리들의 도움을 받았음을 시사하고 있다.

『중종실록』에도 홍길동이란 도적의 무리를 체포한 후 국문한 기록이 있는데, 홍길동이란 자가 당상의 의장을 했기 때문에 수령도 그를 존대했으며 그 세력이 상당히 컸다고 한다. 이처럼 당상관의 의장을 갖추고 있었다는 기록이 자주 나타나는 것으로 미루어 홍길동이 변신에 능했던 인물임을 짐작할 수 있다.

이상에서 살펴본 바와 같이 실존 인물 홍길동은 연산군대와 중종대에 대도로 이름을 떨친 도적이었다. 허균은 홍길동이라는 도적의 이름을 알고 있었고, 의도적으로 그를 자신의 소설 주인공으로 삼았을 것이다. 이는 이미 이름이 널리 알려진 인물을 주인공으로 선택함으로써 좀 더 많은 사람들이 공감할 수 있도록 한 것이기도 하다.

개혁 사상가 허균의 꿈과 좌절

　　허균은 선조대에서 광해군대에 걸쳐 활약한 문장가·사상가·개혁가였다. 조선시대에는 수많은 인물이 역사의 무대를 장식하며 명멸해 갔지만 허균처럼 극적인 삶을 산 인물은 흔하지 않다. 허균은 사회의 안정을 해치는 위험인물로 지목되었고 그의 사상은 불온한 것으로 취급되었으며, 마침내 광해군 10년(1618) 역적의 혐의를 받고 형장의 이슬로 사라졌다. 『조선왕조실록』을 비롯한 당대의 자료는 한결같이 허균에 대해 비판적이다. 그만큼 허균은 개성이 강하고 과격하며 독단적인 성향의 인물이었고, 그로 말미암아 매우 위험하고 부정적인 인물로 인식되었던 것으로 보인다.

　　그러나 한편으로 조선시대에 허균 같은 개혁 지향적인 인물을 찾기란 쉽지 않다. 허균이 살았던 16세기 말에서 17세기 초는 조선 사회가 보수와 혁신의 갈림길에서 고민하던 시기였으며, 허균은 이러한 시기에 혁신의 길을 택한 대표적인 인물이다.

　　허균은 1569년(선조 2) 경상도 관찰사 허엽의 3남 2녀 중 막내아들로 태어났다. 맏형 허성(許筬)과 중형 허봉(許篈)은 부친과 더불어 조정의 명신으로 활약했으며, 성리학과 문장, 외교 활동으로 이름이 높았다. 또한 허균에게는 조선시대 최고의 여류 시인으로 평가받는 다섯 살 위의 누이 허난설

● **허균의 가족 묘** 허균은 명문가의 후손으로 태어나 뛰어난 자질을 바탕으로 과감한 개혁을 지향했지만 이상을 제대로 펴 보지도 못한 채 처형되고 말았다. 경기도 용인시 소재. ⓒ 김성철

헌(許蘭雪軒)이 있었다. 난설헌은 일곱 살부터 시를 훌륭하게 지었다고 소문이 났으며 여자 신동이라고 불렸다.

　　허균이 태어난 곳은 외가인 강릉으로, 그 동네에는 조그마한 야산이 있었는데 마치 이무기가 기어가듯 꾸불꾸불한 모양을 이루고 있다고 해서 예부터 교산(蛟山: 蛟는 이무기란 뜻)이라 불렸다. 허균이 자신의 호를 '교산'이라 한 것은 고향에 대한 향수 때문이었으나, 묘하게도 자신의 이상을 제대로 펴지 못한 채 처형된 그의 삶은 용이 되지 못한 이무기를 연상시킨다.

　　명문재사(名文才士)의 혈통을 이은 허균은 12세에 아버지를 여의고 편모슬하에서 자라면서 난설헌과 함께 중형의 벗인 이달의 문하에서 수학하였다. 이달은 최경창(崔慶昌)·백광훈(白光勳)과 함께 조선 중기 삼당시인(三唐詩人)의 한 사람으로 꼽힐 만큼 시재가 뛰어났지만 서자라는 신분의 제약 때문에 자신의 높은 뜻을 펼치지 못하고 있었다. 허균이 『홍길동전』의 주인공을 서자로 설정한 것은 직접 목격해 온 스승의 불행을 작품으로 형상화한 것으로, 이는 당시 조선 사회가 안고 있던 사회 문제를 과감하게 폭로하기 위한 것이기도 했다.

허균은 명문가 출신으로 뛰어난 학문적 재질을 발휘했지만 그에 대한 당대 및 후대의 평가는 철저히 부정적이었다. 이것은 그가 역모 죄로 처형된 것과 밀접한 관련이 있다. 그에게 내려진 실록의 평가는 당시 조선 사회에서 허균이 얼마나 기피 인물로 낙인찍혔는지를 여실히 보여 준다.

그는 천지간의 한 괴물입니다. …… 그 몸뚱이를 수레에 매달아 찢어 죽여도 시원치 않고 그 고기를 찢어 먹어도 분이 풀리지 않을 것입니다. …… 그의 일생에 해 온 일을 보면 악이란 악은 모두 갖추어져 있습니다. ─『광해군일기』 광해군 10년(1618) 윤4월 29일

허균에게 이렇게 부정적인 평가가 내려진 것은 그의 학문과 사상이 당시의 주류 흐름인 주자 성리학과 많은 차이를 보였기 때문이다. 게다가 과단하고 직선적인 성격, 기생들과도 거리낌 없이 어울렸던 자유분방한 기질은 겉으로나마 점잖고 조신한 선비의 모습을 보이려 했던 다른 학자들의 반발을 샀다.

허균의 학문에서 가장 특징적인 것은 당시 대부분의 학자들과는 달리 성리학뿐만 아니라 불교·도교·서학(천주교)에 두루 깊은 관심을 보였다는 점이다. 허균에 관해 "거짓된 글 짓기를 좋아하여 스스로 산수 도참의 설부터 도교, 불교 따위 이단의 이야기들을 모두 지었다"(『광해군일기』 광해군 6

년 10월 10일)는 평가가 있었고, 『어우야담』에는 "허균이 고서를 전송(傳誦)하는 것을 들었는데 유·불·도 삼가의 책을 닥치는 대로 시원하게 외워 내니 아무도 그를 당할 수 없었다"고 기록돼 있다. 이로 미루어 그가 유·불·도 삼교에 두루 능통했음을 알 수 있다. 또한 중국에 사신으로 갔을 때 유럽의 지도와 천주교의 『게십이장』(偈十二章)을 얻어 왔다는 기록이 『성호사설』 등의 저술에 전해 온다. 허균은 명나라에 사신으로 갔을 때 천주교 서적을 가져온 것으로 추측되는데, 당시 명나라도 마테오리치에 의해 천주교가 막 도입된 시점이었음을 고려하면 새로운 사상에 대한 그의 관심이 유별났음을 알 수 있다.

16세기 이후 조선 사회에 정착된 성리학은 사림 사회에 깊은 영향력을 행사하면서 모든 사회생활을 지배하는 원리로 대두되었다. 그 과정에서 성리학 이론을 사회에 적용하려는 노력은 성리학에 대한 철학 논쟁을 수반하였다. 이러한 철학 논쟁은 성리학을 깊이 연구할 수 있게 하는 긍정적인 요인도 되었으나, 너무 지나쳐서 실사(實事)보다 공담(空談)을 위주로 논쟁하는 풍토를 조성해 사회 문제 해결에는 미흡한 점이 많았다. 허균이 성리학의 철학 논쟁에 빠져 들지 않고 다양한 사상을 접한 것은 모순된 사회 현실을 극복하기 위해 여러 학문과 사상에 동등한 관심을 기울였기 때문이다. 이러한 학문과 사상에 대한 개방성은 당시 드러나고 있던 사회 모순을 과감하게 지적할 수 있었던 요인이 되었다.

평소부터 역사 속에서 민중의 힘을 발견한 허균은 「유재론」이나 「호민론」 같은 글을 통해 능력 있는 인재의 적극적인 등용을 소신껏 주장하였다. 특히 「호민론」은 그의 민중 지향 사상이 함축되어 있는 대표적인 글이다. 허균은 이 글에서 "천하에 두려워할 바는 백성뿐이다"라고 전제한 후, 백성을 호민(豪民)·원민(怨民)·항민(恒民)으로 나누었다. 항민은 '무식하고 천하며, 자신의 권리나 이익을 주장할 의식이 없는 백성'을 말하며, 원민은 '정

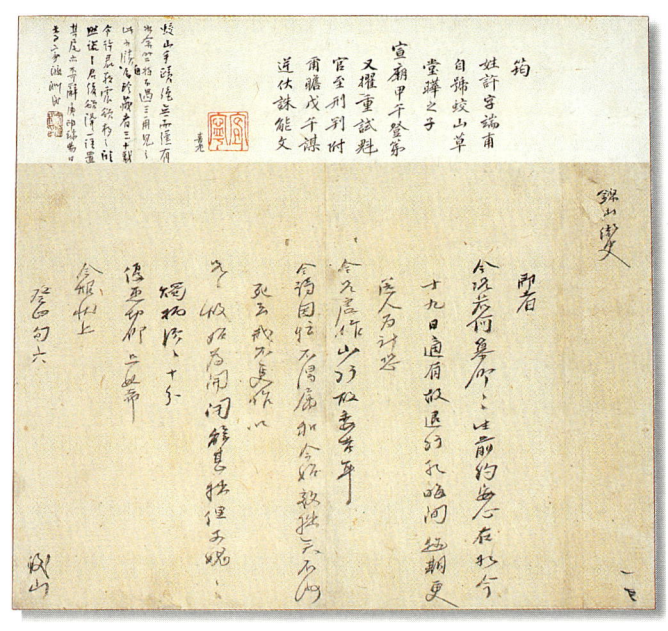

● **허균의 편지** 1613년 4월 16일에 허균이 당시 금산 군수로 있던 친구 이안눌에게 보낸 편지이다. 허균이 역적으로 몰려 처형되면서 그의 글 대부분이 없어졌기 때문에 그의 친필을 확인할 수 있는 몇 안 되는 자료 중 하나이다. 허경진 소장.

치가에게 피해를 입고서도 원망만 할 뿐 스스로 행동에 옮기지 못하는 백성'으로 지금 개념으로는 나약한 지식인을 뜻한다. 이와 달리 호민은 '자신이 받는 부당한 대우와 사회 모순에 과감하게 대응하는 백성'을 뜻하며 시대의 사명을 인식하고 현실에 적극적으로 나서는 인물이다.

「호민론」의 주요 내용은 호민의 주도로 원민과 항민이 합세하여 무도한 무리들을 물리친다는 것이다. 「호민론」은 '국왕은 백성을 위해 존재하는 것이지, 백성 위에 군림하지 않는다' 는 사실을 무엇보다 강조하여 백성의 위대한 힘을 자각시키고 있는데, 허균의 이러한 주장들은 당시로서는 매우 혁명적인 것이었다. 허균이 결국 역모 혐의로 생애를 마감할 수밖에 없었던 것은 당시 사회에서 결코 용납되지 못한 그의 자유분방한 기질과 혁명적 사상 때문이었다.

　　허균이 창조한 소설 속 홍길동은 호민의 특징을 고스란히 보여 준다. 즉 홍길동은 가정에서의 신분적 제약과 사회에 등용되지 못하는 사회적 모순에 부닥치지만 자신의 뛰어난 능력과 뜻있는 동지와의 규합을 통해 이를 극복해 나가는 호민의 모습을 보이고 있다. 허균은 중국 진나라 때의 진승·오광의 난, 당나라 때의 황소의 난과 같이 나라가 어지러울 때 호민이 백성을 규합하여 나라를 무너뜨린 사례를 지적하기도 하였는데, 이들 사례를 통해 무엇보다 강조한 것은 호민이 나서지 않아도 되는 안정된 국가의 건설이었다.

　　그러나 허균은 자신의 희망이 현실 정치에서는 결코 실현될 수 없음을 알고 차라리 통쾌하게 활약하는 호민 홍길동을 통해 많은 사람들의 울분을 풀어 주었다. 『홍길동전』은 바로 허균 사상의 연장선상에 있는 작품인 것이다. 허균은 역적이라는 이름으로 역사의 무대에서 사라졌지만, 불후의 명작 『홍길동전』을 통해 평등한 민본 사회 건설이라는 꿈을 아직도 이루어 가고 있다.

역사 속의 서얼들

조선시대에는 서얼 출신으로 역사의 현장 전면에 등장하는 인물이 적지 않았다. 서얼 출신으로 조선 전기에 가장 악명(?)을 떨친 인물은 유자광(柳子光)이다. 젊은 남이 장군을 역모 혐의로 무고하여 죽음에 이르게 하고 1498년 무오사화의 실질적인 주모자가 되어 사림파 선비들에게 큰 화를 입힌 장본인이라는 점 때문에 유자광은 간신의 전형으로 꼽혀 왔다. 그러나 그가 지닌 출중한 자질은 서얼이라는 신분적 한계에도 불구하고 고위직에 진출할 수 있는 바탕이 되었다. 이외에 『패관잡기』의 저자 어숙권, 초서와 문장으로 유명한 양사언, 양대박 등이 조선 전기에 이름을 떨친 서얼들이었다.

조선 중기 서얼들이 가장 조직적으로 역사에 등장한 것은 바로 『홍길동전』의 배경이 되기도 한 1613년 일곱 서얼들의 은상 살해 사건을 통해서였다. 조선 후기인 인조, 현종, 숙종 연간에도 서얼들은 차별 없이 관직에 등용될 수 있게 해 달라는 서얼허통(庶孼許通)의 상소문을 계속적으로 올렸으

▬▬▬▬● **「증철옹부백부임지행」** 서얼을 적극적으로 등용한 정조는 학예를 장려한 임금답게 자신도 시·서·화에 뛰어났다. 사진은 정조가 강계 부사에게 약품과 부채를 보내면서 써 준 시이다. 국립중앙박물관 소장.

나 수용되지 않았다.

　서얼 문제에 적극적으로 관심을 보인 국왕은 영조였다. 무수리 출신 숙빈 최씨의 소생인 영조는 왕실로 보자면 서얼로서 왕이 된 전형적인 인물이었다. 신분에 대한 열등감 때문인지 영조는 서얼에 대해 관대한 정책을 펼쳤다. 1772년(영조 48)에는 통청윤음(通淸綸音)을 내려 서얼을 청요직에 등용할 수 있도록 하는가 하면, 서얼도 아버지를 아버지로 형을 형으로 부를 수 있게 하고 이를 어기는 자는 법률로 다스리도록 한다는 조치를 내리는 등 적극적으로 서얼 차별을 없애는 정책을 취하였다. 홍길동이 그토록 원했던 '호부호형'(呼父呼兄)이 현실에서 구현되도록 한 것이다.

　영조의 서얼허통 정책은 정조대에 그 결실을 보게 된다. 정조는 최고의 학문 기관인 규장각에 능력 있는 서얼들을 대거 등용하였다. 박제가·유득공·이덕무·서이수 등이 그들로, 이들은 규장각의 핵심 요직인 검서관(檢書官)에 임명되어 사검서(四檢書)라 불리기도 했다.

　정조대 서얼 출신 학자들은 조선 후기 북학 사상과 문화 운동의 주역이 되었으며, 이러한 흐름은 19세기에도 이어져 서얼 출신의 실학자 이규경은 동도서기(東道西器: 동양의 도를 바탕으로 서양의 기술을 수용함)를 바탕으로 한 『오주연문장전산고』(五洲衍文長箋散稿)라는 문화 백과사전을 남겼다.

계축일기

광해군은 정말 패륜아인가?

작품 설명

「계축일기」(癸丑日記)는 광해군 정권의 패륜성을 고발한 궁중 문학 작품이다. 시간적 순서로 이야기를 전개했기 때문에 제목을 '일기'라고 했지만, 곳곳에 과장된 내용이 섞여 있어 실제로는 다분히 소설적이다. 「계축일기」는 광해군에게 핍박을 받은 계모 인목 왕후가 직접 썼다는 견해와 인목 왕후궁에 출입하던 궁녀가 썼다는 견해가 있는데, "나인들이 잠깐 기록하노라"라는 부분을 감안하면 궁녀가 썼을 가능성이 높다.

이 작품의 주인공으로서 갈등의 축이 되고 있는 인물은 선조 사후 왕위 계승을 둘러싸고 대립 관계에 있었던 광해군과 인목 왕후이다. 광해군에 의해 아들 영창 대군을 잃고 서궁(지금의 덕수궁)으로 쫓겨난 인목 왕후가 1623년 인조반정으로 승리자가 된 후에 지어진 작품인 까닭에 「계축일기」는 광해군에 대한 증오와 철저한 복수가 중심 내용을 이루고 있다. 그렇기 때문에 광해군이 어린 시절부터 성격이 포악했다거나 선조가 왕세자감으로 생각하지 않았다는 내용이 과장되게 소개되어 있고, 동생과 어머니에 대한 광해군의 패륜적인 행적, 서궁에 유폐된 인목 왕후의 비참한 생활이 자세히 묘사돼 있다.

그러나 이 작품은 인목 왕후의 입장에서 서술되었기 때문에 역사적 객관성에 있어서는 논란의 여지가 많다. 특히 광해군의 행적에 대해서는 긍정적인 역사적 평가도 있으므로 「계축일기」에 나타난 내용을 액면 그대로 받아들일 수는 없다.

「계축일기」에는 궁중의 비사(祕史)를 비롯해 당시의 풍속과 생활사가 자세히 언급되어 있다. 또 역사적 사건을 소재로 한 기록 문학의 성격을 띠고 있어 선조대 후반에서 광해군대까지의 정치사 연구에 큰 도움을 준다. 「인현왕후전」, 「한중록」과 함께 조선시대 3대 궁중 문학의 하나로 평가받고 있다.

궁녀의 눈에 비친 패륜아 광해군

『계축일기』는 선조 말년에 인목 왕후가 계비로 들어와 정명 공주와 영창 대군을 출산하는 이야기에서부터 시작한다. 1602년 선조의 정비 의인 왕후 박씨가 자식을 낳지 못한 채 세상을 떠나자 인목 왕후가 계비로 들어왔다. 당시 선조의 나이는 51세, 인목 왕후는 19세였다. 그때는 이미 공빈 김씨의 둘째 아들 광해군이 왕세자로 책봉된 상태였다. 그 후 인목 왕후가 적장자 영창 대군을 낳았는데, 이는 이전까지의 후계 구도에 큰 영향을 미칠 수 있는 중대한 사건이었다.

선조의 후계자를 놓고 벌어졌던 왕위 계승의 갈등과 이로 인해 파생한 정변들. 『계축일기』는 이처럼 긴박했던 궁중의 암투를 일선에서 지켜본 궁녀의 눈으로 그려 내고 있다. 『계축일기』는 인목 왕후궁에 출입하던 궁녀가 자신이 겪고 느낀 일들을 수기 형식으로 기록하고 있는데, 그 과정에서 실제 상황보다 과장되게 묘사한 부분이 적지 않은 등 소설적 형식도 지니고 있다.

다음은 『계축일기』의 말미에 실린 글로, 여기에는 『계축일기』를 쓰게 된 동기가 잘 나타나 있다.

계축년부터 서러운 일이며 수시로 내관을 보내 겁을 주며 꾸짖던 일이며 박대 부도(不道)하고 불효한 일들을 이루 기록하지 못하여 만 분의 일이나마

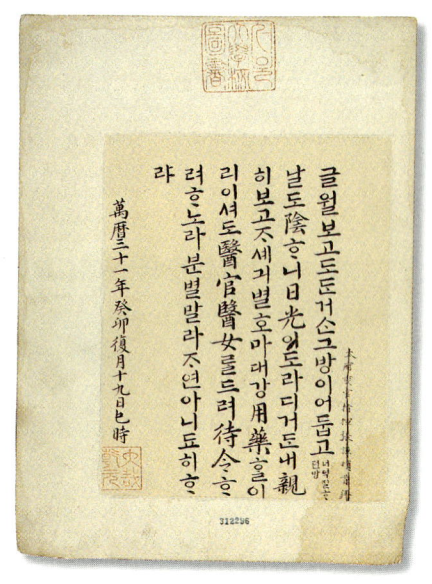

인목 왕후 필적 인목 왕후는 선조 35년(1602)에 왕비로 책봉되었다. 옆의 편지는 1603년 11월 19일에 쓴 것으로 병문안 내용을 담고 있다. 서울대학교 규장각 소장.

기록하노라. 다 쓰려 하면 남산의 대나무를 베어 온들 어찌 이루 쓰며 다 이르랴. …… 나인들이 잠깐 기록하노라.

1613년의 계축옥사 때부터 인목 왕후 측이 당한 설움을 드러내고 광해군의 부도덕성과 패륜적인 행위를 고발하기 위한 것임을 밝히고 있다.

앞에서 설명했듯이 이 작품의 가장 큰 갈등의 축은 광해군과 인목 왕후이다. 『계축일기』에서는 갈등이 전개되는 시점을 인목 왕후가 아기를 잉태한 때부터라고 서술하고 있다. "1602년 중전께서 아기를 잉태하셨다는 이야기를 듣고 유가(광해군의 장인 유자신)가 중전을 놀라게 하여 낙태시킬 양으로 대궐 안에다 돌팔매질도 하고"라고 기록되어 있듯이 인목 왕후의 임신은 당시 세자로 있던 광해군 측에는 커다란 부담이 되었다. 그러나 다행히 1603년 태어난 아기가 공주(정명 공주)였기 때문에 큰 갈등 없이 지나갈 수 있었다.

하지만 1606년 인목 왕후가 영창 대군을 낳으면서 상황은 급반전하게 된다. 『계축일기』의 기록에 따르면, 선조가 스스로 "둘째 아들을 세자로 세움은 집과 나라가 한가지로 망하는 일이니, 중국 황제는 온 천하에 법을 펴고 다스리는 마당에 한 조정을 위해 이런 처사를 허용치 않을 것이다"라고 말하였다. 이는 이미 후계자로서 왕세자 수업을 받고 있던 광해군의 왕위 계승에 커다란 위협이 닥쳐왔음을 암시한다. 이어 『계축일기』는 광해군이 어린 시절부터 부도덕하고 포악한 인물임을 강조하고 있다.

대개 어렸을 적부터 왕(선조)이 불민하게 여겨 오신 터였으나 임진왜란 때 갑자기 광해군을 왕세자로 정하신지라 항상 교훈하시고 전교를 내리시지만 일체 순순히 순종하지 아니하고 상감께서 타이르시는 족족 원수처럼 생각하니……

병오년(1606)에 큰 세력을 일으키려고 욕심을 내어 상감을 기만하고 들어가려 하며 후궁을 위협하여 "내가 하는 일을 상감께 아뢰거나 조카를 주지 않으면 삼족을 멸할 테니 그리 알아라"라며 공갈과 협박을 하고 한편으로 나인을 보내어 빼앗아 갔던 것이다.

병오년에 대군이 태어나시면서부터 없앨 마음을 품어 오다가 대군이 점점 커 감에 따라 큰 변을 일으켜서 갑작스레 없앨 일을 날마다 모의하니 …… 능히 할 수 있는 일도 순종하지 않고 뜻을 거스르며 반대하는 것이 너무 심하다.

  이러한 기록들은 국왕에게조차 불손한 성격, 후궁의 조카를 첩으로 뺏는 탐욕, 영창 대군에 대한 흑심 등 광해군의 부정적인 면만을 보여 줌으로써 능히 영창 대군을 죽이고 인목 왕후를 유폐할 수 있는 인물임을 부각시키고 있다.
  이 작품의 하이라이트는 광해군이 어린 영창 대군을 궁궐 밖으로 쫓아내는 장면이다. 『계축일기』는 곳곳에서 당시의 정황을 자세히 묘사하고 있다. "날은 저물어 가고 어서 내라는 재촉은 성화같고 또 안에서는 나인까지 나와 재촉하니, 하늘을 꿰뚫을 힘이 있다 한들 어찌 그때 이길 수 있으리오. 점점 더 늦어 가니 우리 시위인들을 각각 꾸짖으며 '너희들이 이러하니 할 수 없이 우리가 들어가서 대군을 빼앗아 데리고 오리라. 너희들 한 사람이라도 살 수 있나 어디 두고 보자' 하고 들이닥치는데……"라거나, 영창 대군이 어머니와 누나를 보게 해 달라고 애원하는 장면에서는 "곡성이 내외에 진동하고 눈물이 땅 위에 가득 차 사람들이 눈이 어두워 길을 찾지 못하였다"는 등의 표현으로 독자의 감정을 자극하고 있다. 어린 영창 대군에 대한 광해군의 가혹한 조처를 부각시키고 독자들의 울분을 자아내고 있는 것이다.

　　이어 영창 대군이 궁궐 밖으로 쫓겨나 강화도로 유배 간 상황과 그곳에서의 불행한 죽음, 그리고 그 죽음조차 어머니에게 알리지 않은 광해군의 부도덕성을 고발하고 있다.

　　영창 대군이 죽고 난 후의 기록은 인목 대비의 서궁 생활이 중심을 이룬다. 감금이나 다름없는 생활이었으니 서궁에서의 비참한 처지는 짐작하고도 남음이 있다. 『계축일기』에는 당시의 생활상이 매우 상세히 묘사되어 있다.

명례궁(明禮宮: 덕수궁의 옛 이름)에 갇히어 지낸 지 십 년이 되어 가니 모든 물건이 다 동이 나서 신창 기울 노끈이 없어 베옷을 풀어 꼬아 입고, 옷 지을 실이 없어 모시옷과 무명옷을 풀어 쓰곤 하였다. …… 윗사람은 치마 할 것이 없어 민망히 여기고 있었더니 짐승의 똥에 쪽새(염료로 쓰는 쪽풀)가 들어 있어 한 포기 났거늘 …… 남빛 물을 들이기 시작했다. 쌀을 일 바가지가 없어 소쿠리로 쌀을 일었더니 까마귀가 박씨를 물어 와 …… 네 해째는 큰 박이 열렸다. 겨울을 칠팔 년 지낼 사이 햇솜이 없어 추워서 덜덜 떨었는데 면화씨가 날아 들어와 그를 심어 빼내니 두 해 세 해째는 면화가 많이 열려 그것으로 옷에 솜을 넣어 입었다. 또 꿩을 얻어 왔는데 목에 수수씨가 들어 있어 심으니 무성히 열린지라. 가을이 되어 찧으니 수수떡을 만들어 먹을 수 있었다. …… 씨 뿌리지 않은 나물이 침실 앞뜰에까지 가지가지로 나니 기특하게 여겨 가꾸어 뜯어 삶아 먹으니 맛이 좋거늘 모두 먹더니 꿈에 사람이 나타나 이르기를, "나물을 못 얻어먹기에 이 나물을 주노라" 하더란다.

서궁 생활의 비참함을 과장되게 드러냄과 동시에, 역경 속에서도 까마귀나 꿩 같은 동물은 물론이고 꿈에 나타난 사람의 도움을 얻는 등 결국에는 복을 받게 된다는 점을 은연중 강조하고 있다. 그리고 마침내 인조반정으로 그동안의 고통을 보상받을 수 있었다는 내용으로 작품은 끝을 맺는다.

역사적 사건을 소재로 하면서도 '권선징악'과 '인과응보'라는 전통 시대 소설의 기본 주제를 동물의 보은과 꿈의 실현을 통해 담아 낸 점은 이 작품의 소설적 특징을 잘 보여 준다.

광해군이냐 영창 대군이냐 — 왕위 계승을 둘러싼 권력 투쟁

『계축일기』의 배경이 되는 시기는 선조대 후반부터 1623년의 인조반정까지이다. 이 시기는 조선 중기 학파를 모집단으로 하여 붕당이 형성되고 붕당 간의 치열한 정치적 대립이 시작되는 때였다.

최초의 붕당 형성은 1575년 동인과 서인의 분당이다. 관리들의 인사 추천권을 가진 이조 전랑직을 둘러싸고 김효원과 심의겸이 대립한 것이 발단이 되어 이황 학파와 조식 학파의 학자들은 동인으로, 율곡 이이와 우계 성혼의 문인들은 서인이 되었다. 동인·서인의 명칭은 당시 김효원의 집이 한양의 동쪽인 건천동에 있고 심의겸의 집이 서쪽인 정릉동에 있어 생겨난 것으로, 오늘날 정치인의 거주지를 중심으로 '동교동계'(김대중), '상도동계'(김영삼)라고 칭하는 것도 이와 흡사하다.

초기에는 동인이 정국을 이끌어 가나 1589년 정여립의 역모 사건이 빌미가 되어 기축옥사가 일어난 후에는 정철을 중심으로 한 서인들이 정국의 주도권을 잡았다. 정여립과 교분을 맺은 사람들 대부분이 동인이어서 그들의 피해가 컸으며, 특히 조식 학파와 서경덕 학파의 학자들이 큰 화를 당했다. 이 사건을 계기로 동인은 이황 학파가 중심이 된 남인과 조식·서경덕 학파가 중심이 된 북인으로 다시 갈라지게 된다. 기축옥사로 수세에 몰렸던 북인들은 1592년의 임진왜란을 계기로 점차 권력의 중심부로 진입한다. 조식 학파의 수제자 정인홍 등이 의병 활동을 통해 강력한 주전론(主戰論)을 펼쳤는데, 전란 후 그 공로를 인정받았기 때문이다.

임진왜란은 왕실의 세력 판도에도 큰 변화를 가져왔다. 임진왜란 초기 관군의 방어선이 뚫리면서 위기를 맞은 국왕 선조는 서둘러 피난길을 재촉하는 한편, 광해군을 왕세자로 삼고 분조(分朝: 조정을 나눔) 활동을 통해 혼란한 정국을 수습하도록 했다. 18세의 나이에 왕세자로서 분조를 이끌며 대왜 항쟁에 나선 광해군은 강력한 주전론을 전개한 정인홍 등의 북인 세력과 호흡이 잘 맞았다. 의주로 피난해 백성의 원성을 들었던 선조와는 대조적인 모습이었다. 그 결과 임진왜란이 끝난 후 조야(朝野: 조정과 민간)의 명망은 광해군에게 쏠렸고, 그의 왕위 계승은 무난한 것처럼 보였다. 그러나 1602년 선조의 정비 의인 왕후가 사망한 후 인목 왕후가 계비로 들어오면서 왕실에는 미묘한 긴장감이 조성되었다.

의인 왕후 박씨는 왕자를 생산하지 못하였고, 선조에게는 후궁인 공빈 김씨와의 사이에서 태어난 두 왕자, 곧 임해군과 광해군이 장성해 있었다. 임해군은 광해군의 형이었지만 이미 자질이 모자란다는 평가를 받고 있었기 때문에 선조는 왜란이라는 국난을 맞아 광해군을 세자로 책봉하는 데

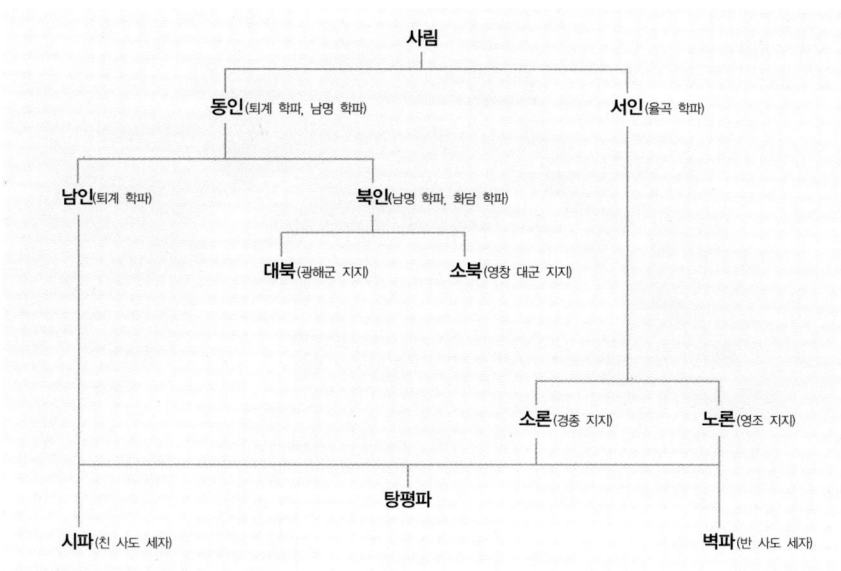

● **조선시대의 붕당** 선조 때 이조 전랑 자리를 놓고 동인과 서인으로 갈라지면서 시작된 붕당 정치는 숙종대 이후 특정 붕당이 정권을 장악하고 상대 당을 완전히 축출하는 양상을 보이기도 했지만, 상호 비판과 견제를 통해 정치를 균형적으로 이끄는 등 긍정적인 측면도 적지 않았다.

망설임이 없었다. 하지만 전란을 통해 능력을 인정받으며 훌쩍 커 버린 광해군은 이제 선조에게 크나큰 정치적 부담으로 다가왔다. 왕이라는 지존의 자리를 두고 부자의 관계도 다만 정치적 라이벌로만 인식되었는지 모르겠다.

　이러한 상황에서 선조의 마음을 파고든 것은 어린 계비가 낳은 영창 대군이었다. 1606년 55세라는 늦은 나이에 적장자를 본 선조의 기쁨은 누구보다 컸다. 이러한 분위기는 조정에도 감지되어 선조의 환심을 사고자 영창 대군의 세자 책봉을 은근히 청하는 세력들이 생겨났다. 정치판의 줄 서기가 시작된 것이다. 영창 대군의 탄생을 계기로 북인은 다시 두 개의 당파로 나뉘었다. 광해군을 지지하는 대북의 중심에는 정인홍이, 영창 대군을 지지하는 소북의 중심에는 유영경이 자리 잡았다.

● **덕수궁 전경**   인목 대비가 유폐되었던 당시만 해도 상당히 넓은 영역을 가지고 있었으나, 구한말 외세에 의해 조금씩 강탈당한 뒤 지금처럼 옹색한 모습으로 줄어들었다. ⓒ 김성철

  영창 대군을 지지한 유영경이 선조대 후반에 영의정이 되면서 소북이 정권을 잡았고, 이에 따라 영창 대군의 왕위 계승은 상당히 가능성 있는 일로 여겨졌다. 그러나 선조의 갑작스런 죽음으로 정국은 일변한다. 아직 어린 영창 대군에게 왕위를 물려주기가 불안해진 선조는 마지막 유언에서 이미 왕세자로 책봉된 광해군을 국왕의 자리에 올릴 것을 명했다.

  광해군이 16년간의 세자 생활을 청산하고 어렵게 왕위에 오르면서 정국은 일순간에 대북 정권 중심으로 짜여졌다. 유영경을 탄핵하다 귀양 길에 올랐던 대북의 핵심 인물 정인홍은 곧바로 석방된 후 정권을 뒷받침하는 산림(山林)의 영수로 떠올랐다.

광해군 정권의 출범, 이것은 왕위 계승의 가장 강력한 라이벌이었던 영창 대군과 그를 지지하는 세력에 대한 정치적 보복을 예고하는 신호탄이기도 했다. 선조는 훗날을 염려하여 일곱 명의 신하를 따로 불러 '어린 영창 대군을 잘 보살펴 줄 것'을 신신당부했지만, 권력이 교체되면서 이어지는 거침없는 숙청과 영창 대군에 대한 위협을 막을 수는 없었다.

유영경이 선조 사후 한 달이 못 되어 처형되고 잦은 옥사로 소북 인사들이 대거 축출되면서 정국은 혁명 정국과도 같은 분위기에 휩싸였다. 1613년 조령에서 발생한 은상 살해 사건은 팽팽한 긴장감이 흐르는 정국에 기름을 부은 격이 되었다. 은상 살해의 주범으로 밝혀진 박응서를 위시한 7인의 서얼들은 국문 도중 "거사 자금을 확보해 김제남(영창 대군의 외조부)을 중심으로 왕(광해군)과 세자를 죽이고 영창 대군을 옹립하려 했다"는 놀라운 진술을 했다. 사건의 파장으로 김제남은 처형되었고, 영창 대군은 서인(庶人)으로 강등되어 강화도로 끌려갔다. 1614년 봄, 대북파 이이첨의 사주를 받은 강화 부사 정항(鄭沆)은 여덟 살의 영창 대군을 작은 골방에 가두고 아궁이에 불을 지펴 증살(蒸殺: 뜨거운 증기로 쪄서 죽임)했다. 조선 초기 단종의 죽음과 비견되는 안타까운 죽음이었다.

영창 대군의 죽음으로 어머니 인목 대비는 거의 제정신이 아니었다. 광해군을 원수로 여긴 것은 자명한 이치였다. 두 사람이 어머니와 자식의 관계로 한 궁궐에 있는 것은 무척이나 부자연스러웠다. 1615년 추운 겨울, 광해군은 인목 대비에게 문안을 드린 후 그녀를 경운궁(지금의 덕수궁)에 모셔 놓고 혼자만 창덕궁으로 돌아왔다. 광해군의 죄상 중 가장 큰 부분을 차지한 인목 대비의 서궁 유폐가 시작된 것이다. 당시 광해군은 교서를 반포해 영창 대군을 죽인 인물이 현 왕(광해군)이라는 등의 흉측한 글을 유포시킨 인목 대비의 죄상을 알리고 이에 연루된 나인들을 처형하는 강경한 조치를 취하였다. 대비에 대한 광해군의 감정이 이러했으니 인목 대비의 경운궁 생활은 그야말로 비참했을 것이다.

　　서궁에서 분노와 증오로 점철된 삶을 살았던 인목 대비에게 광해군을 몰아낸 1623년의 인조반정은 가뭄 끝의 단비와도 같았다. 그리고 인조가 인목 대비를 왕실의 최고 어른으로 대접하면서 그녀는 그동안 쌓였던 울분을 풀 수 있게 되었다. 『인조실록』의 다음 기록은 광해군에 대한 인목 대비의 분노가 어떠했는지를 잘 보여 주고 있다.

한 하늘 아래 같이 살 수 없는 원수이다. 참아 온 지 이미 오랜 터라 내가 친히 그들의 목을 잘라 망령에게 제사 지내고 싶다. 10여 년 동안 유폐되어 살면서 지금까지 죽지 않은 것은 오직 오늘날을 기다린 것이다. 쾌히 원수를 갚고 싶다. ─『인조실록』 인조 3년(1625) 3월 13일

☾ 광해군의 빛과 그림자

　　『계축일기』에 묘사된 광해군은 매우 부도덕하고 패륜적인 인물이다. 아들 영창 대군을 잃은 복수심에 치를 떨던 인목 대비의 주변에 있던 궁녀가 광해군 정권을 무너뜨린 인조반정 후에 서술한 책이니 당연히 그러한 입장이 반영될 수밖에 없었을 것이다. 그러나 과연 광해군의 인물됨을 반정을 성공시킨 세력의 잣대로만 평가할 수 있을까?

　　인조반정의 주도 세력은 광해군의 죄상을 '폐모살제'(廢母殺弟), 즉 어머니를 유폐하고 동생을 죽였다는 점에 맞추었다. 또한 광해군이 주도한 명과 후금 사이의 중립 외교는 임진왜란 때 도움을 준 우방국 명나라에 대한 의리를 저버린 반인륜적인 정책으로 '폐모살제'와 함께 광해군의 부도덕성을

● **정선의 〈창의문〉** 인조반정 당시 반정군은 그림 상단 중앙에 보이는 창의문을 거쳐 광해군이 있던 창덕궁으로 진입하였다. 국립중앙박물관 소장.

부각시키는 빌미가 되었다. 광해군 후반에 추진된 궁궐 건축 사업이 백성들의 부담을 가중시켰다는 점도 죄상에 덧붙여졌다. 그러나 광해군에 대한 평가 문제는 그리 간단하지 않다. 광해군은 패륜아라는 평가뿐 아니라 전란의 상처를 빠르게 회복한 왕이라는 긍정적인 평가도 받고 있기 때문이다.

영창 대군의 출생 후 힘겨운 왕위 계승의 소용돌이 속에서 어렵게 권좌에 오른 광해군 앞에 놓인 가장 큰 현안은 전란의 상처를 회복하는 일이었다. 광해군은 먼저 전쟁 중에 피폐해진 토지를 복구하고 민생의 부담을 덜어주는 데 공을 들였다. 토지 조사 사업을 통해 전쟁 이전 상태로 토지를 회복하는 데 주력하는가 하면 대동법을 실시해 백성들의 공물 부담을 줄였다. 16세기 이후 사회·경제적으로 가장 문제시되었던 공납제(지방의 특산물을 세금으로 바치는 제도)를 개혁한 대동법이 본격적으로 실시되면서 기득권층인 양반 지주들의 부담은 증가한 반면 일반 서민들의 부담은 상당히 줄어들었다. 이외에도 전란과 기근으로 질병이 만연하여 인명 손실이 계속되는 것을 막기 위해 불세출의 의학자 허준(許浚, 1546~1615)으로 하여금 『동의보감』을 편찬케 하여 이를 보급하는 데에도 힘을 기울였다.

광해군은 문화 사업에도 힘을 쏟았다. 『동국여지승람』, 『경국대전』, 『악학궤범』, 『삼강행실도』 등 조선 초기에 간행되었던 서적들을 재간행하여 국가의 통치 자료로 활용함과 동시에 백성들의 교화에 힘썼다. 전란 후 소실된 사고(史庫)의 재건에 착수하여 무주에 적상산 사고를 새로 설치하고 『조선왕조실록』과 『의궤』 등 국가의 주요 기록물을 보관하게 하였다.

광해군의 능력이 더욱 돋보인 분야는 외교 정책이었다. 광해군이 즉위했을 때 북방의 국제 정세는 긴박한 변동의 조짐이 농후했다. 전통의 강국 명나라는 임진왜란 때 조선에 원병을 보낸 것이 부담이 되어 국력이 급속히 약화되었으며, 압록강 북쪽의 여진족은 누르하치가 중심이 되어 통일 운동을 전개하였다. 그리고 마침내 1616년 국호를 후금이라 하고 명과 조선을 압

● 광해군 묘   세자 시절에는 임진왜란이라는 전대미문의 국난을 겪었고, 15년간의 재위 기간에도 형인 임해군의 죽음, 인목 대비의 유폐, 영창 대군의 증살, 갖가지 역모 사건 등 수많은 파란을 겪은 광해군은 그 뒤 18년이라는 긴 세월 동안 비참한 유배 생활을 해야만 했다. 사진은 광해군과 문성군부인 유씨가 나란히 묻힌 쌍릉으로, 경기도 남양주시에 위치해 있다. ⓒ 김성철

박해 들어왔다. 오랑캐라 불리던 북방족이 강국으로 탈바꿈한 것이다. 임진왜란 때 종군한 경험을 바탕으로 광해군은 당시의 국제 정세를 냉정하게 인식했다. 그리고 전통적 우방국인 명과 신흥 강국 후금 어느 한쪽에도 기울지 않는 외교 정책이 전후 복구가 필요한 조선의 최선의 방책임을 절감했다.

　　1619년 광해군의 외교 노선은 시험대에 올랐다. 후금의 압박에 시달리던 명나라가 조선에 원병을 요청한 것이다. 조선은 임진왜란 때 도움을 받은 빚도 있고 해서 명나라의 요청을 받아들여 파병을 결정한다. 그러나 광해군은 왕의 통역관으로서 신임이 두터웠던 강홍립을 따로 불렀다. 그리고 그

에게 총사령관에 해당하는 도원수의 직책을 부여했다. 전쟁 상황을 보아 후금에 투항해도 좋다는 밀지와 함께였다. 광해군의 의중을 헤아린 강홍립은 명의 원군으로 전투에 잠시 참여하다가 곧바로 후금군에 투항한 후 '후금과의 전쟁을 원치 않는다'는 내용이 담긴 광해군의 밀지를 전하였다.

조정에서는 전투다운 전투를 치러 보지도 않고 오랑캐에게 항복한 강홍립을 처단해야 한다는 목소리가 높았지만 광해군은 끝까지 강홍립을 보호하였다. 조선이 친교의 뜻이 있음을 확인한 후금은 조선 침공은 유보한 채 명나라 공격에 주력군을 파견함으로써 광해군대에는 외교적 안정을 찾을 수 있었다. 후금과의 일촉즉발의 전쟁 상황 속에서 평화를 유지할 수 있었던 데는 냉철하게 현실을 인식한 광해군의 외교적 안목이 큰 몫을 했던 것이다.

이처럼 광해군은 내정과 외교에 걸쳐 혁혁한 성과를 거두었지만 그와 대북 정권을 무너뜨린 서인 세력에게는 한낱 패륜적인 국왕, 국제적 신의를 저버린 인물, 탐욕에 눈이 멀어 무리한 궁궐 공사를 감행하여 백성들을 고역에 빠뜨리고 종묘사직을 무너뜨린 군주로밖에 비쳐지지 않았다. 그 결과 광해군은 연산군과 함께, '조'(祖)와 '종'(宗)의 시호가 붙은 조선의 다른 왕들과는 달리 '군'이라는 왕자 시절의 호칭으로 여전히 남아 있다. 그의 무덤도 '능'이라고 칭해지는 다른 왕들의 무덤과 달리 '광해군 묘'로, '묘'라는 이름만큼 쓸쓸한 모습으로 거의 찾는 이 없이 방치된 상태로 남아 있다.

연산군이야 검증된 폭군이므로 그리 억울할 것도 없겠지만 광해군의 경우는 조금 다르다. 그가 수행했던 강력한 전란 복구 정책과, 실리적인 중립 외교를 통하여 조선이 불바다가 되는 상황을 미연에 방지했던 놀라운 국제 정치 감각은 오늘날에 재평가되어야 할 부분이다.

『계축일기』를 왕위 계승이 치열하게 전개되었던 당시의 시대적 배경, 그리고 갈등의 가장 큰 축이었던 인목 대비와 광해군의 입장을 서로 대비시켜 살펴본다면 더욱 의미 있는 작품 읽기가 될 것이다.

인목 대비가 유폐되었던 곳, 서궁의 역사

　　폐위된 인목 대비가 피 끓는 복수심을 불태웠던 서궁의 본 명칭은 경운궁(慶運宮)으로, 지금의 덕수궁(德壽宮)을 가리킨다. 이곳은 원래 성종의 형인 월산 대군의 사저(私邸)였으나, 임진왜란으로 대부분의 궁궐이 파괴되는 바람에 피난에서 돌아온 선조가 이곳에 임시로 머물면서 궁으로 사용되었다.
　　이곳과 특히 인연이 깊은 왕은 광해군이다. 경운궁이란 명칭은 1611년 광해군이 왜란의 여파로 대부분 파괴된 창덕궁을 중건하면서 임시로 옮겨 와 붙인 이름이다. 광해군과 서궁의 인연은 계모 인목 대비를 이곳에 유폐시키면서 계속된다. 그러나 인목 대비의 서궁 유폐는 두고두고 광해군의 발목을 잡는 정치적 사안이 되었다. 1623년 광해군이 머물던 창덕궁을 접수한 반정군은 곧바로 서궁으로 발길을 돌렸다. 왕실의 최고 어른이자 그들에게는 반정의 명분이기도 한 '폐모살제'의 피해자 인목 대비에게 반정을 공식적으로 승인받기 위함이었다. 인조는 직접 인목 대비를 찾아뵙고 즉위식을 올렸는데 즉위식이 있었던 건물이 바로 즉조당(卽阼堂)이다.
　　인조대 이후 서궁은 왕실의 관심에서 멀어졌다. 조선 후기에는 궁터 대부분이 비어 있었고 행궁으로 쓰이던 즉조당과 석어당(昔御堂) 등 두어 채의 건물과 왕비의 토지를 관리하는 명례궁 등 건물 몇 채만이 남아 있었다. 1773년 영조가 이곳을 한 차례 찾은 적이 있는데, 그것도 선조의 환도(還都) 삼주갑(三週甲: 180년)을 맞아 배례를 행하기 위해서였다.
　　서궁이 역사의 중심지로 다시 부각된 것은 고종대이다. 서구 열강의 틈바구니 속에서 활로를 모색하던 고종은 일본의 간섭을 피해 러시아 공사관으로 피신했다가

● **덕수궁 석어당** 1904년에 중건된 석어당은 덕수궁에서 유일한 2층 건물이다. 인조반정 당시 인목 대비가 광해군을 이 건물 앞뜰에 꿇어앉혀 죄를 책하였다고 한다. ⓒ 김성철

1897년 대한제국을 선포하고 경운궁으로 거처를 옮겼다. 이후 궁내에는 많은 건물이 지어졌으며 석조전 등 일부 건물은 서양식으로 건축되었다. 고종은 1907년 순종에게 황제의 자리를 물려준 후에도 태상황(太上皇: 선위한 황제)으로서 계속 경운궁에 머물렀다. 이때 궁호가 경운궁에서 현재의 명칭인 덕수궁으로 바뀌었다. '덕수'는 조선 초 정종에게 양위하고 물러난 태조에게 올렸던 칭호로, 물러난 왕에게 덕을 누리며 오래 사시라는 뜻으로 올리는 일종의 보통 명사였다. 이러한 점을 볼 때 고종에게 올린 덕수궁 또한 보통 명사로서, 일제에 의해 강요된 명칭이었다. 따라서 덕수궁은 엄밀한 의미에서 궁궐의 명칭으로는 적당하지 않다.

박씨전

병자호란의 치욕과 여걸의 탄생

작품 설명

『박씨전』(朴氏傳)은 병자호란을 배경으로 한 전쟁 소설이자 영웅 소설로, 『명월부인전』이라는 이름으로도 전한다.

금강산에 사는 박 처사가 어느 날 한양에 찾아와 이득춘과 신기(神技)를 겨루다가 자기 딸과 이득춘의 아들 이시백의 혼인을 청하여 승낙받는다. 그러나 결혼 첫날밤 들어온 신부가 너무나 박색인 데 대해 시댁 식구 모두 실망하고 박씨를 거들떠보지 않는다. 그러나 박씨가 액운이 다한 후 추녀에서 일순간 절세미인으로 변하자 모두 그녀를 사랑하게 된다. 그 후 병자호란이 일어나자 비범한 재주를 지닌 박씨는 조선의 산천을 유린한 오랑캐 청을 물리치는 데 결정적인 공을 세워 충렬 부인에 봉해진다. 추녀라는 이유로 가정에서도 버림받았던 여인 박씨가 위기의 시기에 조선을 구한 공로로 국왕에게 최고의 찬사를 받으면서 영웅 여걸로 거듭 태어난 것이다.

『박씨전』은 병자호란 이후, 오랑캐라고 멸시한 청나라에 항복할 수밖에 없었던 현실에 대한 분노와 고통을 소설이라는 가상의 공간에서나마 해소하고 싶어 하는 민중의 여망을 담고 있다. 특히 가부장적 사회 질서 속에서 억압된 채 살아간 여성을 주인공으로 설정하고 이 여성에게 초인적인 능력을 부여해 통쾌하게 청나라에 복수하도록 함으로써 독자들에게 카타르시스를 제공하고 있다.

영웅의 탄생을 고대하던 시대

　　얼굴이 너무나 못생겨서 주변 사람들을 실망시켰던 여인이 절세미인이자 영웅 여걸로 변신한 이야기. 조선 후기의 소설 『박씨전』의 기본 줄거리다. 신분이 매우 낮았던 여자, 그것도 박색이어서 여성으로서 엄청난 열등감을 가졌던 박씨. 과연 박씨는 어떻게 신데렐라가 될 수 있었을까?

　　1623년 3월 광해군 정권을 무너뜨린 인조반정은 조선의 외교 정책에도 큰 변화를 가져왔다. 광해군은 신흥 강국 후금과 전통의 맹방 명나라 사이에서 중립 외교 정책을 펼쳤는데 인조반정을 성공시킨 서인들은 이를 신랄하게 비판해 왔다. 임진왜란 때 조선을 도운 명나라의 은혜를 무시하고 오랑캐라 멸시했던 후금과 외교 관계를 맺은 사실은 반정의 주요 명분 중 하나였다. 그렇기 때문에 인조반정 이후 인조와 집권 세력은 전통적인 외교 노선인 친명배금(親明排金: 명나라와 친교를 맺고 후금을 물리침) 정책을 고수하였다.

　　그러나 후금은 이제 오랑캐라 멸시받는 작은 나라가 결코 아니었다. 명나라를 능가하는 군사 강국으로 성장한 후금이 조선 침공에 나섰으니, 이것이 바로 1627년의 정묘호란이다. 강화도로 피난한 조정은 전세의 불리함을 깨닫고 후금과 형제 국가임을 인정하는 강화를 맺고 겨우 전쟁의 확대를 막았다. 하지만 정묘호란 이후에도 후금에 대한 강경책은 끊임없이 제기되

었다. 내부의 국방력을 제대로 점검해 보지도 않은 상황에서 조선은 계속 명분을 앞세운 외교 정책을 고수했으며, 이러한 움직임은 더욱 후금을 자극하였다.

1636년 12월 후금은 국호를 청으로 바꾸고 중국 중원 지배의 야망을 현실화하면서 황제 태종이 직접 조선 침공에 나섰다. 병자호란의 시작이었다. 별다른 대책도 없이 우왕좌왕하던 인조와 조정 대신들은 강화도 피난길에 나섰지만 청의 빠른 진격에 피난길마저 끊겨 버렸다. 서둘러 피난 간 곳이 남한산성. 청의 대군에 포위당한 인조와 대신들은 의병들의 참전을 기대했지만 그마저 용이하지 않았다.

찬바람이 유난히도 매서웠던 1637년 1월 30일 아침, 산성에서의 격론 끝에 인조는 항복을 주장하는 주화파들의 입장을 받아들여 남한산성을 내려오게 된다. 청나라 장수 용골대와 마부대는 인조가 빨리 성 밖으로 나올 것을 재촉하였다. 얼굴 가득 참담하고도 비통한 표정을 띤 인조는 삼전도(지금의 잠실 석촌 호수 부근)로 향했다. 그곳에는 전쟁의 승리자 청 태종이 거만한 자세로 앉아 있었고, 곧이어 치욕적인 항복 의식이 행해졌다. 인조는 세자와 대신들이 지켜보는 가운데 청나라 군사의 호령에 따라 '삼배구고두'(三拜九叩頭: 세 번 절하고 머리를 아홉 번 조아림)의 항복례를 마쳤다. 야사(野史)에는 인조의 이마에 피가 흥건히 맺혔다는 이야기가 전해질 정도로 당시의 비참했던 상황에 조선의 온 백성이 치를 떨며 분노했다.

이것이 바로 1636년 12월의 병자호란으로 남한산성에 피난을 갔던 조선 국왕이 40여 일 만에 역사상 가장 굴욕적인 항복을 한 '삼전도의 치욕'이

● **남한산성 성곽**(상)　병자호란 당시 인조는 40여 일간 남한산성에 머물며 피나는 항쟁을 하였다. ⓒ 김성철　**'삼전도의 치욕'을 묘사한 부조비**(하)　인조가 삼전도에서 청 태종에게 세 번 절하고 아홉 번 머리를 조아려 항복례를 한 사실이 표현되어 있다. 이후 조선 사회는 이 치욕을 씻기 위해 북벌에 매진하게 된다. 서울시 송파구 소재. ⓒ 조건형

다. 그것도 이전까지 오랑캐라고 업신여겼던 청나라에 당한 치욕이었기에 국왕, 신하, 백성 모두가 참담한 패배 의식에 빠졌다. 전쟁의 여파로 인조의 두 아들인 소현 세자와 봉림 대군이 인질로 잡혀가고 수많은 조선인들이 포로로 끌려가 청나라 노예 시장에 팔리는 등 패전국의 아픔을 톡톡히 겪었다.

『박씨전』은 바로 이러한 병자호란을 시대 배경으로 탄생한 소설이다. 국왕과 조정 대신들 모두가 무기력하게 당했던 호란의 치욕적 패배. 이 패배를 통쾌하게 설욕해 줄 영웅의 탄생을 갈망하고 있던 바로 그 시대에 박씨는 소설 속 주인공으로 나타난 것이다.

추녀에서 영웅 여걸로 변신하다

『박씨전』은 전생의 업보로 인해 추녀가 된 박씨가 허물을 벗는 이야기로 구성된 전반부와, 병자호란이 일어나자 영웅으로 크게 활약하는 후반부로 나누어진다. 전반부의 배경은 세종조로 설정되어 있으나 실제 이야기는 인조대를 배경으로 하고 있다.

금강산에 사는 박 처사는 어느 날 한양으로 이득춘을 찾아와 신기(神技)를 겨루며 놀다가 자기 딸과 이득춘의 아들 이시백을 혼인시키고자 한다. 이득춘은 박 처사의 뛰어난 능력을 믿고 며느릿감을 보지도 않은 채 혼인을 승낙한다. 그러나 아들 시백은 첫날밤 들어온 신부가 너무나 박색인 데에 실망하고, 그날 이후 가족 모두 박씨를 거들떠보지 않는다.

그러나 박씨는 홀로 생활하면서도 이득춘이 입을 조복(朝服: 조정에 나갈 때 입던 예복)을 하루아침에 만들고, 볼품없는 말을 싸게 사서 잘 길러 중국 사신에게 높은 값으로 파는 등 비범한 능력을 보인다. 급기야 남편 이

시백이 과거를 보러 갈 때 신기한 연적(硯滴)을 주어 장원 급제하는 데 결정적으로 기여한다. 그리고 시집온 지 3년이 되는 해, 박 처사는 그녀에게 액운이 다한 것을 알고 마침내 시백의 집에서 도술로 허물을 벗겨 준다. 추녀에서 일순간 절세미인으로 변신한 박씨. 이제 가족들 모두가 그녀를 사랑하게 되고 그녀의 대활약이 시작된다.

박씨가 사랑을 받게 되는 구체적인 계기는 그녀가 허물을 벗고 아름다운 여인으로 변신한 데 있다. 바람직한 일은 아니지만, 용모는 시대를 초월하여 그때나 지금이나 여성을 평가하는 중요한 잣대가 되고 있다.

조선 왕실에서도 여성의 용모는 매우 중시되었다. 세종이 황희 등 신하들과 함께 세자빈 간택을 논의하는 자리에서 "이제 동궁을 위하여 배필을 간택할 때이니 마땅히 처녀를 잘 뽑아야 하겠다. 세계(世系: 조상으로부터 내려오는 계통)와 부덕(婦德)은 본래부터 중요하나, 혹시 인물이 아름답지 않다면 또한 불가할 것이다. …… 잠깐 본 나머지 어찌 곧 그 덕을 알 수 있으리오. 이미 덕으로써 뽑을 수 없다면 또한 용모로써 뽑지 않을 수 있겠는가"라고 말한 것으로 보아 가문이나 부덕과 함께 용모가 왕세자비를 뽑는 중요한 기준이었음을 알 수 있다. 박씨가 허물을 벗고 미인의 모습을 갖춘 후에 전쟁터에서 대활약하는 것에서도 용모가 아름다운 여성에 대한 선호도가 반영되어 있음을 엿볼 수 있다.

『박씨전』의 후반부는 오랑캐의 침입과 이에 대한 저항이 중심 내용을 이룬다. 호시탐탐 조선 침략을 꾀하던 호왕(胡王: 청나라 왕)은 조선 침공에 앞서 박씨의 남편인 이시백과 명장 임경업을 제거하기 위하여 여성 첩자 기룡대를 보낸다. 박씨가 이 사실을 미리 알고 기룡대를 쫓아 버리자, 호왕은 용골대 형제에게 10만 대군을 주어 조선을 침략하게 한다. 신통력으로 역시 이 사실을 안 박씨는 남편 시백을 통해 조정에 전쟁에 대비할 것을 건의하였으나 받아들여지지 않았고, 결국 국왕은 남한산성으로 피난한 끝에 항복하고 만다.

　　전쟁으로 많은 사람들이 희생당했으나 오랑캐의 침략에 대비해 박씨가 마련해 놓은 피화당(避禍堂)에 모인 부녀자들만은 무사하였다. 이를 안 적장 용홀대가 재차 피화당 침입을 시도하지만 박씨는 오히려 그를 죽이고 복수하러 온 동생 용골대마저 물리친 후 마침내 그의 항복을 받아 낸다. 용골대가 마지막으로 그의 형 용홀대의 머리를 고국에 보내 달라고 부탁하자 그녀는 "나도 옛날 일을 생각하건대 용홀대 머리를 옻칠하여 남한산성에서 패한 분을 만 분의 일이나 풀리라. 너의 정성은 지극하나 각기 그 임금 섬기기는 일반이라. 아무리 애걸해도 그는 못하리라" 하여 남한산성의 치욕을 반드시 갚고 왕에게 충성을 다하겠다는 의지를 분명히 한다. 용골대는 인질들을 데리고 퇴군하다가 의주에서 임경업 장군에게 크게 패한다. 임경업은 청군에 대항한 실존 인물로『박씨전』에도 등장하고 있다.

　　조선의 산천을 유린했던 오랑캐가 물러간 후 왕은 그녀의 탁월한 능력을 인정하여 충렬 부인에 봉한다. 추녀라는 이유로 가정에서도 버림받았던 여인 박씨가 위기의 시기에 조선을 구한 공로로 국왕에게 최고의 찬사를 받으면서 영웅 여걸로 거듭 태어난 것이다.

☾『박씨전』의 또 다른 짝『임경업전』

　　소설 속에서 청나라 군대를 가장 통쾌하게 무찌르는 인물이 여걸 박씨라면, 현실에서 청나라 군대에 가장 적극적으로 대항한 인물은 단연 임경업(林慶業, 1594~1646)이다. 임경업은『박씨전』에도 등장하는데, 소설 속 임경업은 박씨의 남편 이시백과 함께 남경에 사신으로 가 내란의 위기에 처

임경업 장군신 청에 적극적으로 대항하던 임경업은 억울한 죽음을 당했지만, 그를 추앙한 백성들은 그의 화상을 모셔 놓고 제사를 지냈으며 그에 관한 설화도 유행처럼 퍼져 나갔다. 개인 소장.

한 명나라를 구하기도 하고 박씨에게 대패해 퇴군하는 용골대의 군사를 크게 무찌르기도 한다.

실존 인물 임경업은 병자호란 때 가장 적극적으로 청군 격파에 나선 장군이었다. 전쟁 이전부터 주요 산성을 수축하면서 방어에 주력하던 임경업은 1636년 봉화를 통해 전쟁이 일어났음을 알고 자신의 주둔지인 백마산성을 굳건히 지켰다. 이에 청군은 아예 백마산성을 포기하고 바로 남한산성으로 진격하였다. 임경업은 병자호란 이후에도 계속 명군과 우호 관계를 유지하며 청군을 곤경에 빠뜨리는 데 앞장서 청에서 요주의 인물로 낙인찍혔다.

1643년(인조 21) 임경업은 명나라에서 4만의 병사를 이끌었으나 이듬해 북경을 함락한 청나라 군사에게 체포되었다. 임경업의 처리 문제로 고심하던 청나라 측은 1646년 6월 사은사 이경석의 귀국 길에 억류하고 있던 임경업을 조선으로 돌려보낸다. 청나라는 은근히 조선 조정에서 임경업을 처리해 줄 것을 바랐던 것이다. 청의 기대대로 김자점 등 간신들이 적극 나서서 임경업이 심기원의 역모에 연루되었음을 주장하였다. 마침내 임경업은 고문 끝에 옥중에서 사망하였는데, 김자점이 고문을 주도했다는 이야기도 전해 온다.

청에 과감히 대항했던 명장 임경업을 추앙해 온 백성들은 그의 죽음을 매우 슬퍼하였다. 민간에서는 그의 화상(畫像)을 신당에 모셔 놓고 제사를 지냈으며, 임경업에 관한 설화들도 유행처럼 퍼져 나갔다. 소설『임경업전』이 유행한 것도 이 무렵으로, 여기에는 임경업 장군이 영원히 죽지 않고 청을 물리쳐 주기를 바라는 백성들의 간절한 염원이 담겨 있었다.『임경업전』은 비운에 쓰러진 명장의 일생을 보여 줄 뿐 아니라 김자점 같은 간신으로 들끓는 조정의 문제점을 지적한 영웅 소설이자 역사 소설의 성격을 띠고 있다.

이 작품은 실존 인물을 주인공으로 한 만큼 다른 소설에 비해 비교적 정사(正史)에 기초해 있으며,『임충민공실기』(林忠愍公實紀) 등 임경업의 생애와 활동을 전기 형식으로 편집한 각종 문헌 기록과도 상당한 일치를 보인다. 그 어렵던 시대적 상황에서 거함 청군에 대항했던 임경업의 영웅적 모습을 소설을 통해 영원히 기억하고자 했던 민중들의 바람이『임경업전』을 탄생시킨 것이다.

『박씨전』이 가상의 여인 박씨를 통해 청에 통쾌한 복수를 시도했다면,『임경업전』은 실존 인물의 활약을 통해 청에 대한 조선인들의 울분을 풀어 주려 한 점에서 서로 짝을 이루고 있다. 두 소설은 모두 정묘호란과 병자호란의 거듭된 전쟁에서 자존심을 무참히 짓밟힌 백성들 사이에 팽배해 있던 청에 대한 복수설치(復讐雪恥: 복수하여 치욕을 씻음)의 분위기를 반영하고 있다.

현실 속의 패배는 비록 인정하면서도 소설이라는 상상의 공간에서나마 마음껏 승리할 수 있는 영웅의 출현을 학수고대하던 민중들의 바람, 이러한 시대 분위기를 타고『박씨전』과『임경업전』이 세간에 유행했던 것이다.

병자호란의 치욕과 북벌의 길

　　병자호란과 삼전도의 치욕은 조선 후기 정국 전개에 커다란 영향을 미쳤다. 먼저 인조의 두 아들 소현 세자와 봉림 대군이 볼모로 중국 심양에 끌려가고 수많은 전쟁 포로들이 청으로 잡혀갔다. 청에 대해 끝까지 항전할 것을 주장한 홍익한(洪翼漢), 윤집(尹集), 오달제(吳達濟)는 청나라에까지 가서도 자신의 정당성을 주장하다가 모두 처형되었다. 조선 조정에서는 이들을 삼학사(三學士)라 칭하고 충절을 기렸다. 그러나 무엇보다도 이제까지 오랑캐라고 인식하였던 청나라에 최고의 치욕을 당했다는 데서 민족의 자존심은 여지없이 손상되었다.

　　당시 이러한 현실을 냉정히 인식할 것을 주장하는 사람들도 나타났다. 즉 청나라를 과거의 야만국으로만 볼 것이 아니라 정치·문화의 강국임을 인정하고 이러한 바탕 위에서 국제 관계를 유지해야 한다는 입장이었다. 이런 논의의 중심에 선 인물이 바로 소현 세자였다.

　　인조의 뒤를 이어 왕위에 오를 왕세자가 이처럼 전향적인 생각을 하였다는 것은 무척 주목할 만한 사실이다. 부왕 인조의 치욕적인 항복 의식을 직접 목격했던 소현 세자는 초기에는 반청 감정을 강하게 나타냈지만 심양 생활을 통하여 청나라의 발전을 체험하고 큰 자극을 받았다. 중국 대륙을 통일한 후 신생 대국으로 거침없이 뻗어 가던 청나라의 군사적인 위용과 문화 대국으로 성장해 가는 잠재력을 함께 읽을 수 있었던 것이다.

　　당시 청나라는 아담 샬(Schall von Bell, Johann Adam, 1591~1666) 같은 선교사를 통하여 천주교뿐만 아니라 화포, 망원경 등 서양의 근대 과학 기술을 적극 수용하고 있었다. 소현 세자는 아담 샬과의 만남을 통해 조선에도 서구의 과학 문명이 필요함을 절감하였으며, 서구 문명 수용에 개방적인 청나라 조정과도 우호적인 관계를 유지하였다.

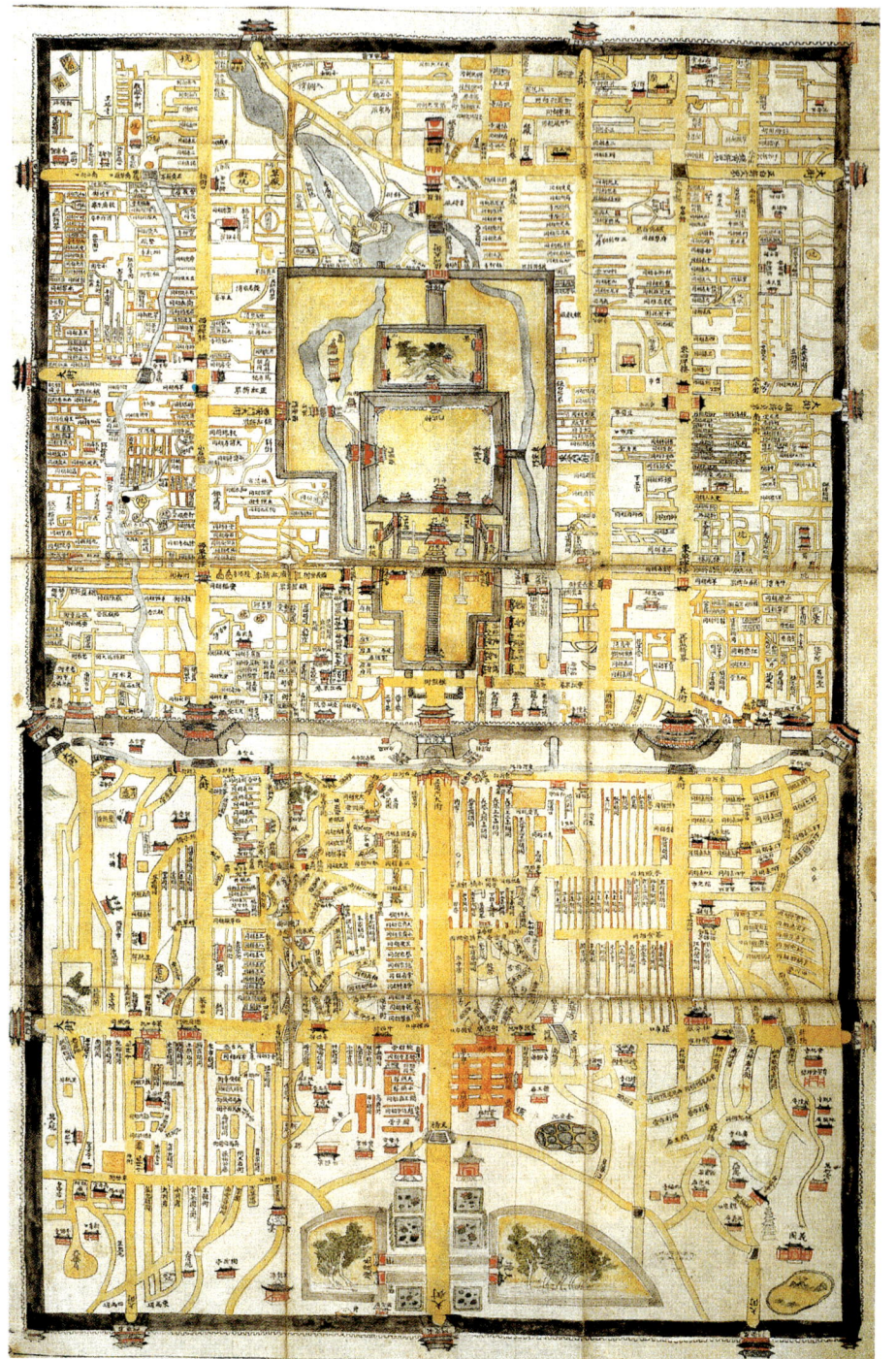

그러나 인조를 비롯한 조정 대신들은 소현 세자가 청과 긴밀한 관계를 맺고 있는 데 대해 곱지 않은 시선을 보냈다. 소현 세자는 단지 인조의 아들이 아니라 차기 국왕 후보였기 때문이다. 인조는 무엇보다 청이 자신을 물러나게 하고 소현 세자를 왕으로 삼으려는 움직임을 보이지 않을까 경계하였다. 쿠데타로 광해군을 몰아내고 집권한 왕이기 때문에 본능적으로 왕권 유지에 집착하면서 아들까지도 경쟁자로 본 것은 아니었을까?

조정의 신료들 또한 남한산성의 치욕을 안겨 준 청나라를 군사 대국으로 보지 않고 여전히 오랑캐로 인식하는 분위기가 팽배하였다. 소현 세자와 그의 부인 민회빈 강씨가 귀국했을 때 인조와 조정 대신들은 지나치게 냉담했다. 그리고 얼마 뒤 소현 세자는 죽음을 맞이한다. 『인조실록』에 정리된 사관의 기록만으로도 독살 의혹을 제기할 수 있을 만한 의문의 죽음이었다. 당시 소현 세자에게는 세 아들이 있었지만 인조는 나이가 어리다는 이유를 들어 세손에게 왕위를 물려주지 않았다. 결국 왕위는 인조의 둘째 아들이자 소현 세자의 동생인 봉림 대군(후일의 효종)에게 이어진다.

소현 세자와 함께 심양에 갔던 민회빈 강씨는 이곳에서 많은 재물을 모으면서 훗날을 대비하는 등 나름대로 새 시대에 눈뜬 모습을 보였다. 그러나 귀국 후 소현 세자가 의문의 죽음을 당하고 나아가 그녀의 아들이 세자로 책봉되지 못하는 현실에 부닥치자 인조에게 강하게 저항하였다. 죽음을 각오한 그녀는 머리를 풀어헤치고 인조의 침전으로 달려가 하소연을 늘어놓으며 통곡하는가 하면, 맏며느리로서 국왕에게 올리는 조석 문안도 한때 중지해 버렸다. 분노한 인조는 강씨를 유폐시켰고 궁중에서 한 발짝도 움직이지 못하게 하였다.

──────● 〈연경성시도〉 중국을 통일한 뒤 서양의 근대 과학 기술을 적극 수용한 청나라는 군사와 문화 양면에서 모두 대국으로 성장해 갔다. 국립중앙도서관 소장.

● **영릉 전경** 효종은 어영청을 설치하고 10년 동안 북벌을 위해 매진했지만 결국 꿈을 이루지 못하였다. 박지원의 한문 소설 「허생전」에 나오는 이완은 바로 효종이 북벌을 추진하기 위해 임명한 어영대장이었다. 경기도 여주군 소재. ⓒ 김성철

　갈등의 끝은 왕세자빈의 죽음으로 이어졌다. 갈등의 골이 깊어 가던 어느 날 인조의 수라상에 오른 전복에 독이 든 일이 있었는데, 민회빈 강씨가 이를 사주했다는 혐의를 받아 결국에는 사약을 받고 한 많은 생을 마감하였다. 제주도로 유배 간 소현 세자의 세 아들 중 두 명도 풍토병에 걸려 사망하는 등 소현 세자의 일가는 그야말로 참혹한 최후를 맞이하였다.

　심양에서 청의 신문물을 보며 북학의 기운을 조선에 심으려 했던 소현 세자가 죽은 뒤 봉림 대군이 왕위에 오르면서 조선의 역사는 새로운 전기를 맞이한다. 생각지도 않게 왕위에 오른 봉림 대군은 자신이 왕으로서 해야 할 일을 잘 알고 있었다. 그것은 바로 자신을 왕으로 밀어 준 선왕 인조의 치

욕을 대신 갚는 것, 복수설치를 위한 북벌(北伐)의 길로 나아가는 것이었다.

그러나 북벌의 꿈은 쉽게 이룰 수 있는 것이 아니었다. 왜란과 호란으로 얼룩진 전란의 상처를 조기에 수습해야 하는 마당에, 전쟁에 대한 불안감을 가중시키는 북벌은 현실화되기가 매우 어려웠다. 여기에 더하여 청나라가 끊임없이 조선의 내정에 간섭했기 때문에 드러내 놓고 군비 증강을 할 수 있는 처지도 못 되었다.

효종은 북벌을 위한 준비 기구로 어영청을 설치하여 이완(李浣, 1602~1674)을 어영대장으로 삼고 송시열, 송준길을 등용하여 북벌 이념의 전도사로 삼았지만 북벌의 길은 멀고도 험했다. 북벌을 위해 즉위했고 재위 10년 동안 북벌을 위해 매진했던 효종. 그러나 '중원을 정벌하여 삼전도의 치욕을 씻을 것이다'라는 북벌의 꿈은 그의 죽음과 함께 현실에서 서서히 멀어지고 말았다.

현실의 패배와 소설 속 승리

병자호란은 조선 역사상 유례없는 치욕적인 사건이었다. 정치적·경제적 손해는 물론이고, 백성들에게 돌이킬 수 없는 패배 의식을 심어 주었으며 민족의 자존심에 엄청난 상처를 남겼다. 청에 포로로 잡혀가 노예 시장에 팔렸다가 천신만고 끝에 겨우 돌아온 여성들은 환향녀(還鄕女) 즉 '화냥년'이라는 치욕스러운 이름을 얻었고, 조정은 이들과의 이혼을 요구하는 사대부들의 목소리로 들끓었다.

병자호란 이후 북벌이 대세가 된 상황에서 북학의 선구적인 흐름이 나타나기도 했지만, 북학 의지가 컸던 소현 세자가 의문의 죽음을 당하고 봉림 대군이 즉위하면서 청을 물리쳐야 한다는 '북벌'이 완전히 국시(國是)로 자리 잡게 되었다. 그러나 북벌 계획에 혼신의 힘을 쏟던 효종은 그 꿈을 이루지 못한 채 1659년(효종 10) 세상을 떠나고 만다.

　　이러한 시대적 배경에서 출현한 『박씨전』은 오랑캐에게 유린당한 분노와 고통을 해소하고 소설이라는 가상의 공간에서나마 복수하고 싶어 하는 민중의 욕구를 잘 표현하였다. 특히 가부장적 사회 질서 속에서 억압된 채 살아간 여성을 주인공으로 설정하고 이 여성에게 초인적인 능력을 부여함으로써 보다 통쾌하게 청나라에 복수하도록 하였다. 패배한 전쟁 병자호란은 『박씨전』을 통해 승리한 전쟁으로 탈바꿈하였다. 조선의 장수들과 국왕까지 마음껏 짓눌렀던 청나라 장수들이 조선의 여걸 박씨 앞에서 무릎을 꿇고 항복하게 함으로써 현실에서 당한 치욕과 분노를 대신 풀어 준 것이다. 소설 속에서나마 민족적 자존심을 회복하려 했던 조선 사람들의 열망, 이 열망은 추녀에서 절세미인으로, 평범한 여인에서 영웅으로 변신한 신비의 여인 박씨를 통해 새롭게 구현되었던 것이다.

조선시대 미인은 어떤 모습일까?

고전 소설을 읽다 보면 '해어화', '명모호치', '경국지색' 등의 표현을 종종 발견할 수 있는데, 이것들은 모두 미인과 관련된 단어들이다. 해어화(解語花)는 '말을 알아듣는 꽃'이라는 뜻으로, 당나라 현종(玄宗)이 비빈(妃嬪)과 궁녀들을 거느리고 연꽃을 구경하다가 양귀비(楊貴妃)를 가리켜 "연꽃의 아름다움도 '말을 이해하는 이 꽃'에는 미치지 못하리라"고 했다는 고사에서 나온 말이다.

명모호치(明眸皓齒)는 '맑은 눈동자와 흰 이'라는 뜻인데, 이 역시 양귀비와 관련이 있다. 당나라 말기의 대시인 두보(杜甫)는 안녹산(安祿山)의 난으로 혼란을 거듭하던 와중에 현종이 죽자 현종과 양귀비가 즐거운 한때를 보냈던 곡강(曲江)에서 「애강두」(哀江頭)라는 시를 지었다. 바로 이 시에서 "맑은 눈동자와 흰 이는 지금 어디에 있는가"라며 양귀비의 모습을 묘사한 이래 명모호치는 미인의 용모를 가리키는 대명사가 되었다.

● **조선시대의 미인도** 이 작품에서도 볼 수 있듯이 조선시대에는 약간 통통한 뺨과 아담한 입, 쌍꺼풀 없이 긴 눈, 둥근 턱을 지닌 참한 여성을 선호하였다. 개인 소장.

또 경국지색(傾國之色)은 한나라 무제(武帝) 때 이연년(李延年)이 지은 시 가운데 "한 번 돌아보면 성을 위태롭게 하고 두 번 돌아보면 나라를 위태롭게 한다"는 구절에서 비롯된 표현으로, 임금이 혹하여 나라가 기울어져도 모를 정도의 미인을 가리킨다. 그렇다면 이렇게 온갖 수식어로 화려하게 치장된 미인의 실제 모습은 과연 어떠했을까?

조선시대 미인의 모습을 담은 대표적인 그림으로 조선 후기의 화원 신윤복의 〈미인도〉가 있다. 이 작품의 주인공은 얼굴이 복스럽고 턱은 둥글고 크며 눈은 가늘고 눈썹이 가지런한 모습을 하고 있는데, 그 밖의 풍속화 등에 그려진 여성들의 얼굴 또한 공통적으로 견실하고 반듯한 모습을 하고 있다.

조선시대 왕실에서 선호한 왕비감은 오늘날 미인의 기준과는 상당한 차이가 있었다. 현재 사진으로 남아 있는 영친왕의 친모인 엄비나 순종의 비인 윤비, 의친왕의 비 김씨 등의 모습을 지금 기준으로 보면 그리 뛰어난 미인은 아니라는 생각이 든다. 미인에 대한 기준이 시대에 따라 달랐음은 중국의 절세미인 양귀비가 매우 통통한 여인이었다는 점에서도 충분히 알 수 있다. 여러 자료에서 확인되듯 조선시대 사람들은 오늘날처럼 팔등신의 날씬하고 눈이 큰 여성보다는 반듯하고 참한 여성을 선호하였음에 틀림없다.

사씨남정기

가정 소설의 형식을 취한 정치 풍자 소설

■ 작품 설명

『사씨남정기』(謝氏南征記)는 1689년(숙종 15)에서 1692년 사이에 경상도 남해로 유배가 있던 김만중(金萬重, 1637~1692)이 쓴 가정 소설이자 현실 풍자 소설이다. 제목은 주인공 사씨가 축출당한 후 남방으로 정처 없이 방황한 기록이라는 뜻이며, 『남정기』・『사씨전』이라고도 불린다.

서인 가문의 핵심 인물이었던 김만중은 1689년 기사환국으로 남인이 정권을 잡자 정계에서 쫓겨나 유배 생활을 하면서 이 소설을 썼다. 표면적으로는 일부다처제 사회에서 벌어지는 처첩 간의 갈등을 그리고 있지만, 『사씨남정기』의 이면에는 서인과 남인의 권력 쟁탈이라는 정치적 변수가 숨겨져 있다. 그런 면에서 목적 소설이라고도 할 수 있다. 즉 가정 소설의 형식을 취했지만 소설 창작의 최종 목표는 국왕인 숙종에게 향해 있었다. 남인의 지원을 입고 왕비로 책봉된 희빈 장씨의 간악한 정상을 알리고 본처인 인현 왕후를 하루빨리 맞아들일 것을 소설의 형식으로 표현한 것이다. 이런 일련의 정황들은 작자 자신의 전기(傳記)적 사실과도 밀접한 관련을 갖고 있다.

어느 날 궁인이 이 소설을 숙종에게 읽어 주자 숙종은 유 한림을 일컬어 죄 없는 정실을 내쫓은 '천하에 고약한 놈'이라 말했다고 한다. 소설의 효험이 있었는지 결국 숙종은 장씨를 물리치고 인현 왕후를 복위시키지만, 소설의 작자 김만중은 이미 이 세상 사람이 아니었다. 김만중이 생전에 인현 왕후의 복위와 서인의 재집권을 지켜보았다면 어떤 표정을 지었을까? 『사씨남정기』는 현재 목판본인 국문본을 비롯하여 그의 손자 김춘택이 번역한 한문본 이외에 필사본, 활자본 등으로 널리 전하고 있다.

한글 예찬론자 김만중

『사씨남정기』는 조선 후기의 대표적인 정치가이자 학자인 서포 김만중이 자신의 정치적 경험을 바탕으로 쓴 국문 소설이다. 김만중은 당시 언문이라 불리며 천시되었던 한글을 높이 평가했다. 정철(鄭澈, 1536~1593)의 『관동별곡』과 『사미인곡』을 동방의 이소〔離騷: 초나라 굴원(屈原)이 지은 부(賦)의 이름〕요 진문장(眞文章)이라 극찬한 국문 가사 예찬론자였다. 특히 김만중은 '다른 나라의 말로 시문을 짓는다면 이는 앵무새가 사람의 말을 흉내 내는 것이나 다름없다'고 하면서 한자만을 숭상하는 당시의 풍토를 비판하고 우리말과 우리글의 중요성을 강조하였다.

그는 『사씨남정기』이외에도 역시 국문으로 쓴 소설 『구운몽』을 남겼으며, 수필집 『서포만필』을 짓기도 하였다. 『서포만필』에서는 '여항(閻巷)의 나무하는 아이나 물 긷는 아낙네들이 서로 주고받는 말이 비록 상스럽다 하지만, 그 참값을 논한다면 사대부들의 시부(詩賦)보다 낫다'고 하는 등 '국민문학'의 중요성을 역설하기도 하였다. 『춘향전』, 『흥부전』 등 조선 후기 민간에 유행하던 한글 소설 대부분이 무명의 작자가 쓴 것임을 고려한다면 김만중과 같이 고위직에 있던 인사가 한글로 소설을 쓴 것은 무척이나 이례적이다. 이러한 흐름은 조선 후기 우리 문화에 대한 자신감이 문학에 표현된 것으로, 그림에 있어서 우리 산천을 직접 그린 진경산수화가 대두하는 것과

● **정선의 〈인왕제색도〉** 김만중이 국민 문학의 중요성을 역설하며 한글 소설을 창작한 것은 우리 문화에 대한 자신감을 표현한 것으로, 이는 그림에서 우리 산천을 직접 그린 진경산수화가 대두하는 것과 그 흐름을 같이 한다. 호암미술관 소장.

그 흐름을 같이한다.

　『사씨남정기』는 가정 소설의 형식을 취했다. 가정 소설이란 가정 안에서의 생활을 주로 표현한 작품을 말하는데, 조선시대 가정 소설의 대부분은 처첩 간의 갈등과 계모와 전처소생 간의 비극을 다룬 작품이 많다. 그런데『사씨남정기』는 남인과 서인의 정치적 대립이 치열하게 전개되면서 붕당 정치가 가장 격화되던 시기에, 숙종이 인현 왕후를 폐하고 희빈 장씨를 중전으로 책봉한 사건을 풍자하고 숙종이 올바른 판단을 내릴 것을 바라는 마음에서 쓰였다는 점에서 강한 목적성을 지녔다고 보는 것이 일반적인 견해이다. 비록 소설의 배경은 중국에서 빌려 왔지만 현실과 대비되는 인물을 설정하여 당시의 정치판을 풍자하는 형식을 취했다.

　이러한 정치 풍자 소설을 쓰게 된 배경에는 김만중의 정치적 위치도 큰 작용을 했다. 김만중은 국문학에서 차지하는 명성 못지않게 서인의 핵심 정치인으로서 당쟁에 깊숙이 개입된 인물이었다. 세 차례의 환국으로 대표되는 숙종대의 치열한 정쟁 과정에서 평안도 선천과 경상도 남해에 유배되기도 했던 김만중은『사씨남정기』라는 소설을 통해 서인의 정치적 입장을 정당화하는 고도의 수법을 썼던 것이다.

　처첩 간의 갈등을 중심으로 이야기가 진행되는 가정 소설의 전형을 이루는 이 작품은 교씨와 동청, 냉진 등의 모략과 일방적으로 고난을 당하는 정실부인 사씨, 그 가운데 놓인 시비(侍婢) 설매의 움직임 등 인물의 모습을 사실적으로 묘사함으로써 이후에 등장하는 장편 소설의 모범이 되기도 했다. 이처럼 다양한 군상들의 암투와 갈등은 어쩌면 치열한 정쟁이 전개되었던 숙종대의 궁중 상황을 축소판처럼 보여 주는 것인지도 모르겠다.

　김만중의 대표 소설『사씨남정기』와『구운몽』은 김만중의 어머니와도 깊은 관련이 있다. 이들 소설은 김만중이 선천과 남해에 유배 가 있던 시절, 유복자로 태어난 자신을 양육하기 위해 온갖 정성을 쏟은 어머니의 은혜에 보답하려고 창작한 작품이라는 점에서 큰 의미를 지니고 있다. 김만중의 어머니는 해평 윤씨로, 고조는 영의정 윤두수, 조부는 선조의 부마인 윤신지였고 부친 윤지 또한 이조 참판에 올랐을 정도로 그녀의 집안은 명문이었다. 그러나 남편 김익겸이 병자호란 당시 강화도가 함락될 때 분사(焚死)했기 때문에 홀로 어린 자식들을 키워 낼 수밖에 없었다. 부친의 얼굴도 보지 못한 김만중은 어릴 때부터 『소학』, 『사략』, 『당시』 같은 책들을 어머니에게서 배웠다. 어머니는 김만기, 김만중 형제에게 "(사람들이) 행실이 없는 사람을 욕할 때 꼭 과부의 자식이라고 말하는데 이 말을 너희들은 의당 뼈에 새겨 두어야 한다"라고 말하며 아비 없는 자식들에게 정성을 다했다. 이러한 어머니였던 만큼 어머니에 대한 김만중의 사랑은 각별했으며, 『구운몽』도 어머니를 위해 창작한 작품이었다. 하지만 그 어머니는 김만중이 남해에서 고통스런 유배 생활을 하는 동안 세상을 떠나고 말았다.

사씨 부인과 교씨 부인의 갈등

『사씨남정기』의 배경은 명나라 가정(嘉靖: 명 세종의 연호) 연간(1522～1566)의 금릉이라는 곳이다. 금릉 순천부에 사는 유현이라는 사람이 뒤늦게 낳은 아들 연수는 일찍이 총명한 자질을 보여 15세에 장원 급제하고 한림학사에 제수되었으나 10년간 더 공부한 뒤 관직에 나가겠다며 사양한다. 유현은 여승 묘혜를 통해 덕과 재주를 겸비한 사씨 정옥을 며느리로 맞이한다. 유 한림과 사씨 부부의 금슬은 좋았지만 9년이 지나도록 아기가 생기지 않는다. 어진 사씨 부인은 남편에게 첩을 들일 것을 권하였고 몇 번의 거절 끝에 마침내 유 한림은 교씨 부인을 맞아들인다. 그러나 본래 성질이 고약하고

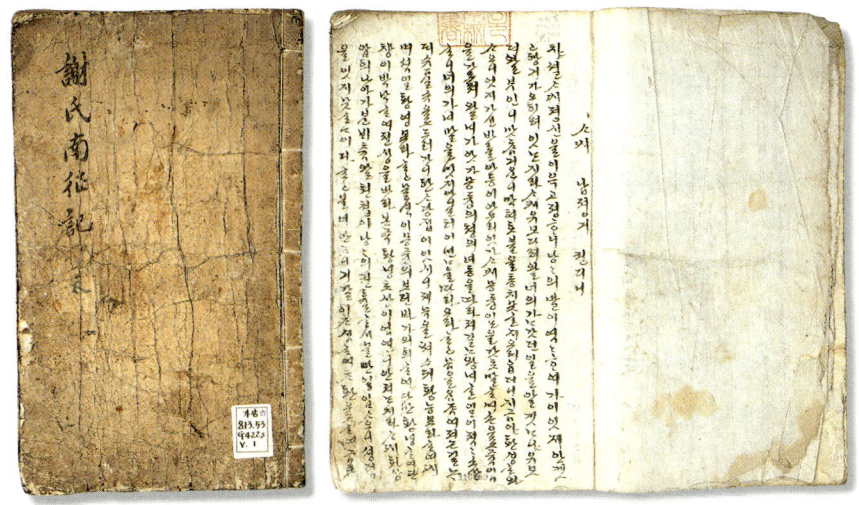

「사씨남정기」 명나라를 배경으로 처첩 간의 갈등을 다룬 가정 소설이지만, 그 이면에는 장 희빈에게 빠져 있는 숙종의 마음을 돌려놓으려는 김만중의 의도가 숨어 있었다. 서울대학교 규장각 소장.

투기가 많았던 교씨는 사씨에게 끝없는 질투와 증오심을 드러낸다. 아들을 낳은 후 정실부인이 되기 위해 간악한 짓을 서슴지 않던 교씨는 그 뒤 사씨 부인도 아들을 낳게 되자 자신의 문객 동청 등과 모의하여 사씨에 대한 갖가지 근거 없는 모함을 늘어놓아 결국에는 사씨를 폐출시키고 자신이 정실이 되는 데 성공한다.

교씨의 비행은 여기서 그치지 않는다. 사씨는 정실에서 쫓겨나 시아버지의 묘소 옆에 초옥을 짓고 살았는데, 교씨는 간부(姦夫) 동청과 정을 통한 후 사씨를 없앨 것을 지시한다. 그러나 그날 밤 사씨의 꿈에 시아버지가 나타나 사태의 위급함을 알리고 급히 남방으로 피신하라고 일러 준다. 사씨는 양자강을 건너 소상강가에 있는 황릉묘에 갔다가 우연히 여승 묘혜의 도움을 받아 군산사 수월암에서 피신 생활을 한다.

한편 교씨의 악행은 더욱 심해진다. 동청에게 유 한림을 없애고 둘이

사씨남정기 151

서 같이 살 것을 제의한 것이다. 동청은 엄 승상을 통해 유 한림을 참소하여 북방의 행주로 유배시키기에 이른다. 그러나 유 한림은 혐의가 풀려 특사를 받고, 고향으로 오다가 시비 설매에게서 교씨가 저지른 죄악상을 낱낱이 듣게 된다. 교씨와 동청의 악행은 곧 조정에도 알려졌고, 충신 유 한림을 참소한 죄로 동청은 처형을 당한다. 유 한림은 교씨의 계략에 말려 본부인 사씨를 물리친 것을 후회하고 사방을 돌아다니며 사씨를 찾는다. 사씨 또한 남편이 유배에서 풀렸다는 소문을 듣고 산사를 나와 남편을 찾아 나선 끝에 극적인 만남을 이루게 된다. 고향에 돌아온 유 한림은 교씨를 처형하고 사씨를 다시 정실부인으로 맞이한다. 사씨는 「내훈」과 「열녀전」을 지어 후세에 길이 전한다.

『사씨남정기』는 명나라 시대를 배경으로 하여 처첩 간의 갈등에서 비롯된 역경을 극복하고 부부가 다시 화합을 이루어 나가는 가정 소설의 전형을 보여 주고 있다. 또한 사필귀정, 고진감래, 권선징악 같은 교훈적인 내용을 드러내고 있을 뿐 아니라 사씨를 통해 부덕(婦德)을 갖춘 전형적인 조선 시대 여성상을 강조하고 있다.

그러나 김만중이 진정 바랐던 것은 이 소설을 통해 희빈 장씨에게 빠져 있는 숙종의 마음을 돌려놓는 것이었다. 이 소설이 당시 조선시대 궁중 상황과 그대로 맞물리고 있는 것에서 정치적인 색채를 확연히 느낄 수 있다. 누가 보아도 사씨는 인현 왕후, 교씨는 희빈 장씨, 유 한림은 숙종임을 알게 하면서 이야기를 전개하고 있는 것이다.

『사씨남정기』는 이전 소설의 문제점으로 지적되는 전기적(傳奇的)이고 비현실적인 요소가 많이 줄어들었지만, '꿈의 계시'라는 우연적인 힘에 의해 사건을 전개해 나가는 한계를 드러내기도 한다. 그러나 이 같은 한계에도 불구하고 이 소설은 풍자성과 문학성의 측면에서 높은 완성도를 지닌 작품으로 평가받고 있다.

󰁂 인현 왕후와 장 희빈, 숙종을 대비시킨 소설

앞에서 『사씨남정기』의 줄거리를 요약해 보았지만, 단순하게만 보면 흔히 있을 수 있는 처첩 간의 갈등을 다루고 있는 가정 소설이자 권선징악과 해피엔딩을 보여 주는 작품으로 파악할 수 있다. 그러나 이 소설은 작가 김만중이 정국의 소용돌이 속에서 유배지에서 쓴 작품인 만큼 당시의 시대상과 정국 상황을 풍자하고 있는 정치색 짙은 작품으로 이해하는 것이 옳을 듯하다. 사씨가 아들을 낳지 못한 것, 사씨의 청으로 교씨를 맞아들인 점, 사씨의 폐출 등은 왕비로 책봉된 인현 왕후가 오랫동안 출산을 하지 못했다는 점, 인현 왕후의 청으로 희빈 장씨를 맞아들인 점, 이어지는 인현 왕후의 폐출 등과 정확히 맞아떨어지고 있다. 소설은 급박하게 전개되었던 숙종대 정치 상황의 대리전 같은 양상을 띠고 있는 것이다.

숙종은 첫 부인인 인경 왕후가 아들을 낳지 못하고 세상을 떠나자 1681년 서인 명문가인 여흥 민씨 민유중의 딸을 계비(인현 왕후)로 맞이하였다. 민유중은 김만중처럼 서인에서 노론으로 이어지는 대표적인 당인(黨人)이었다. 이때 숙종의 나이 21세, 인현 왕후의 나이는 15세였다. 그러나 인현 왕후에게서도 5년이 넘도록 자식을 얻지 못하자 숙종은 초조해졌고, 이미 마음이 통하고 있던 궁녀 장씨를 총애하였다. 『사씨남정기』에서 유연수와 사씨 사이에 9년이 넘도록 아이가 없자 교씨를 첩으로 맞이한 것과 흡사한 상황이다.

궁녀 장씨는 나인으로 처음 궁에 들어왔으나 행실에 문제가 있어 대비인 명성 왕후(현종의 비)에 의해 궁중에서 쫓겨나는 신세가 되었다. 명성 왕후가 죽은 뒤 장씨를 다시 궁중에 들어오게 한 것은 바로 중전인 인현 왕후였다. 이러한 가운데 1688년 장씨가 왕자(후의 경종)를 낳게 되자 그녀의 지위는 급격히 상승한다. 숙종은 장씨가 낳은 왕자를 원자로 책봉하려 하였다. 송시열 등 서인 대신들은 중전의 나이(23세)가 한창인 점 등을 들어 원자 책봉을 반대했다. 그러나 숙종은 오히려 기사환국을 단행하여 송시열을 필두로 한 서인을 물리치고 남인을 대거 정계의 요직에 등용하였다. 이후 인현 왕후는 폐위되고 장씨는 승승장구하게 된다.

그러나 시간이 흐르면서 남인들의 정치적 야심이 커지자 숙종은 인현 왕후를 폐위시킨 것을 후회하고 1694년 마침내 갑술환국을 단행하여 이번에는 남인들을 전격적으로 물리친 후 서인들을 정계에 복귀시킨다. 이때 인현 왕후도 복위되었으나, 1700년 무렵부터 원인을 알 수 없는 질병에 시달리다가 1701년 창경궁 경춘전에서 사망하였다. 경춘전은 연산군 때는 소혜 왕후(성종의 어머니)가, 숙종 때는 인현 왕후 민씨, 순조 연간에는 혜경궁 홍씨 등 대표적인 궁중 여성들이 승하한 장소이다. 또한 정조가 이곳에서 탄생한 것으로도 유명하다.

인현 왕후가 병을 앓던 17개월 동안 희빈 장씨는 단 한 번도 문병하지 않았으며, 왕후에 대한 호칭 또한 '중궁전'이 아닌 '민씨'였다. 질투와 원망의 화신이 된 장씨는 인현 왕후를 원수 대하듯 하였다. 그뿐 아니라 창경궁 취선당 서쪽에 신당(神堂)을 차리고 인현 왕후를 저주하며 자신이 다시 중전이 되게 해 달라고 매일 빌었다.

이 같은 희빈 장씨의 저주 사건은 숙종의 후궁이자 영조의 생모가 되는 숙빈 최씨에 의해 숙종에게까지 알려졌고 분노한 숙종은 장씨에게 사약을 내리게 된다. 우연히도 조선 후기를 대표하는 최고의 여성 라이벌 인현 왕후와 희빈 장씨는 같은 해에 죽음을 맞이한다. 그 뒤 숙종은 다시는 후궁이 비의 지위에 오를 수 없도록 할 것을 하교했다고 하니, 장씨에 대한 분노가 얼마나 컸는지 짐작할 수 있다.

이처럼 숙종대에 치열하게 전개되었던 정쟁의 한복판에는 인현 왕후와 희빈 장씨라는 궁중 여인들이 자리 잡고 있었다. 그리고 『사씨남정기』에는 이들의 행적이 소설 속 인물인 사씨와 교씨를 통해 그대로 드러나 있다. 다만 중국을 배경으로 한 소설적 구성을 취함으로써 김만중은 자신에게 돌아올 정치적 부담을 최소화한 것이다.

소설에 반영된 당인의 입장

『사씨남정기』의 작자 김만중은 조선 후기를 대표하는 정치가이자 학자, 그리고 소설가였다. 김만중은 1665년 정시 문과에 급제하여 관료로서의 길을 걷기 시작해 사간원, 사헌부, 승정원의 요직을 두루 거친 뒤 1683년 대사헌, 1686년 대제학에 올랐다. 그러나 정치적 고비 때마다 반대 정파인 남인의 탄핵을 받는 등 성장과 좌절을 함께 맛보았다. 이것은 무엇보다 그의 가문 배경 때문이었다. 서인의 영수인 송시열의 스승 김장생과 김집을 선조로 모신 그의 광산 김씨 집안은 조선 후기 서인에서 노론으로 이어지는 핵심 가문이었다. 이러한 가문적 위치로 말미암아 김만중은 붕당 정치에서 자유로울 수 없었다. 그는 '조용한 문학가'로만 활동할 수 없는 운명을 타고난 셈이었다. 이것은 그가 존경했던 선배 학자 정철이 당쟁의 회오리바람에 휩쓸려 정치적 부침을 거듭하면서도 주옥같은 가사 문학 작품을 탄생시켜 국문학 수준을 고양시킨 것과 비슷한 삶의 궤적이다.

조선 후기 광산 김씨는 여흥 민씨, 청풍 김씨와 함께 삼척(三戚)으로 일컬어지는, 집권 세력인 노론을 대표하는 명문가이자 왕비를 배출한 집안이었다. 그의 증조부 김장생은 예학의 대가이자 조선 후기 서인의 영수였던 송시열의 스승이었으며, 부친 김익겸은 병자호란의 여파로 1637년 강화도가 청군에게 함락되자 이곳에서 순절하였다. 김장생의 증손자라는 학문적 후광

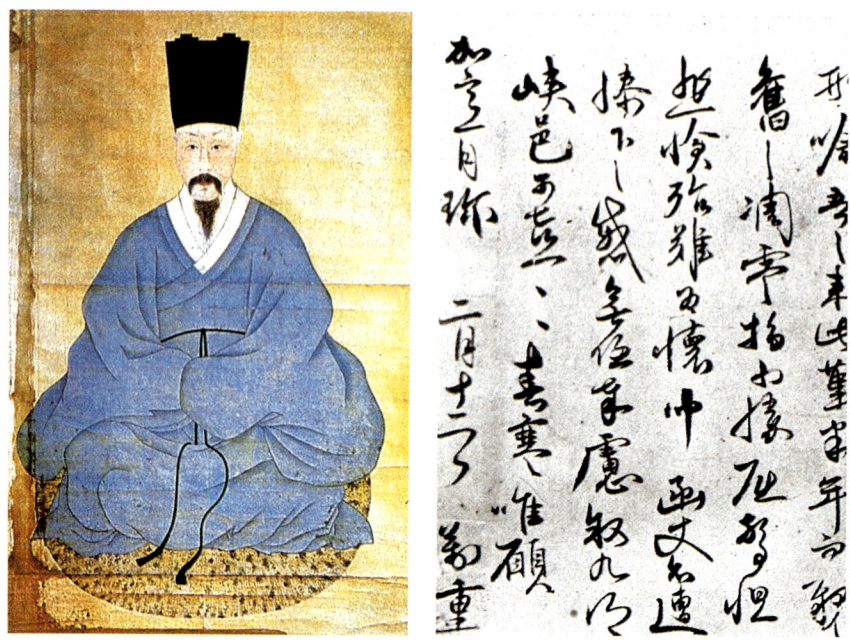

● **김만중의 영정(좌)과 글씨(우)** 노론을 대표하는 명문가의 후손으로 태어난 김만중은 붕당 정치에서 자유로울 수 없었고, 그에 따라 고비 때마다 반대 정파의 탄핵을 받는 등 정치적 부침을 거듭하였다.

을 지니고 있었을 뿐 아니라 부친의 죽음이 의리를 지킨 충절로 인식되면서 김만중의 집안은 서인의 중추 가문으로 성장했다. 특히 숙종의 첫 부인인 인경 왕후는 김만중의 형인 광성 부원군 김만기의 딸로, 김만중은 인경 왕후에게는 숙부가 된다.

　　유복자로 태어난 김만중은 어릴 때부터 어머니의 엄격한 교육을 받았는데, 어머니에 대한 효심은 그의 대표작인 『구운몽』으로 나타나기도 했다. 16세 때 진사에 일등으로 급제한 김만중은 1665년(현종 6) 문과에 급제하여 관직 생활을 시작하였다. 당시는 서인과 남인의 붕당 정치가 가속화되어 가던 시기로, 예송 논쟁(禮訟論爭 : 예를 둘러싼 사상적 논쟁)에서 두 정치 세력은 치열하게 대립하였다. 1659년의 1차 예송에서는 서인이 승리하지만 1674년 2차 예송 때는 서인이 패배해 김만중은 관직을 잃게 된다. 이후 1680년 경신환국으로 서인이 다시 집권하자 김만중은 관직에 복귀하여 대사헌, 대제학 등의 요직을 역임하였다. 경신환국 후 김만중의 집안인 광산 김씨는 서인의 핵심으로 그 위세가 대단했다. 오죽하면 같은 서인이면서도 소장파의 영수였던 윤증이 삼척의 정치적 개입을 막아야 나라가 바로 설 수 있다고 하였을까?

그러나 남인의 지원을 얻은 희빈 장씨가 후궁에서 일약 왕비의 지위에 오르면서 광산 김씨의 위세도 꺾이기 시작한다. 1687년 장 숙의〔장씨는 당시 종2품 숙의(淑儀)였음〕 일가를 둘러싼 발언으로 인해 김만중은 평안도 선천에 유배되었다. 이듬해 풀려난 그는 1689년의 기사환국으로 장씨를 지지한 남인이 완전히 권력을 장악하면서 다시 경상도 남해에 위리안치(圍籬安置)되는 비운을 맛보게 된다. 그리고 1692년 유배지인 남해군 이동면 양아리 벽련마을 앞 노도(櫓島)에서 한 많은 일생을 마쳤다. 그의 마지막 작품이 된 『사씨남정기』는 말년의 비운을 해소하려 했던 몸부림이 아니었을까?

이처럼 김만중은 정쟁(政爭)에 휩쓸려 유배지에서 일생을 마쳤지만 문학에서 보여 준 뛰어난 자질은 그를 조선 후기의 대표적인 문학가로 기억하게 하고 있다. 특히 그가 『서포만필』에서 주장한 국문 가사 예찬론은 매우 중요한 의미를 지닌다. 그는 한문을 '타국지언'(他國之言)으로 평가 절하하였고, 국문 즉 우리글에 대한 애정과 자부심을 『구운몽』과 『사씨남정기』 같은 국문 소설의 창작을 통해 드러내 보였다. 그러나 그의 문학은 순수하게 문학적 내용만을 담은 작품이 아니었다. 환국으로 서인과 남인의 권력이 교체되는 정치적 격동기 속에서 운명적으로 당인이 될 수밖에 없었던 그의 정치적 색깔을 담고 있었다. 현실을 날카롭게 풍자하기는 했지만 김만중은 서인의 핵심 인물로서 자신과 자당(自黨)의 입장을 옹호하는 문학 작품을 썼다. 그것이 곧 『사씨남정기』였다.

🌙 『사씨남정기』의 효험

　　『사씨남정기』를 김만중이 지었다는 사실을 알려 주는 대표적인 자료는 19세기 중엽의 실학자 이규경(李圭景, 1788~1856)의 『오주연문장전산고』(五洲衍文長箋散稿)와 김만중의 종손(從孫)인 김춘택(金春澤, 1670~1717)이 지은 『북헌집』(北軒集)이다. 『오주연문장전산고』 「소설변증설」의 기록을 보자.

이와 같은 소설은 우리나라 사람의 경우 국량(局量)이 얕고 재주가 짧아서 또한 그 대략을 알지 못하였다. 민가에 유행하는 것은 단지 『구운몽』(서포 김만중이 지은 것인데 자못 뜻이 있다)과 『남정기』(북헌 김춘택의 저작)이다. 세상에서 전하기를 『구운몽』은 서포가 유배시에 대부인의 근심을 덜어 주기 위해 하룻밤에 지은 것이라 하며, 북헌은 숙종이 인현 왕후 민씨의 자리를 물리게 하자 임금의 마음을 깨우치기 위해 지었다고 전한다.

　　위 기록에 따르면 이규경은 『사씨남정기』의 작자를 김만중의 종손인 김춘택으로 보고 있다. 그러나 김춘택은 『북헌집』에서 『사씨남정기』는 '애초에 김만중이 지은 것이고 자신은 다만 이를 한문으로 옮겼다'(『북헌집』 권 16, 「논시문잡설」)고 말하고 있다. 이규경이 김춘택의 한문본 『사씨남정기』를 보고 이를 그의 저작으로 착각한 것이 아닌가 생각된다. 비록 이규경이 작자를 잘못 알기는 했지만 "인현 왕후 민씨의 자리를 물리게 하자 임금의 마음을 깨우치기 위해 지었다"라는 부분은 『사씨남정기』의 저작 연대를 추정하는 데 중요한 단서가 된다.

　　즉 1688년 10월 희빈 장씨가 원자를 낳자 숙종은 이듬해 1월 서둘러 원자를 세자로 책봉하고 원자의 책봉에 반대했던 송시열을 유배시킨다. 김

● **남해 노도** 서포 김만중이 유배 와 살다 죽은 섬이다. 김만중은 선천에서 유배 생활을 하면서 『구운몽』을 지었고, 남해에서는 『사씨남정기』를 지었다. 만약 그가 유배되지 않고 순탄하게 관료 생활을 이어 나갔다면 우리는 그의 훌륭한 문학 작품을 만나지 못했을지 모른다. ⓒ 김성철

만중은 이 사건에 연루되어 남해로 귀양을 갔고, 4월에는 인현 왕후가 폐출되고 10월에는 장씨가 왕비가 되었다. 유배 생활을 하던 김만중은 1692년 귀양지 남해에서 세상을 떠났다. 이러한 정국 상황을 보면 『사씨남정기』는 1689년에서 1692년 사이 김만중의 남해 유배 시절에 완성된 것이 거의 확실해 보인다. 다만 김만중은 사씨와 유 한림의 재회와 교씨의 처형이라는 설정을 통해 인현 왕후와 숙종의 재결합과 희빈 장씨의 처형을 희구했지만, 생전에 그 모습을 보지는 못했다. 그러나 1694년 갑술환국으로 인현 왕후가 복위되고 1701년에는 장씨가 결국 사약을 받게 되었다. 이것을 『사씨남정기』의 효험이라고 하면 지나친 억측일까?

유배지에서 꽃피는 학문

김만중의 대표작 『구운몽』과 『사씨남정기』는 둘 다 숙종대의 정쟁에 연루되어 유배당한 후 유배지에서 쓴 작품들이다. 『구운몽』은 평안도 선천에서, 『사씨남정기』는 경상도 남해에서 지었다는 것이 통설이다. 유배지에서 훌륭한 작품이 나오는 것은 바쁜 관료 생활과는 달리 유배 기간 동안에는 자신의 학문을 정리하고 완성할 시간적 여유를 가질 수 있기 때문이다.

18세기의 학자 윤동후는 함경도 종성에서 유배 생활을 하는 동안 겪은 일들과 잡문을 기록한 『수주적록』이란 책을 남겼는데, 「청학음」이라 하여 저자가 청나라 사람과 교류하면서 언어 소통을 위해 한자 다음에 만주어를 한글 발음으로 기재한 것이 눈에 띈다. 유배를 언어 학습의 장으로 활용한 것이다.

추사체로 유명한 조선 후기의 학자 김정희(金正喜, 1786~1856)의 대표작 〈세한도〉(歲寒圖) 역시 유배지 제주에서 탄생한 작품이다. 김정희는 북경에서 힘들게 구한 귀한 책을 보내 준 제자 이상적의 의리에 보답하기 위해 세한도를 그려 보냈는데, 이 작품에는 지조와 의리를 중시하는 선비 정신이 고스란히 담겨 있다.

유배를 학문 완성의 기회로 삼은 대표적인 학자는 다산 정약용(丁若鏞, 1762~1836)이다. 남한강과 북한강이 합류하는 양수리의 넓은 강물이 내려다보이는 마현. 정약용은 이곳에서 태어나고 생을 마감했지만, 그의 학문 대부분은 유배지인 강진의 다산 초당에서 완성되었다. 역사에서 가정은 무의미하다지만 만약 정조가 급서하지 않고 정약용이 계속 정조의 총애를 받아 관료 생활을 했다면 오늘날 조선을 대표하는 학자로 기억될 수 있었을까 하는 의문이 생긴다. 공무에 쫓겨 우리가 알고 있는

● 김정희의 〈세한도〉　　추사체로 유명한 김정희는 유배지 제주에서 제자 이상적의 의리에 보답하기 위해 이 그림을 그려 보냈다. 그림의 제목인 '세한'은 『논어』에 나오는 '세한연후 지송백지후조'(歲寒然後 知松柏之後凋) 즉 '날씨가 추워진 뒤에라야 소나무와 잣나무가 늦게 시듦을 안다'는 말에서 따온 것이다. 개인 소장.

그 유명한 저술인 『목민심서』나 『경세유표』를 집필하지 못했을 가능성이 크다.

　정약용은 정순 왕후의 천주교 탄압(신유박해)의 여파로 강진으로 유배를 갔고 그곳에서 18년 동안 생활했기 때문에 『목민심서』를 비롯해 그의 개혁안을 담은 저술 500여 권을 『여유당전서』로 완성할 수 있었다. 유배지 강진이 다산의 외가인 해남 윤씨의 근거지와 가까웠고, 초의 선사가 활동하던 백련사와 인접한 것도 다산에겐 큰 행운이었다. 다산은 윤선도, 윤두서로 이어지는 해남 윤씨 집안에서 소장하고 있던 많은 서책을 접할 수 있었고, 초의 같은 고승들과 시를 주고받으며 세상 돌아가는 이야기를 할 기회를 많이 가졌다. 강진은 이처럼 정약용이 사회 모순을 지적하는 글을 저술하는 데 전념할 수 있는 유리한 여건을 갖춘 곳이었다. 신유박해 때 정약용과 함께 유배되어 흑산도에 머물던 형 정약전(丁若銓, 1758~1816)은 어류를 관찰하면서 『자산어보』(玆山魚譜)를 저술하였는데 이 책은 오늘날에도 어류학 백과사전으로서의 구실을 톡톡히 하고 있다.

　김만중이나 정약용 형제에게 있어서 유배라는 삶의 시련은 스스로를 정리할 수 있는 기회를 만들어 주었고, 그들의 뛰어난 학문 능력은 불후의 저작을 낳았다. 조선시대의 유배 생활은 지성인들을 일시적으로 좌절하게 만들었지만 그 좌절의 시기에 자신을 가다듬은 학자들은 오히려 이를 전화위복의 계기로 삼았다. 『구운몽』과 『사씨남정기』, 〈세한도〉, 『여유당전서』 등은 '유배'라는 조선시대 정치 문화의 산물이었다. 유배가 아니었다면 우리는 이들 작품을 영원히 볼 수 없었을지도 모른다.

장화 홍련 전

실화를 바탕으로 한 계모 소설

작 품 설 명

「장화홍련전」(薔花紅蓮傳)은 작자와 연대를 알 수 없는 고전 소설이다. 효종대 전동흘(全東屹, 1610~1685)이 평안도 철산 부사로 재직할 당시 실제로 처리한 사건을 소재로 한 작품으로, 「콩쥐팥쥐전」과 함께 대표적인 계모형(繼母型) 소설로 손꼽힌다. 지방관이 사건을 해결하는 과정에 초점을 맞추었다는 점에서 공안 소설로 분류하기도 한다. 「장화홍련전」은 조선시대 민간에 널리 유행하여 이본만도 30여 편에 이르는데 줄거리는 다음과 같다.

평안도 철산 땅에 사는 좌수 배무룡(裴武龍)은 늘그막에 장화와 홍련을 두었는데 부인 장씨가 세상을 떠나자 후취로 허씨를 맞아들인다. 허씨는 용모도 흉악하지만 마음씨마저 간악하여 두 딸을 학대하였다. 그러던 중 장화의 혼담이 오가자 혼수 비용을 아까워한 허씨는 자신의 친아들 필동을 시켜 장화를 살해하고, 뒤에 이 사실을 알게 된 홍련은 자살을 하고 만다. 억울하게 죽은 자매는 원한을 풀고자 부사를 찾아가지만 장화 자매의 모습에 부사들이 놀라 죽거나 도망을 치는 바람에 번번이 실패하였다. 이러한 괴소문을 들은 정동우(鄭東祐)라는 사람이 자원하여 철산 부사로 부임한다. 그는 자매를 만나 그 억울한 이야기를 듣고 허씨를 처형한 뒤 연못에서 두 자매의 시체를 건져 내어 무덤을 만들어 준다. 그 뒤 배 좌수는 다시 장가들어 두 딸의 현신인 쌍둥이 딸을 낳는다. 이들은 자라서 평양의 거부 이연호(李連浩)의 쌍둥이 아들 윤필·윤석과 결혼하여 행복하게 산다.

「장화홍련전」은 실제 사건을 소재로 하였지만 내용은 완전히 소설적인 구조로 이루어져 있다. 소설「장화홍련전」은 계모와 전처 소생이 겪는 갈등의 모든 책임을 계모에게 전가시키고 있다는 점에서 전통 시대의 남녀 성 차별 의식이 그대로 투영된 작품이라고도 할 수 있다.

계모 모시기가 어렵다

　　알다시피 계모(繼母)는 친어머니가 죽거나 내쫓긴 후 아버지가 재혼하여 새로 맞이한 부인을 가리킨다. 의모(義母), 후모(後母) 등으로도 불리는 계모는 일부일처제 사회에는 어디에나 존재한다. 특히 전통 시대에는 여성이 계속적인 출산, 과중한 노동, 부족한 영양 등으로 천수를 누리지 못하는 경우가 허다하였으므로 계모가 더욱 많을 수밖에 없었다. 계모는 '어머니의 연장선상에 있는 사람'이란 말뜻에서도 나타나듯 친어머니와 다름없기 때문에 친모와 동일한 지위가 부여되었다. 『경국대전』에 친모나 계모 모두에게 삼년상을 지내도록 규정한 것은 그 단적인 예이다.

　　하지만 법적인 지위와 상관없이 가정 내에서 계모의 위치는 대개 유동적이고 불안정할 수밖에 없었다. 그 원인은 대부분 전실 자식과의 불편한 관계 때문이었다. 광해군대의 김진원(金振遠)이라는 인물은 정언(正言: 간쟁에 관한 일을 맡아보던 정6품의 사간원 관직)으로 있었으면서도 계모를 어머니로 받아들이지 않고 자기 집에 발을 들이지 못하게 하여 구설수에 올랐는데, 이러한 갈등은 당시 흔한 것이었다.

　　갈등이 형사 사건으로 비화되는 경우도 심심치 않게 있었다. 효종대의 평안도 사람 서헌문(徐獻文)은 무슨 일 때문이었는지는 모르지만 계모를 살해하여 교수형에 처해졌다. 경우는 조금 다르지만 전라도 지역의 어느 형

 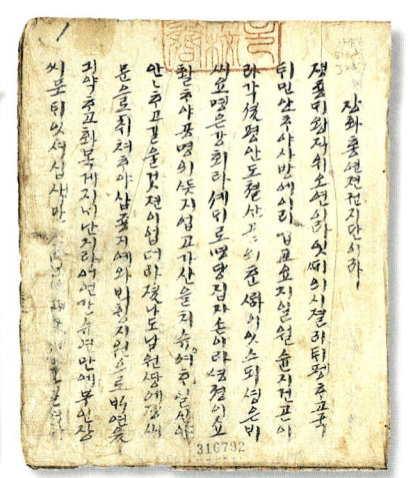

『장화홍련전』, 『콩쥐팥쥐전』과 함께 대표적인 계모형 소설로 손꼽힌다. 이러한 계모형 소설은 동서양을 막론하고 널리 퍼져 있는데, 자칫 계모는 무조건 나쁘다는 잘못된 인식을 심어 줄 가능성이 있다. 서울대학교 규장각 소장.

제는 재산이 많은 계모가 재물을 나누어 주지 않은 것에 불만을 품고 있던 중 계모가 간음을 하자 직접 결박하여 관아에 고발하기도 하였다.

계모에 대한 홀대는 인륜에 관계된 일이므로 국가에서도 가능한 한 엄중하게 처리하였다. 앞서 본 전라도 지역의 형제는 계모를 결박하였다는 이유로 함께 벌을 받았으며, 현종대에 군수를 지낸 이성시(李聖時)는 계모를 어머니로 여기지 않았다는 이유로 벌을 받기도 하였다. 이성시에 대한 처분에 대해서는 지나치다는 지적도 있었지만, 현종은 이성시가 앞으로 사람들 앞에서 얼굴을 들고 다닐 수 없을 것이라며 비난하였다.

물론 계모를 지성으로 모신 효자도 있었다. 임진왜란 때의 의병장 조헌(趙憲)은 계모가 자신을 모질게 대했음에도 불구하고, 외할머니가 계모 욕을 하자 계모일망정 어엿한 어머니인데 잘못을 들추어내는 것을 자식된 도리로 차마 들을 수 없다며 외갓집에 발길을 끊어 외할머니와 계모가 모두 감동했다는 일화가 전한다. 중종대의 김석련(金石連)은 계모가 병이 나자 자신의 넓적다리 살을 베어 먹여 병을 고쳤고, 계모가 죽자 삼년상을 지냈으며 그 후에도 계속하여 상식(上食)을 올리고 애도하여 정문(旌門)이 세워지기도 하였다.

그러나 계모를 잘 모신 일이 기특한 행적으로 전해지고 있는 데서 나타나듯 계모와 갈등 없이 지낸다는 것은 쉬운 일이 아니었다. 그래서 예부터 '계모 모시기가 어렵다'는 말이 전해 내려온다.

계모 모시기가 어려운 만큼 전실 자식을 사랑하는 것 또한 힘든 일이었다. '계모' 하면 흔히 전실 자식에 대한 학대를 떠올리게 된다. 그러한 선입견의 빌미를 제공한 못된 계모가 있는 것 또한 사실이다. 정조대의 학자 이덕무(李德懋)의 『청장관전서』(靑莊館全書)에는 계모의 악행과 관련된 두 편의 실화가 소개돼 있다.

하나는 처녀 향랑(香娘)의 이야기로, 향랑은 어릴 적부터 계모에게 구박을 받았는데 시집간 후 남편의 학대를 견디지 못하고 집으로 돌아왔으나 계모가 끝내 받아 주지 않아 결국 스스로 목숨을 끊고 말았다는 사연이다. 다른 한 편의 이야기는 이보다 좀 더 소설적이다. 어느 처녀가 시집을 가게 되었는데 첫날밤에 난데없이 창밖에서 군복을 입은 도적이 나타나 큰 칼을 비껴 들고 광채를 내면서 신랑에게 방에서 나가지 않으면 단칼에 쳐죽이겠다고 협박을 하였다. 도적은 다름 아닌 처녀의 계모로, 신부를 모함해 파혼시키려고 술책을 부린 것이었는데 처녀가 계모를 알아보는 바람에 사람들 앞에서 정체가 탄로나고 말았다. 이에 더욱 앙심을 품게 된 계모는 결국 처녀를 살해하였으며, 처녀의 억울한 죽음은 후일 남편이 밝혀냈다고 한다.

모시기도 어렵고 사랑하기도 힘든 계모와 전실 자식의 관계는 팽팽한 긴장감과 숱한 사연을 쏟아 낸다.

실화가 소설이 된 사연

계모는 동서양을 막론하고 일찍부터 소설, 설화 등에서 숱하게 다루어져 왔다. 흔히 '신데렐라형 이야기'로 불리는 계모형 소설은 유럽에만 500편 이상의 각기 다른 이야기가 전한다고 한다. 중국에서도 재산을 탐내 친아들과 모의하여 전설적인 성군 순(舜)임금을 죽이려고 시도했던 흉악한 계모의 이야기를 비롯해 수많은 소설에 계모가 등장한다.

우리나라도 예외는 아니어서 계모의 모진 구박을 받다 세상을 떠난 처녀의 원혼이 접동새가 되었다는 설화에서부터 조선의 제12대 임금 인종이 계모 문정 왕후가 준 독이 든 떡을 먹고 죽었다는 야사에 이르기까지 다양한 이야기가 전해 온다. 그리고 이러한 이야기는 『장화홍련전』을 비롯해 『김인향전』(金仁香傳)·『황월선전』(黃月善傳)·『정을선전』(鄭乙善傳)·『김취경전』(金就景傳)·『양풍운전』(楊楓雲傳)·『어룡전』(魚龍傳) 등 많은 고전 소설로 작품화되었다.

고전 소설 가운데 가장 유명한 계모형 가정 소설을 꼽으라면 역시 『콩쥐팥쥐전』과 『장화홍련전』을 들 수 있다. 특히 탄탄한 소설 구조를 갖추고 있는 『장화홍련전』은 이본이 30여 편에 이를 정도로 널리 유행했던 작품이다. 그러한 유명세를 타고 1924년에 처음 영화로 만들어졌으며, 지난 2003년에는 이 작품을 재해석한 새로운 영화가 제작되기도 하였다. 『장화홍련전』의 줄거리는 잘 알려져 있지만 이 이야기가 실제 일어난 사건을 바탕으로 한 것임을 아는 사람은 그리 많지 않은 듯싶다.

실제 사건 '장화홍련전'은 효종대 전동흘이 평안도 철산 부사로 재직하던 중에 겪은 일로, 그의 문집인 『가재사실록』(嘉齋事實錄)에 실려 있다. 전동흘은 전라도 출신의 무장으로, 정묘호란이 일어나자 김상헌(金尙憲, 1570∼1652)의 종사관으로 명나라에 군사를 요청하러 갔다가 화의가 성립되어 도중

● **영화 〈장화홍련전〉의 한 장면** 『장화홍련전』은 1924년 처음 영화로 만들어진 후 지금까지 여섯 차례 영화화되었다. 사진은 1937년에 두 번째로 제작된 홍개명 감독의 〈장화홍련전〉이다.

에 돌아온 일이 있으며, 병자호란 때에는 의병을 일으켜 남한산성까지 인조를 모시고 내려가는 등 국가에 대한 의리를 철저히 지켰던 인물이다.

  1651년(효종 2)에 무과에 급제하였으며, 북벌 정책을 추진하던 송시열(宋時烈)에 의해 발탁돼 선전관을 지냈다. 세상에서는 그를 이상진(李尙眞), 소두산(蘇斗山)과 함께 '호남삼걸'(湖南三傑)이라 불렀다. 1656년(효종 7)에는 흥덕 현감에 제수되었는데, 수군을 조련하던 중 폭풍우로 배가 침몰하자 직접 물에 뛰어들어 군사들을 구해 낸 공으로 특별히 당상관에 제수되었다. 철산 부사에 임명된 것은 그 후의 일이다.

  그런데 당시 철산현은 원귀(冤鬼) 때문에 매년 가뭄이 들고 수령들이 죽거나 갈려 거의 폐읍이 될 정도였다고 한다. 실제로 효종 연간(1649~

1659)에는 거의 매년 가뭄이 들다시피 하였다. 이렇게 가뭄이 계속 들자 사람들 사이에서는 이것이 억울하게 죽은 귀신 때문이라는 소문이 돌았던 것으로 보인다. 귀신 이야기는 21세기인 지금도 심심치 않게 등장하지만, 조선시대의 경우 대궐 안에 돌덩이가 날아들거나 의복에 불이 붙고 궁인의 머리카락이 잘리는 등 귀신이 부리는 요상한 변괴가 일어나고 있다는 이야기를 현종이 직접 할 정도였던 것을 보면 민간에서 그러한 소문이 나는 것도 이상한 일은 아니었다.

어쨌든 이로 인해 조정에서는 적당한 수령을 물색하고 있었는데 전동흘의 지모(智謀)가 수령직을 감당할 만하다고 판단하여 그를 파견하였던 것이다. 소설 속에서는 정동우로 나오는데 이는 전동흘이 사람들 입에 오르내리면서 바뀐 것으로 보인다.

철산 부사로 파견된 전동흘은 장화와 홍련의 죽음에 얽힌 사건을 해결하였으며, 그런 연유로 부민들은 그를 '신명철인'(神明鐵人)이라 부르고 공덕비를 세웠다고 한다. 이러한 사실을 종합해 보면 『가재사실록』에 기록된 '장화홍련전'은 전동흘이 밝혀낸 실제 사건을 바탕으로 엮은 것이 분명하다.

문집에서는 전동흘이 관아에서 실제로 장화와 홍련의 원귀를 만난 것처럼 설명하고 있지만, 물론 이는 사실로 보기 힘들다. '장화홍련전' 자체가 전동흘이 쓴 것이 아니며 전동흘 생존시의 기록도 아니기 때문이다. 『가재사실록』은 전동흘의 8대손 전기락(全基洛)이 1865년(고종 2)에 편찬한 책이다. 여기에 실려 있는 '장화홍련전'은 1818년(순조 18)에 박인수(朴仁壽)라는 사람이 전동흘의 6대손 전만택(全萬宅)으로부터 한글본을 한문으로 고쳐 달라는 부탁을 받았지만 사양하고 그 대략의 내용을 적어 놓은 것이다.

『가재사실록』에 기록되기 이전에 한글본 『장화홍련전』이 있었던 것을 보면 이미 일반인들 사이에 장화와 홍련의 이야기가 널리 퍼져 있었고, 그런 과정에서 소설적인 요소들이 덧붙여졌을 가능성이 크다. 『가재사실록』의 '장화홍련전'도 일정 부분은 소설이다. 다만 민간에 유포되어 있던 『장화홍련전』이 『가재사실록』에 실린 것보다 좀 더 소설적인 성격이 강하다.

『가재사실록』에 기록된 실제 사건의 전말

　　그러면 먼저 『가재사실록』에 실려 있는 '장화홍련전', 즉 가장 역사적 사실과 가깝다고 할 수 있는 내용부터 살펴보기로 하자. 실제 사건의 내막을 정리해 보면 다음과 같다.

　　순치(順治: 청나라 세조의 연호) 연간(1644～1661) 평안도 철산에 배시경(裵時慶)이라는 양반이 살고 있었다. 그는 재주와 기품이 있어 백성들의 천거로 좌수의 직책을 맡고 있었다. 첫 부인과의 사이에서 장화와 홍련이라는 두 딸을 두었는데, 장화가 여섯 살 되던 해에 부인이 세상을 떠나는 바람에 손수 두 딸을 길렀다. 하지만 어머니 없이 크는 두 딸이 안쓰러워 재혼을 하게 되었고, 후처와의 사이에서 필동(弼童)과 응동(應童)이라는 두 아들을 낳았다.

　　일찍 생모를 잃었지만 장화와 홍련은 예쁘고 교양 있는 처녀로 성장하여 사족(士族)들이 서로 며느리로 맞이하기를 청할 정도였다. 배 좌수는 고심 끝에 장화가 스무 살이 되던 1651년에 훌륭한 가문의 아들과 정혼하였다. 배 좌수는 직무로 관부에 있던 중에 혼인을 결정하였기 때문에 후처에게 혼수를 잘 준비하도록 기별을 넣었다. 그런데 후처는 성격이 본래 탐욕스러워 항상 두 딸을 살해하고자 벼르고 있었는데, 혼수를 마련해 주어야 하자 한 가지 흉계를 궁리해 실행에 옮겼다.

● **조선 후기 철산 지도** 『장화홍련전』의 줄거리를 모르는 사람은 거의 없지만, 이 작품이 실제 사건을 소재로 했다는 사실을 아는 사람은 많지 않다. 사진은 김정호의 『대동여지도』 중 이 소설의 배경이 되는 평안도 철산 일대의 모습. 서울대학교 규장각 소장.

    계모는 새끼 쥐의 껍질을 벗겨 낙태한 태아처럼 만든 다음 장화의 이불 속에 몰래 집어넣었다. 그리고는 잠시 후에 방에 들어와 태연하게 "장화야 무슨 병이 있어 이렇게 곤히 자느냐?"며 장화를 깨웠다. 장화의 옷과 이불에는 당연히 피가 묻어 있었다. 계모는 웬 피가 이렇게 많이 묻었냐며 이불을 젖혀 보고는 쥐를 꺼내면서 "네가 양반집 여자로서 이처럼 음탕한 짓을 하였으니 정말 놀랍구나"라고 말하였다. 갑작스러운 상황에 놀란 장화는 그저 눈물만 흘릴 뿐이었다.

    며칠 뒤 배 좌수가 돌아오자 후처는 집안에 큰일이 났다며 호들갑을 떨었다. 배 좌수가 놀라 무슨 일이냐고 묻자, 후처는 "장화가 몇 일 밤에 낙태를 하였는데 믿지 못하실 것 같아 보관해 놓았습니다. 만일 이 일이 밖으로 새어 나가면 저 두 아이들은 필시 세상 사람들에게 용서받지 못할 것이니 강에다 던져 자취를 감춥시다"라고 하였다. 크게 노한 배 좌수는 필동을 불러 "네 누이의 행실이 이와 같으니 살아서 무엇 하겠느냐. 주암(舟巖) 용수(龍湫)에 밀어 죽여라"라고 지시하였다. 그리고는 장화를 불러 외삼촌이 보고 싶어 하니 다녀오라고 하였다.

이상한 예감이 든 장화는 "여자의 행실은 문밖에도 가볍게 나갈 수 없는 것인데 어찌하여 이런 밤에 다녀오라고 하십니까?" 하고 물었다. 하지만 아버지가 재촉하자 장화는 홍련에게 "내가 가고 나면 너는 아버지를 모시고 아무 일 없이 살았으면 좋겠구나" 하는 말을 남기고는 필동과 함께 길을 나섰다.

용추에 이르자 필동은 갑자기 장화에게 "누나의 행실이 말할 수 없이 음탕하여 아버지가 나보고 죽이라고 하였으니 죽어야겠어"라고 하는 것이었다. 장화는 크게 놀라 말에서 내려 통곡하면서 외삼촌을 보고 온 후에 죽을 수 있도록 며칠만 시간을 달라고 애원하였다. 하지만 필동은 아무리 목숨을 구걸해도 아버지의 명이 엄하여 자식된 도리로 사사롭게 놓아줄 수 없다고 하고는 장화를 용추 연못에 밀어 넣었다.

그날 밤 홍련의 꿈에 언니가 나타났다. 꿈에서 장화는 아버지가 계모의 말을 듣고는 자기를 연못에 빠뜨려 죽게 만들어 뼈에 사무치도록 원통하다며, 후에 황천에서 다시 만날 것을 기약하고는 홀연히 사라졌다. 홍련은 부모에게 이상한 꿈 이야기를 하면서 아무래도 언니가 죽은 징조 같다고 하였다. 계모는 장화의 행실이 나쁜 까닭에 아버지가 노하여 죽인 것이니 언니를 생각해도 할 수 없다고 대답하였다. 홍련은 땅을 치고 통곡하면서 "내 꿈이 과연 맞았구나. 언니가 죄 없이 죽었으니 천지신명은 반드시 그 원통함을 알 것이다. 혼자 사는 것이 죽는 것만도 못하다"며 용추 연못에 가서는 "만일 내가 죽은 후 3월에 가뭄이 있으면 원혼 때문임을 알라"는 유언을 남기고 몸을 던져 자결하였다.

그런데 과연 홍련의 유언대로 3월에 큰 가뭄이 들었으며, 하늘이 음침하고 비가 축축히 온 날 밤에는 곡성이 들렸다. 원혼이 된 두 자매는 원통함을 호소하기 위해 관을 찾았다. 하지만 자매의 원혼을 보고 수령이 놀라 죽거나 줄행랑을 치기 일쑤여서 몇 해 동안 인심만 흉흉하였다.

일이 이렇게 되자 평안 감사는 국왕에게 철산 지방에 원귀가 있어 하늘이 가물고 관리가 교체되니 인재를 가려 보내 읍이 황폐해지지 않도록 해 줄 것을 간청하였다. 조정에서는 전라도 진안에 사는 전동흘이 재주와 도량이 뛰어나며 용맹하다는 소문을 듣고 그를 철산 부사로 임명하였다.

철산에 부임한 전동흘은 원귀에 관한 이야기를 듣고는 밤에 호롱불을 환히 밝히고 기다렸다. 밤이 깊어지자 장화와 홍련의 원귀가 뜰에 들어와 슬피 울며 "저희들은 본래 양반집 여자로 오명을 뒤집어쓰고 자매가 함께 죽어 뼈에 사무치도록 원한이 쌓였는데 몇 년 동안 풀지 못하였으니 명쾌하게 결단해 주시기 바랍니다"라고 호소하였다. 부사가 그들의 집안과 이름, 전후의 자세한 사정을 고할 것을 명하니 그동안 있었던 일의 자초지종을 모두 이야기하였다.

부사가 즉시 형리를 불러 본읍에 배 좌수라는 자가 있으며 혹 처를 다시 얻은 일이 있고 자녀는 몇인지를 물으니 과연 장화 자매의 말과 일치하였다. 이에 부사가 즉시 배 좌수 부부를 불러 심문하니 후처는 장녀 장화가 음탕한 짓으로 낙태를 하여 스스로 부끄러워 물에 빠져 죽었고, 홍련 역시 그 사실이 부끄러워 따라 죽었다면서 숨겨 놓은 새끼 쥐를 낙태의 증거물로 제시하였다. 의심이 들었지만 증거물까지 제시하자 부사는 어쩔 수 없이 배 좌수 부부를 그대로 돌려보냈다.

그날 밤 장화와 홍련이 다시 나타나 그것은 쥐이니 배를 갈라 보면 사실을 알 것이라고 하였다. 이에 부사가 장화와 홍련이 시킨 대로 하니 뱃속에서 쥐똥이 나왔다. 크게 노한 부사가 좌수와 후처, 그 아들들을 잡아들여 죄를 다그치자 계모는 모든 사실을 실토하였다.

부사가 사건의 진상을 보고하자 임금은 배 좌수는 유배를 보내고 처자는 죽이도록 하교하였다. 다음 날 부사는 장화 자매의 시신을 건져 올려 후하게 장례를 치러 주었다. 밤이 다 되어 관아로 돌아오자 장화와 홍련이 기쁜 표정으로 나타나 백배를 하며 사례하고는 자기들이 다시 꿈에 나타나면 그때는 필시 자품(資稟)을 올리라는 임금의 하교가 있을 것이라고 말한 뒤 사라졌다. 이후 전동흘은 좌·우 수사, 남·북 병사, 포도대장, 통제사 등 중요한 관직을 두루 역임하다가 세상을 떠났다.

배 좌수에게 면죄부를 부여한 소설

민간에 유포된 『장화홍련전』은 소설로 윤색된 것으로, 기본 줄거리는 『가재사실록』에 실린 '장화홍련전'과 별반 다르지 않다. 하지만 구체적인 내용에 들어가면 중요한 차이를 발견할 수 있는데, 그것은 배 좌수와 후처에 대한 시각이다. 『가재사실록』에서 배 좌수와 후처는 주범과 공범이라는 차이는 있지만 공모하여 장화 자매를 살해한 독한 인물로 그려져 있다. 반면 소설 속에서는 배 좌수와 후처, 특히 배 좌수의 모습이 『가재사실록』의 그것과는 다르게 묘사되고 있음을 발견할 수 있다.

『가재사실록』에는 계모가 본래 장화 자매에게 나쁜 마음을 가지고 있었고 결정적으로 혼수 문제로 살해할 마음을 먹게 된 것으로 나타나 있다. 하지만 소설 속에서는 전처 소생에 대한 배 좌수의 극진한 애정이 살인 동기를 유발한 것으로 그려지고 있다. 소설에는 장화와 홍련에 대한 배 좌수의 사랑이 자세하게 묘사되어 있는데, 이는 『가재사실록』에는 들어 있지 않은 부분이다. 아들을 낳기 위해 후처를 들였지만 정작 아들을 낳자 배 좌수는 오히려 두 딸과 전처를 더욱 간절히 생각하였으며 이를 질투하는 후처를 심하게 나무란다. 계모에게 구박당하는 두 딸에게는 "팔자가 기구하여 허씨 같은 계모를 만나 구박이 매우 심하니 너희들의 슬픔을 짐작하겠다. 이후에 또 괴롭히면 내가 처치하여 너희 마음을 편하게 하리라" 하는 따뜻한 말로 안심시키는 것도 잊지 않는다.

또한 『가재사실록』에는 언니에게 무슨 일이 일어난 것 같다는 홍련의 말을 듣고 배 좌수가 아무 말도 하지 않은 것으로 나와 있지만, 소설에는 '숨통이 막혀 말 한마디 하지 못하고 다만 눈물만 흘릴 뿐이었다'고 부연 설명이 되어 있다. 장화 자매에 대한 애정을 강조함으로써 배 좌수 또한 계모의 흉계에 본의 아니게 말려든 억울한 희생자일 뿐이라는 사실을 독자들에게 주입시키고 있는 것이다.

모든 허물은 계모에게 돌아간다. 계모 허씨는 인물부터가 범상치 않았다. "두 볼은 한 자가 넘고, 눈은 퉁방울 같고, 코는 질병 같고, 입은 메기 같고, 머리털은 돼지 털 같고, 키는 장승만 하고, 소리는 이리 소리 같고, 허리는 두 아름이나 되는 데다 곰배팔이요, 수종다리에 쌍언청이를 겸하였고, 그 주둥이를 썰어 내면 열 사발은 되겠고, 얽기는 콩멍석 같으니 그 형상은 차마 바로 보기 어려운 데다 그 심사는 더욱 불량하여 남이 못할 짓만 골라가며 행하였다. 그러므로 집에 두기가 한시인들 난감한" 그런 여자였다. 외모에 대한 설명을 통해 계모 허씨가 전처 소생인 딸을 죽이기로 결심한 것이 전혀 이상한 일이 아님을 주지시키고 있는 것이다.

배 좌수와 계모에 대한 시각은 결말부에서 본색을 드러낸다. 계모는 모든 일을 꾸민 주범으로 능지처참되고 그의 아들은 목매임을 당한다. 반면 배 좌수는 모든 죄를 용서받는다. 장화 자매는 부사에게 억울함을 호소하면서 부친은 본성이 착한데 아둔한 탓으로 흉악한 계모의 간계에 빠져 흑백을 분별치 못한 것뿐이니 용서해 줄 것을 간청한다. 그리고 이러한 간청이 받아들여져 특별히 사면된다.

사면된 배 좌수는 억울한 두 딸의 죽음을 밤낮으로 슬퍼하는 모습을 보임으로써 도덕적으로도 용서받는다. 법적으로 도덕적으로 모두 용서받은 배 좌수는 용모와 심성이 뛰어난 18세의 꽃다운 처녀와 세 번째 결혼을 하는 행운까지 얻게 된다. 행운은 여기에서 그치지 않았다. 셋째 부인 윤씨는 꿈에 장화와 홍련을 다시 내려 보낸다는 선녀의 말을 들은 후 쌍둥이 자매를 출산한다. 장화와 홍련의 환생으로 배 좌수는 딸을 죽인 아버지라는 오명에서 자유로울 수 있었을 뿐만 아니라 후일 나란히 과거에 급제하는 쌍둥이 사위를 맞게 됨으로써 가문의 영화까지 누리게 된다.

물론 이런 결말은 계모와 그의 아들이 처형되는 것을 제외하고는 『가재사실록』에 들어 있지 않은, 순수하게 창작된 부분이다. 행복한 결론부는 배 좌수의 소행으로 보면 과분한 것이 분명하지만, 배 좌수와 계모에 대한 이중적인 시각으로 이야기를 끌어 왔던 탓에 소설 속에서는 그리 이상하게 읽히지 않는다. 그런 점에서 소설 『장화홍련전』은 아버지 배 좌수를 위하여 각색된 이야기라고 할 수 있다.

성리학자들은 귀신의 존재를 믿었을까?

성리학에도 귀신이라는 용어는 존재한다. 하지만 성리학에서 말하는 귀신은 일반인이 생각하는 것처럼 머리를 풀어헤치고 입가에 피를 묻힌 채 납량 특집에 단골로 등장하는 그런 섬뜩한 귀신이 아니다. 성리학자들은 사람이 육체와 정신으로 구성되어 있으며 그 정신을 이루고 있는 것이 혼백(魂魄)이라고 보았다. 혼은 양의 기운이고 백은 음의 기운인데 이 두 가지가 합해져 기능을 발휘한다고 생각하였다. 그리고 사람이 죽으면 육신은 썩어 흙이 되며 혼백은 육신을 떠나 흩어져 버리는데 이 혼백이 바로 귀신이라고 보았다. 즉 형체를 갖고 있지 않아 눈에 보이지 않는 어떤 기운으로 생각하였던 것이다.

성리학에서의 귀신은 이렇게 눈에 보이지 않는 기운이지만 그렇다고 공기 같은 것은 아니었다. 성호 이익(星湖 李瀷, 1681~1763)은 귀신도 지각이 있어 사람처럼 기뻐하고 노여워하며, 귀신의 기운은 살아 있는 사람의 기운과 서로 통한다고 보았다. 특히 선조(先祖)와 후손은 같은 기운을 공유하여 교감이 가능한데, 이는 마치 자석의

●《기산풍속도첩》 중 〈소대상 제사하는 모양〉 조선시대 성리학자들은 육신을 떠난 혼백을 귀신이라고 생각하였다. 독일 함부르크 민족학박물관 소장. ⓒ 조흥윤

기운이 바늘을 끄는 것과 같은 이치라고 설명하였다. 그렇기 때문에 성호는 제사를 지낼 때 귀찮은 내색을 하거나 엉뚱한 음식을 차려 놓으면 조상 귀신이 금방 눈치 채고 뒤도 돌아보지 않고 가 버린다며 마음은 없으면서 제사상만 그럴듯하게 차려 놓는 세태를 경계하기도 하였다.

성호는 또 귀신이 사람을 속이고 농락하기를 좋아한다며 귀신이 부리는 조화에 대해서도 말하고 있다. 옛날 중국 엄주에 살던 반씨라는 사람은 머리가 없었지만 음식을 먹고 짚신도 삼고 하였는데 있을 수 없는 일이라고 의심하겠지만 이는 귀신이 몸에 의지하여 그렇게 한 것이라고 주장하였다. 성호는 증세가 이상한 병의 십중팔구는 귀신 병이라고까지 할 정도로 귀신의 조화를 기정사실로 받아들이고 있었다. 합리성으로 무장한 성리학자라고 해도 귀신을 완전히 부정하기는 힘들었던 것 같다.

인현왕후전

두 여인의 치마폭에 가려진 정치사

작품 설명

『인현왕후전』(仁顯王后傳)은 『계축일기』(癸丑日記)·『한중록』(閑中錄)과 함께 3대 궁중 문학의 하나로 꼽히는 작품으로 일명 『인현성후덕행록』(仁顯聖后德行綠)이라고도 한다. 역사적 사실을 바탕으로 숙종의 계비 인현 왕후의 폐위 및 복위 과정을 그려 냈는데 소설적 요소를 다분히 내포하고 있다. 『인현왕후전』은 인현 왕후와 희빈 장씨의 갈등을 일방적으로 인현 왕후 편에서 서술하고 있어 인현 왕후를 곁에서 모신 궁인이 지은 것으로 추측되지만 남성 작가의 작품일 것이라는 견해도 있다.

『인현왕후전』은 제목과는 달리 희빈 장씨가 왕비가 되기 위해 갖은 일을 획책하다가 결국 몰락하는 과정을 중심으로 서술되고 있다. 대강의 줄거리는 이러하다. 인현 왕후는 숙종의 첫 왕비 인경 왕후(仁敬王后)가 왕자를 생산하지 못한 채 스물의 나이로 승하하자 계비로 간택되었다. 자질이 총명하고 후덕하였는데 불행하게도 아이를 낳지 못하였다. 후사를 염려한 인현 왕후는 숙종에게 후궁을 들일 것을 간언하여 궁녀 장씨를 불러들였다. 숙원이 된 장씨는 곧 태기가 있어 왕자를 낳았고 그 공으로 일약 희빈이 되었다. 그 후 숙종의 총애를 믿고 인현 왕후가 아이를 죽이려 한다는 등 갖은 말을 지어내 인현 왕후를 핍박하였다. 이로 인해 인현 왕후는 폐위되지만 뒤늦게 잘못을 깨달은 숙종에 의해 복위되었다. 인현 왕후의 복위에 심사가 뒤틀린 장씨는 주술을 통해 인현 왕후를 죽이려고 도모하다가 발각되어 결국 사약을 받고 최후를 맞는다.

문학적으로 보면 『인현왕후전』은 두 여인의 갈등과 엇갈린 운명을 수려한 문체로 그려 낸 수작임에 분명하지만, 역사적인 관점에서 보면 역사의식이 결여된 작품이다. 인현 왕후와 희빈 장씨의 갈등 이면에 놓여 있는 정치적인 상황을 완전히 무시한 채 문제의 모든 원인을 희빈 장씨의 악독한 성질에서 찾고 있기 때문이다.

사극의 단골손님 희빈 장씨

　　사극은 예나 지금이나 시청자들에게 인기 있는 방송물로, 그간 여러 역사적 사건이 드라마로 각색되어 방영되었으며 지금도 중요한 방송 시간대를 차지하고 있다. 요즈음은 사극 촬영장이 중요한 관광 코스로까지 각광받고 있어 각 지방 자치 단체들이 촬영 팀의 유치를 위해 세트를 지어 주는 등 치열한 경쟁을 벌이기도 한다.

　　지금까지 사극에는 신라시대의 김유신이나 김춘추부터 현대사의 박정희, 전두환에 이르기까지 다양한 인물들이 등장하였는데, 그 가운데 가장 자주 등장하는 인물을 손꼽는다면 단연 희빈 장씨(禧嬪張氏)가 아닐까 싶다. 희빈 장씨의 이야기는 몇 차례에 걸쳐 사극으로 구성되었는데 그때마다 장안의 화제를 불러일으키고는 하였다. 시청자들은 장씨가 요염한 자태와 간교한 계략으로 인현 왕후(仁顯王后)를 쫓아내는 과정을 보며 분노하고, 마지막에 결국 사약을 받고 최후를 맞는 대목에서 그간의 분노에 대한 보상을 받으며 극의 전개에 푹 빠져 든다. 희빈 장씨의 이야기는 분명 사람들의 관심을 끌 만한 극적인 요소를 충분히 지니고 있다.

　　희빈 장씨 이야기는 지금의 우리에게도 매우 흥미롭지만 당대인들에게도 역시 관심 있는 이야깃거리였다. 희빈 장씨는 그때나 지금이나 간사한 요녀로 인식되는 것은 마찬가지이다. 조선은 철저한 유교 사회여서 장씨에 대한 증오는 지금보다 더 심했으며 그런 만큼 인현 왕후에 대한 연민도 컸다. 김만중의 소설 『사씨남정기』(謝氏南征記)는 인현 왕후와 희빈 장씨의 이야기를 소설화한 것으로 알려져 있다. 『사씨남정기』에 나오는 유 한림은 숙종, 사씨는 인현 왕후, 교씨는 희빈 장씨를 각각 비유한 것이라고 한다. 여기에서도 사씨는 덕 있는 여인으로, 교씨는 교활한 여인으로 묘사되어 있다.

『인현왕후전』 역시 같은 주제를 다룬 작품이다. 『사씨남정기』가 가공의 인물을 내세운 소설 형식을 띠고 있는 반면, 『인현왕후전』은 실제 인물이 등장하고 그 내용도 사실과 부합하는 점이 많다. 그러나 인현 왕후를 측근에서 모시던 사람이 인현 왕후 편에서 쓴 것이기 때문에 역사적 사실과 부합하지 않는 소설적 요소도 적지 않게 내포하고 있다. 그러면 역사적 사실과 소설적 요소가 혼재된 『인현왕후전』의 역사적 진실은 과연 무엇일까?

궁중의 여인들 — 내명부와 외명부

조선시대에는 남성에 비해 여성의 지위가 상대적으로 낮았던 것이 사실이지만 여성 가운데에도 어엿한 품계와 관직을 가진 이들이 있었다. 대표적인 예가 문무 관료들의 부인인데, 이들은 남편의 관직에 상응하는 품계를 부여받았다. 정1품이나 종1품 관료의 부인을 정경부인(貞敬夫人), 정2품이나 종2품 관료의 부인을 정부인(貞夫人)으로 칭하였던 것이 그것이다. 또 종친의 부인들에게도 품계를 내려, 왕의 적자인 대군의 부인은 부부인(府夫人), 왕의 서자인 왕자군의 부인은 군부인(郡夫人)이라 칭하였다. 그리고 이처럼 봉작(封爵)을 받은 궁중 밖의 여성들을 통칭하여 외명부(外命婦)라고 하였다.

한편, 품계를 받은 궁중의 여성들을 가리켜 내명부(內命婦)라고 하였

● **순정 황후와 궁녀들** 순종의 두 번째 왕비인 순정 황후와 당시 시중들던 궁녀들의 모습이다. 우리는 흔히 궁녀를 '하인'처럼 생각하지만 이들은 어엿한 관직 여성이었다.

다. 내명부에 속한 여성은 다시 후궁과 궁녀로 나눌 수 있다. 궁궐의 여성 가운데 최고 지위를 차지하고 있던 이는 물론 왕비이지만, 비에 책봉한다는 임금의 정식 명을 받은 왕비는 왕과 마찬가지로 품계를 초월한 존재였다. 그에 비해 정식 왕비가 아닌 후궁은 다른 궁인(宮人)들과 함께 내명부에 소속되어 있었으며 일정한 품계를 받았다. 후궁이라도 모두 같은 후궁은 아니었다. 후궁으로서 오를 수 있는 최고 지위는 빈(嬪)이었는데 이는 정1품의 품계였다. 정1품이면 영의정, 우의정, 좌의정의 삼정승과 같은 품계이니 대단한 지위가 아닐 수 없다. 빈 아래로는 귀인(貴人)이 있었으며 또 그 밑으로는 정2품 소의(昭儀), 종2품 숙의(淑儀), 정3품 소용(昭用), 종3품 숙용(淑容), 정4품 소원(昭媛), 종4품 숙원(淑媛)이 있었다. 후궁의 품계는 왕의 자녀를 생산하였는가, 자녀 가운데 왕자가 있는가 등의 조건에 따라 결정되는 것이었으므로 고정된 것이 아니라 항상 유동적이었다.

'궁녀'는 궁궐에 거처하는 모든 여인을 뜻하기도 하지만, 일반적으로는 임금이 거처하는 대전(大殿)이나 왕비의 처소인 내전(內殿)에서 왕이나 왕비를 모시던 여관(女官)을 지칭한다. 궁녀에는 정5품 상궁(尙宮)과 상의(尙儀)를 비롯하여 종9품의 주우(奏羽)까지 품계별로 여러 직급이 존재하였다. 우리가 흔히 궁녀로 알고 있는 무수리〔水賜〕는 궁녀들이 부리는 종으로, 어엿한 품계가 있는 관리인 궁녀와는 다른 부류였다.

외명부에 속한 여성이나 내명부의 후궁은 모두 남성에 의해 지위를 부여받은 반면, 궁녀는 자신의 역할에 따라 관직과 품계를 받은 여성들이었다. 궁녀는 사실상 조선의 유일한 여성 관직자였던 셈이다.

조선시대에 여자로서 관직을 갖는다는 것은 대단한 일이었던 만큼 궁녀가 되기는 쉽지 않았다. 궁녀는 보통 10년에 한 번씩 뽑았는데 중간 계층의 4~10세 사이의 아이 가운데 상궁 이상의 추천을 받아 입궁하였다. 궁녀가 되려면 집안에 죄인이 없어야 하고, 근친 가운데 돌림병이나 유전병에 걸린 사람도 없어야 했다. 또한 처녀만 궁녀가 될 수 있다는 법도 때문에 '금사미단'(金絲未斷: 금실이 끊어지지 않았다는 뜻으로 처녀막이 찢어지지 않았음을 의미함)의 판정을 받아야 비로소 입궁이 허락되었는데, 앵무새의 피를 팔목에 떨어뜨려 피가 맺히지 않고 그냥 흐르면 처녀가 아니라고 여겼다. 어린 아이를 뽑은 것은 일찍부터 데려다가 궁녀로서의 교양을 쌓게 하기 위함이었는데, 이들을 보통 '새앙각시'라 불렀으며 이들은 상당한 기간을 거친 후에야 비로소 정식 궁녀가 될 수 있었다.

궁녀는 조선시대의 유일한 관직 여성이었지만 궁녀가 된 순간부터 여자로서의 삶은 포기해야만 했다. 일단 궁에 들어오면 궁녀들은 늙고 병들기 전까지는 밖으로 나갈 수 없었다. 다만 모시던 상전이 승하하였을 경우나 병들었을 때는 밖으로 나올 수 있었다. 서울시 은평구 갈현동에는 '궁말'이라는 곳이 있는데, 이곳은 숙종이 승하한 후 궁궐에서 나온 궁녀들이 모여 살던 곳이다. 또 극심한 가뭄이 들었을 경우 궁녀를 내보내기도 하였는데, 이는 궁중에 음기(陰氣)가 쌓여 비가 내리지 않는다고 여겼기 때문이다. 중국의 경우 당나라 태종 때 가뭄이 들자 궁녀 3,000명을 내보냈다고 하며, 조선에서도 숙종 11년에 큰 가뭄을 만나 궁녀 25인을 내보낸 일이 있었다.

궁녀의 신분으로 외부 사람과 간통했을 경우 궁녀뿐 아니라 상대방도 처형되었으므로 궁녀들이 남자를 만나는 것은 상상도 할 수 없는 일이었다. 궁궐 밖으로 나온다고 해도 평생 수절해야 했기 때문에 일반적인 여성의 삶으로 되돌아갈 수는 없었다. 국가에서는 출궁한 궁녀나 무수리와 결혼한 자는 곤장 100대를 치도록 규정하여 외부인이 이들과 접촉하지 못하도록 하였다. 조선시대에 여자가 관직을 지니고 살기 위해서는 많은 대가를 지불해야 했던 것이다. 세종의 셋째 아들 안평 대군의 궁녀 운영(雲英)이 김 진사와의 사랑을 이루지 못한 채 끝내 자결하는 비극을 그린 소설 『운영전』은 속박되어 있던 궁녀들의 고단한 삶을 잘 보여 주고 있다.

궁녀들에게는 궁궐에 있을 때가 가장 행복한 시기라고 할 수 있다. 특히 궁녀는 왕의 총애를 받으면 후궁의 지위에 오를 수도 있었는데, 희빈 장씨가 바로 그 대표적인 예이다.

인현 왕후와 장씨의 운명적인 만남

희빈 장씨의 이름은 장옥정(張玉貞)으로 아버지는 장형(張炯)이다. 아버지가 일찍 세상을 떠나고 어머니가 삯바느질로 생계를 이었기 때문에 장씨는 오빠 장희재(張希載)와 함께 힘든 어린 시절을 보냈다. 그렇지만 다행

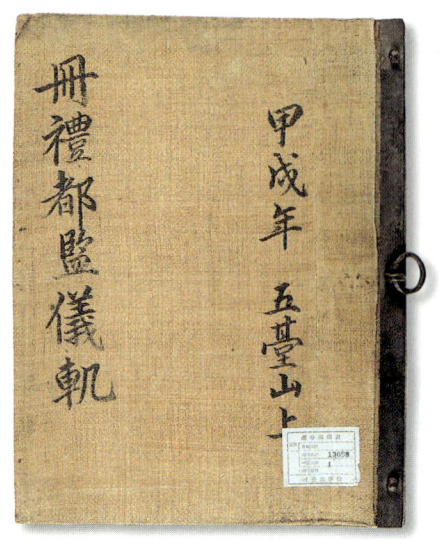

●「숙종인현후 책례도감의궤」 폐위되었던 인현 왕후가 1694년 복위된 기록이다. 인현 왕후의 폐위나 복위는 숙종의 정치적 계산에 따른 것이라는 평가가 많다. 서울대학교 규장각 소장.

스럽게도 그녀의 뒤에는 역관으로 큰 재산을 모아 거부로 소문난 장현(張炫)이 있었는데 장씨는 장현의 종질녀였다. 장씨가 나인(內人)으로 뽑혀 궁중에 들어갈 수 있었던 것도 장현 덕택이었을 것이다.

출중한 미모의 소유자였던 장씨는 궁에 들어가자마자 곧바로 숙종의 눈에 들게 되었다. 장씨가 숙종의 총애를 받기 시작한 것은 1680년(숙종 6) 숙종의 첫째 왕비 인경 왕후(仁敬王后)가 세상을 떠나면서부터였다. 장씨는 외모와 달리 성격은 그리 호감을 주는 편이 아니었던 것으로 보인다. 그런 장씨가 숙종의 총애까지 받게 되자 많은 사람들의 미움을 샀는데, 특히 숙종의 어머니 명성 왕후(明聖王后)는 장씨의 사람됨이 매우 간사하고 악독하다며 그녀를 무척 못마땅하게 여겨 급기야 집으로 쫓아 버리기에 이르렀다.

한편, 인경 왕후의 뒤를 이어 1681년에 인현 왕후 민씨가 중전의 지위에 올랐다. 민씨는 당시 최고의 가문이었던 여흥 민씨(驪興閔氏) 민유중(閔維重, 1630~1687)의 딸로, 장씨와는 비교도 되지 않을 정도로 지체가 높았다. 인현 왕후는 임금의 총애를 입은 궁인을 오랫동안 물리칠 수 없다며 장씨를 다시 불러들일 것을 명성 왕후에게 간청하였으나, 명성 왕후는 완강히 반대하며 받아들이지 않았다. 장씨는 1683년 명성 왕후가 세상을 떠난 후에야 비로소 복귀할 수 있었는데 이 역시 인현 왕후가 숙종에게 간청함으로써 이루어진 것이었다. 인현 왕후는 자기가 불러들인 장씨가 후일 자신의 운명을 나락 끝으로 밀어 넣게 되리라고는 상상도 하지 못했을 것이다. 두 여인의 운명은 이때부터 엇갈리기 시작하였다.

    인현 왕후의 도움으로 천신만고 끝에 궁에 들어온 장씨는 숙종의 총애를 믿고 다시 교만해지기 시작하였다. 어느 날엔가는 숙종이 그녀에게 장난을 걸자 인현 왕후의 처소에 뛰어들어 "제발 나를 살려 주십시오" 하며 인현 왕후의 기색을 살핀 일이 있었는데, 이후로는 인현 왕후가 시키는 모든 일에 대해 공손하지 않았고 심지어는 불러도 순응하지 않았다고 한다. 그 때문에 인현 왕후가 장씨의 종아리를 때리도록 명을 내린 일도 있었다. 인현 왕후도 점차 장씨에게 불안감을 느끼기 시작했던 것이다. 불안감은 아이가 생기지 않자 더욱 가중되었다. 첫째 왕비 인경 왕후가 두 명의 공주만 출산하고 세상을 떠난 터라, 인현 왕후는 반드시 왕자를 낳아야 할 입장이었지만 아이는 생기지 않았고 숙종은 그런 그녀를 점점 멀리하고 있었다.

    이런 상황에서 만약 장씨에게 아이가 생긴다면 숙종의 총애가 더욱 집중될 것이 틀림없었다. 그런 불행한 사태를 미연에 방지하기 위해 인현 왕후는 어진 후궁을 뽑아 자손을 보도록 숙종에게 간청하였다.『인현왕후전』에는 후궁을 간택하라는 건의가 인현 왕후의 충심에서 나온 것으로 묘사되어 있지만, 사실 이는 장씨에 대한 숙종의 총애를 분산시키려는 의도에서 비롯된 것이었다. 이렇게 하여 1686년(숙종 12) 3월에 김창국(金昌國)의 딸을 숙의로 삼았는데, 장씨에게 빠져 있던 숙종은 인현 왕후의 의도와는 달리 숙의 김씨에게 전혀 관심을 기울이지 않았다.

    당시 궁 안에서는 숙종이 장씨를 들이기 위해 사람들 눈에 띄지 않는 시간에 별궁 공사를 진행하고 있다는 소문이 나돌았고, 실제로 얼마 후인 12월 장씨를 숙원(淑媛)으로 삼는다는 명이 내려졌다. 장씨가 마침내 후궁의 지위에 오른 것이다. 사태의 심각성을 깨달은 인현 왕후는 꿈에 선왕(先王)과 선후(先后)가 나타나 장씨는 아들을 낳지 못할 것이며 역당과 결탁하여 장차 국가에 화를 끼칠 것이라고 했다는 이야기를 숙종에게 고하여 장씨를 견제하려고 하였다. 하지만 장씨가 임신을 하자 장씨에 대한 숙종의 총애는 더욱 깊어져 그녀를 정2품 소의로 삼았다.

인현 왕후의 바람과 달리 장씨는 1688년에 옥동자를 출산하였다. 14세에 임금의 자리에 오른 후 무려 16년 만에 아들을 얻게 되었으니 숙종의 기쁨이 얼마나 컸을지 짐작하고도 남음이 있다. 장씨가 아들을 낳자 장씨의 어머니가 딸의 산후 조리를 위해 궁궐에 들어오면서 격에 맞지 않게 덮개가 있는 가마를 타고 오다 적발되어 문초를 당하고 가마가 불태워진 일이 있었는데, 숙종은 오히려 관리들을 심문하여 죽게 만들었다. 사랑에 눈먼 왕에게는 정당하게 법을 집행하는 관리들조차 미운 존재였던 것이다.

숙종은 신하들의 반대에도 불구하고 장씨가 낳은 아들을 1689년 정월에 원자(元子: 아직 왕세자로 책봉되지 아니한 임금의 맏아들)로 봉하였으며 그 이튿날 장씨를 희빈으로 삼았다. 장씨는 아들을 낳은 공으로 단번에 후궁 최고의 지위에 오른 것이다. 이제 남은 일은 정식 왕비가 되는 일뿐이었다.

숙종은 장씨를 당장 왕비에 앉히고 싶었지만 두 가지 어려운 문제가 가로놓여 있었다. 하나는 장씨의 출신이 왕비가 되기에는 너무 미천하다는 사실이었고, 다른 하나는 장씨를 왕비로 삼으려면 인현 왕후를 내쫓아야 하는데 그럴 만한 적당한 이유가 없다는 점이었다. 하지만 방법은 만들면 그만이었다.

장씨의 미천한 출신 문제는 장씨 집안의 격을 높이는 방법을 통해 해결하였다. 장현에게는 상을 내려 대신의 은례(恩例)에 따르게 하였고, 장희재는 무신 관직인 무고(武庫)와 태복(太僕)의 자리에 올려놓았다.

한편, 인현 왕후를 내쫓는 문제는 그녀의 잘못을 만들어 내 해결하였다. 즉 장씨와 왕자를 해치려는 계획을 획책하였다는 죄목을 씌웠다. 전에 숙종에게 고한 꿈 이야기는 결정적으로 인현 왕후의 발목을 잡았다. 숙종은 인현 왕후가, 장씨가 전생에 짐승이었는데 임금이 쏘아 죽였기 때문에 묵은 원한을 갚고자 이 세상에 태어났다는 등의 간특한 말을 지어냈다며 비난하였다. 또 숙종은 인현 왕후의 생일날 백관들로 하여금 축하 인사를 하지 못하도록 하고 이미 들인 음식은 모두 후원에 묻도록 하였으며 매일 음식을 들이는 것도 중지하도록 명하였다. 이런 수모를 당한 끝에 1689년 4월 인현 왕후는 안국방(지금의 서울시 종로구 안국동) 친정집으로 쫓겨났고, 5월 2일에는 폐위하여 서인으로 삼으라는 숙종의 명이 내려졌다. 인현 왕후를 폐위하면서 숙종은 다음과 같은 비정한 「비망기」(備忘記: 임금이 명령을 적어 승지에게 내리는 문서)를 내렸다.

후비(後妃)가 투기하는 것은 옛날에도 있었으나 오늘같이 심하지는 않았다. 중궁이 꿈에 들은 선왕과 대비의 말씀이라고 지어내어 감히 말을 하고, 원자가 탄생한 뒤로 원망하고 노여워하는 빛이 많이 있으니 반드시 종사(宗社)에 화를 끼칠 것이다. 내가 미리 원자를 세운 것도 이를 걱정했기 때문이다. 이런 행동으로는 하루도 국모 노릇을 할 수 없겠으므로 폐출하라고 명하는 바이다. ─『연려실기술』(燃藜室記述)

그와 함께 인현 왕후를 구하려는 자는 모두 역률(逆律: 역적을 다스리는 법률)로 다스리겠다고 선언하였다.
인현 왕후를 폐위시킨 숙종은 '희빈 장씨는 좋은 집에 태어나 머리를 땋아 올릴 때부터 궁중에 들어와서 인효공검(人孝恭儉)하여 덕이 후궁에 드러나 일국의 모의(母儀)가 될 만하니, 함께 종묘를 받들고 영구히 하늘의 상서로움을 받을 것'이라며 장씨를 왕비로 삼겠다는 뜻을 밝혔다. 갑작스러운

● **가례 행렬** 숙종은 첫 왕비 인경 왕후가 세상을 떠나자 인현 왕후를 계비로 맞아들였다. 그림은 『숙종인현후 가례도감의궤』 반차도의 부분. 왕비의 가마 주위로 의장 행렬과 상궁, 시녀 등이 늘어서 있다. 서울대학교 규장각 소장.

사태에 당황한 영의정 권대운(權大運, 1612~1699)은 이러한 중대한 결정은 2품 이상의 관료를 불러 모아 상의해야 한다고 주장했지만 숙종이 노기를 띠자 결정에 그대로 승복하였다. 숙종은 1689년 희빈 장씨를 왕비로 삼는다는 사실을 종묘와 사직에 고하였다. 이듬해 6월에는 장씨의 아들을 왕세자로 책봉하였고, 10월에는 상중(喪中)이라 미루었던 장씨의 왕비 책봉례를 마침내 거행하였다.

다시 뒤바뀐 운명

장씨의 왕비 등극과 장씨 아들의 왕세자 책봉으로 마무리될 것 같던 상황은 몇 년 후 갑자기 반전을 맞게 된다. 1694년(숙종 20) 4월, 본가로 쫓아 보냈던 민씨를 다시 별궁에 거처하도록 명한 것이 그 서막이었다. 숙종은 이어 민씨의 거처를 창경궁 경복당으로 옮기도록 하고 왕후로 복위시켰다. 인현 왕후를 별궁에 거처하도록 한 이후 복위까지는 불과 나흘밖에 걸리지 않았다. 숙종은 전교를 내려, 중전을 폐위시킨 뒤 곧바로 후회하였지만 갑자기 처분을 바꿀 수 없어 지금에 이르렀으며 그때 중전을 의심하여 폐출시켰던 일을 회상하면 자신도 모르게 부끄러워진다고 자책하였다. 두 여인의 운명이 일순간에 다시 뒤바뀐 것이다.

인현 왕후의 복위에 따라 장씨는 내리막길을 달리게 되었다. 장씨는 다시 희빈으로 강등되었고 왕비 시절에 지니고 있던 옥새는 부수어졌으며, 장 희빈의 부모에게 작호를 내렸던 교지는 불 속에 던져졌다. 심지어 숙종은 앞으로는 후궁이 왕비에 오르지 못하게 하는 법을 정하도록 명하기까지 하였다. 이후의 진행 과정을 『인현왕후전』을 통해 살펴보면 다음과 같다.

인현 왕후의 복위에 격분을 이기지 못한 장씨는 세자를 골병이 들 정도로 구타하는 등 갖은 행패를 부렸으며 원수를 갚기 위해 무녀와 술사를 고용했다. 궁궐 한쪽에 신당을 지어 놓고 그곳에 인현 왕후의 인형을 만들어 세운 후 궁녀에게 하루에 세 번씩 화살을 쏘게 하였으며, 인형이 해어지면 비단으로 염습(殮襲)하여 못가에 묻고 또 다른 인형을 만들어 그렇게 하기를 3년 동안 계속하였다. 그래도 인현 왕후의 신상에 아무런 이상이 나타나지 않자 이번에는 해골을 중궁전 뜰에 묻고 그 해골을 가루 내 인현 왕후의 옷에 뿌리기도 하였다. 그런데 이 시도는 효험이 있었던지 인현 왕후는 어느 날부터 시름시름 앓기 시작하더니 결국 세상을 떠나고 말았다.

왕후가 승하한 것을 크게 기뻐하던 장씨는 목적을 달성하였으므로 신당을 없애 버리려 하였다. 하지만 바로 그렇게 하면 세자와 장씨에게 해롭다는 말을 듣고는 날을 잡아 굿을 올린 후 폐기로 하고 그대로 두었다. 그런데 그 전에 일이 벌어지고 말았다. 장씨의 생일날 그녀의 처소를 방문한 숙종의 눈에 한 그림이 들어왔다. 그것은 틀림없는 인현 왕후의 모습이었는데, 거기에는 수많은 화살 자국이 나 있었다. 장씨가 차려 놓은 괴상한 신당까지 확인한 숙종은 그간의 사태를 충분히 짐작할 수 있었다.

장씨는 결국 이 일로 사약을 받고 말았다. 사약을 마시기 전 마지막으로 자식이나 한번 보게 해 달라고 간청하였지만 이는 "빨리 먹이라"는 숙종의 호통 속에 묻혀 버리고 말았다. 결국 장씨는 연이어 세 그릇의 사약을 받고 섬돌 아래 고꾸라져 유혈을 토하면서 생을 마감하였다.

이와 비슷한 내용은 『숙종실록』에도 실려 있다. 사건 관련자들을 문초하자 인현 왕후를 해치기 위해 부린 갖은 술수에 관한 사실이 흘러나왔다. 숙종은 인현 왕후가 병에 걸려 있던 2년 동안 장씨가 한 번도 문병하지 않았을 뿐 아니라 '중궁전'이라 하지 않고 항상 '민씨'라고 하였으며 신당을 몰래 설치하여 갖은 술수를 부렸다고 비난하였다.

● 경춘전 「궁궐지」의 기록을 보면 인현 왕후가 이곳 경춘전에서 승하하였다고 한다. 지금 창경궁에 남아 있는 경춘전은 순조 34년(1834)에 재건한 것이다. ⓒ 김성철

이 시기에는 워낙 음모가 난무하여 위 내용이 사실인지 확인하기는 어렵지만, 희빈 강등으로 인해 장씨와 장희재를 비롯한 그녀의 후원 세력들이 초조해하고 있던 것은 분명하다. 1696년(숙종 22)의 '분묘 흉물' 사건은 이런 초조감에서 나온 것이었다.

'분묘 흉물' 사건은 양주에 있던 장씨 부모의 분묘에 왕세자를 저주하는 흉측한 물건이 묻혀 있고 석물이 파괴되었던 일을 일컫는데, 당시 묘 앞에서 서인 신여철(申汝哲)의 노비 응선의 호패가 발견되었다. 당연히 서인의 사주에 의해 저질러진 것으로 추정되었으나 처음 호패를 발견한 장희재의 노비 업동의 자백으로 이 사건은 장희재 등이 꾸민 자작극임이 밝혀졌다. 사건이 더 확대되면 왕세자까지 위태롭게 되지 않을까 하는 숙종의 우려 때문에 희빈 장씨와 장희재는 겨우 목숨을 부지하였지만, 이는 몇 년간의 생명

연장에 지나지 않았다. 1701년(숙종 27)에 장씨와 장희재는 중궁전을 무고한 죄로 죽임을 당하였다. 거리에 버려진 장희재의 시신은 개와 돼지의 먹이가 되었지만 감히 거두는 자가 없었다.

당쟁의 희생양, 인현 왕후와 희빈 장씨

사악한 장씨가 갖은 못된 방법을 동원해 선량한 인현 왕후를 해치고 잘못이 발각되어 결국 벌을 받는다는 줄거리는 권선징악형 고전 소설에서 흔히 볼 수 있는 내용이다. 또한 모든 문제를 장씨가 만들어 내고 숙종이 그것을 해결하는 과정은 고전 소설에서 쉽게 접할 수 있는 남성 중심적인 구조를 잘 보여 준다. 물론『인현왕후전』은 완전한 가공의 소설이 아니며 오히려 대부분의 내용은 당시의 역사적 사실과 부합한다. 하지만 이야기 전개의 축을 인현 왕후와 장씨 두 사람의 개인적인 문제에 맞춤으로써 당시의 역사상을 제대로 보여 주지 못하고 있다.

숙종이 장씨를 왕후에 앉히고 인현 왕후를 폐위했다가 어느 날 갑자기 다시 인현 왕후를 복위하고 장씨에게 사약을 내린 것이『인현왕후전』에 나타난 것처럼 순전히 개인적인 차원의 문제였을까 하는 의문을 지울 수 없다. 또 다른 사람의 눈을 피해 궁궐 내에 사당을 지어 놓고 3년 동안이나 왕비를 저주하는 일은 과연 가능했을까? 이런 것들을 생각해 볼 때 주목하지 않을 수 없는 사람이 바로 국왕 숙종이다. 모든 일을 처음부터 끝까지 주도한 이가 바로 숙종이었기 때문이다. 만약 숙종의 입장을 고려하지 않는다면『인현왕후전』의 이야기는 숙종의 사랑을 얻기 위한 여인들의 암투에 지나지 않는다. 그렇다면 숙종의 본심은 무엇이었을까?

 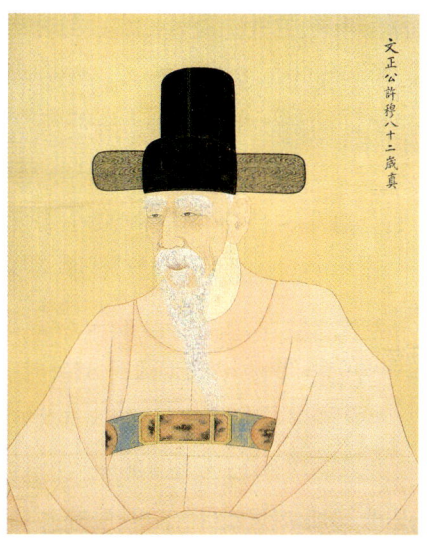

● **송시열 초상**(좌)　노론의 영수로 북벌론을 주도하였으나, 83세 때 '죄인들의 수괴'라는 죄목으로 사사당하였다. 국립중앙박물관 소장.　**허목 초상**(우)　남인으로 독특한 학풍을 개척하였다. 송시열과 허목은 17세기 예송 논쟁을 이끈 두 축의 핵심 인물이었다. 국립중앙박물관 소장.

　　장씨가 등장한 17세기 후반은 서인과 남인으로 나누어진 당파 간의 입장이 첨예하게 대립하던 시기였다. 이 때문에 숙종은 당파 사이의 갈등을 조정하며 그 사이에서 왕권을 지키는 데 적지 않은 애를 먹고 있었다. 숙종이 실질적으로 친정(親政)하게 되는 것은 1680년경인데, 이때는 남인을 무자비하게 제거한 서인이 숙종 주변에 포진해 있었다. 서인의 위세는 대단하여 숙종이 왕권의 위협까지 느낄 정도였다. 민씨가 왕비에 간택된 데에도 서인의 영향력이 크게 작용하였는데, 그녀의 아버지 민유중은 서인의 분파인 노론의 핵심 인물이었다. 따라서 왕권을 강화하려는 숙종에게 인현 왕후는 부담스러운 존재가 아닐 수 없었다.
　　이런 상황을 타개하기 위해 숙종이 선택한 카드가 바로 장씨였다. 장씨는 비록 미천한 출신이기는 했지만 그녀의 오빠 장희재가 남인 측의 인물들과 교류하고 있었으며, 또 거부 역관 장현이 뒤를 받치고 있었다. 장씨의 미모도 미모였지만 그보다 숙종은 그녀를 통해 집권 서인을 견제할 수 있다고 판단한 것이다. 장씨가 왕자를 낳자마자 원자로 책봉하고자 서둘렀던 데에도 서인을 견제하려는 의도가 숨어 있었다.

집권 서인의 반대는 쉽게 예상할 수 있는 것이었으며 숙종은 이를 기회로 서인들을 제거해 나갔다. 숙종은 원자 책봉에 격렬하게 반대했던 노론의 영수 송시열(宋時烈)에게 83세의 고령임에도 불구하고 사약을 내렸으며, 영의정 김수흥(金壽興)을 파직시켜 버렸다. 인현 왕후의 폐위를 반대하는 상소를 올렸던 박태보(朴泰輔)는 온몸을 인두로 지지는 등 끔찍한 형벌을 가한 끝에 죽게 만들었다. 집권 서인에 대한 숙종의 반감이 얼마나 강했는지 알 수 있다.

숙종은 좌의정과 우의정을 비롯해 승정원과 삼사 등 주요 관직에 남인 측 인물을 기용하여 정국을 완전히 바꾸어 놓았다. 기회를 잡은 남인은 숙종을 등에 업고 예전에 남인 축출에 앞장섰던 서인 세력을 타도하였다. 인현 왕후의 폐위는 일대 정치적 격변을 몰고 왔던 것인데, 이는 바로 숙종이 의도한 바이기도 하였다.

정권을 잡았지만 남인은 반대 세력에 대한 공세를 늦추지 않았다. 잠재적인 위협을 미연에 모두 제거해 버리기 위해서였다. 서인의 동태를 주시하고 있던 남인은 서인이 민씨의 복위를 도모하고 있다는 정보를 입수하여 숙종에게 고하기도 했는데 서인으로서는 그야말로 일촉즉발의 위기였다. 하지만 숙종은 남인 세력의 전횡도 결코 바라지 않았다. 남인 세력이 지나치게 강해진다면 이전에 서인이 그랬던 것처럼 또 왕권을 위협할 것이 분명했기 때문이다.

숙종은 다시 이전에 사용했던 방법을 동원하였다. 숙종은 갑자기 남인들이 왕을 우롱하고 사류(士類)를 일망타진하려 한다고 비난하면서 인현 왕후를 궁으로 불러들이고 장씨를 희빈으로 강등시키는 일련의 조치를 취하였다. 인현 왕후의 복위를 계기로 서인을 끌어들여 장씨를 지지하고 있던 남인 세력을 견제하기 위한 계책이었다. 인현 왕후를 폐비시키는 잘못된 조치를 취할 때 수수방관하였다는 이유로 상당수의 남인을 사사(賜死)하거나 귀양 보냈으며, 이전에 형벌을 주었던 서인들은 반대로 복권시켜 주었다. 1694년에 취해진 이러한 조치(갑술환국)로 다시 정권은 남인에게서 서인으로 넘어갔다. 한 남자를 둘러싼 여인들의 다툼으로 인식되기 쉬운 장씨와 인현 왕후의 갈등 뒤에는 이처럼 민감한 정치 문제가 놓여 있었던 것이다.

『인현왕후전』은 인현 왕후를 곁에서 모신 인물이 썼으므로 모든 문제의 주범은 장씨이며 인현 왕후는 일방적인 피해자로 묘사되고 있다. 하지만 만약 장씨의 측근이 같은 이야기를 썼더라면『희빈 장씨전』이 되었을 것이며, 인현 왕후가 악녀로 희빈 장씨는 피해자로 그려졌을 것이다. 따지고 보면 왕비의 자리를 되찾았지만 말년에 극심한 병통에 시달리다 세상을 떠난 인현 왕후나, 잠깐의 영화를 맛보았지만 끝내 사사된 장씨 모두 조선 후기 극심한 정쟁(政爭)의 와중에 희생된 여인일 뿐이다.

적장자 출신의 조선 왕은 몇 명이었을까?

　조선시대의 왕 하면 정식 왕비 소생의 첫째 아들이었을 것으로 생각하기 쉽다. 적장자가 왕위 계승의 최우선 순위이므로 그렇게 생각하는 것은 당연하다. 그런데 막상 왕실 계보를 살펴보면 의외로 적장자로서 왕위에 오른 임금이 많지 않다는 사실을 발견할 수 있다. 태조부터 고종까지 26명의 왕 가운데 적장자 출신 임금은 문종·단종·연산군·인종·현종·숙종 등 여섯 명에 불과하다. 능력보다는 정통성을 중시하는 적장자 우선 의식은 왕위 계승에 따른 분란을 줄이는 역할을 하였지만, 이 때문에 정치 상황까지 복잡해지는 경우도 적지 않았다.

　선조는 여섯 명의 후궁과의 사이에서 무려 13남 11녀를 두었지만 임진왜란이 터지기 전까지 정비 인목 왕후는 아들을 낳지 못하였다. 그래서 공빈 김씨의 둘째 아들 광해군을 왕세자에 앉혔는데 공교롭게도 인목 왕후가 영창 대군을 출산하였다. 그로 인해 후궁 소생에다 차자였던 광해군은 엄청난 부담을 안았으며, 결국 영창 대군을 죽이고 인목 대비를 폐비시킴으로써 그 부담감을 해소하였다. 물론 그 때문에 자신도 몰락의 길을 걸을 수밖에 없었다.

　효종이 죽은 뒤 그의 계모인 자의 대비가 상복을 몇 년 동안 입어야 하는가의 문제로 무자비한 살육까지 불러일으킨 예송 논쟁은 효종에게 왕 노릇을 하지 못하고 세상을 떠난 형 소현 세자가 있었기 때문에 복잡하게 얽혔다. 왕통(王統)상으로 보면

───────●〈왕세자책봉도〉(부분)　정조와 후궁 의빈 성씨 사이에서 태어난 문효 세자의 왕세자 책봉 의식을 그린 그림이다. 문효 세자는 비록 적자는 아니지만 장자로서 왕세자에 책봉되었는데, 다섯 살의 어린 나이에 일찍 세상을 떠났다.《문효세자책례계병》의 부분. 서울대학교 박물관 소장.

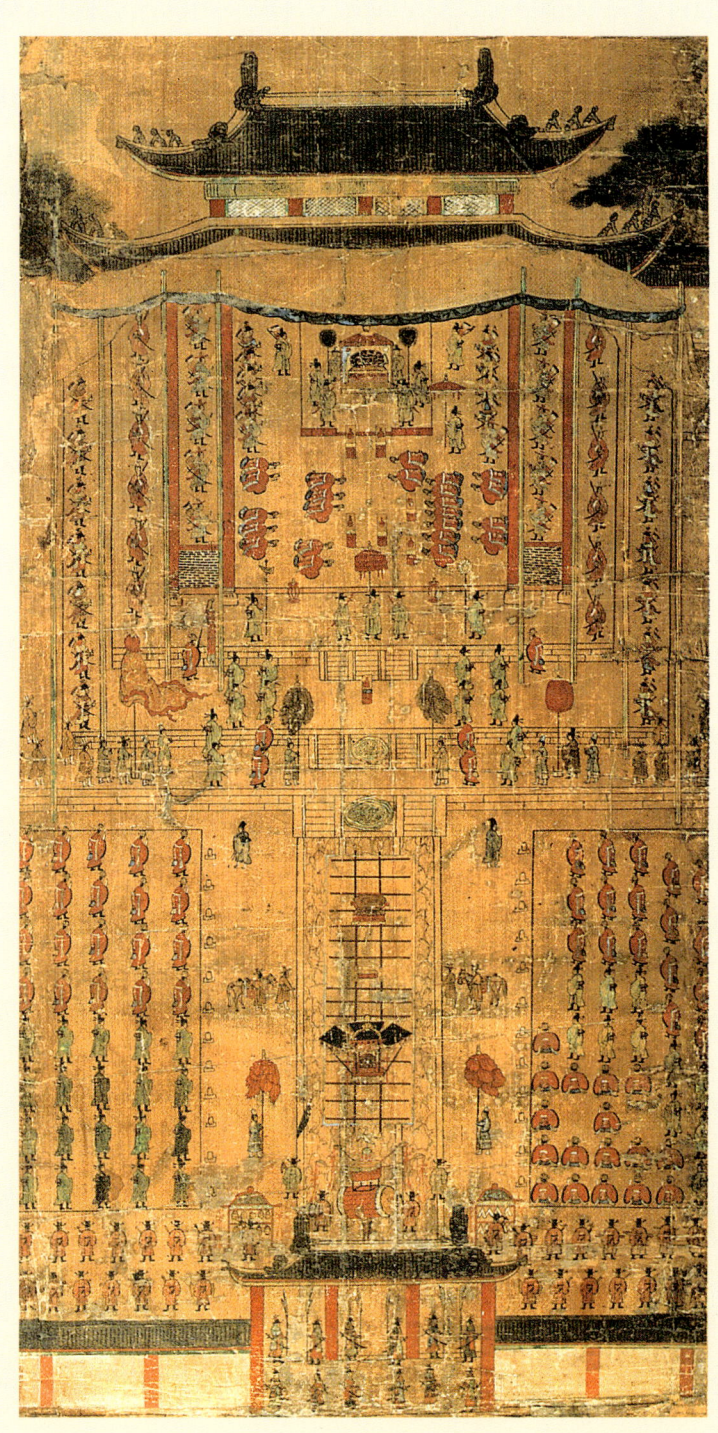

효종은 형이 죽은 후 왕위에 올랐으므로 적자이지만 장자가 아니었으므로 효종을 적자로 대우할 것인가 아니면 장자로 대우할 것인가로 의견이 맞섰던 것이다.

맏아들 단주(丹朱)가 있었지만 왕이 될 만한 성품을 갖추지 못하였다고 하여 소경의 아들 순(舜)에게 왕위를 넘겨주었던 요(堯)임금의 뜻을 조선의 국왕이나 신하들이 마음에 새겼더라면 좋지 않았을까?

한중록

사도 세자에 관한 진실 혹은 거짓말

■ 작 품 설 명

『한중록』(閒中錄)은 사도 세자의 부인이자 정조의 어머니 혜경궁 홍씨(惠慶宮 洪氏, 1735~1815)의 작품으로, 『계축일기』·『인현왕후전』과 함께 3대 궁중 문학의 하나로 손꼽힌다. 『한중록』(恨中錄)·『한중만록』(閒中漫錄)이라고도 하는데 14종의 필사본이 남아 있으며, '피눈물의 기록'이라는 뜻으로 제목을 '읍혈록'(泣血錄)이라 한 것도 있다.

『한중록』은 한 번에 완성된 것이 아니라 모두 네 차례에 걸쳐 지어진 작품이다. 1편은 저자가 회갑을 맞던 해인 1795년(정조 19), 친정 조카 홍수영(洪守榮)의 청에 따라 지은 것이다. 여기에서 혜경궁 홍씨는 어린 시절과 세자빈으로 간택되어 궁중에 들어온 이후 회갑연에 이르기까지 궁에서 겪었던 여러 가지 일들을 서술하였다. 자신의 인생 역정을 한가롭게 회고하는 형식이며, 따라서 글의 이름도 한가로운 가운데 쓴다는 뜻에서 '閒中錄'이라 하였다. 이 때문에 격한 감정을 불러일으키는 사도 세자의 죽음에 관한 이야기는 차마 할 수 없다며 회피하였다.

그런데 정조가 승하하고 순조가 즉위하면서, 혜경궁의 동생 홍낙임이 천주교도라는 죄목으로 사형을 당하고 세상을 떠난 그녀의 부친에게는 역적이라는 비난이 가해지는 등 분위기가 급변하였다. 이렇게 친정 집안이 위기에 처하자 홍씨는 어린 순조가 후일 장성하여 자신이 쓴 글을 보고 억울함을 풀어 주었으면 하는 바람에서 1805년에 이르기까지 세 편의 글을 더 짓게 되었다. 따라서 이 세 편의 글은 혜경궁이 자신의 집안을 변론하는 내용이 주를 이루고 있는데, 특히 제4편에서는 사도 세자의 죽음과 관련한 내용을 폭로하고 있다.

『한중록』은 강한 호소력을 지닌 우아한 문장과 표현으로 문학적인 가치를 크게 인정받고 있을 뿐 아니라, 18세기 후반의 정치적 상황이 상세하게 묘사되어 있어 역사적으로도 중요한 의미를 담고 있는 작품이다.

6 '閑'중록에서 '恨'중록으로

　　조선 제22대 왕 정조(재위 1776~1800)는 왕위에 오르자 자신의 왕권을 위협하는 외척 세력에 대한 대대적인 정비 작업에 착수하였다. 여기에는 자신의 외가도 결코 예외일 수 없었다. 오히려 정조는 가장 먼저 칼날을 외가로 겨누어 당시 막강한 권력을 휘두르고 있던 외종조부 홍인한(洪麟漢, 1722~1776)을 사사하고 그를 뒷받침하고 있던 인물의 상당수도 극형에 처해 버렸다.

　　다른 한편으로는, 뒤주에 갇혀 억울한 죽음을 맞은 것으로 생각하고 있던 아버지 사도 세자(思悼世子, 1735~1762)의 죽음에 관여한 인물들을 찾아 처벌하였다. '죄인의 아들은 왕위를 계승할 자격이 없다'는 시비 속에 권좌에 오른 정조로서는 왕위 계승의 정통성을 확보하기 위해서라도 아버지의 죽음이 억울하다는 것을 증명해야 했으며, 따라서 아버지를 죽음으로 몰아간 사람을 찾아내야만 했다. 그런데 당시 주변에서는 영조에게 뒤주를 갖다 바친 사람이 다름 아닌 정조의 외조부 홍봉한(洪鳳漢, 1713~1778)이었다며 그를 처벌해야 한다는 주장이 제기되고 있었다.

　　이러한 정조의 정치적 개혁을 누구보다 가슴 졸이며 지켜보았던 이는 바로 혜경궁 홍씨였다. 아들 정조에 의해 자신의 숙부가 정권을 농단(壟斷)한 죄로 사사되고, 부친은 사도 세자를 죽인 장본인으로 의심받는 상황은 견

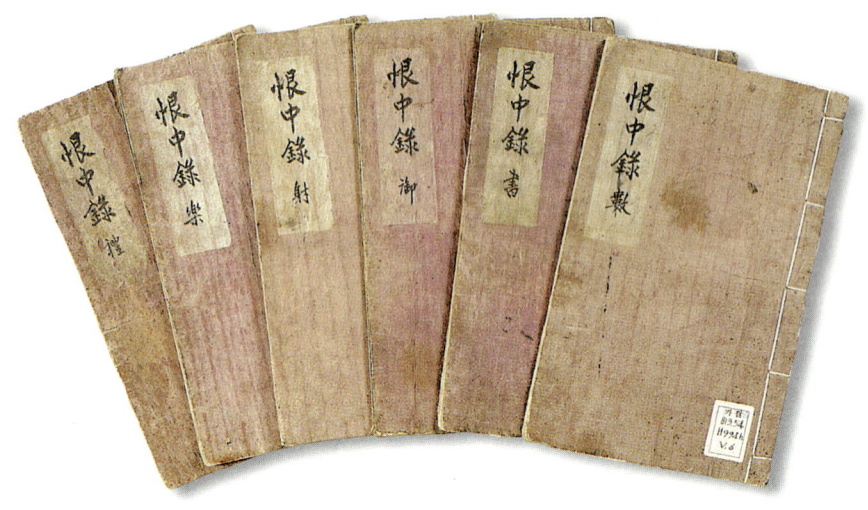

● 「한중록」 3대 궁중 문학의 하나로 손꼽히는 작품으로, 18세기 후반의 정치상이 묘사되어 있어 역사적으로도 그 가치가 크다. 서울대학교 규장각 소장.

디기 힘든 것이었다. 모든 것이 자신의 집안에 대한 모함이라고 생각하였지만, 그렇다고 정조의 개혁을 중단시킬 수도 없었던 홍씨가 이런 상황에서 할 수 있는 일이라고는 사실을 그대로 기록하는 것뿐이었다. 하지만 그것도 쉬운 일이 아니어서 홍씨는 개혁의 칼바람이 진정된 1795년(정조 19)에 가서야 이 일을 할 수 있었고, 이렇게 해서 만들어진 책이 바로 『한중록』(閑中錄)이다.

    홍씨는 비교적 편한 마음으로 『한중록』을 기술하였지만 편안한 시간은 그리 길지 않았다. 안정을 찾은 듯이 보이던 정국이 1800년 정조의 급작스런 서거로 예측 불가능한 상황으로 바뀌었기 때문이다. 아들을 먼저 보낸 것도 견디기 힘든 일인데 홍씨에게는 슬픔에 잠길 여유조차 허락되지 않았다. 영조대부터 홍봉한과 대립 관계에 있던 경주 김씨 가문의 정순 왕후(貞

純王后, 1745~1805)가 어린 순조를 대신해 수렴청정(垂簾聽政: 왕대비가 어린 임금을 대신해 정사를 돌보던 일)을 하고 있었기 때문이다.

아니나 다를까 순조 원년(1801)에 동생 홍낙임(洪樂任, 1741~1801)이 천주교도라는 죄목으로 사사되고, 이미 세상을 떠난 부친에게는 역적이라는 비난까지 가해지는 등 홍씨 집안은 큰 화를 입었다. 홍씨는 처음 『한중록』을 집필할 때와는 전혀 다른 다급한 심정으로 다시 붓을 들어 1805년(순조 5)에 이르기까지 세 편의 글을 더 지었다. 자신의 집안에 가해진 모함에 대해 적극적으로 변론한 이 세 편의 글은 어린 순조가 훗날 장성한 뒤 억울함을 풀어 주기를 바라는 마음에서 쓴 것들이었다.

『한중록』은 홍씨가 쓴 네 편의 글을 후세 사람들이 한데 합쳐 놓은 것이다. 1801년에 쓴 두 번째 글에서는 동생의 원한이 씻기기를 피눈물을 흘리며 기원한다고 끝맺고 있어, 이본 중에는 이를 따서 '읍혈록'(泣血錄)이라고 이름 붙인 것도 있다.

『한중록』에는 혜경궁 홍씨 자신의 인생 역정과 부친 홍봉한, 정적 김구주(金龜柱, 1740~1786) 일파에 대한 이야기 등 다양한 내용이 담겨 있지만, 그 가운데 중심이 되는 것은 역시 사도 세자의 죽음에 관련된 부분이다. 사도 세자의 죽음이 부친 홍봉한과 밀접하게 관련돼 있다는 주장이 계속 제기되는 상황이었으므로 홍씨는 이를 반드시 해명해야만 했다. 그 때문에 1805년에 기록한 네 번째 글에서 홍씨는 사도 세자 사건만을 본격적으로 다루었다. 이로 인해 일각에서는 그 자료적 가치를 낮게 평가하기도 한다. 사도 세자의 죽음은 본질적으로 정치적인 문제와 깊숙이 연관되어 있는데, 『한중록』은 사도 세자의 죽음이 그녀의 부친과는 무관하다는 사실을 드러내기 위한 글이므로 정치적인 부분이 의도적으로 제거되었다고 보는 것이다. 과연 진실은 무엇일까?

불행의 시작 — 세자빈 간택

1762년(영조 38) 윤5월 13일. 난데없이 까치 떼가 창경궁 경춘전을 에워싸고 울어 대기 시작하였다. 무슨 일이 일어날 듯한 분위기였다. 이날 오후 사도 세자를 창경궁 휘령전(徽寧殿)으로 나오도록 하라는 영조의 명이 떨어졌다. 불길한 예감이 들었던지 세자는 혜경궁 홍씨를 불러 보고는 휘령전으로 들어갔다. 이것이 홍씨가 본 남편의 마지막 모습이었다. 휘령전으로 들어간 세자는 영조가 직접 뚜껑을 닫고 자물쇠를 채운 뒤주 속에서 9일 만에 28세의 나이로 생을 마감하였다. 홍씨는 뒤쪽 건물에서 후일 정조가 되는 세손을 부둥켜안고 떨며 이 비참한 상황을 지켜보아야만 했다. 이날의 사건을 흔히 '임오화변'(壬午禍變)이라고 부른다.

되돌아보면 더할 나위 없이 영광스러운 세자빈 간택이 홍씨에게는 기나긴 불행의 시작일 뿐이었다. 홍씨는 1735년(영조 11)에 홍봉한의 2녀로 출생하였다. 세자빈 간택에 임한 것은 1743년, 그녀의 나이 불과 9세 때였다. 왕실의 혼사에는 세 차례의 간택이 실시된다. 국가에서는 왕실의 결혼이 닥치면 금혼령을 내리고, 결혼 적령기에 있는 팔도의 모든 처녀를 대상으로 '처녀 단자'를 올리게 했다. 처녀 단자를 올릴 필요가 없는 규수는 종실의 딸, 왕족 이씨의 딸, 첩의 딸 등으로 한정되었으나, 실제 단자를 올리는 응모자는 25~30명 정도에 불과했다.

간택에 참여하는 데에는 큰 부담이 따랐다. 홍씨의 집안도 가난하여, 세자빈 간택 단자를 올리라는 명이 있자 주변에서는 경제적 부담이 크니 단자를 올리지 말라고 충고하기도 하였다. 하지만 홍봉한은 자신의 집안은 재상 가문일 뿐 아니라 임금을 속일 수 없다며 단자를 올렸다. 홍씨는, 간택에 임할 때 새로 옷을 해 입을 수 없어 치맛감은 형제의 혼수에 쓸 것으로 하고 다른 혼수는 어머니께서 빚을 얻어 차리느라고 애쓰시던 일이 눈에 선하다고 기록하고 있다.

　어렵게 준비한 보람이 있었던지 홍씨는 초간택부터 영조의 눈에 들어 첫 번째로 발탁되었다. 영조는 이때 이미 홍씨를 며느릿감으로 점찍어 놓고 있었다. 자신의 출생에 대한 열등감 때문인지 영조는 자녀를 혼인시킬 때 한미(寒微)한 가문을 가급적 피하고 심복(心腹) 신하 중에서 전통 있는 가문만을 골라 혼인시키려고 노력하였다. 홍씨 집안은 비록 가난하였지만, 4대조 홍주원(洪柱元)이 선조 임금의 부마였고 고조 홍만용(洪萬容)과 조부 홍현보(洪鉉輔)는 모두 예조 판서를 지낸 뼈대 있는 가문이었다. 홍씨의 품성도 품성이지만 영조에게는 이러한 가문 배경이 큰 매력이었을 것이다.

　재간택과 삼간택은 형식적인 것이었다. 한 달 후에 있은 재간택에서 영조는 다른 처자들은 거들떠보지도 않은 채 홍씨를 어루만지며 아름다운 며느리를 얻었다고 기뻐하였으며, 홍봉한의 집에는 홍씨를 세자빈으로 삼는다는 중궁전의 글이 전달되었다. 이때부터 홍봉한 부부는 홍씨에게 존대를 하였으며 일가 어른들도 공대하는 등 깍듯이 세자빈 대접을 하였다.

　세자빈으로 간택되었다는 것은 왕비로 간택된 것과 마찬가지로 집안의 영광이자 경사였지만, 복잡한 정치 상황에서는 반드시 그런 것만도 아니었다. 왕의 인척이 됨으로써 좋든 싫든 간에 중앙 정계의 흐름에 휩쓸릴 수밖에 없었기 때문이다. 숙종 때 서인과 남인의 정쟁에 휘말려 큰 고난을 겪었던 인현 왕후의 예는 왕비로서의 삶이 결코 순탄치만은 않았음을 보여 준다. 그 때문에 영광스러운 국혼(國婚)을 애써 회피하는 사람도 있었다. 인조의 장자 소현 세자의 빈을 간택할 때 권씨라는 처녀는 일부러 싱글벙글 웃고 게걸스럽게 음식을 먹어 인조 임금으로 하여금 거들떠보지 않게 하였다. 그런데 나중에 보니 아주 후덕한 여자여서 인조가 술수에 속았다며 후회하였다고 한다.

　홍씨도 진작 이런 기지를 발휘했더라면 가슴 아픈 일을 겪지 않아도 되었을 것인데 초간택에서 이미 낙점되었으니 어쩔 수 없는 노릇이었다. 홍봉한은 딸이 세자빈으로 간택되자, '백면서생이 하루아침에 왕실과 인척을 맺게 되니 이것은 복의 징조가 아니고 화의 기틀이니 오늘부터 두려워하여 죽을 곳을 모르겠다'며 크게 걱정했다고 한다. 불행을 향해 달려가는 집안의 운명을 예견했던 것일까?

죽음에 이르는 병

영조는 즉위 초반까지 무척 힘든 시간을 보낸 임금이었다. 어머니가 천한 신분 출신이었던 까닭에 주위의 무시를 받으며 성장하였고, 본의 아니게 왕위 계승을 둘러싼 정쟁에 휩싸이는 바람에 왕위에 올라서는 이복형 경종을 독살했다는 따가운 혐의를 받기도 하였다. 이 때문에 영조는 매사에 조심하였으며 의리에 관계되는 것이라면 물불을 가리지 않는 일종의 강박증을 갖고 있었다. 그는 스스로 자신의 성격이 너무 편벽되고 고상한 것을 지나치게 좋아하며 조급하다고 평한 바 있다.

『한중록』에 따르면 영조는 사랑하는 자녀의 집에는 사랑하지 않는 자녀를 머물지 못하게 하고 심지어 불길한 일을 당했을 때는 사랑하지 않는 자녀를 불러 자신의 불길함을 떠넘기는 '귀 씻기' 대상으로 이용했다고 하는데, 이는 영조의 자평과 일치한다. 그런 영조에게 첫아들 효장 세자(孝章世子)를 잃은 후 42세라는 늦은 나이에 얻은 사도 세자는 더없이 귀한 존재였다. 영조는 당연히 세자에게 큰 기대를 걸었는데, 불행하게도 세자는 성격부터 영조의 마음에 차지 못하였다.

세자는 말이 없고 행동이 날래지 못하여, 성격이 세심하고 민첩했던

영조 어진 영조는 나경언의 고변을 계기로 사도 세자에게 모종의 처분을 내리기로 결심하였고, 결국 20여 일 후 세자를 뒤주에 가두어 죽게 만들었다. 궁중유물전시관 소장.

영조를 늘 답답하고 화나게 만들었다. 또 세자는 커 가면서 공부에는 별 관심이 없고 칼싸움이나 말 타기 같은 놀이에만 열중하여 학문에 정진하기를 바라는 영조의 기대를 저버렸다. 영조는 자신의 기대와는 어긋나게 나가는 세자를 따뜻하게 타이르기보다는 여러 사람이 보는 앞에서 꾸중하거나 흉을 보는 등 미워하기 시작하였다.

홍씨는 세자가 이렇게 잘못된 방향으로 나아가게 된 것은, 어린 아기를 일찍 품에서 떼어 내 좋지 않은 나인들 손에 맡겼기 때문이라고 지적하였다. 실제로 세자는 위엄 있게 키워야 한다는 영조의 소신에 따라 백 일도 안 되어 생모 품에서 떨어져 저승궁(儲承宮)에서 나인들의 보살핌 속에 성장하였다. 영조는 세자가 네다섯 살 때까지는 저승궁에 자주 발걸음을 하여 함께 자기도 하고 신하들 앞에서 세자 자랑을 하는 등 많은 애정을 기울였다.

그런데 당시 세자의 주변에 있던 나인들은 대개 선왕 경종을 모시던 사람들로, 영조와 세자의 생모 영빈에 대해 좋지 않은 감정을 가지고 있었다. 그 때문에 영조와 영빈은 점차 세자 곁에 자주 가지 않게 되었고 세자는 부모의 사랑과 가르침을 받지 못한 채 멋대로 자라게 되었다.

부자의 사이는 세자가 15세이던 1749년(영조 25)에 대리청정을 하면서 결정적으로 회복할 수 없는 지경으로 벌어졌다. 경종을 독살하고 왕위에 올랐다는 혐의를 받았던 영조는 자신이 왕위에 연연하지 않는다는 것을 보여 주기 위해 일찍부터 세자에게 왕위를 물려주거나 정사를 대신 돌보게 하려는 일종의 정치적 제스처를 취하더니 이해에는 실제로 세자에게 대리청정을 명하였다.

경륜이 부족한 세자가 국정 운영에 미숙한 것은 어쩌면 당연한 일인데, 영조는 사사건건 세자를 꾸중하며 못마땅하게 여겼다. 1752년에는 세자가 멋대로 일을 처리하였다고 영조가 진노하자 세자는 홍역에 걸린 몸으로 추운 겨울 눈 속에 꿇어앉아 3일 동안이나 죄를 빌어야 했다. 또 영조가 왕위를 넘기겠다며 창의궁(彰義宮: 영조가 왕위에 오르기 전에 살던 집)으로 거처를 옮기자 세자는 이마에 피가 나도록 엎드려 사죄해야 했다. 세자에 대한 영조의 미움은 극에 달해 심지어는 날이 가물거나 천재지변이 있으면 모두 세자가 덕이 부족해서 그렇다고 푸념하여, 세자는 날이 흐리기만 해도 또 꾸중을 듣지 않을까 걱정할 정도였다.

영조의 질책이 심해지면서 사도 세자는 부왕에 대해 큰 공포심을 갖게 되었고, 어느 순간부터는 주색에 탐닉하는 등 노골적으로 반발하였다. 영조가 국가에 내린 금주령을 비웃기라도 하듯이 술을 마셨으며 여자를 데려다 살림을 차린 일도 있었다. 그때마다 영조의 심한 꾸중이 내려진 것은 당연하였으며, 세자는 그런 영조의 질책에 우물로 뛰어드는 극단적인 방법으로 맞섰다. 영조의 질책에 기행으로 맞서던 세자는 20세를 넘기면서 정신 이상 증세를 나타내기 시작하였다.

가학증은 사도 세자 스스로 "심화가 나면 견디지 못하여 사람을 죽이거나 닭, 짐승을 죽이거나 하여야 마음이 풀린다"고 영조에게 고백할 정도로 심각한 수준이었다. 여러 명의 내관과 나인들이 세자의 손에 목숨을 잃기도 했는데, 어느 날은 내관의 머리를 잘라 들고 들어와 홍씨를 기겁하게 만들었다. 세자에게는 옷을 제대로 입지 못하는 의대증(衣帶症)이라는 해괴한 증상도 나타났다. 옷을 한번 입으려면 수십 벌의 옷을 늘어놓고 귀신에게 기원하며 불을 지르는 등 이상한 행동을 했으며, 옷 수발을 잘 들지 못한다는 이유로 자신의 아들을 둘이나 낳은 후궁 빙애를 쳐 죽이기까지 하였다.

살아 있는 것은 개미라도 밟지 못하였고 간장에 빠진 파리도 건져 주었으며 모기도 쫓을 뿐 잡지 않았다는 영조는 화풀이로 사람을 마구 죽여 대는 사도 세자를 결코 이해할 수 없었다. 영조에게는 모종의 결심이 필요하였는데 때마침 고변 사건이 터졌다. 나경언(羅景彦)이 세자가 역모를 꾸미고 있다고 투서하고 아울러 세자의 비행을 10여 조목에 걸쳐 나열한 것이다. 세자가 자기 대신 내관을 방에 앉혀 놓고 20여 일 동안 평양에 몰래 다녀온 사실이 발각된 지 그리 오래지 않아서의 일이었다.

사도 세자는 나경언의 고변이 무함(誣陷)이라며 대질까지 요구하면서 극구 부인하였고, 세자의 비행을 고발한 나경언이 역적으로 몰려 죽게 되면서 사건은 일단락되었다. 하지만 이를 계기로 영조는 사도 세자에게 모종의 처분을 내리기로 결심을 굳혔으며, 고변 사건이 있은 지 20여 일 후에 마침내 그 결심을 실행에 옮겼다.

방관자와 방관자 아닌 방관자들

영조는 재위 4년째인 1728년에 소론과 남인이 연합하여 시도한 쿠데타 무신란(戊申亂)을 진압한 뒤부터 당파를 없애겠다고 표방하며 탕평책을 추진하였다. 하지만 국왕의 주변에는 주로 노론 인사들이 포진하여 정국을 주도하고 있었다. 노론 중 특히 외척 가문들이 영조의 지원 세력으로 힘을 발휘하고 있었는데, 그 가운데 대표적인 집안이 홍봉한 가문이었다. 홍봉한은 세자빈의 부친이라는 지위를 등에 업고 영조의 신임을 한 몸에 받으며 외척 세력의 영수 노릇을 하였다. 한편 비외척 가운데 김상로(金尙魯) 계열은 중앙에서 상당한 영향력을 발휘하였는데, 이들은 외척 홍봉한의 독주를 못마땅하게 여기고 있었다. 이들 간의 갈등은 세자에게 이상 증세가 나타나면서 표면화되기 시작하였다.

　　세자의 병세가 악화되어 정상적인 생활을 하지 못하게 되자 영조에게는 자신의 사후가 가장 큰 고민거리로 대두하였다. 사도 세자의 국왕 등극은 대단히 불안한 일일 수밖에 없었다. 홍봉한은 이런 상황에서도 사위인 세자를 적극적으로 보호하려고 했다. 세자의 왕위 계승 여부가 가문의 정치적 위상과 직접 관련되어 있었으므로 홍봉한으로서는 세자를 쉽게 포기할 수 없었을 것이다. 그에 반해 김상로 등은 굳이 세자에 연연할 필요가 없는 입장이었다. 초조해진 쪽은 물론 홍봉한 세력이었다. 이 때문에 홍봉한은 세자의 비행이 정치 문제화되는 것을 막기 위한 자금을 마련하고자 뇌물을 거두었다. 뇌물 수수는 반대파에게는 좋은 공격거리가 되었는데, 이를 계기로 중앙 정치권은 홍봉한을 비판하는 공홍파(攻洪派)와 옹호하는 부홍파(扶洪派)로 완전히 갈라졌다.

　　외척 가운데 상대적으로 소외되어 있던 정순 왕후 김씨나 숙의 문씨의 집안이 가세함으로써 세력이 강화된 공홍파는 세자의 비행을 공격함으로써 홍봉한의 지위를 약화시키고자 하였다. 숙의 문씨와 그녀의 오빠 문성국(文聖國)은 사도 세자의 일거수일투족을 감시하여 영조에게 보고함으로써 영조 부자를 이간하였다. 확인되지는 않았지만 나경언의 고변은 정순 왕후 김씨의 부친 김한구(金漢耈)가 사주한 것이라는 소문이 돌았다.

　　하지만 홍봉한을 어렵게 만든 것은 반대 세력의 공격이 아니라 점점

● **융릉 전경** 사도 세자의 무덤으로, 조선 최고의 길지 중 하나라고 알려진 수원 화산 아래 모셨다. 정조 때 현륭원이라 불렸다가 고종 36년(1889)에 융릉(隆陵)이 되었다. ⓒ 양영훈

악화 일로로 치닫는 세자의 상태였다. 홍봉한으로서도 이제 더 이상 세자를 붙들 수는 없었다. 자칫하다가는 세손(후일의 정조)의 지위마저 위태로울 수 있었으며, 그렇게 되면 그의 집안은 결정적 타격을 입을 것이 뻔하였기 때문이다. 결국 홍봉한은 세자를 잡고 있던 손을 놓았다. 사도 세자가 죽고 난 후에는 영조에게 "이번 일은 전하가 아니셨으면 어떻게 처치하였겠습니까? 외간에서는 전하께서 결판을 짓지 못하실까 염려하였는데, 필경에는 결판을 지어 혈기가 장성할 때와 다름이 없었으니 신은 흠앙하여 마지않았습니다"라며 사도 세자에 대한 처분이 마땅하였음을 고하기도 하였다.

　　죽음을 각오하고서라도 세자의 죽음을 막아야 할 의무가 있던 홍봉한의 이러한 처신은 분명 신중하지 못한 것이었다. 그 때문에 결국 홍봉한에게

는 많은 비난이 쏟아졌으며, 심지어는 뒤주를 갖다 바친 인물이라는 혐의까지 받게 되었다. 홍봉한은 사도 세자의 죽음에 대한 방관자였던 셈이다.

　　홍봉한이 방관자라면 세자의 생모 영빈은 방관자 아닌 방관자였다. 영조의 처분이 있던 날 영빈은 혜경궁 홍씨에게 글을 보내, 종사와 세손을 위하여 세자를 포기할 수밖에 없다고 자신의 심정을 밝혔다. 그리고는 영조를 붙들고 "세자의 큰 병이 점점 깊어서 낫기를 바랄 수 없으니, 소인이 모자의 정리상 차마 할 수 없는 말이지만 옥체를 보호하고 세손을 건져서 종사를 평안히 하는 일이 옳으니 대처분을 내리소서"라고 아뢴 후 가슴을 치며 양덕당으로 가 음식을 끊고 자리에 누워 버렸다. 자식의 죽음을 수수방관할 수밖에 없는 어머니의 심정이 어떠하였을까 짐작이 가고도 남는다.

　　홍씨 또한 방관자 아닌 방관자였다. 세자가 끌려 들어간 휘령전 담 밑으로 사람을 보내 소식을 듣고 세자의 운명을 직감한 홍씨는 칼을 들어 자결하려 했지만 주위의 만류로 실패하고 말았다. 휘령전으로 통하는 건복문(建福門) 밑으로 달려간 그녀가 들을 수 있었던 것은 "아버님 아버님, 잘못하였습니다. 이제는 하랍시는 대로 하고 글도 읽고 말씀도 다 잘 들을 것이니 이리 마소서"라며 울부짖는 남편의 처절한 외침뿐이었다. 그녀가 할 수 있는 것이라고는 담벼락에 기대 통곡하는 일밖에 없었다.

◉ 마침내 나타난 『한중록』의 효험

　　자결을 결심했던 혜경궁이 마음을 바꾸어 모진 목숨을 보전하기로 한 이유는 오직 한 가지였다. 11세밖에 되지 않은 아들 정조를 위해서였다. 하지만 정조는 왕위에 오르자마자 오히려 외가 쪽 인물들을 축출하여 어머니

● **봉수당에서의 회갑연** 을묘년 윤2월 13일에 열린 혜경궁의 회갑 잔치로, 봉수당 앞마당에서 무녀들이 춤추고 노래하며 잔치의 흥을 돋우고 있다. 《화성능행도》〈봉수당진찬도〉의 부분. 호암미술관 소장.

의 가슴을 아프게 만들었으며, 손자 순조가 즉위하자 이번에는 어린 순조를 대신해 정치를 담당한 정순 왕후 세력이 홍씨 가문을 압박하였다. 모진 목숨을 보전한 보람이 물거품이 되는 듯하였다. 이제 유일한 희망은 순조가 빨리 장성해 주는 일이었다. 더구나 순조는 모든 내막을 알고자 하여 『한중록』을 쓰도록 권유하였으므로 기대를 가질 만하였다.

　　실제로 1804년(순조 4) 대리청정이 끝나고 순조가 친정(親政)하면서 상황은 달라지기 시작하였다. 순조대 초반에 정권을 전횡하고 홍씨 가문을 핍박하였던 경주 김씨 세력은 정순 왕후의 당숙 김한록(金漢祿)이 역적으로 몰려 처단되면서 몰락하였다.

　　반면 홍씨 집안의 인물들은 신원되었다. 먼저 제주도에서 사사되었던 홍낙임의 관작이 1807년에 복구되었다. 홍씨가 『한중록』 네 번째 글을 쓰고 난 후 2년 만의 일이었다. 이어 1808년에 순조는 홍봉한이 임오화변을 일으킨 역적이라 상소했던 이심도(李審度)를 사형에 처한 후 홍봉한에게 죄가 없음을 천명하였다. 그로부터 4년 뒤인 1812년에는 홍봉한의 사당을 지어 주었으며, 1815년에는 전에 간행하려다 중단되었던 홍봉한의 『주고』(奏藁)가 간행되었다. 혜경궁은 부친의 문집이 완간되는 것을 보고 이해 12월에 눈을 감았다.

　　『한중록』의 효험 때문인지, 숙부 홍인한이 신원되지 않은 것을 제외하면 혜경궁은 대강의 한은 푼 셈이었다. 홍인한도 결국 철종대에 이르러 신원되었으며, 고종대에는 살아서 바라지도 못했던 남편 사도 세자의 추숭이 이루어져 장조(莊祖)라는 시호를 갖게 되었다.

사도 세자가 뒤주에 갇히던 날

1762년(영조 38) 윤5월 13일, 아침 일찍 영조는 창덕궁 선원전에 행차하였다. 이 날 아침 들보에서 부러지는 듯한 소리를 들은 사도 세자는 자신의 운명을 예감했던지 "내가 죽으려나 보다. 이게 웬일인고" 하며 깜짝 놀랐다. 오후에 창경궁 휘령전으로 들어오라는 영조의 명이 내려지자 불길한 예감이 든 세자는 혜경궁 홍씨를 불러 "아무래도 이상하니, 자네는 잘살게 하겠네, 그 뜻이 무서워"라고 말하고는 영조에게 나아갔다.

선전관을 불러 은밀히 무엇인가를 지시한 영조는 갑자기 손뼉을 치면서 "여러 신하들도 들었는가? 정성 왕후의 신령이 나에게 변란이 바로 앞에 닥쳤다고 간절하게 말하고 있다"며 세자에게 자결하도록 명하였다. 곁에서 울먹이는 신하를 내보낸 영조는 재차 세자에게 "자결하라" 명하였다. 세자는 부왕의 명에 따라 옷을 찢어 자신의 목을 조이고 쓰러졌다. 강관(講官)이 급히 달려 나와 옷을 풀어 주었다. 영조의 명으로 세자가 다시 옷소매를 찢어 목에 감자 강관이 또 뛰어나

● **창경궁 전경** 창경궁 휘령전은 영조의 첫째 왕비 정성 왕후의 신위를 모신 전각으로, 사도 세자는 이곳에서 뒤주에 갇혀 세상을 떠났다. ⓒ 김성철

와 풀어 주었다. 세자는 마지막으로 세손(후일의 정조)과 이별하고 싶다고 부탁하여 세손이 들어왔다. 세손은 영조에게 "아비를 살려 주옵소서"라며 매달렸지만 영조는 "나가라"고 엄하게 호령하였다.

　세손이 나가자 영조는 또다시 세자에게 자결을 명하였다. 세자가 옷을 찢어 목을 매고 강관이 달려 나와 풀어 주는 광경이 다시 반복되었다. 이때 휘령전으로 뒤주가 하나 들어왔다. 영조는 세자에게 뒤주 속으로 들어갈 것을 명하였다. 세자는 울며 애원하였지만 아무런 소용이 없었다. 세자가 뒤주에 들어가자 영조는 손수 뚜껑을 닫고 자물쇠를 잠근 후, 판목을 가져오도록 하여 못을 박고 동아줄로 묶도록 지시하였다. 비참한 날은 이렇게 막을 내렸다. 그로부터 9일 뒤 세자는 결국 숨을 거두고 말았다.

사도 세자는 정말 역모를 꾸몄을까?

사도 세자의 운명이 비극적인 결말을 향해 치닫게 되는 직접적인 계기는 영조 38년(1762) 5월에 있었던 나경언의 고변이었다. 나경언이 고변한 내용은 세자가 주변의 환시(宦侍)들과 결탁하여 역모를 꾸미고 있다는 것이었다. 나경언은 고변으로 인해 친국(親鞫: 임금이 친히 중죄인을 국문함)을 받던 중 세자의 비행 10여 조를 담은 글 한 편을 다시 영조에게 올렸다. 영조는 나경언을 사형에 처하여 고변 사건을 일단 마무리했지만 20여 일 후 사도 세자를 뒤주에 가두어 버렸다. 이를 보면 나경언의 고변과 세자의 죽음 사이에는 밀접한 관련이 있음을 짐작할 수 있다.

고변 이후의 상황을 살펴보면, 특히 나경언이 고한 세자의 비행이 사도 세자의 죽음과 직접 관련이 있는 듯한 느낌을 받게 된다. 영조는 나경언을 처단한 후 세자 때문에 피해를 본 사람들에게 보상을 해 주거나 세자의 비행에 관련된 사람을 찾아 죽이는 등의 조처를 취하였기 때문이다. 이러한 조처는 세자가 뒤주에 갇혀 있는 동안에도 계속되었다.

그렇다면 나경언이 처음 제기했던 세자의 역모설은 어떻게

『**경모궁의궤**』 경모궁은 사도 세자와 혜경궁 홍씨를 모신 사당으로, 의궤에는 제사 지낼 때의 일 등이 기록되어 있다. 서울대학교 규장각 소장.

한중록

된 것일까? 일각에서는 이를 사실로 인정한다. 세자가 영조 37년(1761) 3월에 자기 대신 내관을 앉혀 놓고 영조 몰래 평양에 다녀온 일이 있는데, 바로 이 평양행이 영조를 몰아내기 위한 쿠데타를 준비하는 움직임이었으며 이 때문에 영조는 아들 사도 세자를 죽일 수밖에 없었다는 것이다.

충분히 가능성 있는 추측이지만 정상적인 생활을 하기도 힘들었던 세자가 과연 쿠데타를 모의할 수 있었을까 하는 의문이 드는 것도 사실이다. 더구나 세자가 평양에서 돌아오자 평양 밀행을 문제 삼은 유생들의 상소가 잇따라 올라올 정도로 세자의 움직임이 공공연히 간파당하고 있던 상황이었으므로 역모를 꾸미기는 더욱 쉽지 않았을 것이다.

나경언의 고변이 있자 세자는 무함이라며 영조에게 나경언과 면대케 해 줄 것을 청하고, 또 직접 나경언의 동생 나상언을 잡아다 사주자를 대라며 신문까지 하며 결백을 밝히려 했지만 헛수고로 끝나 버렸다. 현재로서는 남아 있는 자료가 거의 없어 사도 세자가 정말 역모를 꾸몄는지 그렇지 않으면 모함인지 확실히 알 수 없다. 진실은 사도 세자만이 알고 있는지도 모른다.

춘향전

춘향전 속의 역사, 역사 속의 춘향전

■ 작 품 설 명

『춘향전』(春香傳)은 성춘향과 이몽룡의 사랑 이야기를 소재로 한 고전 소설이다. 조선 후기 숙종 말에서 영·정조 시대에 판소리로 불리다가 소설로 정착된 것으로 여겨지며 이본이 120여 종이나 될 정도로 많은 사람들의 사랑을 받아 왔다.

『춘향전』은 잘 나가는 양반집 자제와 퇴기(退妓)의 딸이 나누는 신분을 초월한 사랑, 한 남자를 향한 여인의 절개, 암행어사의 부정한 사또 응징 등 다양한 주제를 담고 있다. 또한 방자, 향단, 월매, 변 사또 등 각 계층의 전형적인 인물을 등장시켜 소설의 재미를 더하고 있는데, 이전까지 유행하던 여러 설화와 실화의 바탕 위에 소설적 허구를 적절히 덧붙여 작품의 완성도를 높이고 있다. 즉, 여기에는 양반 도령을 사모하다가 죽은 춘향이라는 기생의 이야기, 성이성·박문수 등 암행어사에 관한 일화와 야담, 조선시대 양반과 기생의 애련 설화 등이 반영돼 있다.

『춘향전』의 매력은 무엇보다도 통시대적으로 공감을 주는 내용으로 구성된 점을 들 수 있다. 『춘향전』은 소설로 정리된 이후 희곡, 오페라, 영화 등 다양한 예술 장르로 발전해 오면서 현재까지도 한국인들의 정서를 가장 잘 파고든 작품으로 평가받고 있다.

『춘향전』의 배경 도시 남원은 조선 후기에 이미 열녀 춘향의 고장이라는 분위기가 강하게 정착되어 1872년에 제작된 남원 지도에는 광한루와 오작교가 한껏 과장된 모습으로 그려져 있다. 지금도 남원에는 '열녀춘향사'라는 사당이 있으며, '춘향제' 등을 통해 춘향의 명성과 이미지를 이어가고 있다. 그러나 한편으로, 『춘향전』의 유명세 때문에 사람들은 소설의 상황을 대부분 역사적 사실로 그대로 믿어 버리는 경향이 있다. 하지만 이 도령의 장원 급제, 남원 지역으로의 어사 파견, 변 사또의 무리한 법 집행 등 찬찬히 살펴보면 현실에서는 상당히 이루어지기 어려운 상황들이 곳곳에 숨어 있다. 『춘향전』에 담긴 허구적 요소를 찾아보는 과정은 소설을 읽는 재미를 배가시켜 줄 것이다.

대한민국 대표 소설 『춘향전』 뒤집어 보기

　　고전 소설의 대명사 『춘향전』은 이몽룡과 성춘향의 사랑, 부패한 사또 변학도에 대한 통쾌한 응징 등 시대를 뛰어넘어 공감이 가는 요소들로 구성돼 있어 오늘날까지도 많은 사람들의 관심과 사랑을 받고 있다. 『춘향전』이 한국 영화사에서 가장 많이 소재로 채택된 것은 바로 이러한 이유 때문일 것이다.

　　『춘향전』은 1932년 처음 영화화되었으며, 2000년에는 임권택 감독에 의해 열여섯 번째 영화가 만들어지기도 했다. 특히 춘향으로 캐스팅된 여배우는 당대를 대표하는 배우이거나 혹은 영화 출연 이후 대표적인 스타가 되기도 하였는데, 그만큼 『춘향전』이 가져다주는 강한 이미지가 많은 사람들의 뇌리에 각인되었음을 보여 준다.

　　『춘향전』의 명성은 현대에도 계속 이어져 전라도 남원은 무엇보다 춘향의 고향으로 유명하며 춘향과 관련된 유적지도 인기를 얻고 있다. 『춘향전』이 유행한 조선 후기에도 상황이 비슷했는데, 1872년에 그려진 남원 지도에는 춘향과 이 도령이 만났다는 광한루와 오작교가 한껏 과장되게 표현되어 있다.

　　그런데 대부분의 사람들은 『춘향전』의 스토리를 그대로 믿으면서 이것이 역사적 실제인 것처럼 해석하는 경향이 있다. 여기에는 중요한 함정이

● 광한루 「춘향전」의 무대로 유명한 이곳의 이름 '광한'은 세종 17년에 정인지가 "달나라에 있는 궁전 광한청허부가 바로 이곳이 아니던가"라고 한 데서 비롯되었다고 한다. 전북 남원시 소재. ⓒ 김성철

있다.

『춘향전』 또한 허구적 상황을 담은 소설이라는 점을 간과하고 있는 것이다. 현대 소설과 마찬가지로 전통 시대의 소설에서도 허구와 과장이 적절히 배치되면서 그럴듯한 이야기가 전개된다. 물론 가장 있음 직한 상황들을 배경으로 설정하면서 말이다. 그렇다면 과연 춘향전에는 어떤 허구적 상황들이 숨어 있을까? 역사적으로 가능한 장면들과 그렇지 못한 부분들을 『춘향전』의 주요 내용을 짚어 가면서 살펴보자.

1년여 만의 장원 급제, 이 도령은 천재?

『춘향전』은 퇴기(退妓) 월매의 딸 성춘향과 남원 부사의 아들 이몽룡의 사랑 이야기를 담고 있다. 기생의 딸과 양반 명문가 도령의 사랑. 신분의 벽을 허문 남녀의 결합이라지만 신분 사회가 무너져 가던 조선 후기 사회에서도 거의 있을 수 없는 상황 설정이다.

우리는 청춘 남녀의 만남을 생각할 때 먼저 결혼을 염두에 둔다. 소설에는 두 주인공의 연령이 똑같이 '이팔청춘', 즉 16세(만 15세)로 표현돼 있다. 법적으로 부모 동의하에 결혼할 수 있는 나이가 남자 만 18세, 여자 만 16세인 오늘날에는 결혼이 불가능하지만 조선시대에는 전혀 하자가 없었다. 『경국대전』에는 "남자 15세, 여자 14세가 되면 혼인하는 것을 허락한다"는 규정이 있다. 일상생활에 관한 예법서인 『주자가례』(朱子家禮)에도 남자는 16세에서 30세, 여자는 14세에서 20세가 혼인 적령기로 기록되어 있는 것을 보면 춘향과 이 도령의 나이는 결혼을 전제로 한 만남을 갖기에 전혀 문제가 되지 않았음을 알 수 있다.

혼인 연령에서 무사히 조선의 법망을 빠져나간 춘향과 이 도령의 다음 이야기로 넘어가 보자. 이 도령은 춘향과 만난 후 1년여 만에 과거에 장원 급제하는데 이러한 설정은 과연 가능할까?

조선시대의 과거는 3년마다 한 번씩 치러진 식년시(式年試)와 특별한 경우 실시되는 별시(別試)로 구성되어 있었다. 문과에 급제하려면 생원시나 진사시를 거쳐야 했다. 생원시는 주로 유교 경전에 대한 이해 정도를 시험하는 것이었고, 진사시는 문장력을 알아보는 시험이었다. '최 진사', '허 생원' 등으로 불리는 사람들은 바로 이 생원시나 진사시에 합격한 사람들이다. 생원시와 진사시 둘을 합쳐서 소과(小科)라 하였으며, 이 시험에 합격하면 최고의 교육 기관인 성균관에 들어가 공부할 수 있는 자격이 주어졌다.

조선시대 시험 중에서 가장 수준이 높고 경쟁이 심했던 문과 시험에서는 1만 명 이상의 응시자들 중에서 최종 33인을 선발하였다. 먼저 초시에서는 250명을 각 도별 인구 비율로 뽑아 지역 차별을 없앴으며, 2차 시험인 복시(覆試)에서는 성적순으로 33명의 인재를 뽑았다. 과거 제도는 지역 안배와 능력에 따른 선발 방법을 배합한 합리적인 인재 등용 방책이었던 것이다. 식년시는 3년마다 한 번 열렸으니 1년에 평균 11인의 관리가 뽑히는 셈이었다.

　　이처럼 조선시대에 관리가 되는 것은 그야말로 낙타가 바늘구멍에 들어가는 것만큼이나 어려웠다. 따라서 당시에는 과거 보러 가는 길을 '영광을 보러 간다'는 뜻으로 '관광(觀光)길'이라고 하기도 했다. 합격만 하면 그야말로 모든 영예가 보장되는 영광의 길이었던 것이다.

　　생원시나 진사시에 합격한 사람들은 대과(大科)인 문과에 응시하기 위해 성균관에 들어갔고 이곳에서 대개 4~5년의 수학 기간을 거쳤다. 이몽룡은 생원이나 진사의 호칭을 받은 적이 없고, 한양에 올라간 지 얼마 안 되어 장원 급제했다는『춘향전』의 내용으로 보아 그가 본 시험이 문과 시험일 가능성은 희박하다.

　　『춘향전』의 배경이 되는 조선 후기에는 전기에 비해 별시(別試)가 자주 시행되었는데, 이로 미루어 이 도령은 별시에서 장원 급제했을 가능성이 크다. 판본에 따라 다소 차이가 있지만 이 도령이 응시했던 시험을 예비 시험 없이 치르는 알성시(謁聖試)라고 적고 있는 것도 있다. 알성시는 국왕이 직접 참여하여 문제를 낸 후 당일에 바로 장원 급제자를 뽑는 시험이었다. 『춘향전』에는 국왕이 장원 급제한 이 도령에게 바로 술 석 잔을 권한 후 장원 급제 휘장을 하사한 것으로 나온다. 이러한 여러 가지 정황을 고려할 때 이 도령은 식년시가 아닌 특별한 시험, 그중에서도 국왕이 직접 참석하여 실시하는 알성시에 응시했다고 보는 것이 옳을 듯하다.

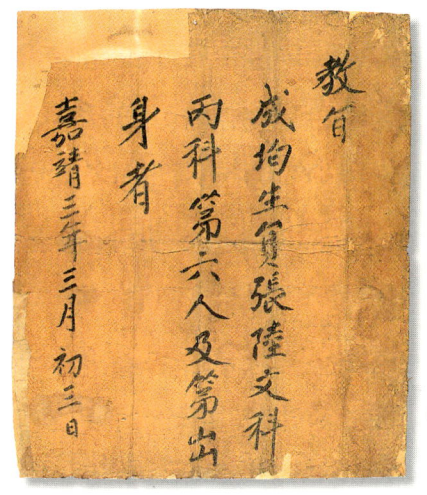 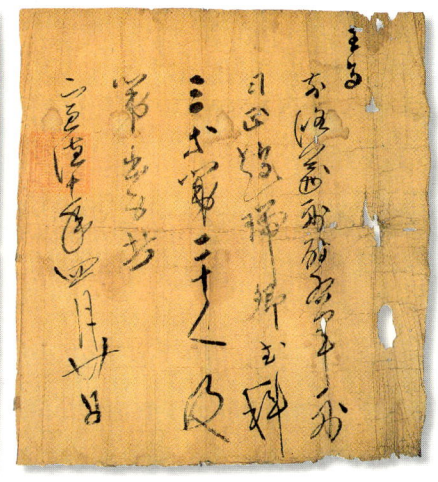

문과 급제 홍패(좌) 조선시대에는 과거에 급제하면 오늘날의 합격증에 해당하는 급제 홍패를 받았다. 사진은 중종 19년(1524)에 성균관 생원 장육(張陸)의 문과 급제를 증명하는 홍패이다. 전북대학교 박물관 소장.
무과 급제 홍패(우) 세종에서 세조 때의 무신 조서경(趙瑞卿)의 무과 급제를 증명하는 홍패이다. 개인 소장.

    이외에 당시의 시험 문제가 '춘당춘색고금동'(春塘春色古今同)인 것을 통해 이 도령이 창덕궁 춘당대(春塘臺)에서 실시한 시험에 응시했음을 짐작할 수 있다. 실제로 춘당대가 있는 창덕궁 영화당 앞의 넓은 뜰에서는 과거 시험이 종종 실시되었다.
    그러나 아무리 별시라 해도 한양에 올라온 지 1년여 만에 천하의 인재가 모여드는 과거에서 장원 급제하는 것은 결코 쉬운 일이 아니다. 그것도 처녀가 그네 뛰는 것을 충분히 감상하고 적당한 로맨스까지 즐겼던 위인이 말이다. 물론 자신이 점찍고 사랑한 여자 춘향을 위해서라도 눈에 불을 켜고 공부했을 것은 틀림없겠지만, 소설 속 이 도령은 아무리 양보해도 현실에서는 찾아보기 힘든 천재라고밖에 말할 수 없다.

🕮 연고지의 암행어사가 될 수 있을까?

이 도령은 장원 급제 후 바로 암행어사로 파견되는 것으로 나오는데, 이것은 대단히 예외적인 경우라 할 수 있다. 대개 과거에 급제하면 종9품 최하위직에서 출발하는데 장원 급제인 경우에 한해서만 종6품직에 임명되기도 하였다. 따라서 장원 급제자는 동기생보다 보통 4~5년 정도 승진 시기가 빨랐다.

조선 후기의 학자 이긍익(李肯翊)이 쓴 『연려실기술』(燃藜室記述)에 "어사는 당하시종신(堂下侍從臣)으로서 특별히 파견되며 암행어사라고 부른다"라고 기록된 것으로 보아 어사는 당하관으로 왕의 측근에 있던 시종신이 주로 파견되었음을 알 수 있다. '시종신'이란 왕을 가까이서 모시는 신하들로서, 일반적으로 5사(司) 즉 승정원·사헌부·사간원·홍문관·예문관에 소속된 관리들을 가리킨다.

암행어사로 파견될 수 있는 최소한의 직급이 종6품직이므로 장원 급제한 이 도령의 경우 직급상 파견은 가능하다. 그러나 막 과거에 급제한 신참이 왕의 밀명을 받아 암행 업무를 수행하는 어사로 파견된 사례는 거의 없었다.

또한 이 도령이 남원에 파견된 사례는 소설적 허구의 극치라 할 수 있다. 조선시대에는 상피제(相避制)를 엄격히 적용하여 암행어사를 자신의 연고지에 파견하지 않는 것이 관례였다. 연고 지역에 파견을 나갈 경우 안면 있는 벼슬아치들의 청탁으로 공정한 암행 업무를 수행할 수 없었기 때문이다. 상피제는 부정과 청탁을 원천적으로 차단하기 위한 제도적 장치로서 조선시대 내내 지켜졌다.

특히 암행어사의 파견지를 결정할 때는 추생(抽栍)이란 엄격한 추첨 제도를 적용했다. '추'(抽)는 뽑는다는 뜻이며, '생'(栍)은 나무껍질로 만든

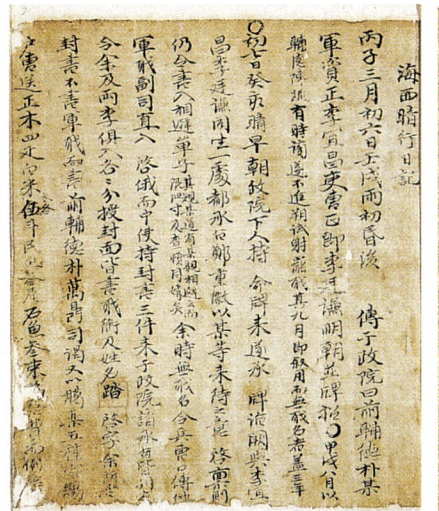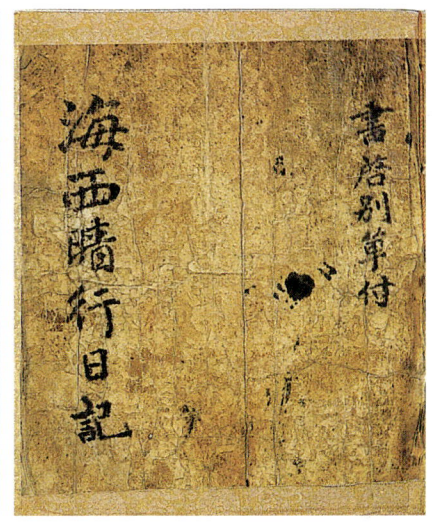

「해서암행일기」 숙종 때 황해도 암행어사로 활약한 박만정의 일기이다. 박만정의 본관이 밀양인 것을 감안하면 상피제가 엄격히 적용되었음을 짐작할 수 있다. 개인 소장.

'제비'란 뜻으로, 어사로 임명된 자는 직접 제비를 뽑아 감찰할 지역을 정하였다. 요즘도 흔히 쓰이는 '제비뽑기'라는 용어는 '잡다'의 명사형인 '잽이'에서 유래했다는 설이 있는데, 이를 한자로 표현하면 '추첨'(抽籤)이라는 말이 된다.

조선 후기 전국의 군현은 대략 400여 개에 달했다. 물론 상피제를 감안하면 이 도령이 남원으로 파견될 가능성은 거의 없었지만, 추첨에 의한다 할지라도 남원에 갈 수 있는 확률은 400분의 1에 불과하였다. 그러나 『춘향전』의 작자는 춘향이 고통받는 남원으로 암행어사 이 도령을 파견시킬 수밖에 없었던 것이다.

추첨으로 부임지를 뽑으면 봉서(封書: 암행어사가 수행할 임무를 적은 명령서)에 그 지역명을 표기하였다. 그러나 봉서는 현장에서 바로 개봉하는

춘향전

것이 아니고, 동대문이나 남대문 밖으로 벗어나서야 열어 볼 수 있었다. 그만큼 보안이 철저히 유지되었다. 암행의 임무를 맡은 어사는 봉서와 함께 왕이 친히 하사한 마패(馬牌), 유척(鍮尺)을 소지하고 암행 길에 나섰다. 마패에는 역마(驛馬)가 그려져 있었는데, 그 숫자만큼 공식적으로 말을 사용할 수 있었다. 또한 마패는 어사출두(御使出頭) 때 암행어사의 신분을 증명해 주는 증명서 기능도 하였다. 현재 전해지는 마패 대부분이 두 마리 말이 그려진 2마패인 것으로 보아 일반적으로 2마패가 사용되었음을 알 수 있다.

유척은 지방 관리가 형구(刑具)를 함부로 사용하는지와, 도량형의 통일 여부를 파악해 세금을 제대로 징수하는지를 조사하기 위해 사용하던 일종의 자(尺)로서, 바로 변 사또와 같이 임의로 법을 집행하는 수령들이 불법을 행하는 증거를 확보하는 도구로 사용되었다.

☾ 사또는 초법적 존재인가?

이제 춘향이 변 사또에게 탄압받는 장면으로 들어가 보자. 소설에서도 그렇지만 영화나 드라마로 제작된 〈춘향전〉에서는 공히 춘향이 헝클어진 머리를 늘어뜨린 채 귀신 같은 몰골을 하고 큰칼을 목에 찬 처참한 모습을 드러내 관객들의 분노를 자아낸다. 도대체 얼마나 잘못했기에 춘향은 역모나 살인을 저지른 대역 죄인의 모습을 하고 있는 것일까?

이 역시 정상적인 상황에서는 거의 일어날 수 없는 장면이다. 지방의 치안과 풍속을 책임져야 할 사또, 즉 지방 수령이 이처럼 함부로 법 집행을 할 수는 없었다. 『춘향전』의 이러한 내용은 조선시대 지방관들을 모두 여성을 노리개로 삼는 부패한 인물로 몰아갈 위험성을 내포하고 있다. 실제 조선시대의 수령은 함부로 사법권을 집행하는 것이 금지되어 있었다. 더구나 단지 수청을 들지 않았다는 이유로 목에 칼을 씌우는 벌은 더더욱 줄 수 없었다. 자신의 목을 내놓은 사또가 아니라면 말이다.

조선시대에는 「수령칠사」(守令七事)라 하여 수령의 일곱 가지 임무를 규정하였다. 농사와 누에치기를 장려하였는가, 호구를 증가시켰는가, 학교를 일으켜 세웠는가, 군정(軍政)을 닦았는가, 부역을 고르게 하였는가, 송사(訟詞)를 간단히 하였는가, 간교하고 교활한 일을 없앴는가 등의 일곱 가지 임무가 그것으로, 이를 따져 수령의 업적을 평가하였다. 기본적으로 수령의 직임을 맡은 사람은 이를 지키기 위해 상당한 노력을 기울였을 것이다.

『경국대전』을 보면 조선시대에도 삼심제(三審制)가 엄격히 시행되었으며, 인권을 보호하기 위한 법적 제도가 완비되어 있었음을 알 수 있다. 지난 2001년 여성의 출산 휴가를 60일에서 90일로 늘리는 모성 보호법이 논란 끝에 국회를 통과했지만, 조선시대에 이미 노비들에게까지 출산 전과 후를 포함해 80일간의 휴가를 줄 만큼 나름의 인권 보호책이 수립되어 있었다는 사실은 꽤 눈여겨볼 만하다.

『춘향전』에서는 사또의 잔혹성을 부각시키고 이를 통쾌한 복수로 연결시키기 위해 변 사또를 자의적으로 법 집행과 고문을 일삼는 인물로 묘사했다. 하지만 이러한 설정은 자칫 조선 사회의 법 집행과 형벌 제도가 일정한 짜임새를 갖추고 있었을 뿐 아니라 인권을 보호하기 위한 여러 조치들도 있었다는 점을 간과하게 하여 은연중 조선의 지방 군현은 모두 법률의 사각지대인 듯한 인상을 심어줄 수 있다.

조선 초 태종대에 지방 수령이 관기를 매질하여 죽인 사례가 있었다. 나주 판관 최직지는 만경 현령 윤강이 방문하자 관기 명화(名花)로 하여금 윤강의 수청을 들게 하였는데 명화가 이를 거부하자 매를 때려 3일 만에 죽게 하였다. 명화의 집안에서는 곧 억울함을 호소하였고 사건을 접수한 전라도 관찰사는 최직지를 파면시켰다(『태종실록』 태종 10년 6월 25일). 수청을 거부한 관기를 매질하여 죽인 일이 실록에까지 기록되었다는 것은 그만큼 이러한 사례가 드물었다는 반증이며, 이 사건에 관련된 수령이 바로 파직에 처해졌다는 점도 주목할 만하다. 이러한 사례에 비추어 볼 때 변 사또의 행적은 최소한 파직, 나아가 실형까지 받을 사안임을 알 수 있다.

실존 인물을 모델로 한 이몽룡

『춘향전』에는 실제 정황을 소재로 하여 사실감을 더하는 대목도 눈에 띈다. 그중 하나가 주인공 이몽룡이 실존 인물을 모델로 하였다는 점이다.

1999년 KBS〈역사 스페셜〉제작 팀은 여러 경로의 취재를 통하여 이몽룡이 실존 인물일 가능성이 크다는 점을 지적하고 '이몽룡은 실존 인물이었다'는 제목의 프로그램을 방영하였다. 이 프로그램은 1607년(선조 41)부터 1611년(광해군 3)까지 남원 부사를 지낸 성안의의 아들 성이성과 이몽룡의 행적이 거의 유사함을 밝혀 나가는 데 초점을 맞추었다. 성이성은 13세부터 17세까지 아버지의 임지인 남원에 머물렀으며, 33세 때 식년 문과에 급제하였다. 과거 급제 후 사헌부·홍문관·사간원 등 삼사의 요직을 두루 거쳤으며 네 차례나 암행어사의 임무를 수행했는데, 인조 25년의 암행 업무를 기록한 『암행일지』도 전한다. 이처럼 성이성의 행적에서 소설 속 이몽룡과 흡사한 면을 상당 부분 찾을 수 있다.

변 사또의 생일잔치에 걸인 차림으로 참석한 이몽룡이 남긴 시 또한 성이성의 문집에서 비슷한 글귀를 찾을 수 있어 이몽룡이 실존 인물이라는 정황에 신빙성을 더해 주고 있다. 백성들의 고통을 집약적으로 표현하여『춘

● **조선 후기 남원 지도** 「춘향전」의 배경인 광한루와 오작교가 과장되게 표현되어 있는 것은 조선 후기에 이 작품이 크게 유행한 사실을 보여 준다. 서울대학교 규장각 소장.

향전』의 구성을 보다 극적으로 연출한 아래의 시를 보자.

금동이의 잘 빚은 술은 많은 사람의 피요
옥쟁반의 안주는 만백성의 기름을 짠 것이라
촛불의 눈물 떨어질 때 백성의 눈물 떨어지고
노랫소리 높은 곳에 백성들 원성 높구나

이몽룡이 지었다는 이 시가 성이성이 호남 열두 고을 수령의 잔치에서 읊었던 시와 거의 유사하다는 것이다. 이 시는 원래 중국에서 유포되었는

● **계서당** 경북 봉화에 위치한 창녕 성씨 마을의 종택으로, 조선 중기의 문신인 성이성이 1613년에 지었다고 전해진다. ⓒ 김성철

데, 성이성의 스승 조경남(趙慶男)이 임진왜란 때의 전투 상황을 일기 형식으로 기록한 『난중잡록』(亂中雜錄)에도 소개되어 있다. 따라서 성이성 또한 스승의 영향을 받아 이 시를 알고 있었을 것으로 보인다.

이처럼 『춘향전』의 주제 의식을 선명히 보여 주는 시가 성이성의 행적을 기록한 문집에 나타난다는 점은 무척이나 주목된다. 현재도 성씨 문중에서는 이몽룡의 모델이 성이성이라는 이야기가 대대로 전해 오고 있는데, 이를 공개적으로 밝히지 않은 것은 기생과의 사랑에 빠진 양반 자제의 이름이 세인들의 입에 오르내리는 것을 부담스러워했기 때문이라고 한다.

성이성이 이몽룡의 모델일 가능성을 보여 주는 마지막 단서는 춘향의 성이 성씨라는 점이다. '성이성'임을 짐작할 수 있는 '성몽룡'보다는 차라리 춘향에게 그 성을 주어 '성춘향'이라고 한 것이 아닐까 추측해 본다.

허구를 벗기면 소설도 역사가 된다

18세기 후반은 조선뿐 아니라 유럽 세계도 변화를 겪은 시기였다. 전통적인 신분 질서가 해체되고 하층민의 성장이 두드러졌으며, 이는 서민 문화의 발달로 표면화되었다. 조선에서 〈춘향가〉와 같이 서민의 목소리를 담은 판소리가 유행했듯 유럽에서는 〈피가로의 결혼〉 같은 오페라가 유행했는데, 이것은 동서양을 막론하고 당시에 비슷한 흐름이 있었음을 보여 준다. 김홍도와 신윤복의 풍속화에서는 솔직하고 자신감 있게 표현된 농부와 기생을 볼 수 있는데, 이러한 모습은 『춘향전』과 짝을 이루면서 이제 이들이 더 이상 역사의 국외자가 아님을 당당히 보여 주고 있다.

고전 소설이든 현대 소설이든 소설은 모두 상상 속 공간에서 시대의 부조리와 모순을 과감히 폭로하고 다수의 사람에게 대리 만족을 불러일으킨다. 그런 점에서 『춘향전』은 수령의 부패와 탐학, 청춘 남녀의 사랑, 선비의 출세와 여성의 절개 등 조선 후기 사회에서 중시되던 덕목과 사회상을 적절히 반영하면서 그 시대 사람들의 가슴속 깊이 파고들었다. 그러나 한편으로 소설에는 역사적 사실이 아니라 극적인 효과를 내기 위한 허구적 요소들이 곳곳에 배치돼 있다는 사실 또한 잊지 말아야 할 것이다. 고전 소설에 담긴 이러한 사실과 허구들을 과감하게 헤쳐 나간다면 역사 소설을 읽는 재미가 배가되지 않을까?

『춘향전』과 〈피가로의 결혼〉

『춘향전』은 소설로 정착되기 전 판소리 〈춘향가〉로 널리 불렸는데, 흥미로운 것은 비슷한 시기에 유럽에서도 이와 유사한 내용을 다룬 오페라 〈피가로의 결혼〉이 유행했다는 사실이다.

〈피가로의 결혼〉은 보마르셰의 동명 희곡을 원작으로 천재 작곡가 모차르트가 완성한 작품으로, 1786년 오스트리아 빈에서 초연되었다. 국왕이 앙코르의 횟수를 제한하는 명령을 내려야 했을 정도로 대단한 성공을 거둔 이 작품은 결혼을 주요 소재로 하여 하인과 백작이라는 신분의 갈등을 다루었다는 점에서 양반 도령과 기생의 사랑 이야기인 『춘향전』과 유사한 점이 많다. 대강의 줄거리는 다음과 같다.

그전에는 이발사였지만 지금은 알마비바 백작의 하인이 된 피가로와 백작 부인의 시녀 수잔나는 결혼을 약속한 사이이다. 하지만 부인에 대한 애정이 식은 백작은 귀족의 특권을 이용해 수잔나를 차지하려 한다. 피가로와 수잔나는 한때 진퇴양난의 위기에 빠지지만 백작 부인을 자기편으로 만들고 갖은 술책을 동원해 결국 백작의 바람기를 물리치고 부부가 된다.

원작이 특권 계급에 대한 민중의 분노를 잘 표현한 명작으로 손꼽히는 만큼 이 작품에도 역시 귀족 사회의 폐단에 대한 신랄한 비판이 드러나 있다. 이런 점에서 볼 때 양반과 기생의 사랑, 억압적인 권력자 사또에 맞서 자존심과 절개를 지킨 여성을 그린 『춘향전』과 양반 사회의 권위와 모순을 통렬히 비판한 박지원의 「허생전」은 〈피가로의 결혼〉과 닮은 부분이 많다.

이처럼 『춘향전』에서 나타내고자 했던 주제 의식이 저 멀리 대륙을 뛰어넘어 유

● 오페라 〈피가로의 결혼〉
결혼을 소재로 하인과 백작의 신분 갈등을 다룬 이 작품은 양반 도령과 기생의 사랑 이야기인 『춘향전』과 닮은 점이 많다.

럽 사회에서도 표현되고 있었다는 사실은 주목할 만하다.

이는 『춘향전』이 우리만의 고전이 아니라 세계적으로도 공감을 얻을 수 있는 소재가 될 가능성이 크다는 것을 암시한다. 『춘향전』이 민족 오페라로 거듭 태어나서 〈피가로의 결혼〉에 못지않은 세계적인 작품이 될 것을 기대해 본다.

옹고집전

불교 배척론자 옹고집의 개과천선기

■ 작 품 설 명

『옹고집전』(雍固執傳)은 작자와 연대를 알 수 없는 조선 후기 판소리계 소설이다. 본래 판소리 열두 마당 가운데 하나였지만 지금은 판소리가 전하지 않는다. 그 때문에 목판본이나 활자본으로도 나오지 못하고 있다가 해방 이후에야 겨우 한 종류가 소설로 발간되었을 뿐이다.

옹진골 옹당촌에 사는 옹고집은 오래 산다는 이유로 모친을 구박하는 등 심술 사납기로 유명한 위인이다. 특히 중을 보면 결박하여 귀를 뚫고 뜸질을 하는 등 능멸하기로 유명하였다. 이를 보다 못한 월출봉 취암사 도사가 도술에 능통한 학 대사를 시켜 옹고집을 책망하도록 했으나 오히려 큰 봉변을 당하고 돌아온다. 학 대사는 결국 도술로 옹고집을 혼내 주기로 작정하고 지푸라기로 가짜 옹고집을 만들어 진짜 옹고집 흉내를 내게 한다. 진짜보다 더 진짜 같은 가짜 옹고집이 나타나자 진짜 옹고집은 관가에 송사까지 하였으나 오히려 지는 바람에 곤장만 맞고 쫓겨난다. 모든 것을 잃고 산속으로 들어간 옹고집이 거기에서 만난 한 도사에게 잘못을 빌고 구해 주기를 애걸하자 도사는 옹고집의 그간 잘못을 크게 책망한 후 부적을 써 주며 돌아가 착하게 살라고 한다. 부적으로 가짜 옹고집을 다시 지푸라기로 만든 옹고집은 도승의 술법에 탄복하여 모친께 효도하고 불교를 공경하며 착하게 살았다.

『옹고집전』은 조선 후기 극심한 탄압을 받던 불교계의 대반격을 염원하던 사람들이 만들고 향유한 작품이다. 본래 〈옹고집타령〉이라는 판소리 형태로 불린 것을 보면 불교에 동정적인 사람들이 많았음을 짐작할 수 있다. 그럼에도 불구하고 불교가 배척될 수밖에 없었던 이유와 그러한 상황을 타개하기 위해 불교계는 어떤 노력을 전개하였는가 하는 점은 이 소설을 이해하기 위해 반드시 짚고 넘어가야 할 문제이다.

옹고집은 진짜 고집을 꺾었을까?

『옹고집전』의 주인공 옹고집은 옹진골 옹당촌에 사는 37세의 유학(幼學: 벼슬하지 않은 유생)이다. 조부는 오위장(五衛將: 중앙 군사 조직인 오위의 으뜸 벼슬)을 지냈고 부친은 절충장군(折衝將軍)으로 좌수(座首)를 역임하는 등 옹고집의 집안은 지방에서 꽤 행세를 하는 무인 가문이었다. 그런데 옹고집은 심술이 매우 고약하여 일마다 고집을 피웠다고 한다. 그런 까닭에 옹고집은 흔히 고집이 센 사람의 대명사처럼 통하는데, 그의 고집 가운데 특히 못된 것이 두 가지 있었다.

하나는 부모에 대한 불효였다. 옹고집은 대궐 같은 집에 화려함의 극치를 달리는 정원을 만들 정도로 부유하였지만 병든 팔순 모친에게 약 한 첩 봉양하기는커녕 오히려 모친을 냉돌방에 방치할 정도로 불효막심한 인간이었다. 금이야 옥이야 하며 온갖 사랑으로 길렀건만 극진한 효도는 못할망정 이렇게 불효할 수 있느냐며 나무라는 모친을, 옹고집은 오히려 사람이 칠십 세를 살기가 어려운데 팔십 넘어서까지 쓸데없이 살고 있다며 구박한다. 한 술 더 떠 사람이 욕을 많이 먹으면 오래 산다고 하던데 모친이 어떻게 단명할 수 있겠느냐며 비아냥거리기까지 한다.

모친을 박대하는 것과 함께 옹고집이 가지고 있던 또 하나의 못된 심술은 승려를 못살게 구는 것이었다. 옹고집은 중을 원수같이 여겨, 보기만 하면 결박하여 귀를 뚫고 몸에 뜸질을 해 대는 통에 옹고집의 집 근처에는 동냥중이 감히 접근할 수조차 없었다. 오죽하면 도가 높은 월출봉 취암사 도사가 불도를 능멸하는 옹고집의 버릇을 고쳐 놓기 위해 학 대사를 파견하기에 이르렀겠는가.

하지만 옹고집이 무턱대고 중을 미워한 것은 아니었으며 거기에는 나름의 논리가 있었다. 다음은 시주하여 축원을 하면 소원을 이룰 수 있다는 학 대사의 말에 옹고집이 반박한 내용이다.

가소롭다 네 말이여. 하늘에서 만민인을 낼 때 부귀와 빈천, 자식이 있고 없음, 복과 불복을 분별하여 내었거든 네 말대로 하면 가난할 이 뉘 있으며 자식 없는 사람 뉘 있으리. 속담에 '사람 중에서 가장 말단이 중이라'고 하니 너의 마음 고약하여 부모 은혜 배반하고 삭발하여 중이 되어 아미타불 거짓 공부. 어른 보면 동냥 달라, 아이 보면 가자 하고 불충불효한 너의 행실 내 이미 알았으니 동냥 주어 무엇 하리.

이를 통해 불교의 세계관이나 행태 등에 대한 불만 때문에 옹고집이 승려를 미워하였음을 알 수 있다.

그런데『옹고집전』은 이런 옹고집이 결국은 학 대사의 신통한 술법에 큰 봉변을 당한 후 감명을 받아 불교를 공경하게 되는 것으로 매듭지어진다. 잘 알려져 있다시피 학 대사는 짚으로 가짜 옹고집을 만들어 진짜 옹고집을 골탕 먹였다. 그런데 확고한 불교관을 가지고 있던 옹고집이 학 대사의 술법에 감동하여 자신의 고집을 한순간에 꺾었다는 것은 아무래도 좀 엉성한 결말이라는 느낌을 지우기 어렵다.

학 대사가 부린 술법의 내용은 불교와는 전혀 관련이 없는 것으로, 옹고집의 반박 내용을 부정할 아무런 근거가 되지 못하는 것이다. 만약 옹고집이 자신의 고집을 꺾었다면 그것은 학 대사의 신통술에 또다시 무슨 봉변이나 당하지 않을까 하는 두려움 때문이었을 것이다. 어느 날 갑자기 가짜로 몰려 자신의 집에서 쫓겨나 길거리에 나앉게 되었으니 옹고집의 심정이 얼마나 억울하고 막막하였을까 짐작하기는 어렵지 않다. 그리고 모든 것이 학 대사의 술수였음을 알게 되었을 때 그에게 큰 두려움을 갖게 되었을 것이 분명하다. 이런 상황이라면 옹고집보다 더한 고집쟁이라도 고집을 꺾지 않고는 배기지 못할 것이다.

옹고집의 선배, 골수 불교 배척론자들

학 대사가 등장하기 전까지 많은 승려들이 탁발을 하다가 옹고집에게 귀 뚫기와 뜸질 같은 수모를 당하였다. 옹고집이 계속 그런 행패를 부린 것을 보면 그간 어느 승려 하나 옹고집에게 적극적으로 대응하지 않았던 것으로 보인다. 도대체 승려들이 무슨 잘못을 저질렀기에 그런 수모를 받고서도 감내할 수밖에 없었는지 궁금하다.

사실 고려 때까지만 해도 승려는 뭇사람들의 존경을 한 몸에 받는 귀하신 몸이었다. 고려시대의 불교는 사실상 국교나 다름없었으므로 승려는 정신적인 지도자로 추앙받았다. 거기에다가 승려는 면세와 면역의 특권을 누렸고 승과(僧科)에 합격하면 국가에서 직위와 토지를 받을 수 있었다. 따라서 승려가 되려는 사람이 많은 것은 당연하였다.

그 때문에 국가에서는 향이나 부곡 같은 특수 부락의 주민이 승려가 되는 것을 금지하였으며 한 집안에 아들 셋이 있을 경우 한 명의 출가만을 허용하여 그 숫자를 제한해야 할 정도였다. 고려시대라면 옹고집처럼 승려들에게 마구 행패를 부려 댄다는 것은 상상할 수도 없는 일이었다.

그런데 불교가 성행하면서 점차 부작용이 나타나기 시작하였다. 불교에는 관심도 없으면서 세금과 군역을 면제받기 위해 승려가 되려는 사람이 늘어났다. 자연히 승려의 질적 수준이 떨어지고 사원은 여기저기 난립하였다. 경제적인 이유에서 모인 사람들로 채워지다 보니 사원은 재산 증식에 여념이 없었다. 다른 사람의 토지를 억지로 빼앗아 땅을 늘리는 일이 비일비재하였으며 상업이나 고리대업에 종사하기도 하였다. 사원의 재산을 둘러싼 승려들 간의 쟁탈도 심화되었다. 이렇게 재산을 불린 사원들은 권세가에게 뇌물을 주고 비호를 받았기 때문에 불법을 자행해도 지방관들이 어쩔 수 없는 형편이었다.

상황이 이렇게 되자 불교에 대한 우려와 비판의 목소리가 점점 커졌다. 충숙왕대에 최해(崔瀣)는 사원의 부패상을 지적하며 "중은 모두가 노예로 그 역(役)을 피하고 민으로 그 요역(徭役)을 피한 자들로 수천, 수만 인이 되어 편안히 앉아 밥을 먹고 있다"고 비난하였다. 공양왕대의 김초(金貂)는 아예 불교 교단을 해체시켜 버리자고 들고 나섰다. 즉, 출가한 무리는 쫓아 본업에 종사하게 하고 불교 교단을 혁파하여 승려들을 군사에 보충하며 금령을 어기고 중이 되는 자는 모두 죽여 없애야 한다는 무시무시한 주장이었다.

비난은 불교의 교리로까지 향하였다. 고려 말 성리학을 크게 일으킨 안향(安珦, 1243~1306)은 승려들이 어버이를 버리고 출가하여 윤리를 멸시하고 의리를 거스르니 오랑캐와 다를 바 없다고 비판하였다. 정몽주(鄭夢周, 1337~1392) 역시 "불교는 친척을 물리치고 남녀 사이를 끊고 바위 동굴에 홀로 앉아 초의목식(草衣木食)으로 관공적멸(觀空寂滅)을 숭상하니 어찌 이것이 평상의 도이겠는가"라며 불교 교리 자체를 문제 삼았다.

조선 개창의 일등 공신 정도전(鄭道傳, 1342~1398)은 『불씨잡변』(佛

안향 초상 안향은 1288년(충렬왕 14) 원나라에서 성리학을 접한 후 그에 크게 매료되어 고려에 소개하였다. 영주 소수서원 소장.

氏雜辨)을 저술하여, 사람이 죽어서 다시 태어난다는 윤회설을 비롯한 불교의 교리를 19항목에 걸쳐 조목조목 비판하였다. 여기에는 옹고집이 학 대사에게 내던졌던 것과 같은 비판, 즉 불교에 귀의하면 복을 받을 수 있다는 교리를 반박한 내용도 포함되어 있다.

그러고 보면 고려 말의 불교 배척론자들은 모두 옹고집의 선배인 셈이다. 이들은 불교 비판에 있어서 옹고집보다 더하면 더했지 결코 뒤지지 않았다. 만약 월출봉 취암사 도사나 학 대사처럼 도가 높은 승려가 있었다면 이들 불교 배척론자들도 모두 큰 봉변을 당했을 것임에 틀림없다.

그러나 역사적 현실은 그와는 정반대였다. 불교의 폐단이 심화되자 고려 말부터 승려에 대한 각종 제재 조치들이 취해지기 시작하였다. 역을 피해 승려가 되는 것을 막기 위해 도첩제(度牒制)를 강화하고 도첩을 받으려면 정전(丁錢: 중이 되기 위해 관아에 바치던 대납금)의 명목으로 포 50필을 내도록 규정하였다. 포 50필은 조선시대의 가치로 따지자면 100냥이며, 이를 다시 오늘날의 화폐 가치로 환산하면 약 200만 원에 해당하는 적지 않은 돈이다.

또 승려들이 궐내에 마음대로 출입하는 것을 금지하였고 시가지에도

●〈시왕탱2 초강대왕〉(부분) 초강대왕은 죽은 사람의 두 번째 칠일(14일)의 심판을 맡은 왕이다. 큰 강의 초입에 관청을 세우고 망인의 도하(渡河)를 감시하기 때문에 초강왕이라 부른다. 대원사 소장.

함부로 돌아다니지 못하도록 했다. 아울러 부녀자들이 사찰에 왕래하는 것을 금지하고 과전법을 통해 사찰에 땅을 시주로 바치지 못하도록 하는 등 일반인의 불교에 대한 맹신적 태도도 문제 삼았다. 이렇게 제재를 당하기는 했지만 고려 말 승려의 처지는 조선시대에 비하면 그래도 말할 수 없을 만큼 행복한 것이었다.

산에는 절이 없고 절에는 중이 없어

조선을 개창하는 데 참여한 사람들은 대개 불교 배척론자들로, 이들은 불교 개혁을 중요한 국가 시책의 하나로 간주하고 있었다. 왕의 경우 개인적으로 불교를 신봉하는 일은 있었지만 정책적인 차원에서는 불교를 정비하는 데 주력하였다. 태조는 전국에 산재한 사찰 가운데 242개만 인정하고 나머지 사찰의 토지는 환수하였으며 사원에 소속되어 있던 노비 8만 명을 속공(屬公: 일반 양인으로 만드는 일)하였다. 또 승려의 자격을 제한하는 도첩제를 강화하여 승려가 되려면 양반은 면포 100필, 평민은 150필, 천민은 200필을 납부하도록 하였다. 태종대에는 비구니 중 양갓집 처녀는 모두 환속시켜 혼인하게 하는 조치가 취해지기도 하였다.

하지만 조선 초기만 해도 체제가 아직 정비되지 않아 정부의 조치들이 제대로 시행되지 못했고 승려들의 폐단은 계속되었다. 일반인의 땅을 옛날 사찰 땅이라고 속여 강탈하거나 허물어진 옛 절터에 절을 중건한다고 핑계를 대면서 근처의 땅을 빼앗는 등 불법을 자행하는 경우가 적지 않았다. 산속에 머물며 수도에 전념하는 승려가 없던 것은 아니지만, 대부분의 승려는 일정한 자원이 없어 제사를 지내는 집이나 초상집을 찾아가 빌어먹어야 하는 동냥중이었기 때문에 그에 따른 폐단도 많았다.

　세종 때의 한 보고에 따르면, 승려들이 걸식하면서 동네를 돌아다니다가 아이들을 보면 공부를 시킨다고 하고 혹은 아이에게 재액이 있다고 하는 등 여러 가지 감언으로 사찰로 유인한 후 아이의 집에는 알리지도 않고 멋대로 삭발을 시켜 노비처럼 부리고 있었다고 한다. 이것은 옹고집이 학 대사에게 퍼부었던 비난 가운데에도 들어 있던 내용이다.

　국가에서는 이들 승려를 각종 노역에 동원하여 이용함으로써 승려의 존재를 사실상 용인하였다. 정전을 내야만 도첩을 받을 수 있는 원칙에도 불구하고 어떤 경우에는 각 관청에서 필요에 따라 승려들에게 토목 공사 등의 사역을 시키고 만 30일이 되면 도첩을 발행해 주기도 하였다.

　국가 체제가 안정되고 유교적 명분에 투철한 사림이 중앙에 진출하는 성종대에 들어서면서 승려의 지위는 더욱 약화되어 갔다.『경국대전』에는 일정한 시험을 통과한 후 정전 30필(지금의 화폐 가치로 환산하면 120만 원 정도)을 수납해야 도첩을 받아 승려가 될 수 있다고 규정되어 있었지만, 성종은 도첩승마저도 허락하지 않고 도첩이 없는 중은 모두 찾아내어 군에 보내도록 명령하였으며 사찰을 새로 창건하는 것을 금지하는 등 강력한 불교 통제책을 시행하였다.

　이러한 통제책은 이후에도 계속되어 연산군대에는 사원전(寺院田)이 혁파되었으며 중종대에는 승과 제도가 철폐되었다. 이 때문에 승려들 사이에서는 '나날이 없어지고 다달이 무너져서 산에 절이 없고 절에 중이 없으며, 관리가 침탈하고 속인이 미워하여 눈에 눈물이 고이고 눈물에 피가 맺힌다'는 탄식이 저절로 흘러나왔다.

　선조대에 들어 사림이 정계의 주도권을 장악하면서 불교에 대한 공세는 더욱 강화되었는데, 선조가 꼭 중을 죽이고 절을 부숴 버리는 것처럼 해야 되겠느냐며 말려야 할 정도였다. 그러던 중 임진왜란이 발발하자 승려들은 의병 활동에 나섰다. 이를 통해 승려에 대한 부정적인 인식이 약간 수정되었지만, 그에 따른 부담도 적지 않았다. 사찰의 동종은 화포 등을 만들 재료로 징발되었고, 의병 활동으로 승려들은 흩어지고 사찰도 상당수가 불타 버렸으며 남아 있는 사찰은 텅 비어 폐허가 되었다.

전란이 끝나자 승려들은 다시 성을 보수하는 등의 각종 노역에 동원되었다. 특히 숙종 때는 전국의 사찰에서 일정 인원의 승려를 징발하여 남한산성과 북한산성으로 보내 노역에 종사하도록 하였다. 그 역이 너무 고되어서 나중에는 노역에 동원하는 대신 돈으로 내게 했는데, 1인당 22냥으로 계산한 총액을 사찰별로 나누어 부과하였다. 일반인이 군대를 면제받는 대신 바치는 세금이 2필(4냥)이었으며, 영조대에는 균역법이 실시되면서 2필에서 1필로 감해졌던 것을 생각하면 승려들의 부담이 얼마나 과중했는지 잘 알 수 있다.

승려가 되는 중요한 이유 가운데 하나가 군역을 피할 수 있었기 때문인데 오히려 일반인보다 더 큰 부담을 져야 하자 환속을 택하는 승려들이 속출하였다. 이는 결과적으로 남아 있는 승려들에게 더 큰 부담을 안겨 주었다. 각 사찰에서는 번전(番錢: 군포 대신 바치던 돈)을 내기 위해 사찰 땅과 기물을 팔아야 했으며, 그래도 해결되지 않으면 속세의 부모들에게 부담을 떠넘겼다. 그것마저도 여의치 않을 경우 마을 사람들이 대신 납부하기도 하였다.

승려들의 부담은 그것뿐만이 아니었다. 종이를 비롯한 각종 물품을 만들어 바쳐야 했고, 가마를 메거나 돌을 다듬고 나무를 조각하는 등 별의별 부역에 수시로 동원되기도 하였다.

승려들은 이처럼 큰 부담을 지고 있었지만 승려에 대한 일반적인 인식은 여전히 부정적이어서 영조대에는 승려의 도성 출입을 금지하였다. 성호 이익 같은 실학자는 국가의 안정을 해치는 여섯 가지 좀을 열거하면서 그

가운데 승려를 포함시켰다. 좀과 같은 존재로 치부되고 통행권마저 제한된 승려의 처지는 사실상 천민과 별반 다를 게 없었다. 옹고집이 학 대사에게 인간 가운데 가장 못난 것이 중이라고 폭언했던 것도 그 당시에는 이상한 일이 아니었다.

신통술을 쓸 수밖에 없던 학 대사

구도를 위해 불교를 택한 승려들에게 조선시대는 무척이나 힘든 시기였다. 급격히 위축되는 교세를 만회하기 위해 승려들은 어떤 방식으로든 대응책을 마련해야 했다. 그러기 위해서는 무엇보다도 먼저 불교에 쏟아지고 있던 비난, 즉 승려는 임금도 아비도 모르는 불충불효한 자들이라는 따가운 질책을 적극 방어하는 일이 시급하였다.

그렇게 대책 마련에 부심하던 차에 찾아온 좋은 기회가 앞서 살펴본 임진왜란이었다. 왜란은 국가에 승려들의 충성심을 증명해 보일 수 있는 절호의 기회였다. 불교계는 임진왜란이 일어나자 즉각 승병을 일으켰다. 승병들은 직접 전투에 임하는 경우는 드물었지만 허물어진 성을 쌓는 일 등에 동원되어 곳곳에서 큰 역할을 하였다. 불교가 불충불효하다는 옹고집의 비난에 학 대사가 전혀 그렇지 않다며 정면으로 반박할 수 있었던 것도 그러한 공헌이 있었기 때문이다. 하지만 승병으로 전쟁에 참가한 것은 결과적으로 승려들의 발목을 잡았다. 국가는 승려들에게 계속 승병과 같은 역할을 해 주기를 바랐고 실제로도 그런 의무를 부과했으며, 이는 승려의 처지를 더욱 열악하게 만들었다.

한편 국가에 대한 봉사에도 불구하고 승려에 대한 시선은 여전히 곱

김홍도의 〈점괘〉 조선시대의 승려는 대부분 점을 치거나 초상집을 찾아가 빌어먹는 동냥중이었다. 이 그림에서는 시줏돈을 꺼내는 여인을 바라보는 스님들의 모습이 재미있다. 국립중앙박물관 소장.

지 못하였다. 승려가 점차 줄어들고 있다는 말에 영조는 태평스러운 시대가 도래하는 징조라고 반겼을 정도였다. 승려는 태평성대를 가로막는 암적인 존재로밖에 여겨지지 않았던 것이다. 국가의 승려 대접이 이러하니 학 대사가 옹고집에게 봉변을 당한 것도 어쩌면 당연한 일이라고 할 수 있다.

옹고집을 말로 설득하는 데 실패하고 오히려 봉변만 당하고 온 학 대사에게 여러 승려들은 술법으로 옹고집을 죽여 버릴 것을 제안하였다. 어떤 승려는 염라대왕에게 전갈하여 사자를 보내 옹고집을 잡아다가 지옥에 보내라고 하고, 또 다른 승려는 호랑이로 변해 옹고집을 물어다가 사람 없는 곳에서 뼈도 안 남게 잡아먹어야 한다고 주장하였다. 적당한 타협 대신 이제는 정면 대응의 방법을 쓰도록 건의한 것이다. 실제로 이러한 대응을 시도한 승려도 있었다. 대표적인 인물은 1688년(숙종 14)에 반란을 꾀하다가 발각되어 처형된 여환(呂還)이라는 승려이다.

여환은 본래 통천 지방의 승려였는데, 강원도 김화 천불산의 칠성신이 나타나 자기에게 삼국(三國)을 주었을 뿐 아니라 자신이 바로 미륵불이라고 사람들을 현혹하며 동조자를 규합하였다. 동조자 가운데에는 관군도 끼어 있었다. 수하에 들어온 사람들에게 군장과 장검 등을 준비하게 한 후 홍수로 한양이 큰 피해를 입으면 군사를 일으켜 대궐을 접수하기로 하고 기다렸지만 끝내 비가 오지 않아 계획은 수포로 돌아가고 결국 자취가 드러나 체포되었다.

국가와 사회에 대한 이러한 정면 대응은 대단히 위험한 일이고 성공 가능성도 높지 않았다. 따라서 도술에 능통한 학 대사로서도 이런 방법은 쉽게 사용할 수 없었을 것이다. 더구나 불교가 국가와 임금에 충성한다고 강변한 터였으므로 더욱 그러하였다. 고심 끝에 학 대사가 내린 방책은 옹고집을 적당히 혼내 주어 불교에 감복하게 만드는 것이었고, 이를 위해 신비스러운 술법을 부렸다. 사실 신통술을 부린 승려의 이야기는 적지 않다. 여환도 자기가 구름을 일으키고 비를 오게 하는 등의 신통력을 가지고 있다며 사람들을 현혹하였다.

그래도 신통력 하면 가장 먼저 떠오르는 승려는 역시 사명당이다. 임진왜란 때 승병장으로 활약하다가 전란이 끝난 후 일본에 건너가 조선인 포로를 데리고 돌아온 사명당의 활약은 신출귀몰한 신통술로 왜왕(倭王)을 혼내 준 것으로 수식되었다. 왜왕이 사명당을 제거하기 위해 갖은 방법을 동원하였지만, 사명당은 달리는 말 위에서 순식간에 360칸 병풍에 적힌 경전의 글자를 외우거나 뜨겁게 달군 동으로 만든 방을 고드름이 주렁주렁 매달린 얼음 방으로 만드는 등의 신통술을 부려 결국 왜왕에게 항복 문서를 받아 냈다는 것이다. 그리고 보면 사명당이 『옹고집전』에 나오는 학 대사의 실제 모델이 아닐까 하는 생각이 들기도 한다.

승려들이 신통술을 부리는 등의 신비주의적 요소는 한국 불교의 큰 특징이다. 거슬러 올라가 보면 불교는 한반도에 전래되는 과정에서부터 신비주의적 색채를 강하게 띠고 있었다. 신라에 불교를 전파한 고구려 승려 묵호자(墨胡子)는 향을 피우고 소원을 말해 공주의 병을 고쳤다고 하며, 신라

● **표충비각** 경남 밀양시에 있는 사명 대사 표충비를 모신 비각. 표충비는 국가에 중대사가 있을 때마다 땀을 흘리는 것으로 유명하다. ⓒ 김성철

에 불교가 공인되는 계기였던 이차돈(異次頓)의 순교 당시, 그의 목을 치자 하얀 젖이 한 길이나 솟구치고 머리는 금강산에 떨어졌다는 이야기가 전해 오는 것 등이 그 대표적인 예이다.

불교 가운데 미륵 신앙이 특히 신비주의적 색채가 강하였다. 후고구려의 궁예(弓裔)가 살아 있는 미륵이라 자처하며 관심술을 부리는 등 갖가지 기행을 일삼았던 것을 비롯해 많은 사람들이 자신의 능력을 과시하는 데 미륵을 이용하였다.

불교의 신비주의적 속성은 유학과 뚜렷이 비교되는데, 유학의 경우 퇴계 이황과 율곡 이이를 비롯해 뛰어난 유학자들이 즐비했지만 그들이 신통술을 부렸다는 이야기는 들리지 않는다. 괴력(怪力)과 난신(亂神)을 말해 본 적이 없다는 공자의 말에서 나타나는 것처럼 유학은 학문 자체에 신비주의적인 요소를 배척하는 특성이 강하였다. 그 때문에 불교의 신비주의적 속성은 유학자들에게 집중적인 비난을 받았다. 하지만 여환의 신통술에 현혹되어 추종자들이 생겼던 것처럼 일반인들을 불교로 끌어들이는 데는 적지 않은 역할을 하였다.

　　유학이 조선시대의 지배 이념이기는 했지만 사실 일반인들이 철학적이고 사변적인 유학을 이해하기는 힘들었다. 평민들은 오히려 신비스러운 요소가 적당히 녹아 있는 편에 훨씬 호감을 느낄 수밖에 없었다. 유학자들과 대결하기에는 현실적인 역량이 부족했던 조선시대 승려들이 살아남을 수 있는 길은 유학의 영향권 바깥에 존재하던 일반인을 포섭하는 것이었으며, 그 방법 가운데 하나가 바로 신비주의적인 요소를 도입하는 것이었다. 현실에서 학 대사가 옹고집 같은 철저한 불교 배척론자를 혼내 주기는 어려웠겠지만, 신통술을 이용해 옹고집을 혼내 주었다는 무용담만으로도 많은 사람들을 불교로 끌어들일 수 있었을지 모른다. 학 대사의 지혜 덕택이었을까? 조선시대 불교는 수많은 옹고집들에게 극심한 탄압을 받으면서도 끝까지 그 명맥을 유지할 수 있었다.

조선시대의 땡추 여환

땡추는 한자 '당취'(黨聚)의 우리말로 무리를 지어 다닌다는 뜻인데, 여기저기 민중을 선동하고 다니던 중을 말한다. 여환(呂還)은 그러한 땡추 가운데 대표적인 인물이다. 그는 본래 강원도 통천 지방의 중이었는데, 수중노인(水中老人)·미륵삼존(彌勒三尊)을 자처하며 석가의 운수가 다하여 앞으로는 미륵이 세상을 주관할 것이라는 말로 사람들을 현혹했다. 이어 "이 세상은 장구할 수가 없으니 지금부터 앞으로는 마땅히 계승할 자가 있어야 할 것인데, 용(龍)이 곧 아들을 낳아서 나라를 주관할 것이다"라면서 은율 지방의 여자 원향(元香)을 아내로 삼고는 '용녀부인'(龍女夫人)이라 이름 하였다. 양주 지방에 살던 정씨 성을 가진 무당 계화(戒化)를 포섭해 '정 성인'(鄭聖人)이라 부르기도 했는데, 이는 『정감록』 신앙을 이용하여 사람들의 환심을 사기 위한 술책이었다.

여환은 황해도·강원도·경기도 일대를 돌아다니며 자신이 구름을 일으키고 비를 오게 하는 등 신통술을 부릴 수 있다고 선동하여 많은 무리

● 〈기산풍속도첩〉 중 〈중이 염불하는 모양〉 스님들이 모여 염불하는 모습이 불교가 세속화되었음을 느끼게 한다. 독일 함부르크 민족학박물관 소장. ⓒ 조흥윤

옹고집전

를 모았다. 그의 무리 가운데에는 천민뿐 아니라 훈련 포수와 군관 등도 끼어 있었다.

숙종 14년(1688) "7월에 큰비가 퍼붓듯 내리면 산악이 무너지고 국도(國都)도 폐허가 될 것이니, 8월이나 10월에 군사를 일으켜 도성으로 들어가면 대궐 가운데 앉을 수 있다"고 주장하며 거사를 준비하였다. 7월 15일에 추종자들과 함께 각기 군장과 장검 등의 물건을 준비하고, 부인 원향은 남자 옷으로 갈아입고 성안에 몰래 들어가 비 오기를 기다렸다가 대궐을 침범하기로 약속하였다. 이렇게 만반의 준비를 하였지만 결정적인 순간에 그만 신통력이 말을 듣지 않았다. 기다리던 비가 끝내 내리지 않았던 것이다. 이 때문에 계획은 완전 수포로 돌아갔다. 여환은 하늘을 우러러보며 "공부가 부족하여 하늘이 아직 응해 주지 않는다"고 탄식하고는 삼각산에 들어가 경문을 외며 일이 이루어질 수 있도록 간절히 기원하였지만 허사였다. 그리고 곧 그에 관한 소문이 퍼지면서 체포되어 사형당하고 말았다.

허생전

허생의 삶에 투영된 박지원의 꿈

작품 설명

「허생전」(許生傳)은 연암 박지원(燕巖 朴趾源, 1737~1805)이 쓴 소설 가운데 「호질」(虎叱)・「양반전」(兩班傳)과 함께 그의 실학사상이 가장 집약되어 있는 것으로 평가되는 작품이다. 이 작품은 연암의 중국 기행문 『열하일기』(熱河日記) 중 권10 「옥갑야화」(玉匣夜話)에 실려 있는데, 대체적인 줄거리는 다음과 같다.

허생은 남산 묵적골에 사는 선비로 10년 계획으로 공부를 하고 있었는데 아내의 강요로 공부를 중단하고 돈을 벌기로 작정하였다. 한양 갑부 변씨(卞氏)를 찾아가 빌린 만금으로 과일이며 말총 등을 매점매석해 큰돈을 벌었다. 이렇게 번 돈으로 도적들을 모은 허생은 무인도로 들어가 경작을 한 후 수확한 양곡을 일본 나가사키에 팔아 100만 냥의 수익을 올렸다. 100만 냥 가운데 10만 냥만 들고 무인도에서 나온 허생은 변씨를 찾아가 빚을 청산하였다. 허생의 비범함을 눈치 챈 변씨는 북벌 정책을 추진하고 있던 어영대장 이완을 허생에게 소개하였다. 이완에게 국가를 다스릴 대책을 설명하나 하나도 받아들일 수 없다는 말에 허생이 "이런 놈은 목을 베어 버리는 것이 옳다"며 크게 노하자 이완은 줄행랑을 치고 만다. 다음 날 이완이 다시 허생을 찾아갔으나 이미 종적을 감추어 찾을 수 없었다.

「허생전」에서 연암은 작중 인물 허생을 통해 허위의식에 사로잡혀 공리공담만을 일삼는 양반과 위정자들의 행태를 신랄하게 비판하였다. 특히 시대적 배경을 효종 연간(1649~1659)으로 설정하여 현실성 없이 추진되던 북벌 정책과 지식인들의 반청(反淸) 의식에 집중적인 공격을 가하였다. 그리고 이러한 비판에서 한 걸음 더 나아가 적극적인 상행위를 통해 부국이민(富國利民)의 방도를 시급히 마련할 것을 주장하였다. 연암의 이러한 주장은 사람들의 큰 공감을 얻어 「허생전」이 들어 있는 『열하일기』는 크게 유행했지만, 한편으로는 그 때문에 위험한 책자로 낙인찍혀 활자화되지 못하다가 1911년에 이르러서야 비로소 출간될 수 있었다.

연암이 들려주는 허생 이야기

　　허생의 이야기는 흔히 「허생전」이란 소설로 일반인들에게 알려져 있지만, 실제로는 독립된 한 편의 소설이 아니라 「옥갑야화」(玉匣夜話)라는 글의 한 부분이다. 「옥갑야화」는 연암 박지원이 1780년(정조 4)에 44세라는 결코 적지 않은 나이로 청나라를 여행하면서 기록한 『열하일기』(熱河日記) 25편 가운데 하나로, 여행에 동행한 비장(裨將)들과 옥갑(玉匣)이라는 곳에서 주고받은 이야기를 담고 있다.

　　연암은 명문 출신의 사족(士族)이었지만 성격이 자유분방한 데다 호기심도 많아 아랫사람들과 스스럼없이 교유하였다. 당시 여행에서도 신분이 낮은 비장들과 종종 어울렸는데, 하루는 대화 도중 변승업(卞承業)에 대한 이야기가 나오자 이와 관련하여 연암이 좌중에 소개한 이야기가 바로 허생에 관한 일화였다.

　　「옥갑야화」에는 허생에 관한 이야기 외에 「허생후지」(許生後識) Ⅰ·Ⅱ 두 편이 더 들어 있다. 후지(後識)는 요즈음으로 치면 책의 뒤편에 붙는 에필로그에 해당한다. 즉 글을 쓰게 된 동기 등의 뒷이야기를 담은 부분인데, 「허생후지」Ⅱ에서 연암은 「허생전」을 쓰게 된 연유를 밝히고 있다. 그 기록에 따르면 연암은 20세가 되던 1756년(영조 32)에 봉원사라는 절에서 글공부를 하고 있었다고 한다. 봉원사는 독립문 뒤쪽에 위치한 절로, 개화파

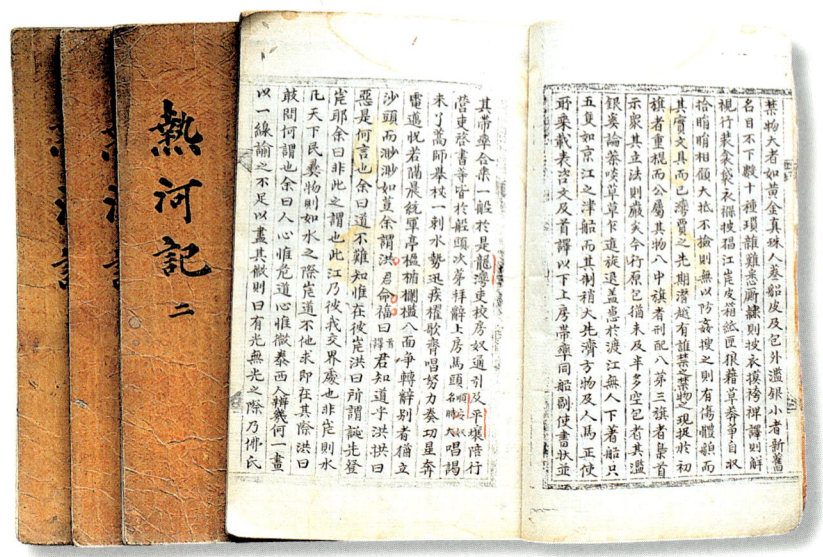

● **열하일기** 1780년(정조 4) 박지원이 종형을 따라 청나라에 다녀온 사실을 기록한 일기. 이해 6월 24일 압록강을 건널 때부터 8월 20일 북경에 돌아오기까지 약 2개월간의 일을 담고 있다. 단국대학교 도서관 소장.

의 지도자 김옥균(金玉均)의 정신적인 스승이자 갑신정변의 혁명 동지였던 승려 이동인(李東仁)이 5년간 머물며 공부한 곳으로 유명하다.

    연암은 이곳 봉원사에서 밤새도록 잠도 자지 않으면서 신선술을 연마하고 있던 윤영(尹映)이라는 신비스러운 노인을 만나 여러 설화를 들었는데, 그 가운데 허생의 이야기를 듣고 깊은 감명을 받아 '허생전'을 지으리라 마음먹었다고 한다. 하지만 연암은 1773년(영조 49)에 평안도 일대를 유람하다가 우연히 다시 윤영을 만날 때까지 실행에 옮기지 못하였으며, 윤영에게 그때까지 '허생전'을 짓지 못한 잘못을 사과했다. 결국 연암이 옥갑에서 사람들에게 했던 이야기는 바로 봉원사에서 윤영에게 들었던 것임을 밝힌 것이다.

　　그러면 「허생전」은 정말 윤영에게 들은 이야기를 그대로 옮긴 것이며 허생은 실존 인물이었을까? 「허생전」에는 많은 실존 인물들이 등장하고 있다. 19세기 초에 유본예(柳本藝)는 『한경지략』(漢京識略)에서 묵사동(「허생전」 속의 묵적골)을 설명하면서 "옛날 허생이라는 사람이 이곳에 은거하였는데 집이 가난했으나 독서를 좋아하였으며 자못 사적이 있어 박연암이 그를 위해 전을 지었다"고 밝히고 있다. 이를 보면 「허생전」은 실제 이야기처럼 보일 수도 있다. 하지만 내용을 꼼꼼히 읽어 보면 시간의 모순이 있음을 쉽게 발견할 수 있다.

　　「허생전」의 시대 배경은 북벌 운동이 한창 벌어지던 효종 연간(1649~1659)으로 되어 있는데, 「허생전」에는 허생이 조성기(趙聖期, 1638~1689)나 유형원(柳馨遠, 1622~1673)이 크게 기용되지 못한 채 세상을 떠났음을 안타까워하는 대목이 보인다. 이런 모순은 「허생전」이 창작물임을 단적으로 말해 준다.

　　또한 연암과 절친한 사이였던 박제가(朴齊家, 1750~1805)는 「허생전」이 "「규염객전」(虯髥客傳)에 「화식열전」(貨殖列傳)을 합친 것으로, 『반계수록』(磻溪隧錄)이나 『성호사설』(星湖僿說)에서 말하지 못했던 부분을 능히 말하였다"고 평가한 바 있다. 즉 「허생전」은 규염객이 해외로 나가 왕국을 개창하는 과정을 그린 당나라 때의 역사 소설 「규염객전」에다 많은 돈을 모은 사람들의 이야기인 「화식열전」을 합친 모습을 띠고 있으며, 그 속에서 연암 자신의 주장을 밝히고 있다는 것이다. 이러한 평가는 「허생전」이 만들어진 이야기임을 암시한다. 허생이 묵사동에 살았다는 실존 인물 허생을 모델로 한 것일 수도 있지만, 「허생전」은 연암이 머릿속에서 그의 방식대로 재구성한 연암의 이야기인 것이다.

6 한양 갑부 변씨의 정체

「허생전」의 주인공 허생은 남산 묵적골에 살고 있던 몰락 양반이다. 두어 칸짜리 초가집은 비바람을 가리지 못할 만큼 초라했지만, 허생은 글공부만 할 뿐 돈벌이에는 통 관심이 없는 답답한 인물이었다. 삯바느질로 생계를 꾸려 가던 아내는 견디다 못해 차라리 나가서 도둑질이라도 해 오라고 면박을 주었다. 이에 자존심이 상한 허생은 10년을 채우리라 결심했던 글공부를 집어치우고 집을 뛰쳐나오고 말았다.

막상 집에서 나오기는 했지만 당장 과거를 볼 수 있는 것도 아니고 그렇다고 장인 노릇을 할 만한 기술도 없어 막막하기는 매한가지였다. 허생이 궁리할 수 있는 마지막 방법은 장사치 노릇을 하는 일이었다. 장사는 특별한 기술이 없어도 될 것이라 생각하였기 때문이다.

하지만 문제는 자금이었다. 누구에게 돈을 빌릴까 궁리하던 허생은 한양에서 제일 큰 부자를 수소문하였다. 마침 어떤 이가 변씨 성을 가진 사람이 제일 부자라고 귀띔해 주었다. 허생은 호기 좋게 바로 변씨를 찾아가 장사 밑천으로 만금을 빌려 달라고 요청하였다. 온갖 아양을 떨며 부탁해도 될 법한 일이 아닌데 허리를 꼿꼿이 세운 채 당당하게 요구하는 허생에게 변씨는 차용증 하나 받지 않고 만금을 빌려 주었으며, 허생은 감사하다는 말 한 마디 없이 돈을 받아 유유히 사라졌다. 지금의 상식으로는 도저히 이해할 수 없는 광경이다.

허생이 빌린 만금은 도대체 어느 정도의 돈일까? 「허생전」의 배경이 되는 효종대는 아직 상평통보(常平通寶)가 주조되기 전이지만 이해하기 쉽게 상평통보로 환산해 보자. 상평통보의 공식적인 단위는 푼[分]이다. 상평통보가 열 개, 즉 10푼이면 1전(錢)이 되고, 10전이면 1냥(兩)이 된다. 1냥은 100푼이 되는 것이다.

이 1냥의 현재적 가치를 알 수 있는 좋은 방법 중 하나가 바로 당시나 지금이나 똑같이 쓰이는 물품의 가격을 비교해 보는 것이다. 우리가 매일 먹는 쌀이 아마도 가장 적합한 비교 품목이 될 것이다. 조선시대에는 '상정가'라고 해서 국가에서 정한 공식적인 물품 가격이 있었는데 쌀 1섬은 5냥이었다. 오늘날 쌀 1섬의 양은 조선시대 1섬의 두 배가 조금 넘는데, 2002년 1월 현재 농협 쌀 1섬의 소매가격이 31만 원 정도 되므로 조선시대의 1섬은 현재의 화폐로 환산하면 10여만 원이 된다. 대략 10만 원으로 잡을 경우 상평통보 1냥은 2만 원 정도가 되는 셈이다.

허생이 변씨에게 빌린 돈이 은인지 동전인지는 명확하지 않지만 동전으로 본다면 현재 가치로 약 2억 원이 된다. 만약 은이라면 8억 원에 해당한다. 조선시대 은과 상평통보의 교환 비율이 대개 1:4여서 은 1냥은 상평통보 4냥에 상당하였다. 어쨌든 2억 내지 8억이라는 돈을 빌려 달라고 한 허생도 허생이지만 눈 하나 꿈쩍하지 않고 그 큰돈을 빌려 준 변씨의 배포 또한 대단하다고 하지 않을 수 없다.

도대체 변씨는 어떤 인물이기에 그 많은 돈을 선뜻 빌려 줄 수 있었을까?「허생전」에서 변씨는 변승업(卞承業)이라는 사람의 조부로 나온다. 변승업은 역관 출신으로, 1682년(숙종 8)에 일본 통신사 일행의 수역(首譯: 역관의 우두머리)으로 일본에 다녀온 바 있는 실존 인물이다. 변승업에 대한 이야기는「옥갑야화」의 앞부분에도 나오는데, 고리대로 놓았던 은 50만 냥, 그러니까 지금 돈으로 약 400억 원을 혹시 뒷날 문제가 생기지 않을까 염려하여 모두 탕감해 줄 정도로 대단한 재력을 지닌 인물로 묘사되어 있다.

「옥갑야화」에는 변씨의 재산이 본래 돈 몇 만 냥에 지나지 않았는데, 허생 덕분에 큰 부를 얻게 되었으며 그것이 손자 변승업에게까지 이어졌다고 되어 있다. 소설 속의 변씨는 변승업의 조부로 나오지만 변씨가 바로 변승업을 모델로 한 인물이라고 보는 것이 일반적이다. 즉 한양 최고 갑부로 유명했던 변승업 집안을 소설 속으로 끌어들인 것이다.

그러면 변씨는 도대체 어떻게 수억 원의 거금을 선뜻 내줄 정도로 많은 재산을 모을 수 있었던 것일까? 이는 변씨가 유명한 역관 가문 출신이라는 점에서 실마리를 찾을 수 있다. 변승업의 부친 변응성 역시 역관이었으며, 그의 아홉 아들 가운데 여섯 명이 역관이 되었고 손자 가운데에도 역관이 된 사람이 많았다.

조선시대의 역관은 좀 특수한 존재였다. 통역을 맡아보는 것이 공식적인 업무였지만 조선 후기에는 상업 활동도 함께 담당하였다. 왜란과 호란을 겪어 재정이 부족했던 조선 정부는 사행(使行)에 필요한 공공 경비를 충분히 지급할 수 없어 대신 역관들에게 자금을 주고 그 자금으로 청에서 무역을 해 이용하도록 하였기 때문이다. 역관들은 이 자금을 바탕으로 무역을 하여 많은 이익을 남길 수 있었다. 그 때문에 사행사 일원으로 중국에 한번 들어가 보는 것이 모든 역관들의 꿈이었으며, 그 꿈이 현실화되면 가능한 모든 방법을 동원해 부를 축적하였다. 「옥갑야화」에는 다른 사람의 은을 몰래 가지고 들어가다 발각되어 은을 몰수당한 조선 역관이 북경의 부호에게 만금을 빌려 중국 상품을 사 가지고 돌아와 큰 부자가 되었다는 이야기가 실려 있다. 역관의 재산 축적을 보여 주는 한 예이다.

변씨 역시 이런 과정을 통해 부를 축적할 수 있었을 것이다. 「허생전」의 무대가 되는 효종대는 특히 청과 일본 사이의 중개 무역이 성행하던 시기였다. 일본은 16세기 중반부터 명나라와의 조공 관계가 단절되어 필요한 물품을 조선에서 수입해 쓸 수밖에 없는 처지가 되었는데, 역관들은 이 틈을 타 막대한 이익을 챙길 수 있었다.

그러나 1687년(숙종 13)에 일본이 청과 국교를 수립하고 필요한 물품을 청에서 직접 사들이게 되자 상황은 완전히 달라졌다. 중개 무역의 쇠퇴로 판로가 막힌 상태에서 사행에 필요한 경비를 대느라 역관들은 궁핍해졌

●─────── **통신사 행렬도**　　1636년(인조 14) 통신사 일행이 에도에 들어가는 모습을 그린 행렬도이다. 정사 임
광을 비롯하여 총 475명이 파견되었다. 〈인조십사년통신사입강호성도〉 부분. 국립중앙박물관 소장.

으며, 그로 인해 살길을 찾아 다른 직업을 택하는 역관들이 늘어나 문제가 되었다. 외교 업무 수행에 차질이 빚어질 것이 뻔했기 때문이다. 만약 이야기 속의 무대가 효종대가 아니라 연암 당대였다면 허생에게 돈을 빌려 준 이는 역관이 아닌 다른 직업을 가진 사람일 수도 있었을 것이다.

허생 축재기의 허와 실

변씨에게서 빌린 만금으로 돈을 벌 궁리를 하던 허생이 착안한 방법은 매점매석이었다. 허생은 물품 유통의 중심지인 안성에 머물면서 우선 대추·밤·감·배·석류·귤·유자 등의 과일을 두 배로 값을 쳐서 모두 거둬들였다. 허생이 과일을 모두 사들이자 온 나라가 야단이 났다. 그토록 중요하게 생각하는 조상의 제사상에 올릴 과일을 구할 수 없었기 때문이다. 그러자 상인들이 이번에는 거꾸로 열 배의 값을 주고 과일을 다시 사 갔다. 허생이 많은 돈을 벌었음은 물론이다. 아홉 배를 남겼으니 재산은 10만 냥으로 불어났다.

그렇게 많은 이익을 남겼으면 장사를 그만두고 고향에 돌아갈 법도 한데 허생은 거기에서 그치지 않았다. 매점매석에 재미를 붙인 허생은 이번에는 제주도로 들어가 망건의 재료인 말총을 사 모았다. 조선시대에는 성인이라면 모두 상투를 틀고 망건을 써야 했으므로 이 역시 매점매석할 가치가 충분한 품목이었다. 허생의 예측은 그대로 적중하여 이번에는 망건 값이 열 배로 치솟았다. 말총을 사들이는 데 얼마나 들었는지 알 수 없지만 어림잡아도 허생의 재산은 수십만 냥으로 불어났을 것이다.

후일 돈을 갚기 위해 변씨를 찾아간 허생은 어떻게 그렇게 많은 돈을 벌었느냐는 변씨의 질문에, 매점매석을 통해 돈을 벌었으며 조선은 외국과 무역이 없고 수레가 통용되지 않는 까닭에 매우 손쉬웠다고 대답하였다. 그렇지만 매점매석은 백성들을 못살게 하는 방법이므로 절대 이 방법을 사용해서는 안 된다고 덧붙였다. 마치 매점매석은 허생이 처음 시도한 독창적인 사업 방법이며 자금만 충분하다면 시도할 수 있는 일이었던 것처럼 보인다.

하지만 사실 매점매석은 허생이 처음 고안해 낸 것이 아니라 조선 후기에 상인들이 흔히 쓰던 방법이었다. 조선시대에 상업은 시전(市廛) 체제로 이루어지고 있었다. 일정한 세금을 바친 상인들만 정부의 허락을 받아 가게를 열고 상업 활동을 할 수 있었는데, 이렇게 국가에서 정식으로 인정받은 상점을 시전이라 불렀다.

우리가 잘 알고 있는 육의전(六矣廛)은 시전 가운데 규모가 큰 여섯 점포를 가리키는데, 시기에 따라 차이가 있었다. 정조대에는 입전(立廛: 중국 비단을 파는 가게), 면포전(綿布廛, 조선 면포를 파는 가게), 면주전(綿紬廛: 조선 명주를 파는 가게), 포전(布廛: 조선 마포를 파는 가게), 저전(紵廛: 저포·황저포를 파는 가게), 지전(紙廛: 종이를 파는 가게)의 여섯 점포를 육의전이라 하였다. 육의전 이외에도 각양의 점포가 있었는데 허생이 매점매석을 했던 과일과 망건을 파는 과일전, 망건전도 있었다.

시전 상인은 세금을 내는 공식 상인이었던 만큼 각지의 상품 유통권을 완전히 장악하였다. 지방에서 올라오는 모든 상품은 일단 시전 상인의 손을 거친 후에만 판매될 수 있었다. 시전 상인들의 상행위는 그 자체가 매점매석이었던 셈이다.

한편, 상업에 대한 관심이 높아지면서 시전 상인과는 달리 정부에 세금을 내지 않은 채 불법적으로 상업 행위를 하는 사람들이 점차 늘어났다. 국가의 허가를 받지 않은 사설 상인이라는 의미에서 사상(私商), 혹은 시전 체제를 어지럽히는 상인들이라 하여 난전(亂廛)이라고 불린 이들은 시전 상

● **조선 후기의 시장 모습** 15세기 말부터 개설되기 시작한 장시는 16세기 말을 기점으로 삼남 지방 전역으로 확대되었다. 《기산풍속도첩》 중 〈시장〉. 독일 함부르크 민족학박물관 소장. ⓒ 조흥윤

인과 대립하면서 세력을 확장하고 있었다. 사상들은 독과점을 하고 있던 시전 상인들 때문에 도성 안에서의 활동이 힘들어 주로 상품이 유입되는 길목을 거점으로 전국의 지방 장시를 연결하면서 물화(物貨)를 교역하였다. 이런 가운데 도고(都賈)라 불리는 독점 상인들이 출현하였다. 이들은 계를 조직해 물건을 헐값으로 사들인 후 비싼 값으로 되팔아 막대한 이익을 챙겼는데, 그 때문에 물가가 뛰는 등의 폐단이 발생하였다.

이처럼 시전 상인과 도고들이 전국의 상품 유통권을 장악한 상황에서 일개 서생이 과일이나 말총을 매점하기는 쉽지 않았을 것이다. 더구나 과일을 매점했던 안성은 물화 유통의 길목으로 사상들의 활동 또한 매우 활발한 곳이었으므로 그만큼 더 힘들 수밖에 없었다. 허생이 생각했던 것만큼 당시의 상업 체계는 그리 녹록하지 않았다. 현실 공간에서 허생이 멋대로 물건을 사들이려고 했다면 아마도 낭패를 보기 십상이었을 것이다.

허생, 이완에게 북벌의 비결을 공개하다

매점매석으로 큰 재산을 모은 허생은 이번에는 무인도를 찾는 데 열중했다. 허생은 경험이 풍부한 뱃사공을 통해 사문(沙門: 동남아시아 어느 곳인지 정확히 알 수 없음)과 장기(長崎: 지금의 나가사키) 사이에 쓸 만한 섬이 있다는 정보를 입수할 수 있었다. 섬이 좁은 것이 아쉽기는 했지만 토지가 기름지고 물이 좋아 무엇인가를 꾸며 볼 만한 곳이었다. 허생은 섬에 살 사람들을 모집하고 나섰다.

그러던 허생의 눈에 띈 것이 관군의 추적에 쫓겨 변산 지방에 은거하고 있던 도적 떼였다. 이들은 경작할 밭도, 같이 가정을 꾸릴 아내도 없어 어쩔 수 없이 도적이 된 자들이었다. 실제로 변산은 도적들의 집단 거주지로, 1727년(영조 3)에도 유민(流民)들이 모여 무리를 지었는데 관군이 토벌하지 못할 정도의 세력을 형성하고 있었다. 각종 수탈로 인해 토지를 잃은 농민들이 정부의 손길이 미치지 못하는 산간이나 섬 지역을 중심으로 조직적인 항쟁을 전개하였는데, 계곡이 많아 은신하기 적합한 변산에는 사람들이 특히 많이 모여들었던 것이다. 허생은 이들 변산 도적들과 함께 땅을 일구고 곡식을 길러 수확한 곡물을 일본 나가사키에 가져다 팔았다. 마침 나가사키에 큰 흉년이 들어 곡물 값은 금값이었고 그 덕택에 은 100만 냥이라는 거금을 벌어들일 수 있었다.

박지원 초상 조선 후기의 대문호이자 실학자인 박지원은 큰 키에 살이 쪄 몸집이 매우 컸으며, 목소리도 우렁찼다고 한다. 박찬우 소장.

허생이 무리를 이끌고 섬에 들어가 이상국을 건설한다는 내용은 홍길동이 활빈당을 거느리고 율도국의 왕이 되는 것과 흡사하다. 하지만 허생은 율도국 왕으로 생을 마감했던 홍길동과는 달리 홀연히 섬을 떠나 다시 세상으로 돌아왔으며 이완(李浣, 1602~1674)을 만나 청나라를 누를 수 있는 대책을 일러 주었다. 이완은 효종대에 어영대장과 훈련대장 등을 역임하며 북벌 정책을 진두지휘했던 인물이다. 연암은 왜 「허생전」에 이완을 등장시킨 것일까? 이는 북벌이 당시에도 여전히 중요한 현안이었기 때문이다.

병자호란 때 국왕 인조가 남한산성에서 오랑캐로 여기던 청에게 항복한 것은 조선으로서는 참을 수 없는 치욕이었다. 청이 명나라를 멸망시키고 중원의 새 주인이 되자 조선은 스스로 명나라를 계승한 중화 국가임을 자부하면서 치욕을 씻기 위해 청나라에 대한 복수, 즉 북벌을 다짐하였다. 북벌의 기치 아래 단결하여 조선은 병자호란에 따른 후유증을 극복하면서 점차 안정을 찾기 시작했지만 정작 북벌은 실현 불가능한 일이 되어 가고 있었다. 오래지 않아 멸망할 것이라고 생각했던 청이 예상과 달리 18세기에 접어들

박지원의 〈국죽도〉 시·서·화를 넘나들던 박지원의 학예 경지를 느낄 수 있다. 단국대학교 도서관 소장.

면서 경제적·문화적으로 크게 번성하고 있었기 때문이다. 그럼에도 불구하고 청에 대한 복수심으로 불타던 조선 지식인들은 자존 의식에 빠져 여전히 청을 한낱 오랑캐로 취급할 뿐이었으며, 그럴수록 조선과 청의 격차는 더욱 벌어지고 있었다. 이완은 바로 자존 의식에 사로잡혀 있던 당시의 지식인들을 대표하는 인물이었다.

그에 반해 힘의 열세를 자각하고 청 문물의 학습, 즉 북학(北學)을 통해 조선을 부강한 국가로 만든 후에야 청을 극복할 수 있다고 생각하는 지식인들도 등장하였다. 연암의 문인으로 평생 다섯 차례나 청에 왕래하면서 청나라 배우기에 전념하였던 이희경(李喜經, 1745~1805) 같은 인물이 그 대표적인 경우인데, 허생은 그런 북학론자들을 상징하였다.

허생에게 조선인은 맥족의 땅에서 태어나 오랑캐 풍속을 향유하고 사는 오랑캐로 인식될 뿐이었으며, 그런 조선이 청을 오랑캐라 칭하면서 배척하는 것은 실로 가소로운 일로 보였다. 북벌 정책을 추진하였다는 것 때문에 억울하게 소설 속으로 불려 나온 이완에게 허생은 실제로 북벌을 할 수 있는 방책을 개진하였는데, 그것은 청의 복장을 하고 청에 들어가 학문과 기술을 배우는 것이었다. 예전에 당한 치욕을 씻기 위해서는 먼저 조선을 부강하게 만들어야 하며 그러기 위해서는 청에서 부강할 수 있는 방법을 배워 와야 한다는 것이다. 이는 결코 이완이 수용할 수 없는 제의였다. 허생은 복수를 한다면서 머리털 하나라도 아까워하는 사대부들의 허위의식을 질타하며 이완을 칼로 베어 버리려 했다.

「허생전」에서는 허생이 이완을 일방적으로 질타하고 공격했지만 현실은 그렇지 않았다. 현실에서는 오히려 허생이 수세의 입장이었다. 허생의 현신인 연암은 당시의 사회적 분위기를 의식하여 중국에서 돌아올 때 교분이 있던 청나라 벗들이 준 선물을 모두 돌려보냈으며, 중국에 다녀온 뒤로는 다시는 청나라 인사들과 편지를 주고받지 않았다.

그렇지만 당대의 허생인 연암에게는 오랑캐 풍속을 숭상하는 인물이라는 꼬리표가 붙어 다녔으며, 지방관 재임 시절에는 오랑캐 옷을 입고 다닌다는 헛소문이 유포되기도 하였다. 또 『열하일기』에 명나라 연호 대신 오랑캐 청나라의 연호를 사용하였다는 이유로 큰 곤욕을 치르기도 하였다. 그 때문에 연암은 청에서 받아들이고자 하는 문물이 오랑캐의 것이 아니라 중화의 옛 제도임을 애써 강조해야만 했다. 실제로 연암은 조선 여인들의 복식이나 동자들이 머리를 땋는 제도가 오랑캐 몽고의 풍습을 답습한 것이라 여겨 그것을 고치려고 노력하였다. 무조건 청의 문물을 수용해야 한다고 주장한 것은 아니었던 것이다.

그럼에도 불구하고 그런 비난이 쏟아지고 있는 형편이었으니, 조선이 다른 나라와 다를 바 없는 오랑캐 나라이며 다른 오랑캐에게라도 배울 것은 배워야 한다는 주장은 더더욱 용인되기 힘들었다. 현실 공간에서 허생이 이완을 누르기 위해서는 100여 년의 시간을 더 기다려야 했다.

🌀 베스트셀러 『열하일기』의 뒷이야기

「허생전」이 들어 있는 『열하일기』가 완성된 것은 연암이 중국에서 돌아온 지 얼마 지나지 않은 1783년경이었다. 하지만 『열하일기』가 완성되기 전부터 글이 알려져 그것을 베끼는 사람들이 많았으며 이렇게 하여 『열하일기』가 전국에 퍼지게 되었다. 현재 내용이 조금씩 다른 『열하일기』 필사본이 9종이나 남아 있는 것을 보아도 이 책이 당시에 얼마나 유행하였는지를 충분히 짐작할 수 있다. 『열하일기』가 이렇게 유행한 것은 무엇보다도 글이 재미있기 때문이었다. 어떤 지식인은 '종종 턱이 빠질 정도로 웃게 만드는 책'이라고 평가한 바 있다.

연암은 토속적인 속담을 섞어 쓸 뿐 아니라 하층 사람들과 주고받은 농담도 아무렇지 않게 기록하였다. 또 한문 문장에 중국어나 소설 문체를 사용하는 등 당시 지식인들이 일상적으로 쓰는 판에 박힌 글과는 전혀 다른 글을 썼고, 거기에 해학과 풍자를 더해 독자들의 흥미를 유발하였다. 그리고 무엇보다도 연암의 글에는 당대의 현실에 대한 철저한 고민이 녹아 있었기 때문에 의식 있는 지식인들의 호응을 얻을 수 있었다.

「허생전」은 물론 연암의 그러한 문체적 특성이 잘 녹아 있는 글이다. 마치 실제 이야기인 것처럼 꾸민 것이나 돈을 모은 방법을 상세히 서술한 것, 이완을 혼이 빠질 정도로 꾸짖고 심지어 칼로 찌르려고 한 대목 등은 다른 어느 글에서도 찾아볼 수 없는 파격적인 것이다.

한편, 연암의 글은 파격적인 문체와 내용 때문에 비난의 대상이 되기도 하였다. 점잖은 글을 쓰는 양반들에게 『열하일기』는 경박하고 비속한 책으로 여겨질 뿐이었다. 한번은 연암이 여러 사람과 더불어 『열하일기』를 읽고 있는데, 그 가운데 박남수라는 사람이 술에 취해 글의 내용에 불만을 표시하면서 촛불로 원고를 불사르려 한 일까지 있었을 정도였다. 그러나 이러한 비난에도 불구하고 연암의 글은 당대에 크게 유행하여 많은 사람들이 모방하기도 하였다. 이 때문에 국왕 정조가 이러한 현상에 대해 직접 하교를 내려야 했는데, 당시의 하교 내용은 다음과 같다.

요즈음 문풍이 이와 같은 것은 박 아무개(박지원)의 죄가 아님이 없다. 『열하일기』는 나도 이미 익히 읽어 보았으니 어찌 감히 속이고 숨기겠느냐. 『열하일기』가 세상에 유행한 뒤로 문체가 이와 같으니 마땅히 문제를 만든 자가 해결해야 할 일이다. 속히 한 가지 순정(純正)한 글을 지어 곧바로 올려 보내 『열하일기』의 죄를 속죄한다면 비록 남행(南行: 음직)의 문임(文任: 홍문관·예문관의 제학)이라도 어찌 아까울 것이 있겠는가. ─『연암집』(燕巖集)

국왕이 직접 죄를 물으며 일종의 반성문을 제출할 것을 요구하고 그렇게만 하면 중요한 벼슬을 내리겠다는 암시까지 한 것은 대단히 이례적인 조치라 할 수 있다. 다분히 체제 반항적인 성격을 지닌 연암의 글과 사상이 퍼져 소설 속의 허생이 실제로 나타나게 될 위험성은 위정자로서 우려할 만한 일이 아닐 수 없었다. 그러면서도 연암의 뛰어난 자질은 인정하지 않을 수 없었으므로 이런 조치를 취하였던 것이다. 연암이 순정문을 지어 올렸다는 말도 있고 정조의 지적 이후에 연암의 글에 변화가 있었다는 이야기도 있지만, 연암 특유의 문체와 비판적 통찰력은 결코 변하지 않았다.

연암의 글은 그 비판적 성격 때문에 그가 세상을 떠나고 약 80년이 지난 19세기 후반에 가서야 다시 주목받을 수 있었다. 『열하일기』가 활자화되어 공식적으로 세상에 모습을 드러낸 것은 1911년에 이르러서였다. 연암이 한 세기를 앞서 살았다고 하면 지나친 평가일까?

연암 박지원은 어떤 사람이었을까?

연암 박지원 하면 왠지 호리호리한 몸매에 날카로운 눈매를 지닌 그런 지식인이 었을 것 같은 생각이 든다. 하지만 아들이 묘사하고 있는 아버지 연암의 모습은 그렇지 않다. 연암은 큰 키에 살이 쪄 몸집이 매우 컸다. 얼굴은 긴 편이었는데 안색이 몹시 붉었으며 광대뼈가 불거져 나오고 눈은 쌍꺼풀이 져 있었다. 목소리는 매우 커서 그냥 말을 해도 담장 밖 한참 떨어진 곳까지 들릴 정도였다. 그가 준엄한 표정을 지으면 큰 몸집과 어우러져 늘 좌중을 압도하고는 했다.

중년에 초상화가 하나 있었는데, 연암은 그 초상화가 본래 모습의 10분의 7에도 미치지 못한다고 하여 없애 버리도록 지시하였으며 다시 초상화를 그리자는 아들의 간청을 끝내 받아들이지 않았다고 한다. 자신의 외모에 만족하지 못했던 것인지 아니면 화가를 믿지 못했던 것인지 모르겠다.

연암은 타고난 기질이 매우 강건하여 늘 쉽게 타협하지 못하였다. 연암을 종유(從遊)하였던 김기순이란 사람은 "연암은 순수한 양기(陽氣)를 타고나서 반 푼의 음기(陰氣)도 섞여 있지 않다. 그래서 지나치게 고상하여 매양

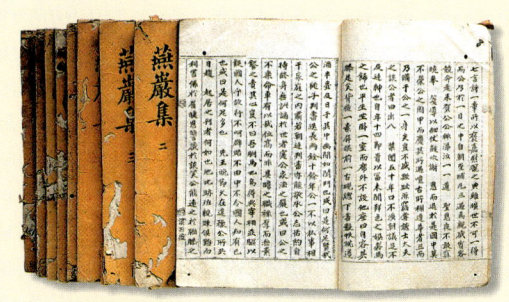

●「연암집」 1901년(광무 5) 김택영이 9권 3책으로 간행한 바 있으며, 1932년 박영철이 증보하여 17권 6책으로 다시 발행하였다. 단국대학교 도서관 소장.

허생전

부드럽고 억누르는 공력이 모자라고, 지나치게 강하여 항상 원만한 면이 부족하니 태양인이다"라고 하였다. 연암의 아들 박종채는 『과정록』에서 "아버지는 사람을 대하여 담소할 적에 언제나 격의 없이 말씀하셨다. 그러나 마음에 맞지 않는 사람이 자리 중에 있어 말 중간에 끼어들기라도 하면 기분이 상해 비록 하루 종일 그 사람과 마주하고 앉았더라도 한마디 말씀도 나누지 않으셨다. 아는 사람들은 대부분 아버지의 그러한 태도를 단점으로 여겼다. 악을 미워하는 아버지의 성품은 타고난 것이어서 부화뇌동하거나 아첨하거나 거짓을 꾸미는 태도를 용납하지 못하셨다"라고 회고하였다.

　연암도 자신의 단점을 잘 알아 "이는 내 타고난 기질의 병이니, 바로잡고자 한 지 오래되었지만 끝내 고칠 수 없었다. 일생 동안 이런저런 험한 꼴을 겪은 것도 모두 그러한 기질 탓이었다"라고 스스로 인정하였다. 비판과 풍자로 사람들의 가슴을 시원하게 해 주었지만 정작 자신은 심적 고통을 겪었던 연암, 영락없는 지식인의 모습이다.

은애전

국왕 정조, 1급 살인범을 석방하다

작품 설명

「은애전」(銀愛傳)은 정조 14년(1790) 전라도 강진 지방의 여인 김은애(金銀愛)가 저지른 살인 사건과 전라도 장흥 지방에서 발생한 신여척(申汝倜) 살인 사건의 전말과 판결을 기록한 글이다. 이덕무의 『아정유고』(雅亭遺稿)에 실려 있는데, 그 서문에 "경술년(庚戌年: 1790) 6월 상감(정조)께서 모든 옥안(獄案)을 심리하시다가 김은애와 신여척을 살리게 하시고, 곧 나에게 명령을 내려 이 「은애전」을 지어 『내각일력』(內閣日曆)에 싣게 하셨다"고 되어 있다. 즉 「은애전」은 정조의 명령으로 이덕무가 지은 것이다.

정조가 「은애전」을 만들도록 지시한 것은 김은애와 신여척의 갸륵한 행동을 세상에 널리 알리기 위해서였다. 살인범임에도 불구하고 국왕이 칭찬하고 그 뜻을 기리게 한다는 것은 대단히 이례적인 일이 아닐 수 없다. 그만큼 두 사건은 사안이 특별했는데 그것은 예교(禮敎)와 밀접하게 관련되어 있었기 때문이다. 김은애는 자신의 정절을 적극적으로 증명하기 위해 살인이라는 극단적인 방법을 동원했으며, 신여척은 비윤리적인 행태를 보인 동네 사람을 꾸짖다가 살인을 저지르게 되었다. 정조는 비록 결과는 살인으로 나타났지만 동기가 훌륭하다는 점을 크게 인정했으며, 이들 사건이 사람들에게 윤리의 중요성을 깨우치는 좋은 본보기가 될 것으로 판단하였다. 그런 점에서 「은애전」은 정조가 조선 사회를 어떻게 이끌려고 했던가를 살필 수 있는 중요한 자료이다.

「은애전」은 실제 발생한 사건을 사실대로 적은 것이기 때문에 완전한 소설이라고 보기는 어렵다. 하지만 사건 내용이 충분히 소설의 소재가 될 만한 것이어서 이후 사람들 사이에 전파되면서 소설적인 내용이 첨가되었을 가능성을 배제할 수 없다. 「은애전」을 읽으면서 이를 소설로 재구성한다면 어떤 내용으로 만들 수 있을까 생각해 보는 것도 흥미로운 일이 될 듯하다.

☾ 소설이 되지 못한 실제 이야기

「은애전」은 정조 14년(1790) 전라도 강진 지방에서 일어난 살인 사건의 전말을 소설 형식으로 옮긴 글이다. 제목의 '은애'는 그 살인 사건의 범인 김은애(金銀愛)를 가리키는데, 정조는 그녀에게 무죄 판결을 내렸을 뿐 아니라 나아가 은애의 가상한 뜻을 기리는 의미에서 글을 지어 『내각일력』(內閣日曆)에 싣도록 명령하였다. 사건의 내막과 판결을 기록하여 후세의 본보기로 삼겠다는 뜻이다.

그러한 정조의 명에 따라 북학파로 잘 알려진 청장관 이덕무(靑莊館 李德懋, 1741~1793)가 지어 바친 글이 바로 「은애전」이다. 「은애전」에는 김은애 사건과 함께 신여척(申汝倜)이 저지른 살인 사건도 포함되어 있는데, 이 사건은 김은애 사건과 성격이 유사하여 자연스럽게 실리게 된 것이다.

「은애전」은 소설 형식을 띠고 있지만 실제 발생한 사건을 사실대로 기술하였다는 점에서 완전한 소설이라고는 볼 수 없다. 그렇지만 고전 소설의 상당수가 실제 있었던 일이 사람들 사이에 회자되는 과정에서 상상력이 덧붙여져 하나의 작품으로 구성된 점을 생각하면 「은애전」을 소설의 원형이라고 볼 수 있다.

김은애 사건에 대한 판결이 끝난 후 정조는 이 사건의 줄거리와 판결문을 각 도에 반포하여 모든 사람에게 알리도록 지시하였으므로 아마도 많

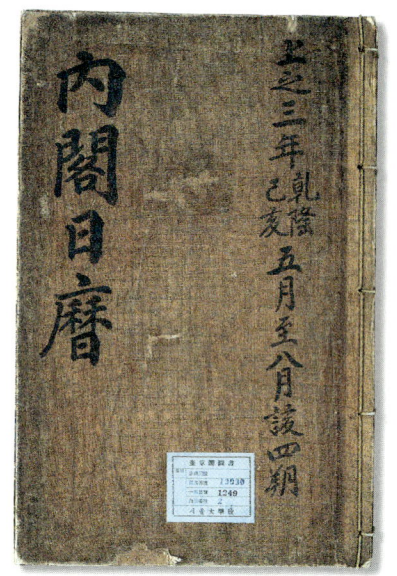
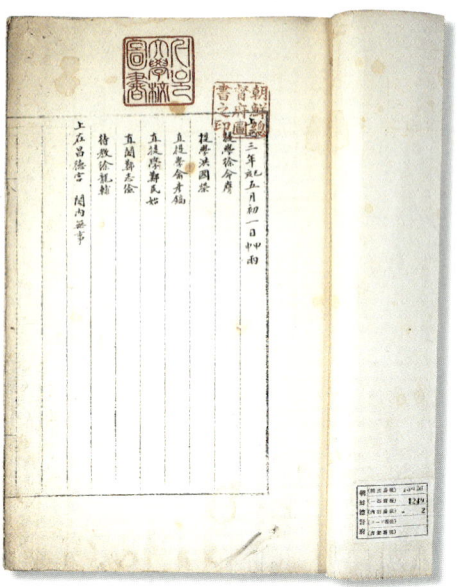

●「내각일력」 1779년(정조 3) 1월부터 1883년(고종 20) 2월까지 105년에 걸친 규장각의 일기이다. 규장각을 핵심 기관으로 키우려던 정조의 의도를 엿볼 수 있다. 서울대학교 규장각 소장.

은 사람들이 이 사건을 알고 있었을 것이다. 따라서 만약 김은애 사건이 좀더 이른 시기에 발생했더라면 그럴듯한 고전 소설로 탄생했을지도 모르는 일이다.

그렇다면 김은애 사건은 어떤 사건이었을까? 살인범을 용서하고 더구나 살인의 뜻을 기리기까지 한 이 사건은 오늘날의 상식으로 보면 도저히 이해할 수 없는 것이다. 조선시대에는 살인범에 대한 처벌이 지금보다 훨씬 엄격하여 대개 목숨으로 보상하는, 즉 사형에 처하는 것이 일반적이었으므로 은애에 대한 판결은 당시로서도 매우 파격적인 것이었다. 어떻게 이런 일이 가능했는지 그 궁금증을 풀기 위해 사건의 현장 속으로 들어가 보자.

김은애 살인 사건의 전말

1790년 윤5월 26일 새벽, 전남 강진현 탑동리에서 안씨 성을 가진 노파가 칼로 난자당해 살해된 사건이 발생하였다. 조선시대에는 살인 사건이 발생하면 먼저 지방 수령이 조사를 담당했으므로 현감 박재순(朴載淳)은 아전을 대동하고 사건 현장으로 달려갔다. 현장은 차마 눈 뜨고 볼 수 없을 만큼 참혹하였다. 안 노파의 몸에는 거의 20군데에 가까운 칼자국이 선명하게 나 있었다. 범인은 의외로 이웃집에 사는 용모 단정한 18세 새댁 김은애로 밝혀졌다.

신문을 위한 형구와 형 집행관들이 늘어선 동헌 뜰에 은애가 잡혀 왔다. 목에는 칼(중죄인에게 씌우던 형틀)을 쓰고 차꼬(죄수의 발을 채우는 형구)와 수갑을 찬 채 끌려 나온 은애에게 현감은 왜 노파를 찔렀으며 공범은 없는지 다그쳤다. 은애는 순순히 자백하였는데, 신문 과정에서 밝혀진 사건의 내막은 이러하였다.

은애의 손에 목숨을 잃은 안 노파는 기생 출신으로, 성질이 음험하고 온몸에 부스럼 병이 있는 여자였다. 집이 가난하여 은애네 집에 쌀이며 메주 등을 자주 구걸하거나 빌렸는데 은애의 어머니가 때로 거절하자 앙심을 품게 되었다. 그래서 안 노파가 꾸민 일이 시누이의 손자인 최정련(崔正連)을 은애와 맺어 주는 일이었다.

처녀 총각을 맺어 주는 중매야 더없이 좋은 일이지만 노파의 방식에는 문제가 있었다. 정련이 은애에게 마음이 있음을 확인한 안 노파는 만약 결혼이 이루어지면 부스럼 약 값을 받기로 단단히 약조하고, 정련에게 은애와 사통했다고 발설하면 혼인을 성사시켜 주겠노라고 말하였다.

정련은 사랑에 눈이 멀었던지 서당에서 함께 공부한 은애의 오빠에게 은애와 통정했다고 거짓말을 하였다. 노파는 노파대로 은애가 오히려 정련을 좋아하여 자기에게 중매를 서 달라고 해서 자기 집에서 만나기로 했는데 정련의 할머니에게 발각되어 담을 넘어 도망갔다는 헛소문을 퍼뜨리고 다녔다.

마을에 이런 소문이 퍼지자 은애는 혼삿길이 막혀 한동안 시집을 갈 수 없었는데 다행히 김양준(金養俊)이라는 사람이 소문이 거짓임을 확신하여 은애를 아내로 삼았다. 은애가 시집을 갔음에도 불구하고 안 노파와 최정련은 더 추잡한 말로 은애를 무고하였다. 살해되기 하루 전날 안 노파는 사람들 앞에서, 은애가 배반하고 다른 데로 시집가는 바람에 정련이 약값을 주지 않아 몸이 망가졌으므로 은애는 원수라고 떠들어 대기까지 하였다.

안 노파와 최정련에게 2년에 걸쳐 시달림을 받자 은애 또한 인내심의 한계를 드러내고 말았다. 안 노파와 최정련을 한꺼번에 죽여 없애기로 결심한 은애는 사건 당일 부엌칼을 들고 노파의 집으로 향하였다. 방으로 들어간 은애는 안 노파에게 "내가 네게 원한을 풀고자 하니 너는 이 칼을 맛보아라"라고 말하며 찌를 태세를 취하였다.

그러자 노파는 "찌르고 싶거든 찔러 보라"며 맞섰다. 그 말이 끝나기가 무섭게 은애의 칼이 노파의 목을 향했다. 목을 찔린 안 노파는 은애의 팔을 잡고 저항했지만 역부족이었다. 은애는 한 번 찌르고 한 번 꾸짖고 하기를 18차례나 계속하며 노파를 무참히 살해하였다. 그러고도 분이 풀리지 않자 칼에 묻은 피를 씻을 겨를도 없이 최정련을 죽이고자 하였다. 하지만 정련의 집이 멀리 떨어져 있는 데다 어머니가 울며 말리는 바람에 실행에 옮기지 못하고 말았다.

사건의 자초지종을 밝힌 은애는 모든 일은 자신이 단독으로 저질렀으며, 자기가 안 노파를 죽이긴 했어도 관가에서 자신을 무고한 안 노파를 벌한 것이 없으니 대신 최정련을 때려 죽여 줄 것을 청하였다. 사건이 터졌을 때 정련의 어머니와 할머니가 은애의 집에 찾아와 안 노파는 실성한 사람이니 그런 사람 말은 믿을 필요도 없고 이미 원수를 갚았으니 다 된 것 아니냐며 정련을 고발하지 말도록 간청하였지만 은애에게는 통하지 않았다.

은애의 진술을 모두 들은 현감은 은애의 심정을 이해할 수 있을 것 같았지만 법은 법이므로 사건을 전라도 관찰사 윤행원(尹行元)에게 송부하였다. 윤행원이 다시 아홉 차례에 걸쳐 공범이 없는지 캐물었지만 대답이 한결같았으므로 사건은 그대로 종결되었다.

국왕 정조, 의외의 판결을 내리다

후임 전라도 관찰사 윤시동(尹蓍東)을 통해 사건 보고서가 올라오자 형조는 국왕 정조에게 은애가 원한을 풀기 위해 살인을 저질렀다고는 하나 사형을 면해 줄 수는 없다는 의견을 올렸다. 하지만 정조는 은애의 행동에 참작할 여지가 있다고 보았다.

정조는, 은애의 살인 사건은 국법으로 보면 분명 사형에 처해야 하지만 사건이 일어난 원인을 생각해 볼 필요가 있다며 이 문제를 총애하는 신하 좌의정 채제공(蔡濟恭, 1720~1799)에게 물어보도록 지시하였다. 정조는 채제공이 자신과 같은 생각을 가지고 있으리라 생각했는지 모른다.

정조의 명을 받은 채제공은 사건을 면밀히 재검토하였다. 채제공 역시 은애의 행동을 충분히 이해할 수 있다는 의견을 개진하였다. 안 노파가 평소 근거 없는 말을 만들어 퍼뜨리고, 더구나 시집간 뒤에 더욱 추잡한 말을 보냈기 때문에 칼로 찌를 마음을 먹을 수도 있다는 것이다.

하지만 은애가 안 노파를 실제로 살해한 것에 대해서는 단호한 태도를 취하였다. 설사 그보다 더 큰 원한이 있더라도 이장(里長)에게 고발하거

● **채제공 초상** 목숨을 걸고 사도 세자를 보호하여 훗날 사도 세자를 죽인 것을 후회한 영조의 신임을 받았으며, 정조대에는 국왕의 총애를 받으며 탕평책을 추진하였다. 그러나 천주교를 두둔한다는 이유로 여러 차례 처벌받기도 하였다. 일본 텐리대학교 도서관 소장.

나 관청에 호소하여 죄를 다스리게 하면 될 것인데 제 손으로 복수를 한 것은 용서받을 수 없다는 것이다. 즉 법에 따라 사형에 처하지 않을 수 없다는 의견이었다.

　하지만 정조의 생각은 달랐다. 정조는 일단 사안이 여인의 정조(貞操)와 관련되어 있다는 점에 주목하였다. 정조를 지켜야 하는 여자에게 음란하다는 무고를 했으니 그런 억울한 누명을 받은 이상 가만히 있기 힘들다는 점을 고려한 것이다. 더구나 은애는 결혼까지 한 몸이었으므로 자신의 무죄를 증명하기 위해 무슨 일이라도 저지를 수 있다고 보았다. 좀 더 정확히 말하자면, 정조는 무슨 일이라도 저지르는 것이 마땅하다고 보는 편이었다. 그런 점에서 살인을 저지른 은애의 용기는 오히려 가상한 것이라 생각하였다. 만약 은애가 억울함을 이기지 못해 스스로 목숨을 끊었다면 그것은 그저 은애의 죽음으로 끝날 뿐 별다른 의미가 없지만 안 노파를 죽임으로써 사람들에게 경각심을 불러일으켰다는 이유에서였다. 정조는 은애의 행위를 다음과 같이 칭송하였다.

식칼을 들고 원수의 집으로 달려가 통쾌하게 말하고 통쾌하게 꾸짖은 다음 끝내 대낮에 추잡한 일개 여자를 찔러 죽임으로써 마을 사람들로 하여금 자신에게는 하자가 전혀 없고 원수는 갚아야 한다는 것을 환히 알게 하였으며, 평범한 부녀자가 살인죄를 범하고 도리어 이리저리 변명하여 요행으로 한 가닥 목숨을 부지하길 애걸하는 부류를 본받지 않았다. 이는 실로 피 끓는 남자라도 결단하기 어려운 일이고, 또 편협한 성질을 가진 연약한 여자가 그 억울함을 숨기고 스스로 구렁텅이에서 목매어 죽는 것에 비할 바가 아니다.
— 『정조실록』 정조 14년 8월 10일

그러면서 만약 은애가 전국시대에 태어났더라면 비록 한 일은 다르지만 섭정(聶政)의 누이 섭영(聶榮)과 이름을 나란히 했을 것이라고 평하였다.
섭정은 자신에게 은혜를 베푼 엄중자(嚴仲子)를 위해 한나라 재상 협루(俠累)를 죽인 후, 자신의 얼굴이 알려지지 않도록 칼로 자신의 두 눈을 파내고 얼굴 가죽을 벗겨 낸 뒤 배를 그어 창자를 긁어내고 죽었다는 전설적인 자객이다. 한나라에서는 섭정의 신분을 밝히기 위해 시체를 길바닥에 내놓고 현상금까지 걸고 있었다. 범인이 자신의 동생임을 직감한 섭영은 그곳에 찾아가 사람들에게 섭정이 훌륭한 일을 하고도 자신이 연좌되지 않도록 얼굴 가죽을 벗겨 내고 자결하였음을 알리고, 구차하게 목숨을 부지하기 위해 동생의 이름을 감출 수 없다며 자결하였다. 은애를 이런 섭영과 같은 지위에 올려놓은 것을 보면 정조가 은애의 행위를 얼마나 갸륵하게 생각했는지 짐작할 수 있다.
정조는 결국 은애를 특별히 석방하도록 명하였다. 그리고 얼마 후 지방관에게 은애한테서 다시는 최정련에게 손을 대지 않겠다는 다짐을 받아 보고하도록 지시하였다. 안 노파를 살해한 은애의 사나운 성질과 결단력으로 보아 혹 또다시 최정련을 살해하려 들지 않을까 우려하였기 때문이다. 이후 더 이상 은애의 이야기가 나오지 않는 것을 보면 최정련은 정조의 세심한 배려 덕분에 목숨은 부지했던 것 같다.

☾ 법을 적용할 것인가, 예교를 생각할 것인가?

김은애 사건에 대한 판단은 사회를 유지시켜 주는 중요한 두 축인 법과 예교 가운데 어느 것을 우선시할 것인가의 문제와 관련되어 있다. 살인은 중대한 범죄 행위임에 틀림없지만 살해 동기가 정절 보호라는, 당시 사회에서 가장 중시하던 관념과 관련되어 있다는 점 때문에 판단이 쉽지 않았다. 법의 적용을 엄격히 할 경우 예교가 무너질 우려가 있고, 풍속을 우선시하면 법의 위엄이 약화될 소지가 있으므로 신중하게 판단해야만 했다.

아주 오래전에는 법과 예교 사이에서 별로 고민하지 않아도 되는 시기가 있었다. 예교는 귀족에게, 법은 백성에게 시행하는 식의 이중적인 틀이 적용되었기 때문이다. 『예기』(禮記)에는 "예는 아래로 서민에게 미치지 않고 형벌은 위로 대부에게 미치지 않는다"(禮不下庶人 刑不上大夫)는 구절이 있다. 귀족들은 예에 따라 행동하도록 하는 반면 일반 백성들은 형법을 통해 행위를 규제한다는 뜻이다. 따라서 대상이 누구냐에 따라 법과 예교 가운데 한 가지를 적용하면 그뿐이었다.

하지만 민간에 유교 이념이 전파되고 국가에서도 백성들이 유교 이념을 따를 것을 장려하면서부터 사정이 달라졌다. 백성들이 유교 이념을 중요한 사회 질서로 인식하여 실천하고 있는 상황에서 예전의 이분법적인 잣대를 그대로 적용할 수는 없었기 때문이다. 따라서 이제는 신분이 아니라 사건의 내용이 어떤 것인가가 중요한 문제로 떠올랐다. 그런데 정조는 예교와 관

●《기산풍속도첩》 중 〈포도청에서 범인을 고문하는 모양〉 양 다리를 묶고 그 사이에 나무를 끼워 비트는 주리는 포도청에서 도둑을 다룰 때 행하던 고문 방식이다. 독일 함부르크 민족학박물관 소장. ⓒ 조흥윤

련된 사건이 일어나면 과감하게 예교 쪽에 서고는 했다. 「은애전」에 실린 또 하나의 사건, 즉 신여척이 저지른 살인 사건에 대한 판결에서도 정조의 그런 입장은 그대로 드러난다.

신여척 살인 사건이 발생한 것은 김은애 사건보다 1년 앞선 1789년 7월이었다. 신여척은 전라도 장흥 사람인데, 이웃집에 김순창(金順昌)·김순남(金順南) 형제가 살고 있었다. 하루는 김순창이 아내와 함께 밭에 김을 매고 돌아왔는데 보리가 축이 났다는 아내의 말을 듣고 집에 혼자 있던 동생을 의심해 사실대로 밝히라고 윽박질렀다. 김순창은 성질이 난폭한 인물이었는지, 억울하다고 눈물을 흘리는 동생의 머리를 절구로 내리쳐 거의 죽게 만들었으며 싸움을 말리는 동네 사람들에게도 마구 욕설을 퍼부어 댔다.

　　이 소식을 들은 신여척이 달려가 김순창의 상투를 틀어쥐고는 "절구로 병든 아우를 때리니 너는 짐승이라, 짐승과는 친할 수 없다. 내가 장차 네 집을 헐어 우리와 함께 이웃을 하지 못하게 하겠다"며 나무랐다. 갑자기 나타난 신여척의 꾸지람에 화가 난 김순창은 "내가 내 아우를 때리는데 무슨 상관이냐"며 도리어 신여척을 걷어찼다. 이에 신여척은 의리로 타이르는 데도 듣지 않고 도리어 발길질을 해 대니 자기도 똑같이 발길질을 하겠다며 김순창을 냅다 차 버렸다. 복부를 강타당한 김순창은 그 자리에 고꾸라져 설설 기다가 이튿날 사망하고 말았다.

　　사람들은 쉬쉬하고 이 사건을 덮어 두려 하였지만 한 달 후에 알려지는 바람에 신여척은 옥에 갇히는 신세가 되었다. 신여척이 처음부터 죽일 심사로 김순창을 가격한 것은 아니겠지만 어찌 되었든 살인은 살인이었다.

　　하지만 정조는 이 사건에 대해 죽음도 두려워하지 않고 우애가 없는 자의 죄를 다스린 것은 기개 있는 행동이라며 신여척을 방면하도록 명하였다. 동생을 의심하여 절구로 매질까지 한 비윤리적인 형의 죄를 물은 행위는 비록 살인으로 이어졌다고 해도 칭찬받을 만한 것이며, 따라서 법의 적용 범위를 초월한다는 생각에서 나온 조치였다.

☾ 예교를 위해서라면 복수도 허용하다

　　정조의 파격적인 판결은 김은애·신여척 두 사건에 국한되지 않는다. 1788년 전주 지방에서 발생한 김계손(金啓孫)·김성손(金聖孫) 형제의 살인 사건에 대한 처결은 더욱 극적이다.

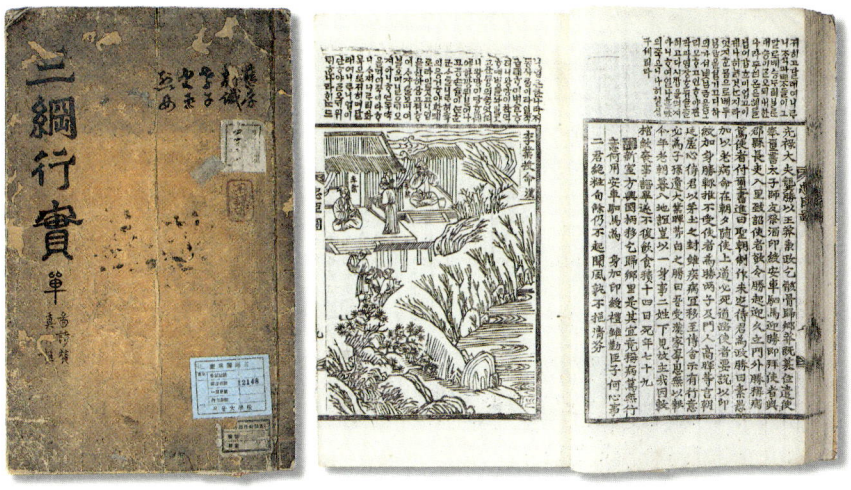

● **「삼강행실도」** 1434년(세종 16) 왕명으로 편찬되었다. 중국과 우리나라의 효자·충신·열녀 가운데 300여 명을 뽑아 그 행적을 그림과 함께 실었다. 예교를 중시한 정조는 1797년 「삼강행실도」와 「이륜행실도」를 합한 「오륜행실도」를 간행하였다. 서울대학교 규장각 소장.

　　사건은 어느 날 형제의 아버지 김화리봉(金禾里奉)이 장사를 하던 김응채(金應釆)와 부채 문제로 시비를 벌이다가 김응채의 발길에 채여 이튿날 사망한 데서 시작되었다. 만약 김화리봉이 그 자리에서 사망했더라면 별 문제가 없었을 텐데 하루를 넘긴 후 죽자 직접적인 사인이 구타 때문인지 아니면 병 때문인지 판단이 쉽게 서지 않아 무려 2년 동안 조사가 이루어졌다.

　　2년 동안 조사를 하고서도 구타가 사인이라는 사실이 밝혀지지 않아 김응채는 결국 무죄로 풀려났다. 하지만 김응채는 김화리봉의 두 아들이 두려웠던지 아니면 주위의 시선을 의식해서인지 풀려나자마자 도망쳐 숨어 버렸다. 이에 계손 형제는 직접 아버지의 원수를 갚기로 결심하고 쇠꼬챙이와 단도를 소매 속에 숨긴 채 한 해 넘게 그의 뒤를 추적하였다. 원수는 외나무다리에서 만난다고, 마침내 노성 땅에서 김응채와 조우하게 된 계손 형제는 그에게 달려들어 잔인하게 살해한 후 관아에 자수하였다. 김은애와 신여척에 대한 판결 내용을 아는 독자라면 이들 형제에 대한 정조의 처분을 충분히 짐작할 수 있을 것이다.

고대에는 어느 사회를 막론하고 복수가 용인되었다. 로마시대에 고의적인 살인범에 대해서는 '피의 복수'가 허용되었으며, 범인이 명백하지 않거나 자백을 하지 않은 경우에는 재판을 통해 책임을 확정한 후 복수를 행하였다고 한다. 중국이나 조선 같은 유교권 사회에서는 부모나 형제를 위한 복수에 특히 관대한 편이었다. 『서경』에는 "자식이 아비의 원수를 갚는 것은 천하의 큰 의리"라는 구절이 있으며, 『예기』나 『춘추』에도 같은 내용이 들어 있다.

하지만 실제 복수범을 처벌하는 과정에서는 통치자의 성격에 따라 형량이 크게 좌우되었다. 당나라 측천무후 때에는 서원경(徐元慶)이 아버지의 원수를 살해하고 자수하자 살인죄를 적용하여 사형시키되 효도는 인정하여 정려하게 한 일이 있으며, 당나라 헌종 때는 양열(梁悅)이 아버지의 원수를 갚기 위해 살인을 저지르고 자수하자 사형을 감하여 귀양에 처한 일도 있었다.

이처럼 자의적으로 이루어지던 복수범에 대한 처벌은 명나라 『대명률』(大明律)에 조부모를 죽인 자를 죽이면 장(杖) 60에 처하고 현장에서 즉시 복수한 경우에는 처벌하지 않는다는 조항이 신설됨으로써 비로소 명문화되었다. 사적인 복수가 공적인 형법으로 대체된 것이다. 조선의 유명한 학자 장유(張維, 1587~1636)는 복수에 대한 처벌이 이처럼 법제적으로 규정된 것을 크게 반겨, 복수 행위를 이제 법대로 처리하기만 하면 된다고 말하기도 하였다.

명나라 법전을 상당 부분 차용하던 조선은 영조 20년(1744)에 만든 『속대전』(續大典)에 복수에 관한 처벌 조항을 넣었다. 그 내용은 크게 다음의 네 가지이다.

① 아버지가 다른 사람에게 구타당하여 중상을 입었을 때 아들이 그 사람을 구타하여 죽게 만들면 사형을 감하여 유배를 보낸다.
② 아버지가 피살되었는데 조사가 끝나기를 기다리지 않고 제멋대로 아버지의 원수를 죽이면 사형을 감하여 유배를 보낸다.
③ 부인이 남편의 원수에게 보복하고 어머니가 아들의 원수에게 보복하여 제멋대로 죽인 자는 장 60에 처한다.
④ 출가하지 않은 딸아이를 겁탈한 자를 부모가 그 자리에서 살해하였을 경우 장 100에 처한다.

　　『대명률』과 『속대전』의 규정에 따르면 김계손 형제의 행위는 장 60대에 해당한다. 하지만 정조는 그런 효자를 법조문을 끌어대 처벌하는 것은 '풍속을 돈후하게 인도하는 정치'라고 말할 수 없다며 법대로 처리해서는 안 된다는 입장을 분명히 하였다. 법보다 우선하는 판단 기준은 윤리였다. 정조는 윤리적 관점에서 김계손 형제의 행적은 『이륜행실도』(二倫行實圖)에 올리더라도 지나치지 않을 것이라며 칭송해 마지않았다.

대체로 그 광경을 보고는 즉시 몸을 던져 자신의 생사를 돌보지 않고 반드시 보복을 하고야 마는 경우는 가끔 있지만, 계손 형제는 예리한 칼을 만들어 각기 품속에 감추고서 많은 세월을 소모하고 많은 생각을 하던 끝에 원수가 적당히 처리되어 옥에서 나왔을 때 가까이 있으면 가까이서 지키고 멀리 도망가면 멀리 따라다니다가 끝내 형제가 함께 복수하였다. 먼저 찌른 것은 형이고 다음에 찌른 것은 아우인데, 원수를 죽인 뒤에는 형제가 또 함께 관청에 자수하여 법에 따라 죽임을 받기를 청하였다. 옛사람의 이른바 '비분강개한 속에 죽기는 쉬워도 조용히 죽음에 나아가기는 어렵다'고 한 말은 바로 계손 형제를 두고 말한 것이 아니겠는가. ―『정조실록』 정조 15년 9월 20일

결국 정조는 충청 감사에게 즉시 계손 형제를 석방하도록 명하였으며, 석방시키는 것만으로 성에 차지 않았는지 형제를 감영에 불러들여 판결문을 베껴 주고 사정을 보아 특별히 등용시키도록 지시하였다. 그야말로 대단한 은전이 아닐 수 없다.

그러나 정조의 판결은 법을 멋대로 적용하였다는 비난을 피할 길이 없다. 김화리봉의 사망 사건은 조사 과정이 어찌되었든 간에 이미 2년간의 조사 끝에 김응채에게 혐의가 없는 것으로 마무리된 사건이었다. 그런데 정조는 자신의 판단에 따라 그 결정을 한순간에 뒤엎어 버렸다. 정조의 결정이 정당성을 갖기 위해서는 김응채가 김화리봉을 사망케 했다는 점이 먼저 입증되어야 하는데 이는 정조가 판단할 수 있는 문제가 아니었다. 만약 김응채가 김화리봉을 사망케 한 것이 아니라면 김응채는 그야말로 억울하기 짝이 없는 노릇이다. 정조는 예교를 바로잡기 위해서는 억울한 죽음 한둘쯤은 있어도 무방하다고 생각했던 것이 아닐까?

정조는 왜 그토록 예교에 집착했을까?

김은애 사건을 비롯해 몇몇 사건에 대한 정조의 처리 방식을 보면 풍속의 교화에 지나치리만큼 집착하였던 것을 알 수 있다. 왜 정조는 법을 무시하면서까지 그토록 예교 문제에 집착했던 것일까? 이를 이해하기 위해서는 조선 후기 정치 상황에 대한 검토가 필요하다.

17세기 중반부터 고개를 들기 시작한 당파 간의 정쟁은 숙종대에 이르자 상대 당 사람의 목숨을 빼앗고 일망타진하는 일이 반복될 정도의 위험한 지경으로 치닫고 있었다. 이에 영조는 즉위하자마자 당파 간의 알력을 조

● **정조의 화성 행차** 정조는 사도 세자의 명예를 회복하기 위해 그의 능을 수원 화산으로 옮겼으며 매년 수원 화성으로 행차하여 효성을 과시하였다. 그림에는 힘차게 행진하는 군대와 의장 행렬의 모습이 잘 나타나 있다. 《정리의궤첩》의 부분. 개인 소장.

정하는 탕평책을 정책의 최우선 순위로 삼고 추진하였다. 영조의 이러한 노력은 어느 정도 결실을 맺기는 하였지만 정쟁을 근본적으로 잠재울 수는 없었다. 그런 와중에 영조는 아들 사도 세자를 비행을 일삼는다는 이유로 뒤주에 가둬 죽이는 돌이킬 수 없는 실수를 범하였다.

정조에게 아버지 사도 세자의 비명횡사는 크나큰 충격이었으며 정치적으로도 상당한 부담이었다. 아버지의 죽음이 당쟁과 밀접한 관련이 있는 것으로 판단한 정조는 할아버지 영조보다 더 적극적으로 탕평책을 추진하였는데 이는 강력한 왕권하에서만 성공할 수 있는 것이었다.

그런데 사도 세자가 비행을 일삼다가 영조에 의해 죽게 된 것은 아무래도 정조의 권위에 흠이 될 만한 일이었다. 이 때문에 정조는 사도 세자의 명예를 회복시키기 위해 부단한 노력을 기울였다. 사도 세자가 북벌 정책을 추진한 효종 임금을 본받겠다며 올라갔다는 수원 화산으로 그의 능을 옮겨 은근히 아버지의 뜻을 선양하였으며 매년 수원으로 행차하여 극진한 효성을 과시하였다.

이러한 정조의 노력이 인정받기 위해서는 무엇보다도 부자간의 의리상 아들이 아버지의 억울함을 푸는 것은 당연한 일이라는 인식이 확산되어야 했다. 즉 정조는 부자간의 의리와 형제간의 의리, 그리고 남녀 간의 의리에서 나오는 윤리 의식 앞에서는 아버지에게 잘못이 있더라도 그것은 큰 문제가 되지 않는다는 인식을 확산시키려 했던 것이다.

김계손 형제의 복수 사건을 심리할 때 정조는 김화리봉과 김응채가 왜 다투었는가 하는 점은 전혀 고려하지 않았다. 그저 자식이 아버지의 원수를 갚았다는 사실 그 자체에만 의미를 부여하였을 뿐이다. 정조는 김계손 형제 사건을 비롯해 비슷한 유형의 사건들을 처리하면서 아버지 사도 세자를 죽음으로 몰고 간 불구대천의 원수들에게 보복을 한 것 같은 대리 만족을 느꼈는지도 모른다.

노비의 복수도 용서받았을까?

숙종대에 노비였다가 양인이 된 상주 지방의 이명(李命)이라는 자가 옛 상전 손지(孫志)를 흉기로 찔러 살해한 사건이 발생하였다. 자신의 아버지 이막룡(李莫龍)이 전(前) 현감 손지에게 매를 맞은 뒤 얼마 지나지 않아 병들어 죽은 것에 대한 복수였다. 손지는 살인죄로 체포되었으나 무죄로 석방되었는데 이명은 아버지를 죽인 원수를 잊지 않았다. 그리고 13년 뒤 손지가 마침 상주에 내려가게 되었는데 이 소식을 들은 이명은 "내가 인제 원수를 갚겠다"고 부르짖고는 동생 이가음이(李加音伊)와 함께 곧바로 손지가 거처하는 곳으로 달려갔다. 손지는 황급히 도망쳐 피하고 손지의 종인(從人) 춘봉(春奉)이 칼을 뽑아 들고 가로막았다. 그러자 이명이 먼저 춘봉을 찔러 죽이고, 가음이는 손지를 마구 찔러 죽였다.

형제는 모두 도망쳐 숨어 있다가 한 달 후 관아에 나타나 "아버지가 죽은 뒤에 밤낮으로 절치부심하며 원수 갚기를 생각하였으나, 다만 동생이 어리기 때문에 장성하기를 기다려 힘을 합쳐 복수하려고 지금까지 참아 왔는데 이제는 소원을 풀었습니다. 죽어도 여한이 없으나 집에

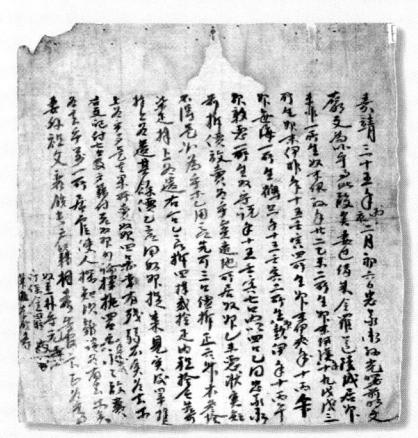

● **노비 매매 문서** 조선시대에 노비는 양반의 소유물 취급을 당했지만, 예교를 중시한 사회 분위기로 볼 때 노비의 복수도 용인되었을 가능성이 크다. 경주 손씨 서백당 소장.

노모가 계시므로 살길을 처리한 뒤에 비로소 출두하였습니다"라며 자수하였다. 이명 형제는 한양으로 압송되어 신문을 받았는데, 가음이는 병들어 죽고 이명에 대한 처리가 논의되었다. 정부 대신들 사이에서는 손지만 죽였다면 복수로 인정할 수도 있지만 죄 없는 춘봉까지 함께 죽였으므로 사형에 처해야 한다는 입장과, 춘봉을 죽이지 않으면 복수를 할 수 없었으므로 복수의 연장선상에서 보아야 한다는 의견이 팽팽히 맞섰다.

그러나 결국 10년이나 기다려 아비의 원수를 갚은 것은 장한 일이라는 입장이 우세하였다. 처음에는 이명을 사형에 처해야 한다고 했던 숙종도 마음을 바꾸어 정리(情理)로 보아 용서해 줄 만하다며 유배를 보내도록 최종 판결하였다.

이명은 비록 종이었다가 양인이 되었다고는 하지만 옛 상전을 죽였으므로 사실상 상전에 대한 노비의 복수라고 할 수 있다. 그런 이명이 사형을 감면받은 것을 보면 노비의 복수도 용인받았을 가능성이 크다. 사건 내용이 김계손 형제 사건과 매우 유사한데, 처음 이명의 사형을 주장한 숙종의 태도는 김계손 형제를 등용하도록 지시한 정조의 자세와는 차이가 크다.

홍경래전

생생한 민중 항쟁사

작 품 설 명

『홍경래전』(洪景來傳)은 필사본 한문 소설로 그 작자와 창작 연대는 정확히 알 수 없다. 1811년(순조 11) 12월 18일 평안북도 가산에서 시작되어 4개월 동안 전개되었던 '홍경래의 난'의 전개 과정을 그리고 있는 이 작품은 흔히 소설로 분류되지만, 상당 부분 사실에 근거를 두고 있는 전기체 작품이다. 서울대학교 규장각에 소장된 『속조야집요』(續朝野輯要) 가운데 『홍경래임신사략』(洪景來壬申事略)이란 글이 있는데 『홍경래전』과 똑같은 내용이어서 19세기 당시 『홍경래전』이 널리 읽혔음을 짐작할 수 있다.

역사적인 사건인 '홍경래의 난'을 다룬 작품으로는 『홍경래전』 이외에 소설 『신미록』(辛未錄)·『홍경래실기』(洪景來實記) 등이 전하며, 가사체로 된 「정주가」(定州歌)·「정주승전곡」(定州勝戰曲)도 남아 있다. 그중 『신미록』은 관군의 편에 서서 '홍경래의 난'을 서술하고 있기 때문에 홍경래는 이 작품에서 시종 왕권에 반역한 적당으로 그려지고 있고, 『홍경래실기』는 홍경래를 영웅화시키고자 하였지만 역시 관군의 입장에서 사건을 설명하고 있다. 그에 비해 『홍경래전』은 비록 홍경래군을 도적이란 뜻에서 '적'(賊)이라 부르는 등 적잖은 한계를 지니고 있지만 홍경래와 민중의 편에서 사건을 서술하고 있다는 점에 의의가 있다. 따라서 이 작품은 '홍경래의 난'을 이해하는 데 없어서는 안 될 필수적인 자료라 할 수 있다.

차별받는 기회의 땅 평안도

　　정치가로 널리 알려진 윤치호(尹致昊, 1865~1945)는 1929년 동경대 법학과를 졸업한 당대 최고의 엘리트 정광현을 사위로 맞았다. 최고의 엘리트를 사위로 맞는 것은 더없이 경사스러운 일이었지만 마음 한구석이 편치 않았는데 그 이유는 바로 정광현이 평양 출신이었기 때문이다. 윤치호는 "이 결혼이 서울 명문가에서 평양 출신 사위를 맞는 첫 번째 사례이므로 조롱과 비난의 표적이 될 것"이라며 불편한 심기를 드러냈는데, 이것은 평안도에 대한 차별이 얼마나 뿌리 깊은 것이었는지를 잘 보여 주는 일화이다.

　　평안도는 조선시대에는 물론이고 광복 이후까지도 차별을 받았지만 사실은 한국사에서 매우 의미 있는 지역이다. 설화상의 이야기이기는 하지만 환웅이 처음 자리를 잡은 곳이 다름 아닌 평안도 묘향산이었다. 또 은나라의 기자(箕子)가 조선에 봉해졌을 때 도읍을 정한 곳이 바로 평안도 평양이었다고 전해진다. 이처럼 평안도는 중요한 지역이었기 때문에 묘청(妙淸, ?~1135)은 일찍이 고려의 수도를 평양으로 옮기려는 계획을 세운 바 있다. 조정에서도 평안도를 중시하여 고려 충숙왕 22년(1325)에는 기자에게 제사 지내기 위해 평양에 숭인전(崇仁殿)이라는 전각을 세우기도 하였다. 그런데 이런 평안도가 언제부터인가 차별받는 지역으로 변하기 시작했다.

　　가장 큰 차별은 평안도 출신은 과거에 급제해도 좋은 관직에 진출할

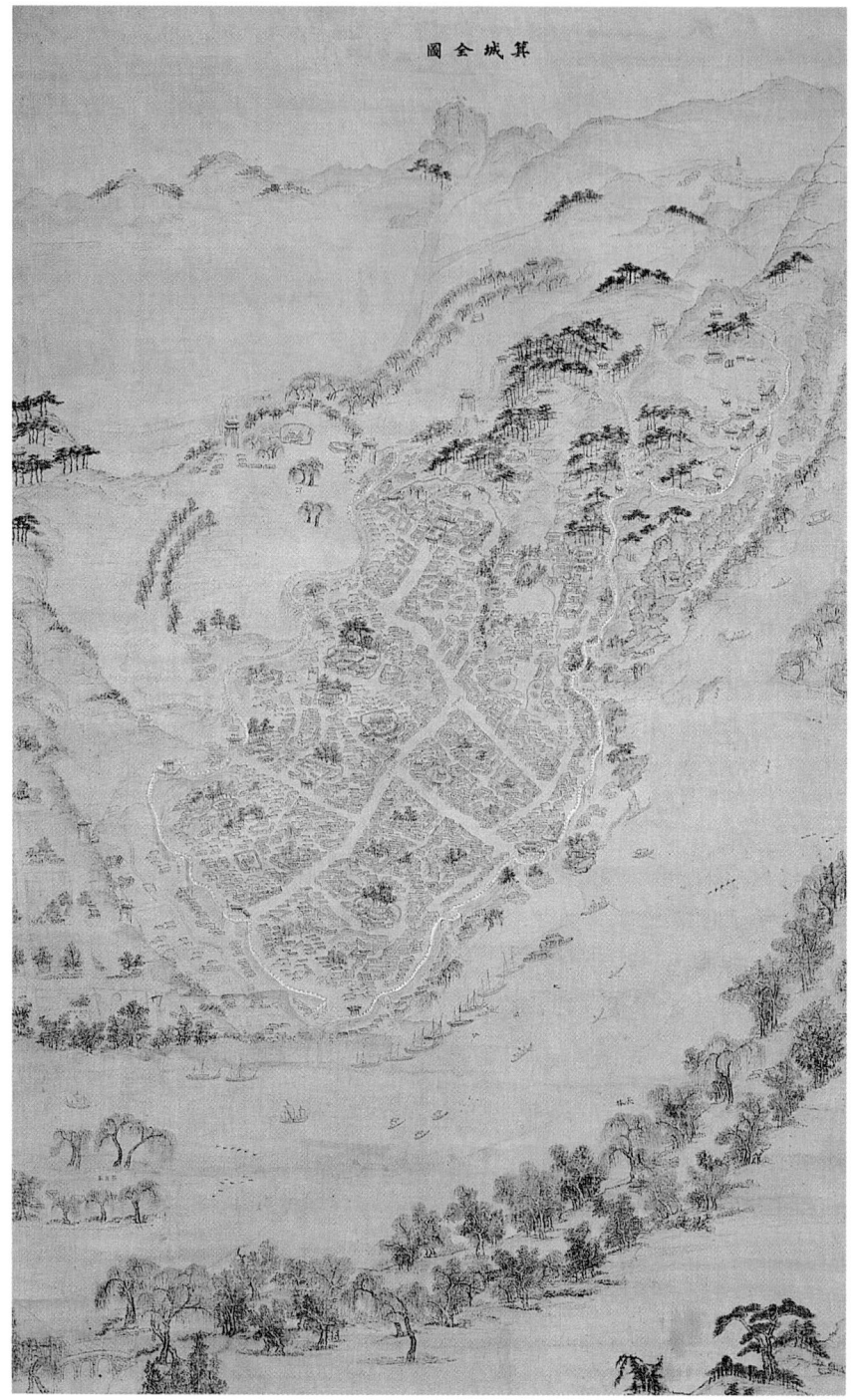

수 없다는 점이었다. 조선시대에는 '분관'(分官)이라 하여 문과 급제자들을 승문원, 성균관, 교서관 등에 나누어 소속시킨 뒤 임시 직책을 주어 실무를 습득하게 하였다. 그 가운데 외교에 관한 문서를 맡아보는 승문원이 선망의 대상이 되었는데, 문벌 가문의 자제들이 모두 그 자리를 차지하였다. 그 반면 평안도 출신 급제자들은 승문원 분관이 허락되지 않고 승문원보다 격이 떨어지는 성균관에 소속되는 것이 관례처럼 되었다.

무과 출신자 역시 마찬가지였다. 무과 급제자의 경우 선전관청, 부장청, 수문장청에 소속되었는데, 이는 장래 선전관, 부장, 수문장이 될 인물을 천거한다는 의미를 담고 있었다. 이 가운데 가장 주목을 받은 것은 선전관청이었다. 하지만 평안도 출신은 관직 진출에 유리한 선전관청에 들지 못하였다. 출발부터 차별을 받아 고위직으로의 진출이 쉽지 않았기 때문에 평안도 출신들은 정6품 정도까지 진급하는 것이 고작이었다.

평안도 출신들이 이렇게 차별을 받은 것은 평안도가 성리학의 보급이 늦은 지역이었기 때문이다. 지역적 특성상 남쪽에 비해 성리학의 보급이 늦었고, 그로 인해 양반층이 폭넓게 존재하지 않았으며 문과 급제자가 적었던 점들이 복합적으로 작용하여 서북인에 대한 차별 감정이 생기게 된 것이다. 이중환(李重煥, 1690~1752)은 '서북 지방에는 300년 이래 높은 벼슬을 한 관리가 없고, 혹 과거에 급제한 자도 관직이 현령에 불과했다'고 말하면서 『택리지』「팔도총론」에서 그 차별상을 다음과 같이 설명하였다.

또 나라의 풍속이 문벌을 중히 여겨 한양 사대부는 서북인과 혼인하거나 대등하게 사귀지 않았고, 서북인도 또한 감히 사대부와 더불어 대등한 교제를

● 〈기성전도〉 18세기 후반 평양의 모습이다. 민가가 꽉 들어찬 성곽 내부가 번성했던 평양의 면모를 잘 보여 준다. 이처럼 평안도 지방은 발전을 거듭했지만 평안도 출신에 대한 차별은 여전하였다. 서울대학교 규장각 소장.

하지 못하였다. 그리하여 서북 양도에는 드디어 사대부도 없게 되었고, 사대부도 또한 그곳에 가서 사는 자가 없었다. …… 이런 까닭에 서북 함경도와 평안도의 두 도는 살 만한 곳이 되지 못한다.

　이렇게 차별을 받고 있었지만 조선 후기에 들어오면서 평안도 지방은 그 실질적인 역량이 점차 강화되는 추세에 있었다. 우선 평안도에도 성리학이 전파되면서 과거 급제자가 급증하였다. 문과의 경우 정조-철종 연간 식년시에서 319명이 급제하였는데, 이는 전체의 26.2%를 차지하는 것으로 전국에서 가장 높은 수치였다. 무과의 경우에도 숙종대와 정조대에는 전체 급제자의 15% 이상, 순조대에는 20.3%를 차지해 한양보다는 적지만 8도 가운데는 가장 많은 급제자를 배출하였다.
　평안도는 경제적으로도 부유한 지역이었다. 무역로상에 위치했기 때문에 상업과 수공업이 크게 발달하였으며, 더욱이 양반 사회가 발달하지 않아 상업이나 수공업을 천시하고 억누르는 분위기도 없었다. 그런데 문제는 이러한 경제적 부가 지역 발전에 투자되지 못하고 세도가 혹은 세도가와 연결된 사람들의 배만 불리고 있었다는 사실이다. 경제적으로 부유했기 때문에 역설적으로 그에 상응하여 수탈 또한 극심했던 것이다. 과거를 통해 중앙 정계에 활발히 진출했다고는 하지만 아직까지는 정치적 역량이 부족해 지역을 보호할 수 없었기 때문에 일반 백성들은 수탈에 그야말로 무방비로 노출될 수밖에 없었다. 평안도의 이런 상황에 대해 『홍경래전』은 다음과 같이 설명하고 있다.

평안도 사람들은 더욱 당세에 쓰이지 못하였다. 조선 초에는 고려 유민이라 하여 위험시하여 쓰지 않았고, 나중에는 천하게 여겨서 쓰지 않았다. 한양의 하인배나 충청도의 졸개 따위에 이르기까지 서북인을 '사람'이라 부르지 않고 '놈'이라 하였다. 서북 지방의 감사, 수령들은 백성의 재물 토색하기를 다 반사로 여겼는데 이 또한 서북민을 내심으로 천시한 까닭이다.

이 같은 경제적 수탈로 인한 고통과 차별에 따른 피해 의식이 결합되면서 봉기의 에너지가 만들어졌던 것이다. 이제 그 에너지에 불을 당길 인물이 필요하였는데 홍경래(洪景來, 1771?~1812)가 바로 그였다.

봉기의 지휘자 홍경래

『홍경래전』에 그려진 홍경래는 어려서부터 비범한 아이였다. 1780년(정조 4) 평안도 용강군에서 태어난 그는 외숙 유학권(柳學權)에게 글을 배웠는데 8세 때 이미 한시를 지을 정도였다. 글재주도 뛰어났지만 특히 군사 방면에 관심이 많아 여러 아이들과 모여 놀 때면 스스로 대장이 되어 아이들을 거느리고 싸움 연습을 하였으며, 늘 둔덕이나 흙담 같은 곳을 뛰어오르고 넘곤 하였다.

또 그는 어려서부터 이미 반역을 꿈꾸었던 것으로 설명되어 있다.『사략』을 읽다가 "왕후장상이 어찌 따로 종자가 있느냐? 장사가 죽지 않으면 몰라도 죽게 되면 큰 이름을 드날릴 것이다"와 같은 구절에 이르러서는 반드시 두세 번 읽으며 감탄해 마지않았다고 한다. 그 때문에 유학권은 경래가 총명한 것을 기뻐하면서도 한편으로는 장래를 은근히 걱정하였다. 12세 때는 진시황제를 암살하려 한 전설적인 자객 형가(荊軻, ?~기원전 227)를 생각하며「송형가」(送荊軻)라는 시를 지었는데, '가을바람 불 때 역수 장사의 주먹은 대낮에 함양의 천자 머리를 노리네'라는 내용이었다. 시를 본 유학권은 모골이 송연해져 다음 날 경래를 집으로 돌려보내면서, '경래가 글 재주는 비상하지만 장래가 걱정된다'는 내용의 편지를 아버지에게 전하도록 하였다.

집으로 돌아온 경래는 주로 병서와 술서를 읽고 칼싸움 연습을 하며 시간을 보냈는데, 책상 머리맡에 늘 장검을 세워 놓았으며 출입할 때는 반드시 칼을 허리에 차고 돌아다녔다. 반면 집안일은 거들떠보지도 않았고 돈이 없어도 근심하는 일이 없었다. 그러다 19세 때 평양에서 열린 사마시에 응시했다가 국정의 부패 현상을 직접 목도하고 크게 격분한 나머지 마침내 혁명의 뜻을 품게 되었다고 한다.

홍경래는 그 역사적 비중에 비해 알려진 것이 별로 많지 않은 인물이다. 『홍경래전』에는 그가 1780년에 출생한 것으로 되어 있지만 사실 정확한 출생 연도조차 확인되지 않는다. '홍경래의 난'이 일어났을 당시의 주변 인물들조차 어떤 사람은 홍경래가 29세라고 하고 또 다른 사람은 42, 43세라고 하는 등 큰 차이가 있는데, 학자들은 대개 40대 초반이었을 것으로 추정하고 있다.

거주지는 평안도 용강군(龍岡郡) 다미동(多美洞)이었다. 선대는 알 수 없고, 사형제 가운데 셋째로 부인 최조이(崔召史)와의 사이에 두 아들이 있었던 것으로 알려져 있다. 이처럼 그의 가계에 대해 알려져 있는 것이 거의 없어 홍경래의 신분에 대해서도 의견이 엇갈리는데, 크게 몰락한 양반이라는 설과 평민이라는 설로 나누어진다. 최근에는 평민 가운데서도 하층민에 속한 인물이었다는 새로운 설이 제기되었다. 홍경래는 논밭이나 노비가 없었으며 일가들도 모두 가난했다고 하는데 이를 보면 하층민이었을 가능성이 크다.

빈한한 가정에서 출생하였으므로 설령 글재주가 있다손 치더라도 과거 준비는 쉽지 않았을 것이다. 홍경래가 소설에서처럼 과거에 응시했다면 실제로도 낙방했을 가능성이 크다. 일정한 가산도, 과거에 합격할 가망도 없던 홍경래는 풍수지리로 밥벌이를 하며 여기저기 떠돌아다녔다. 그런 과정에서 사회 현실에 관심을 갖게 되어 거사를 생각하게 된 것인지 아니면 거사를 결심하고 동조자들을 규합하기 위해 유랑한 것인지는 알 수 없지만, 어쨌든 1800년경에는 동조자들과 거사를 모의하는 단계에 들어갔다. 풍수가 우군칙(禹君則), 진사 김창시(金昌始), 노비였다가 무역으로 큰돈을 벌어 노비 신분을 벗어던진 이희저(李禧著) 등이 대표적인 동지였다.

반란을 꿈꾸던 많은 인물들이 그랬듯이 홍경래도 사람들의 환심을 사기 위해 『정감록』사상이나 풍수 도참설 등을 적절히 이용하였다. 그는 중국에 들어가 수만의 군사를 거느리고 있는 정 진인(鄭眞人)의 명령을 받아 자신이 움직이고 있다고 선전하였으며, 임신년에 기병(起兵)이 있을 것이라는 요언을 퍼뜨려 군중을 선동하였다. 봉기의 근거지는 풍수설에 근거하여 가산 다복동(多福洞)으로 택하였다. 그리 넓지는 않지만 울창한 산림으로 은폐되어 있을 뿐 아니라 수륙으로 통할 수 있어 거사를 도모하기에는 안성맞춤이었다.

홍경래는 마을 앞에 있는 신도(薪島)에 몸을 숨기고 있다가 얼마 후 각지의 두령들을 불러 봉기를 결의하였다. 자금을 마련하기 위해 추자도(楸子島)에 굴을 파고 몰래 돈을 주조하였으며 그 돈으로 군수품을 사 비축하였다. 한편으로는 운산 금광을 개발하는 데 필요한 광부를 모은다는 명분으로 선급금을 지급하여 사람들을 불러 모았다. 『홍경래전』에는 그러한 소문을 듣고 찾아온 사람을 나가지 못하도록 붙잡아 놓고 사격이나 검술 등을 가르쳤다고 되어 있는데, 실제로는 그렇게까지 할 수는 없었을 것이고 찾아온 사람 중 일부가 봉기군에 가담했던 것으로 보인다.

☾ 봉기군의 꿈과 좌절

1811년 12월 18일 밤 평안도 다복동, 홍경래는 봉기군을 모아 놓고 다음과 같이 최후의 당부를 하였다.

나는 선천 월봉산 아래 가야동에서 태어난 정 진인의 지휘를 받아 일하고 있다. 정 진인은 강계 폐사군 지역에서 일어나 철기(鐵騎) 수만을 이끌고 함경도·강원도·경상도에서 거사하고 있으니 모두들 공을 세우도록 하라.

'홍경래의 난'이 시작된 것이다. 봉기는 본래 이틀 후인 12월 20일로 계획되어 있었는데 정보가 사전에 누설되어 일부가 체포되자 급박하게 출정을 결정하였다. 도원수 홍경래가 지휘하는 봉기군은 바로 가산으로 향하였다. 중간 지휘자로 보이는 기마병이 30~40명, 일반 군사가 100~150명 정도였으니 그리 대단한 병력은 아니었다. 하지만 해이해질 대로 해이해진 지방 사회를 점령하는 데는 그 정도 병력이면 충분했다.

봉기군은 가산에서 저항하는 군수 정시(鄭蓍)를 살해하였으며, 민심을 얻고 군사를 모으기 위해 관의 곡식을 풀어 굶주린 백성을 구제하였다. 봉기군은 이어 각 지역의 수령들에게 격문을 보내 항복하고 봉기에 가담할 것을 요구하였다. 작전은 적중하여 사람들이 앞 다투어 봉기군에 가담하였다. 평안 병사는 "그 무리들이 처음에는 많지 않다가 관부에 들어와서는 창고를 열어 기민을 구제하고 돈을 풀어 모병을 하니 무뢰유걸의 무리들이 다투어 따르게 되어 날로 치성하여 요원의 세와 같다"고 보고하였다. 500명으

● 〈순무영진도〉 홍경래가 이끄는 봉기군은 정주성을 거점으로 관군에 저항했으나 결국 함락당하고 말았다. 그림은 홍경래의 난을 진압하기 위해 파견된 순무영군이 정주에서 봉기군과 대치하고 있는 모습이다. 방어를 위해 부대별로 목책 안에 들어가 있는 순무영군의 모습이 사실적이다. 서울대학교 규장각 소장.

로 불어난 봉기군 본대는 손쉽게 박천을 점령하였다.

한편 체포된 동지를 구하기 위해 곽산으로 갔던 부원수 김사용 일행은 임무를 완수한 후 19일 새벽 곽산을 점령하고 21일에는 정주를 접수하였다. 본대와 마찬가지로 이들 역시 창고를 풀어 곡식을 나누어 주고 현지의 유력가에게 관직을 제수함으로써 가는 곳마다 큰 호응을 얻을 수 있었다. 봉기군은 자연스럽게 홍경래가 이끄는 본대(남진군)와 김사용이 지휘하는 별대(북진군)의 2개 부대로 나뉘었다.

봉기군의 행보는 거칠 것이 없어 보였는데 뜻하지 않은 일이 발생하였다. 홍경래가 이끄는 본대는 본래 박천에서 영변을 공략한 후 안주로 진격할 계획이었다. 그런데 안주 병영의 집사 김대린(金大麟)과 이인배(李仁培)가 안주를 먼저 공격해야 승리한다고 주장하다가 자신들의 의견이 받아들여지지 않자 홍경래를 살해하고자 시도한 것이다. 『홍경래전』에 따르면 김대린 등이 자고 있는 홍경래의 목을 베려 하였는데 홍경래가 칼날을 잡고 위병을 불러 4명의 배신자를 그 자리에서 잡아 죽였다고 한다. 홍경래도 머리와 손에 중상을 입었는데 이 일로 정신적, 육체적 타격을 입어 점차 용기가 줄고 예전처럼 시원하게 싸울 수 없게 되었다고 설명하고 있다.

물론 과장된 부분이 없지 않지만, 홍경래가 큰 부상을 당한 것은 사실이며 이로 인해 거사 계획에도 차질이 생겼다. 본대는 홍경래가 회복할 시간을 벌기 위해 계획을 바꾸어 가산으로 회군했으며, 별대 또한 보조를 맞추기 위해 여러 날을 허비해야 했다. 반면 관군은 그사이에 전열을 재정비할 수 있었다.

봉기군의 행보에 놀란 조정에서는 부랴부랴 지방관을 새로 임명하고 관군을 파견하였다. 12월 29일 마침내 박천 송림(松林)에서 봉기군 본대와 관군 사이에 전투가 벌어졌다. 실질적인 첫 전투가 벌어진 셈이다. 당시 봉기군 본대의 병력은 최소 1,000명이었으며 관군은 2,000명 정도였던 것으로 알려져 있다. 본대는 이 첫 전투에서 수백 명이 전사하고 지휘관도 몇 희생되는 등 큰 타격을 입었다. 패한 본대는 관군의 추격을 피해 정주성으로 들어갔다. 별대도 1812년 1월 10일 곽산 사송야(四松野)에서 관군과 첫 전투를 벌였는데, 지휘관 이제초(李齊楚)가 잡혀 참수되고 수백 명이 전사하는 등 막대한 손실을 입었다. 남은 병력은 본대가 있는 정주성으로 쫓겨 들어갈 수밖에 없었다.

정주성을 함락시키기 위해 관군은 공격의 고삐를 바짝 조였다. 1월 15일에는 윤제(輪梯)라는 큰 사다리를 60여 개나 만들어 공세에 나섰다. 윤제는 성보다 더 높게 만든 공성 기구인데, 바깥에는 두꺼운 나무에다 쇠가죽을 덧대어 총알이나 화살을 막을 수 있도록 하고 꼭대기에는 총수(銃手), 안에는 군졸을 숨겨 성을 공략할 수 있도록 고안한 것이다. 하지만 봉기군의 저항도 만만치 않았다. 봉기군은 성에 몸을 숨긴 채 관군을 공격하였다. 날이 어두워지고 비까지 내려 화약을 사용할 수 없게 되자 관군은 13명의 전사자와 72명의 부상자를 낸 채 후퇴하였다.

하지만 봉기군이 고립무원의 상태에서 버티는 데는 한계가 있었다. 점차 식량이 바닥나자 밥에 밀가루를 섞어 먹다 성안의 소나무 껍질까지 다 벗겨 먹었으며, 나중에는 전투에 필요한 말마저 잡아먹는 상황에 이르렀다. 결국 굶어 죽는 자가 생겨났으며 견디지 못하고 도망하는 자도 속출하였다. 또 홍경래를 암살하고 투항하려는 시도도 나타났다.

이처럼 떨어진 사기를 진작시키기 위해 홍경래는 갖은 노력을 다하였다. 몸소 말을 타고 칼춤을 추었고, 전사자가 생기면 직접 제사를 올렸으며 부상자를 일일이 찾아다니며 위로했다. 때로는 술을 차려 놓고 군악을 울리며 사람들과 함께 즐기기도 하였다. 하지만 이런 노력으로는 이미 기울어진 전세를 역전시킬 수 없었다.

되살아나는 홍경래 신화

　　　　정주성에서 끈질기게 저항하는 봉기군에 고전을 면치 못하던 관군은 묘안을 생각해 냈다. 마치 영화 〈반지의 제왕〉의 한 장면처럼, 성벽 아래 땅을 판 뒤 화약으로 성벽을 폭파하기로 한 것이다. 4월 3일에 시작하여 18일까지 보름에 걸쳐 굴착 작업이 이루어졌고, 땅굴이 완성되자 화약 기술자를 불러 화약을 설치하였다. 마침내 19일 새벽, 거대한 폭음과 함께 화약이 폭발하였다. 폭발로 성 북쪽 벽이 파괴되자 이 틈을 타 관군이 진입하였으며 그 과정에서 홍경래는 총에 맞아 전사하였다. 『홍경래전』은 홍경래의 최후를 다음과 같이 전하고 있다.

경래는 우군칙, 홍총각과 함께 급히 의논하여 보졸로 변장하고 몇 명의 심복 장졸만 데리고 남문으로 나갔다. 장차 배를 타고 해상으로 도주하기로 계책을 세웠던 것이다. 막 남문을 빠져 몇 보 걸어 나가는데 마구 쏘아 대는 총탄에 경래는 가슴을 맞고 길 위에 넘어졌다. 정신을 차리고 일어나 걸으려고 하는데 관군이 덤벼들어 난도로 참살하고 말았다.

　　　　봉기군의 최후는 처참하였다. 정주성이 함락된 뒤 2,983명이 체포되었는데 이 가운데 10세 이하 소년 224명과 여자 842명을 제외한 1,917명이 모두 참수되었다. 얼마나 처절한 응징이 이루어졌는지를 알 수 있다. 이 때문인지 『홍경래전』에는 "성이 함락될 때 관군들이 남녀노소를 가리지 않고 살육하여 성안에 시체가 가득하였는데, 관군의 한 장수가 마침 길가에서 어린아이가 머리 없는 여자의 젖을 빨고 있는 것을 보고 측은히 여겨 부녀자와 10세 이하의 남자는 죽이지 말도록 명하였다"고 기록되어 있다.
　　　　결과적으로 '홍경래의 난'은 큰 희생만 초래한 채 실패로 돌아갔다. 하

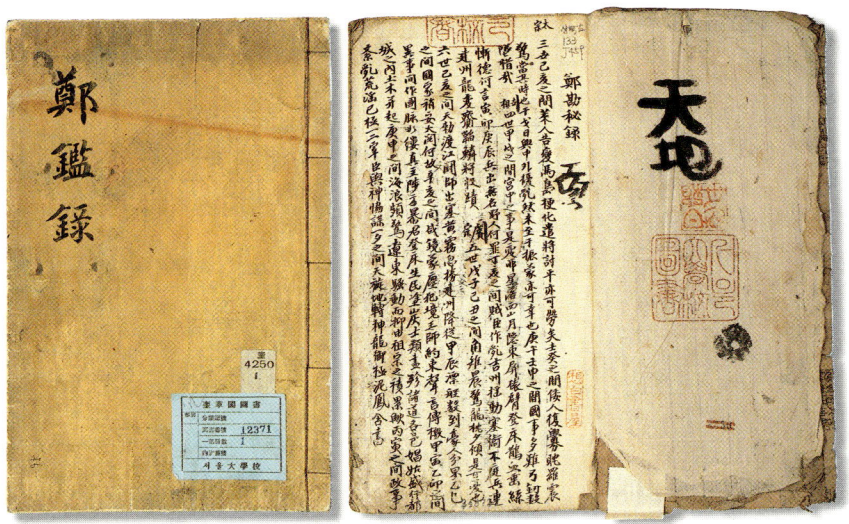

●『정감록』 홍경래를 비롯해 반란을 꿈꾸던 인물들은 대부분 『정감록』 사상이나 풍수 도참설을 이용해 백성들의 환심을 샀다. 서울대학교 규장각 소장.

지만 고통 속에서 신음하던 많은 사람들의 가슴속에 홍경래라는 이름 석 자는 깊이 각인되었다. 홍경래는 저항의 상징이 된 것이다. 1813년 제주도에서는 홍경래의 거병에 자극을 받은 양제해(梁濟海)라는 인물이 모반을 계획했다가 체포되었으며, 1819년 화성에서 괘서 사건을 일으켰다 잡힌 김재묵(金在默)은 '홍경래의 거사에 참여하지 못한 것이 한이 된다'고 진술하는 등 '홍경래의 난'이 끼친 사회적 영향은 대단하였다.

홍경래에 대한 존경심은 그의 죽음에 대한 애석함으로 나타났다. 이는 홍경래가 죽지 않았으면 하는 아쉬움으로, 혹시 홍경래가 살아 있지 않을까 하는 기대감 또는 홍경래는 반드시 살아 있어야 한다는 신념 같은 것으로 바뀌었다. 그러는 가운데 죽은 홍경래가 사람들의 마음속에서 되살아났다.

『홍경래전』은 앞서 인용한 홍경래의 최후를 설명한 뒤 바로 이어 "위에 쓴 것은 관군 측의 기록이고 정주의 야담에는 경래가 성벽이 무너질 때 몸을 날려 성을 넘어서 먼 곳으로 달아났다고 하며, 그날 살해된 이는 가짜 홍경래였다고 한다"는 내용을 덧붙이고 있다.

비교적 사실에 가깝다는 평가를 받고 있는 『홍경래실기』에도 홍경래가 죽지 않고 도망친 것으로 기술되어 있다. 홍경래에 대한 당시 사람들의 생각을 엿볼 수 있다. 변혁을 꿈꾸던 이들은 사람들의 그러한 심리를 이용해 '홍경래 불사설'을 유포하기도 했다.

1817년 장수에 살던 채수영(蔡壽永) 등이 전주 지역을 중심으로 이른바 녹림당(綠林黨)을 만들어 완영(完營)을 탈취하고 한양으로 쳐들어가 조정 관료를 처단하려고 도모하다가 사전에 발각된 일이 있었다. 당시 채수영은 약을 판다고 하거나 혹은 행상이라고 하면서 무리를 모았는데, 그 과정에서 홍경래가 죽지 않고 살아 대마도에 잠입했다는 설을 퍼뜨려 인심을 선동하였다.

1826년(순조 26) 5월에는 김치규(金致奎)라는 사람이 청주에서 괘서를 붙였다가 잡혔다. 김치규는 본래 평안도 중화(中和) 사람으로 충청도 청안(淸安)에 내려와 생활했는데, 성인·도사·장군·원수 등을 자처하며 무리를 모으고 괘서를 붙여 사람들을 선동하다 체포된 것이다. 그런데 그가 사람들을 모을 때 썼던 수법도 홍경래를 비롯한 주모자들이 죽지 않았으며 제주에서 모이기로 기약했다는 내용을 퍼뜨리는 것이었다. 괘서 내용 가운데 일부는 홍경래군의 격문에서 베끼기도 하였다. 그리고 괘서 끝에는 성명과 주소까지 써서 정말 홍경래를 중심으로 하는 집단이 있는 것처럼 믿게 만들었다. 이러한 사건들은 당시 사람들에게 홍경래라는 이름이 저항의 상징이자 희망이었음을 반증하는 것이다.

'홍경래의 난'과 김삿갓

홍경래가 군사를 일으킬 당시 봉기군의 초반 행로는 의외로 순탄하여 전투다운 전투 한번 없이 주변 지역을 점령해 나갔다. 이렇게 일이 순조롭게 진행될 수 있었던 것은 각 지역마다 내응 세력이 있었기 때문이기도 했지만 무책임한 지방관들의 태도도 중요한 원인으로 작용하였다. 처음 봉기군에 저항하다 살해된 가산 군수 정시를 제외하고는 대부분 도망가기에 급급했기 때문이다.

박천 군수 임성고는 숨어 있다가 노모가 구금되었다는 소식을 듣고 나와 항복하였고, 태천 현감 유정양은 봉기군의 위세에 놀라 봉기군이 들이닥치기도 전에 성을 버리고 영변 철옹성으로 피하였다. 철산 부사 이창겸은 도망치다가 잡혀 항복했고, 용천 부사 권수는 의주로 도망하였다. 또 곽산 군수 이영식은 벽장 속에 숨어 있다 발각되어 옥에 갇혔다가 읍의 장교 장재흥의 도움으로 정주성으로 도망하였으며, 정주 목사 이근주 역시 단신으로 탈출하여 안주 병영으로 피신하기에 바빴다.

그렇게 항복한 지방관 가운데 선천 부사 김익순도 있었다. 김익순은 봉기가 일어나던 18일, 난리가 날 것이라는 소문을 통해 봉기군의 계획을 미리 탐지했지만 막지 못하고 검산산성으로 피신했다가 봉기군에 항복하였다. 선천 부사 김익순은 김삿갓으로 더 잘 알려진 김병연(金炳淵, 1807~1863)의 조부이다. 김익순은 홍경래에게 투항한 죄로 사형을 당하고 그의 집안도 쑥밭이 되었는데, 김병연은 스스로 천지간의 죄인이라며 삿갓을 쓰고 하늘의 해를 보지 않았다고 한다.

한번은 김병연이 평안도에 갔을 때 노진(魯禛)이라는 사람이 "대대로 이어 온다고 말하는 나라의 신하 김익순아, 가산 군수 정 공(鄭公)은 하찮은 벼슬아치에 불과

김병연의 묘 김병연이 스무 살 되던 해에 영월 읍내에서 백일장 대회가 열렸는데, 정의감에 불타던 그는 충절을 위해 목숨을 버린 가산 군수 정시를 찬양하는 한편 홍경래에게 항복한 김익순의 불충을 강하게 비판하였다. 하지만 김익순이 자신의 할아버지라는 사실을 알고는 스스로 '천륜을 어긴 죄인'이라 단죄하고 세상을 떠돌았다. 강원도 영월군 소재. ⓒ 김성철

했지만, 너의 가문은 이름난 장동 김씨 훌륭한 집안, 이름도 장안의 순자 항렬이로다"라며 비난했다. 김병연은 이 시를 크게 읊은 뒤 "참 잘 지었다"고 말하고는 피를 토하고 다시는 평안도 땅을 밟지 않았다고 한다. 결과적으로 홍경래가 김삿갓이라는 천재 시인을 만들었다고 하면 지나친 과장일까?

배비장전

배 비장, 절해고도 제주에서 혹독한 신고식을 치르다

작 품 설 명

「배비장전」(裵裨將傳)은 조선 후기에 유행한 작자 미상의 한글 소설이다. 일찍부터 판소리 〈배비장타령〉으로 불려 오다가 소설화되었다. 먼저 판소리로 널리 불렸다는 것은 그만큼 이 이야기가 서민들의 정서에 잘 맞았음을 의미한다.

소설은 배씨 성을 가진 비장(裨將)이 제주도에 도착하여 기생 애랑과 사랑을 나누는 이야기와 함께 관인 사회에서 한 번은 거쳐야 할 신참례(新參禮) 문화가 중심을 이룬다. 평범하면서도 고지식한 배 비장은 전임 비장이 애랑과의 이별을 안타까워하여 이까지 빼 주는 것을 보고 한심해 하면서 자신은 여자의 유혹에 절대 빠지지 않겠다고 다짐한다. 이후에도 배 비장은 술자리나 여자의 유혹을 멀리하면서 기존의 관행에 쉽게 휩쓸리지 않았는데, 이 때문에 다른 관리들의 미움을 산다. 드디어 목사·방자·애랑까지 합세한 배 비장 곯려 주기 계책이 추진된다. 어느 봄날 야외 놀이판에서 애랑의 교태에 반한 배 비장은 꾀병을 핑계로 대열에서 이탈하고, 이후 방자의 적극적인 주선으로 애랑과의 정분을 키워 간다. 급기야 애랑의 집까지 찾아가나 미리 계획을 꾸민 방자에 의해 혼비백산 쫓겨난다. 겨우 궤짝에 몸을 숨겼으나 목사와 관리들이 지켜보는 가운데 궤짝은 동헌으로 운반되었으며, 알몸으로 궤짝에서 나온 배 비장은 모든 사람의 웃음거리가 된다.

「배비장전」은 관인 사회의 야합상(野合相)을 소재로 관인 사회를 날카롭게 풍자하고 있는데, 시종 웃음을 선사하며 해학적으로 풀어 나가고 있는 것이 특징이다. 특히 조선 후기 하급 관인의 위선적이고 호색적인 모습과 당시 관행으로 굳어진 신고식 문화를 잘 묘사하고 있다. 또한 「배비장전」은 관인 사회의 말단 벼슬인 비장과 함께 방자·기생 등 사회의 하급 계층들을 주인공으로 하여 소설의 친근감을 더한 점과, 조선 후기까지 그다지 이목을 끌지 못했던 제주도를 공간 배경으로 선택한 점이 주목된다.

하층민이 엮어 내는 친근한 이야기

『배비장전』의 주요 등장인물 중 비장은 조선 후기 하급 관리를, 기생과 방자는 전형적인 하급 계층을 대표한다. 비장은 조선시대 관찰사·절도사 등 지방 장관이 데리고 다니던 하급 벼슬아치로서, 막료(幕僚)·막비(幕裨)·막객(幕客) 등으로도 불렸다. 지방 수령이 자신의 막료로 선정하여 부임하는 곳으로 대동해 갈 수 있는 특수한 관인이었는데, 주로 몰락 양반이나 서얼을 비롯한 중인층 신분에 속한 사람들이 맡았다.

『배비장전』의 앞부분에는 바다 위에서 풍랑을 만난 비장들이 탄식하는 대목이 나온다. 그중에 "나는 형세 가난하여 밥거리나 얻자 하고"라거나 "나는 형세는 여유 있건만 오십 년 동안 환로(宦路)에 못 들어가 벼슬 하나 얻으려고"라면서 각자 비장이 된 계기를 넋두리로 풀어내는 장면이 있다. 이를 통해 호구지책으로 또는 하급 벼슬자리 하나 차지할 목적으로 비장이 되었음을 알 수 있다. 조선 후기에는 국경 인접 지역인 의주·강계·동래·제주의 수령 및 방어사(防禦使)들이 비장을 거느리는 것이 관례화되었는데, 이 소설의 주인공 배 비장도 제주의 수령에게 딸린 비장이었다.

소설의 전반부에는 기생 애랑이 연분을 맺었던 정 비장과 이별하는 장면이 나온다. 정 비장이 떠나고 배 비장이 새로 전입하는 것으로 보아 비장은 지방에 토착하고 있는 관리가 아니라는 사실을 알 수 있다.

● **유운홍의 〈기녀〉** 조선시대의 기생은 국가에서 양성하는 무용수 겸 가수였으며, 관리들의 생리를 누구보다 잘 아는 존재였다. 개인 소장.

　　이 소설의 또 다른 주인공은 기생이다. 조선시대의 기생은 국가에서 양성하는 여성 무용수 겸 가수였으며, 기녀·여기(女妓)·창기(娼妓) 등으로도 불렸다. 국가에서 관리하는 기녀에는 한양·경기와 지방 고을의 관기(官妓)가 있었다. 지방에서는 대개 악사의 딸이나 관비들 가운데 인물이 곱고 재주가 뛰어난 어린아이들을 기생 양성소인 교방(敎坊)에 보내 관기로 길러냈고, 자질이 있는 자는 한양으로 불려 올라가기도 했다. 기생으로 가장 유명한 도시는 평양이었으며, 논개를 배출한 진주, 조선시대 중국 사신들의 통로였던 의주나 해주도 유명하였다.

　　기생 출신으로 타고난 음악적 재능을 발판 삼아 최고의 자리에 오른 인물로는 단연 장녹수를 꼽을 수 있다. 장녹수는 연산군의 눈에 들어 내명부종3품인 숙용(淑容)의 지위에 올라 국정을 좌지우지하는 막강한 권세를 누렸다. 이외에도 대학자 서경덕과의 스캔들로 유명한 황진이, 허균과 교유한 부안 기생 매창, 시인 최경창을 죽도록 사랑한 홍랑 등이 한 시대를 풍미한 기생으로 손꼽힌다.

제주도 출신 기생으로는 만덕(萬德)이 유명하였다. "제주 기생 만덕이 재물을 풀어서 굶주리는 백성의 목숨을 구하였다고 제주 목사가 보고했다"는 글이 『정조실록』에 보이는데, 기생의 선행이 실록에까지 기록된 것으로 보아 만덕의 행적이 대단했음을 짐작할 수 있다. 『배비장전』의 애랑 또한 실존 인물은 아니지만 이 작품의 유명세 덕에 기생을 이야기할 때 빠지지 않는 인물이 되었다.

'방자'(房子) 하면 가장 먼저 『춘향전』에서 이 도령을 따라다니면서 춘향과의 연애에 결정적인 역할을 했던 사랑의 전령사를 떠올릴 것이다. 원래 방자는 지방 관아에서 심부름하는 남자 하인이나, 궁중 또는 상궁의 집에서 붙박이로 일하는 가정부를 가리키는 말로 남자와 여자를 모두 지칭하였다.

궁중의 방자는 비자(婢子)·각심이·방아이·방자비·방자나인 등의 별칭으로도 불렸고, 나인으로 뽑히지 못한 가난한 천민의 딸들이 많았다. 대개 머리를 땋아 늘이고 야청(검푸른 빛깔) 무명 저고리를 입었으며, 지방 관청의 방자들은 주로 무릎 높이까지 오는 짧은 무명 창의(氅衣: 벼슬아치가 평상시 입던 옷)를 입고 미투리를 신었다. 궁중 방자 중에는 특히 '글월비자'가 있어서 색장나인(문안 편지를 관장하던 궁인) 밑에서 심부름을 하거나 문안 편지를 돌리는 등의 바깥 근무를 하였다. 따라서 방자 하면 편지를 전해 주는 전령의 모습을 연상하는 것은 잘못된 일이 아니다. 『춘향전』에서 노총각 방자는 재치와 유머로 이 도령을 곯려 주기도 하지만 춘향과의 애정을 연결해 주는 전령사 역할을 충실히 해내고 있다.

이처럼 『배비장전』의 주인공은 비장·기생·방자 등 사회의 하급 계층에 속한 사람들로서, 이 소설의 향유층인 백성들과 깊은 공감대를 형성하고 있다.

유배의 땅 제주도, 『배비장전』의 무대가 되다

조선시대에 제주도는 최악의 유배지였다. 육지에서 가장 멀리 떨어진 절해고도(絶海孤島)로, 모든 정보가 차단되고 경제적 여건도 좋지 않은 지역이었기 때문이다. 제주 오현단에 배향된 김정·송인수·김상헌·정온·송시열 등 다섯 인물이 제주도를 대표하는데, 그중 어사로 제주에 파견된 김상헌을 제외하면 모두 사화와 당쟁의 격동기에 제주도로 유배 온 인물들이다. 그들은 유배 기간 동안 당시 학문의 불모지나 다름없던 제주도에서 학문을 진작시키는 데 크게 공헌하였다.

19세기 이후에도 제주도는 당대의 명망가들을 유배자로 맞이했다. 추사 김정희는 1840년부터 9년 동안 제주도에 유배되었는데, 유배 생활 동안에도 꼿꼿한 선비 정신을 잃지 않았으며 오히려 이 시기를 인격과 학문을 고양시키는 발판으로 삼았다. 그 유명한 추사체를 완성한 곳도 이곳이었으며, 유배지로 찾아온 제자 이상적에게 '추운 계절이 지난 뒤에야 소나무와 잣나무가 푸르게 남아 있음을 안다'는 공자의 명언을 담은 〈세한도〉(歲寒圖)를 완성해 보내 준 곳도 제주도였다.

근대의 인물 중에는 최익현, 김윤식 등이 무너져 가는 조선 사회를 일으켜 보고자 뜻을 세우다가 결국은 제주도로 유배되는 비운을 당하기도 했다. 이처럼 조선시대의 제주도는 정치적으로 핍박을 받았던 당대의 내로라

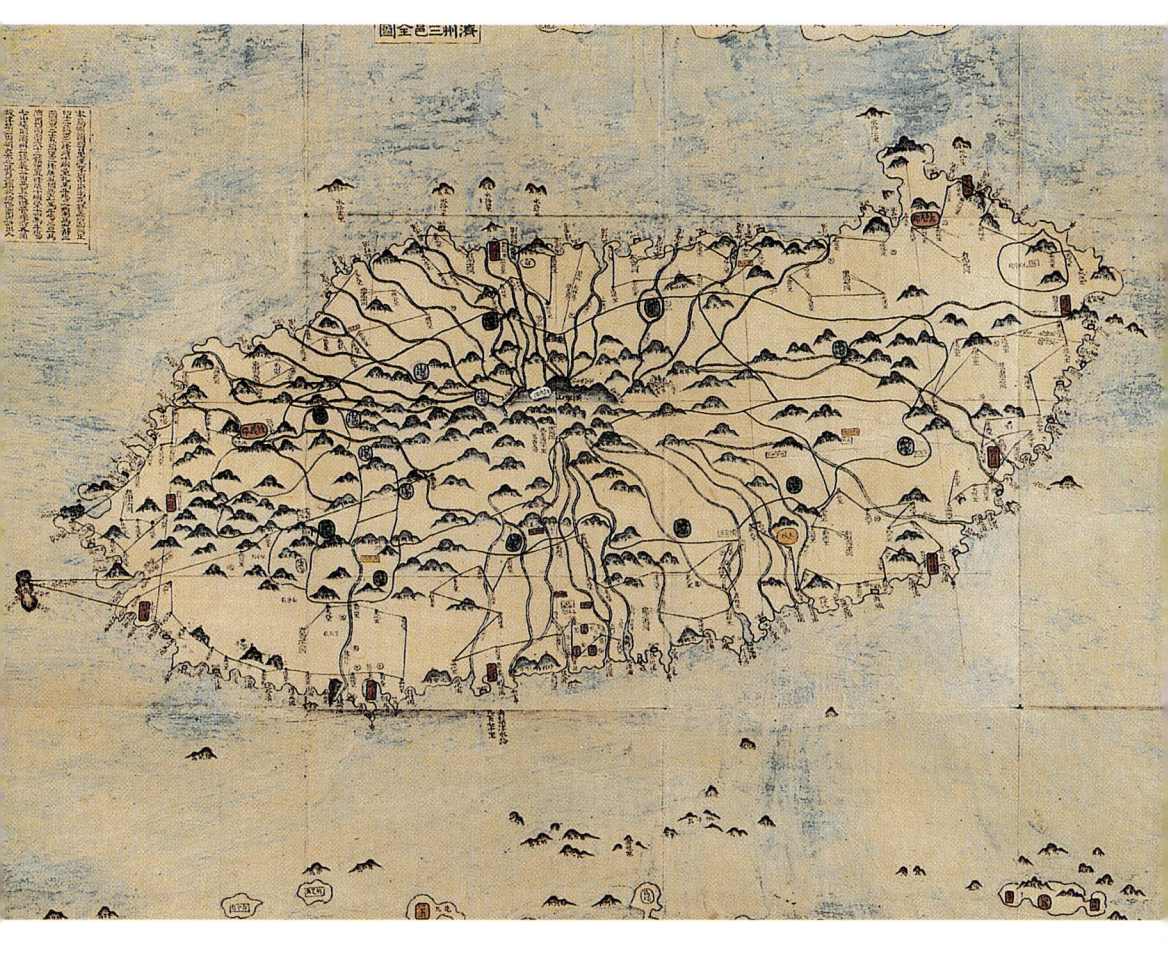

●〈제주삼읍전도〉 육지에서 멀리 떨어진 제주도는 조선시대 최악의 유배지로, 한번 가면 다시 돌아오기 힘든 곳으로 인식되었다. 서울대학교 규장각 소장.

하던 학자들이 재기를 위해 자신의 의지를 굳혀 나가던 공간이었다.

『배비장전』은 유배의 땅 제주를 배경으로 한 소설이라는 점에서 흥미를 끈다. 먼저 『배비장전』의 도입부에 표현된 제주의 모습을 살펴보자. "호남좌도 제주군 한라산은 옛적 탐라국 주산(主山)이요 남방도(南方道) 중 제일 명산이라. 험준하고 수려한 정기가 어리어서 기생 애랑이가 생겨났나 보더라. 애랑이가 비록 천기로 났을망정 색태(色態)는 월나라 서시(西施)와 당나라 양귀비를 압도하고……"라며 제주도의 험준하고 수려한 정기 덕에 애랑 같은 미인이 배출되었음을 설명하고 있다.

또 배 비장의 부인은 "제주라 하는 곳이 비록 사해도중(四海島中)에 있다 하나 색향(色鄕)이라 하옵니다. 만일 그곳 가 계시다가 주색에 몸이 잠겨 회정(回程)하지 못하면 부모께도 불효요 첩(妾)의 신세 원통하오"라며 제주가 색향임을 거듭 강조하고 있다.

그러나 역시 조선시대에 제주도는 그야말로 육지에서 멀리 떨어진 머나먼 섬, 한번 가면 다시 오기 힘든 곳으로 인식되었다. 배 비장의 어머니는 아들이 제주에 간다는 소식을 듣고 "제주라 하는 곳이 수로 천 리, 육로 천 리 하여 이천 리 먼 길에 날 버리고 네가 가니 나의 종신(終身) 못 볼 것이니 제발 가지 마라"라며 아들의 제주도행을 극구 말리기도 하였다.

『배비장전』은 배경이 되는 제주도의 구체적인 지역에 대해 곳곳에서 언급하고 있다. 배 비장 일행이 겨우 풍랑을 뚫고 도착한 곳은 환풍정(喚風亭)이었다. "환풍정 배를 내려 화북진(禾北鎭)에 당도하여 사면을 둘러보니 제주가 십팔경(十八景)이라. 제일경은 망월루(望月樓)인데 망월루 살펴보니……"라며 제주도 화북 포구 일대를 소개하고 있다. 또 "영무정(永舞亭) 바라보고 산지(山芝)내 얼핏 건너 북수각(北水閣) 지나 놓고 칠성(七星)골 너른 길로 관덕정(關德亭) 돌아들 때……"라는 등 주인공의 동선(動線)을 따라 각 지역을 기술하여 소설의 사실감을 더하고 있다.

『배비장전』은 작자 미상의 소설로 알려져 있는데, 제주도를 매우 구체적으로 설명하고 있는 점으로 미루어 볼 때 제주에 깊은 연고가 있는 인물의 작품임을 짐작할 수 있다. 또한 이것은 제주도가 조선 후기 소설 문학의 소외 지대가 아님을 보여 주는 것이기도 하다.

관인 사회의 첫 관문, 신고식

다시 『배비장전』으로 돌아가 보자. 부푼 기대 속에 제주도에 도착한 배 비장이 처음 목격한 것은 전임자인 정 비장과 기생 애랑의 이별 장면이었다. 정 비장은 사랑하는 애랑을 위해 창고에 넣어 두었던 자신의 짐을 모두 내주는가 하면 이까지 뽑아 주었다. 이 부분은 기생과 이별할 때 이를 뽑아 주었다는 소년의 이야기 즉 발치 설화(拔齒說話)와 유사한데, 여기서는 사랑에 눈먼 한심한 관리의 모습을 풍자하고 있다.

정 비장 못지않게 기생과의 이별 때문에 곤욕을 치른 실존 인물이 있다. 선조 22년(1589), 조선 사회를 뒤흔든 정여립의 역모 사건으로 정국이 초긴장 상태에 있을 때 전라도 도사(都事)로 있던 조대중이라는 인물이 관기를 데리고 다니다가 기생과의 이별이 못내 아쉬워 눈물을 흘렸다. 그런데 이를 목격한 사람들이 정여립의 자살을 슬퍼했다고 모함하는 바람에 어이없게도 처형을 당하고 말았다. 기생과의 정분 때문에 이가 빠진 정도가 아니라 목숨까지 잃은 경우이다.

한양을 떠날 때 어머니와 부인 앞에서 절대 여자를 가까이하지 않겠다고 맹세한 배 비장은 자신은 전임자의 전철을 되풀이하지 않겠다고 다짐하면서 이후에도 웬만한 술자리에는 참석하지 않는다. 그러나 배 비장을 시

● **제주목 관아 터** 조선시대 제주의 정치·문화·행정 중심지였던 제주목 관아의 건물들이 있던 터. 배 비장은 제주 목사의 막료였으므로 이곳에서 일했을 것이다. 제주 제주시 소재. ⓒ 김성철

중드는 방자와 애랑, 심지어 도덕군자인 체하는 배 비장의 모습을 싫어한 목사까지 나서서 유혹의 손길을 뻗친다.

제주 목사는 여러 기생을 불러 놓고 배 비장을 곤혹스럽게 만드는 자에게 후한 상을 줄 것을 선언하는데, 이에 기생 애랑은 "소녀가 비록 민첩하지 못하나 사또 분부대로 거행할 것입니다"라는 대답으로 목사와의 공모에 나선다.

어느 따뜻한 봄날, 목사가 마련한 한라산 나들이 행사에 참석한 배 비장은 수풀 속 시냇가에서 요염한 자태를 드러낸 애랑을 보고 한눈에 반해 버린다. 아내에게 철석같은 다짐을 한 그의 의지도 미기(美妓)의 출현에 흔들리고 만 것이다. 배 비장은 행사를 마치고 떠날 무렵 꾀병을 핑계하여 결국은 애랑과의 만남을 성사시킨다. 이미 애랑과 모의하여 한편이 된 목사는 마지못해 자리를 뜨는 척하면서 속으로는 자신의 계획에 말려든 배 비장을 보고 쾌재를 불렀다.

이제 배 비장과 애랑을 엮어 주는 데는 방자가 적극 나서게 된다. 배 비장은 방자의 주선으로 애랑이 차려 주는 음식을 받아먹은 후 애랑을 마음속 깊이 간직하여 그만 상사병이 들고 만다. 방자의 도움으로 애랑과 편지를 주고받으며 다시 만날 날을 고대하던 배 비장은 드디어 애랑의 허락을 얻어 방자가 지정한 개 가죽 옷을 입고 애랑의 집을 찾는다.

그러나 남편으로 가장한 방자에 의해 애랑의 집에서 쫓겨난 배 비장은 겨우 피나무 궤짝에 몸을 숨기는데, 다시 나타난 애랑의 남편(방자)은 궤짝을 불태워 버리거나 톱으로 잘라 버리겠다고 위협하여 배 비장을 정신없게 만든다. 드디어 궤짝은 제주 목사가 있는 동헌으로 운반되는데, 배 비장은 자신이 바다 속에 빠진 것으로 착각하여 궤짝에서 알몸으로 나와 허우적거리며 동헌 대청에 머리를 부딪치는 등 온갖 망신을 당하게 된다. 동헌에 모여 있던 목사 이하 모든 관속(官屬)들은 이 모습을 보고 통쾌한 웃음을 짓는다.

『배비장전』이 이 부분에서 끝나는 판본도 있지만 해피엔딩으로 끝나는 판본도 있다. 망신을 크게 당한 배 비장은 제주 목사에게 하직을 청하고 한양으로 돌아가기 위해 배를 기다리다가 다시 애랑을 만나게 된다. 그 뒤 정의 현감에 임명된 그는 애랑과 함께 부임하여 고을을 잘 다스렸다고 한다. 이 이야기에는 엄청난 신고식을 치른 배 비장이 관인 사회의 첫 관문을 무사히 넘기고 성숙한 관리로 성장하기를 바라는 염원이 담겨 있다.

율곡 이이도 피해 가지 못한 혹독한 신참례

　　이 소설에서 가장 중심이 되는 줄거리는 관인 사회에 첫발을 내디딘 배 비장이 절대 여자에게 빠지지 않을 것이라고 다짐했음에도 불구하고 목사, 방자, 애랑이 합심하여 꾸민 계략에 말려들어 큰 망신을 당한다는 것이다. 즉 이미 관료 사회에 진출해 있는 목사와 방자, 그리고 관리들의 생리를 누구보다 잘 알고 있는 기생이 중심이 되어 처음으로 관직에 진출한 비장을 혼내 줌으로써, 하급 관인 사회의 위선적이고 호색적인 모습을 풍자하고 관리의 길이 쉽지 않다는 사실을 해학적으로 풀어 나가고 있다.

　　『배비장전』의 중심 소재가 되는 신고식 문화인 신참례(新參禮)는 조선 건국 초부터 유래되어 온 것으로, 어느 시기나 신참례가 과하여 사회 문제가 되는 경우가 있었다. 특히 조선 중기의 대학자 율곡 이이는 신참례에 대해 부정적인 인식을 갖고 있었다. 과거에 아홉 번이나 장원 급제하여 구도장원공(九度壯元公)이란 명칭이 붙을 정도로 학문이 뛰어났고 모범적인 생활 태도를 보였던 이이는 신참례라는 명목으로 자신을 괴롭히는 선배들의 생리가 누구보다 싫었을 것이다.

　　이이는 문과에 급제한 후 외교에 관한 문서를 관장하던 승문원(承文院)에 소속되었는데, 선배들에게 불공(不恭)했다는 이유로 파직된 적이 있었다. 이이와 쌍벽을 이루는 대학자 퇴계 이황은 이 소식을 듣고 "신래(新來: 신참)를 희롱함이 잘못된 시속(時俗)이나, 이미 알고 그 길로 들어갔으니 홀로 모면할 일은 아니다"라면서 이미 풍속으로 굳어진 신참례는 피할 도리가 없다는 뜻을 나타냈다. 그러나 이이는 악습이라고 생각했던 신참례의 혁파를 건의하여 결국 성사시킨다. 그의 저서 『석담일기』(石潭日記)에는 1569년(선조 2) 9월, 이이가 국왕에게 아뢴 내용이 나온다.

● 〈기산풍속도첩〉 중 〈신은신래〉 과거에 급제한 사람을 '신은' 또는 '신래'라 하였는데, 먼저 급제한 친구들이 찾아와 치하한 후 신은을 못살게 굴던 풍속을 '신은 불린다'라고 하였다. 독일 함부르크 민족학박물관 소장. ⓒ 조흥윤

교화를 없애는 폐습은 개혁하지 않을 수 없습니다. 지금 처음 과거에 급제한 선비들을 사관에서 신래라 지목하여 곤욕을 주고 괴롭히는데 하지 않는 짓이 없습니다. 대체로 호걸의 선비는 과거 자체를 그리 대단하게 여기지 않는데, 하물며 갓을 부수고 옷을 찢으며 흙탕물에 구르게 하는 등 체통을 깡그리 잃게 하여 염치를 버리게 한 뒤에야 사판(仕版: 벼슬아치 명부)에 올려 주니, 호걸의 선비 치고 누가 세상에 쓰이기를 원하겠습니까.

이이는 이어서 신참례의 연원에 대해 "고려 말년에 과거가 공정하지 못하고 과거에 뽑힌 사람이 모두 귀한 집 자제로 입에 젖내 나는 것들이 많

배비장전 329

●─── 김홍도의 〈평양 감사 향연도〉(부분)   사연이 밝혀져 있지 않아 정확한 내용은 알 수 없으나, 평양 감사의 부임을 환영하기 위해 대동강변에서 베풀어진 연회를 담은 것으로 보인다. 국립중앙박물관 소장.

아, 그때 사람들이 분홍방(粉紅榜: 나이 어린 권문 자제가 과거에 급제한 일을 놀림조로 이르던 말)이라 지목하고 분격하여 침욕(侵辱)하기 시작하였다"고 말했다. 고려 후기 권문세족의 자제들이 부정한 방법으로 관직을 차지하자 이들의 버릇을 고쳐 주고 기강을 바로잡기 위해 신참례가 시작된 것임을 밝힌 것이다. 이처럼 원래의 신참례는 부정한 권력으로 관직에 오른 함량 미달의 인물들에게 국가의 관직은 함부로 차지할 수 없다는 점을 은연중 강조하기 위해 시작되었다. 그러나 이이가 살던 시대에 이미 신참례는 그 좋은 취지는 잊혀진 채 그저 하급자를 괴롭히는 수단으로 전락하여 사회 문제가 되었던 것이다.

『태조실록』 태조 1년(1392) 11월 25일의 기록을 보면 도평의사사에서 감찰, 삼관(三館: 예문관·성균관·교서관), 내시, 다방(茶房: 약을 지어 바치던 궁중의 한 부서) 등의 관직에서 신참에게 번잡한 의식을 치르는 폐단을 없앨 것을 청한 내용이 보이는데, 이로 미루어 신참례가 조선 초기에도 상당히 유행했음을 알 수 있다. 16세기에 편찬된 성현의 『용재총화』에도 신참례에 관한 기록이 있는데, 그중 몇 개의 사례를 살펴보자.

사헌부에서는 새로 들어온 사람을 신귀(新鬼)라 하여 여러 가지로 욕보인다. 방 가운데서 서까래만 한 긴 나무를 신참으로 하여금 들게 하는데 이것을 경홀(擎笏)이라 하며, 들지 못하면 신참은 선배에게 무릎을 내놓으며 선배가 주먹으로 이를 때리고 윗사람에서 아랫사람으로 내려간다. 신참에게 물고기 잡는 놀이를 하게 하는데, 연못에 들어가 사모(紗帽)로 물을 퍼내게 하므로 의복이 모두 더러워진다. 또 거미 잡기 놀이를 하는데, 손으로 부엌 벽을 문질러 두 손이 옻칠을 한 듯 검어지면 손을 씻게 한 뒤 그 물을 마시게 하는데 물이 하도 더러워 토하지 않는 사람이 없다. …… 술이 거나하면 「상대별곡」(霜臺別曲: 사헌부의 생활을 읊은 권근의 경기체가)을 노래한다. 이런 풍습의 유래는 오래되었는데 성종이 이를 싫어하여 신래를 괴롭히는 일을 모두 엄하게 금하니 그 풍습이 조금 없어졌으나 아직도 옛날 풍습이 폐한 것이 없다.

삼관(三館) 풍속에는 남행원(南行員: 조상 덕으로 관리가 된 사람)이 그 두목을 상관장(上官長)으로 삼아 공경해서 이를 받들었고, 새로 급제하여 분속된 자는 신래라 하여 욕을 주어 괴롭혔으며 또 술과 음식을 징색(徵索: 징발하여 뽑아냄)하되 대중이 없었으니 이는 교만한 것을 꺾으려 함이었다. 처음으로 출사하는 것을 허참(許參)이라 하고 예를 끝내면 신면(新免)이라 하여, 신면을 하여야만 비로소 구관(舊官)과 더불어 잔치를 베풀었다.

새로 급제한 사람으로서 삼관에 들어가는 자를 먼저 급제한 사람이 괴롭혔는데, 이것은 선후의 차례를 보이기 위함이요 한편으로는 교만한 기를 꺾고자 함이었다. 그중에서도 예문관이 더욱 심하였다. 새로 들어와서 처음으로 배직(拜職)하여 연석을 베푸는 것을 허참이라 하고, 50일이 지나 연석을 베푸는 것을 면신(免新)이라 하며, 그 중간에 연석을 베푸는 것을 중일연(中日宴)이라 하였다. 매양 연석에서는 새로 들어온 사람에게 성대한 음식을 준비하게 했는데, 혹은 그 집에서 하고 혹은 다른 곳에서 하되 반드시 어두워져야 왔다.

이러한 신참례의 폐단을 막아 보고자 『경국대전』에 '신래를 침학(侵虐: 심하게 괴롭히고 학대함)하는 자는 장(杖) 60에 처한다'는 규정을 명문화 했지만 신참례의 습속을 완전히 막을 수는 없었다. 『배비장전』의 중심 소재 또한 신참례인 것을 보면 이 풍습이 관인 사회 저변에 강하게 정착되어 있었음을 확인할 수 있다.

신참례는 새로운 구성원이 빠른 시일 내에 새로운 환경에 적응할 수 있도록 하는 계기가 된다는 점을 감안하면 반드시 부정적인 것만도 아니다. 그러나 어느 시대 어느 지역에서든지 그것이 과도하게 적용될 때는 문제가 생기게 마련이다. 조선시대에 신참례의 문제점이 꾸준히 제기된 것은 그것이 지나치게 가혹해 신참들을 새로운 문화나 공간에 적응하게 하기는커녕 오히려 거부감부터 갖게 했기 때문이다. 『배비장전』은 바로 이러한 관인 사회의 신참례 문화를 해학적으로 풍자하고 있다.

국가와 민족을 초월한 신고식 문화

프랑스의 고등학교와 대학에는 선배들이 '비쥐'(신입생을 부르는 속어)에게 구걸을 시키거나 기괴한 짓을 강요하는 등 학대, 구박하는 '비쥐타주'라는 전통의 신고식이 있다. 미국 메이저 리그에서 활약하는 박찬호 또한 1996년 다저스 구단의 오랜 전통인 루키 신고식 때문에 자신이 애지중지하던 옷을 갈기갈기 찢기는 곤욕을 치른 바 있다.

지금은 거의 사라지고 없지만 우리나라 대학의 신입생 환영회에서도 짬뽕 그릇에 소주 따라 마시기 등 갖가지 곤혹스러운 행사가 신참례의 명목으로 행해져 왔다. 그 결과 꽃다운 젊은이들이 목숨을 잃는 비극이 발생하기도 했다. 그 밖에 폭탄주로 유명한 검찰 사회의 신고식, 남자라면 누구나 경험했을 군대의 신고식 등 다양한 신고식 문화가 우리 사회 곳곳에 깊숙이 스며들어 있다.

이처럼 국경과 민족, 시대에 관계없이 집단이나 조직에는 그들만의 독특한 신고식 문화가 있게 마련이다. 민족학자나 종교 사학자들은 이를 고대로부터 지속된 통과의례의 속화(俗化)된 형태로 해석한다. 라틴 어와 그리스 어의 어원을 따져 보면 통과의례란 '인간이라는

● 〈신관도임 연회도〉(부분) 신임 수령의 부임을 축하하기 위해 고을 관아에서 열린 연회를 그린 기록화이다. 고려대학교 박물관 소장.

씨앗을 성숙하게 완성시켜 줄 어떤 상태의 시작'을 일컫는다고 한다. 통과의례의 후보를 가리키는 '신참자'(neophyte)라는 단어는 '땅에 묻혔던 낟알에서 싹터 오른 새 초목'이란 뜻이다. 따라서 신참자는 시련을 통해 통과의례 이전의 자신의 존재를 죽여야 하고 그래야만 '새로운 사람'으로 거듭날 수 있다는 것이다. 과거와 현재, 동양과 서양을 막론하고 신참들에 대한 신고식 문화는 이러한 뜻을 담고 있다. 따라서 이제부터라도 '집단 괴롭힘'으로 변질된 신고식 문화를 바로잡고 원래의 좋은 취지를 되살려야 하지 않을까 싶다.

흥부전

해학으로 풀어 간 빈농과 부농의 갈등과 화해

작품 설명

『흥부전』(興夫傳)은 조선 후기의 판소리계 소설로, 『흥보전』·『박흥보전』·『놀부전』 등 다양한 판본이 전한다. '방이 설화'나 '박 타는 처녀' 등 전래 설화를 바탕으로 하면서도 당시의 사회상을 적절히 반영하고 있다. 판소리 사설로 정착되는 과정에서 소설로도 읽혔으며, 1870년 신재효가 기존의 〈흥부가〉를 〈박타령〉으로 정리하면서 전국적으로 널리 보급되었다.

당시 서민들의 생활상이 잘 반영돼 있는 『흥부전』은 조선 후기에 광대·가객 등 서민 예능인들에 의해 창작되었을 가능성이 높은 작품이다. 특히 흥부와 놀부 형제는 조선 후기의 사회·경제적 변동 속에서 탄생한 전형적인 인물로서, 놀부는 급속한 농촌 경제의 발전을 통해 광범하게 토지를 확보한 부농의 모습을, 흥부는 소작의 기회마저 얻지 못하고 품팔이꾼으로 전락한 빈농의 모습을 대변한다. 또한 이 작품은 장자 상속 제도가 정착된 조선 후기의 사회상을 잘 보여 주고 있다.

『흥부전』의 가장 극적인 부분은 흥부와 놀부가 각각 박을 타는 장면이다. 흥부의 박에서 나오는 것들은 당시 농민들이 무엇을 염원했는지 새삼 일깨워 주고, 놀부의 박에서 나온 것들은 가난한 농민들을 대신해 위선에 가득 찬 부자를 철저히 응징한다.

『흥부전』은 동물 보은 설화를 차용하여 제비를 등장시키고 있으며, 놀부의 행태는 '혹부리 영감'을 연상시키는 등 요소마다 다양한 이야깃거리를 제시해 소설의 흥미를 더하고 있다. 또한 권선징악과 형제간의 우애 등 전통 시대의 유교 윤리 사상이 투영되어 있기도 하다. 그러나 『흥부전』이 널리 보급된 까닭은 무엇보다 이야기 속에 조선 후기 농촌 사회의 변화상과 농민의 생활상이 생생히 담겨 있기 때문이다.

놀부는 부자, 흥부는 가난뱅이가 된 사연

　　어린 시절 『흥부전』을 읽은 사람이라면 착한 흥부가 형 놀부에게 시달림을 받다가 결국에는 복을 받고, 놀부는 박에서 나온 인물들에게 벌을 받는 장면을 보며 흐뭇했던 기억이 있을 것이다. 그런데 곰곰이 생각해 보면 근본적인 의문이 생긴다. 어째서 형제인데 형은 엄청나게 부유하고 동생은 그렇게 가난한 것일까? 해답은 가족 제도와 상속 제도의 변화에 있다.

　　『흥부전』에는 조선 후기 농민들의 생활상이 곳곳에 나타나 있다. 경작할 농토 없이 이곳저곳 품팔이를 나서는 흥부 부부의 모습에서는 가난한 농민의 모습을 읽을 수 있다. 놀부의 박에서 나온 군상들의 신랄한 비판에는 당시 양반 사회를 풍자하는 농민들의 목소리가 담겨 있다. 이처럼 『흥부전』은 권선징악을 주제로 한 단순한 이야기가 아니라, 고통받는 농민의 현실과 농촌 사회의 변화상을 매우 사실적으로 그리고 있는 작품이다. 그럼 『흥부전』 속에 숨어 있는 조선시대 상속 제도의 변화와 다양한 사회상을 살펴보자.

　　우선 흥부와 놀부는 형제이면서도 성격이나 재산, 자식의 숫자 등에서 너무나 차이가 난다. 어떻게 그런 일이 가능할까?

놀부네 갔던 흥부가 몽둥이로 실컷 맞고 돌아오니 그것을 본 흥부 마누라, 바깥으로 뛰어나가선 덜컥 주저앉으며 태산같이 쌓인 곡식 누구를 주자고 아겨서 이리 몹시 때렸을까. 어떤 사람 팔자 좋아 <u>장손으로 태어나서 선영(先 塋: 죽은 조상) 제사 모신다고 호의호식 잘사는데</u> 누구는 버둥대도 이리 살기 어려울까, 차라리 나가서 콱 죽고 싶소.

　　흥부 아내의 넋두리 중 밑줄 친 부분은 흥부와 놀부가 한 형제이면서도 경제력의 차이가 나는 까닭을 알려 준다. 바로 놀부는 장손으로서 선영의 제사를 모시기 때문에 호의호식하며 잘살 수 있었던 것이다. 아들과 딸 중에 당연히 아들이 우선이요, 아들 중에서도 장자가 그 집안의 종손으로 조상의 제사를 모시므로 최대한 대접받아야 한다는 가부장적 가치관과 이에 따르는 재산 상속상의 차별, 이것이 『흥부전』을 풀어 가는 주요한 열쇠가 된다.

　　그럼 한 가지 질문을 던져 보자. 『흥부전』과 같은 소설이 고려시대나 조선 전기에도 나타날 수 있었을까? 대답은 '아니다'이다. 우리 역사상 남녀의 차별, 장남과 차남의 차별이 가장 엄격했던 사회는 17세기 이후인 조선 후기 사회였다. 최근 여성의 지위가 날로 높아지고 있다고 하지만 사실은 조선 전기 이전의 상태로 돌아가는 것에 다름 아니다.

　　우리의 전통 혼례를 살펴보면 고구려의 '데릴사위제'에서 볼 수 있듯이 결혼을 해도 남자가 여자 집에서 일정 기간을 살아야 했는데, '장가간다'는 말은 여기에서 비롯하였다. 『세종실록』에서는 "우리나라는 남자가 여자 집으로 장가를 가니 사위가 장인 보기를 친아버지처럼 하고 장인도 사위 보기를 친아들처럼 여긴다"고 하여 친가, 외가의 구분이 거의 없던 시대 분위기를 설명하고 있다. 바로 이러한 사회상이 반영되어 1476년에 편찬된 안동 권씨의 족보인 『성화보』(成化譜)에는 아들과 딸, 친손, 외손이 출생 순서에 따라 동일하게 수록되어 있다. 이는 출생 순서에 관계없이 남자를 먼저 쓰고 여자를 뒤에 쓴 조선 후기의 족보와는 근본적인 차이가 있는 것으로서, 남녀 차별이 이루어지지 않았던 사회상을 고스란히 보여 주고 있다.

그러나 조선 중기 이후 성리학이 사회 곳곳에 뿌리내리면서 혼례에도 남성의 입김이 강하게 반영되었다. 즉 혼례를 치른 후에 즉시 신부를 신랑 집으로 데려옴으로써 친정과의 관계를 단절하고 바로 시댁의 습속에 맞추도록 한 것이다. 기존의 '장가간다'는 말이 '시집온다'는 말로 바뀐 것은 이러한 사회 분위기를 압축적으로 보여 준다.

고려시대는 물론이고 조선 전기까지만 해도 장남과 차남, 그리고 딸 사이에는 특별한 차별이 없었다. 심지어 사위가 가계를 잇고 제사를 받드는 것도 이상한 일이 아니었다. 이러한 사회 분위기는 재산 상속에서도 그대로 나타났다. 『경국대전』의 재산 분배와 상속에 관한 규정은 우리의 상식을 뛰어넘는다. 먼저 재산 상속시 본처 소생의 경우 장남에서 혼인한 딸에 이르기까지 모두 똑같이 분급(分級)하도록 돼 있는데, 다만 집안의 가계를 잇는 사람에게는 5분의 1을 더 주도록 명시하고 있다. 『조선왕조실록』에도 15세기까지는 형제간에 재산 상속 분쟁이 생겼을 때 법에 따라 균등하게 배분한 사례가 여러 차례 나온다. 또한 부모가 자식에게 재산을 나눠 주며 작성한 「분재기」(分財記)를 살펴보아도 조선 전기에는 아들과 딸을 차별하지 않고 재산을 똑같이 분배했음을 알 수 있다. 따라서 조선 전기까지는 흥부와 놀부 형제처럼 엄청난 경제력의 차이가 나타나는 경우는 거의 없었을 것이다.

조선 후기에 정착된 장자 중심의 가족 제도

조선 후기에는 주자 성리학 이념이 정착되고 임진왜란과 병자호란 같은 큰 전란을 겪으면서 혈연 공동체 의식이 더욱 강화되었으며 남자 중심, 장자 중심의 가족 제도가 확산되었다. 그리고 이러한 가족 제도의 변화는 무

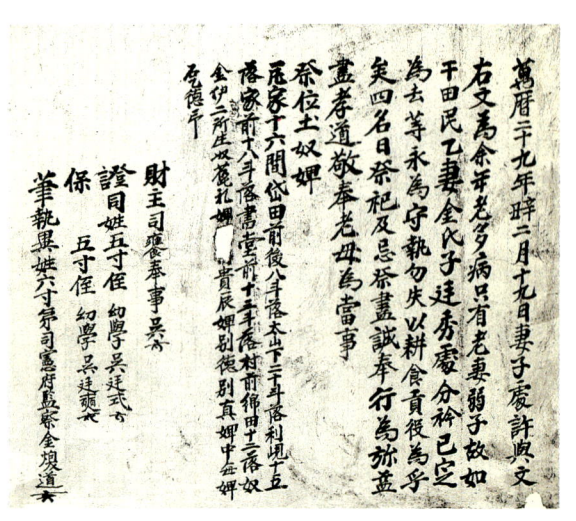

● 「분재기」 　 조선 후기에 작성된 「분재기」에는 조상의 봉양과 제사의 의무를 맡은 장자가 다른 형제보다 많은 재산을 상속받았음이 나타나 있다. 전북대학교 박물관 소장.

엇보다 상속 제도에서 뚜렷이 나타났다. 17세기에 작성된 「분재기」를 살펴보면 조선 전기까지 똑같았던 딸의 상속 재산이 아들의 3분의 1로 줄어들었는데, 그 이유는 딸이 조상의 봉양과 제사의 의무를 다하지 못한 데 있었다. 흥부 아내의 넋두리는 바로 조상 제사가 재산 상속의 주요한 기준으로 자리 잡았음을 보여 준다.

　　족보에도 아들들이 먼저 기재되었고, 딸의 경우 사위의 이름만 기재되어 그 밑으로 기록되던 외손들의 이름은 족보에서 완전히 사라지게 되었다. 조선 후기에는 아버지 중심의 혈통만이 강조되었다. 그중에서도 장자는 대가족 구성원의 대표자로서 우월한 지위를 보장받았다. 조선 후기로 접어들면서 4대 이내 조상을 사당에서 모시는 기제사가 정착되고, 나아가 5대 이상의 조상 제사를 지내기 위한 문중(門中) 조직이 생겨났으며 그 중심에는 적자의 혈통을 이어 온 종손이 있었다.

놀부는 바로 이러한 조선 후기 가족 제도가 정착된 시대에 탄생한 인물이었다. 이 시대에는 이미 잘사는 형과 못사는 동생들이 다수 나오게 되었는데, 이러한 사회상을 풍자와 해학으로 담아 낸 것이 바로 『흥부전』이다. 가난하지만 착한 동생이 결국에는 복을 받게 된다는 소설 속 설정은 사회적으로 차별받던 수많은 동생들에게 대리 만족을 안겨다 주는 한풀이적인 성격도 띠고 있다.

최근 문중의 딸들이 법정으로 몰려가고 있다. 이혼, 자녀 양육권 문제, 상속 재산 다툼 때문이 아니라 이제 종중(宗中)의 재산을 나눠 달라는 소송을 하기 위해서다. 어엿한 남자 자식임에도 불구하고 동생이라는 이유로 재산을 제대로 상속받지 못해 가난에 시달려야 했던 흥부나 조선 후기를 살았던 양반들이 안다면 기절초풍할 일이다. 남성의 전유물로만 여겨져 온 종중 문제에까지 여성이 양팔을 걷어붙이고 나선 것에서도 세월의 변화를 실감할 수 있다.

그러나 현재까지 대법원의 판례에 의하면, 종중의 규약상 종중원이 '남녀 후손'으로 되어 있다고 해도 법적으론 '성인 남성'만 인정되므로 여성은 종중의 재산 분배에서 제외된다고 한다. 조상의 제사를 모시고 묘소를 관리하는 종중의 전통상 구성원을 성인 남자로 인정하는 것이 타당하다는 게 이유였다. 그러나 가까운 미래에는 여성들이 엄연한 종중의 구성원이 되지 말라는 법이 없다. 현재 여러 분야에서 활발히 사회 진출을 하고 있는 여성의 지위나 역할을 감안할 때 여성이 종중의 당당한 구성원이 될 날도 머지않았다고 여겨진다. 남동생에게도 한 푼의 재산을 쥐어 주지 않았던 놀부가 문중의 재산을 요구하는 현대 여성들의 이러한 반란(?)을 목격한다면 과연 어떤 표정을 지을까?

🌙 우리 부부 품이나 팔러 갑시다

『흥부전』에는 조선 후기의 사회 경제적인 변화상이 사실적으로 반영되어 있다. 17세기 이후 조선 사회는 농업 생산력이 발달하고 상품 경제가 확대되면서 부익부 빈익빈 현상이 심화되어 갔다. 흥부가 가난한 농민의 대표라면 놀부는 사회 변동 속에서 급부상한 신흥 부자를 대표하였다. 신흥 부자가 되는 데는 전통적인 방식의 농업만을 고집하지 않는 사고가 필요하였다.

조선 후기에 이루어진 이앙법(모내기)의 보급은 농업 경제를 비약적으로 발전시켰으며 농민들의 노동력을 절감시켰다. 이에 따라 광범위한 농작지를 경영하는 경영형(經營型) 부농(富農)이 나타났다. 또한 상품 유통 경제가 성행하고 광산이 개발되면서 전체적으로 국부(國富)가 증진되었다. 그러나 이러한 경제적 풍요가 전체 농민들에게 고르게 분배된 것은 아니었다. 오히려 부유한 농민의 확대 성장 속에 소규모로 농사를 짓던 사람들은 토지를 잃고 소작농으로 전락하였으며 화전민과 유랑민까지 생겨났다.

흥부는 이러한 시기에 임노동자로 전락한 가난한 농민을 대표한다. 특히 흥부가 부인에게 "우리 부부 품이나 팔러 갑시다"라고 한 대목은 날품을 팔 수밖에 없는 어려운 농민의 처지를 보여 준다. 『흥부전』에는 이들 부부가 품팔이한 내용도 자세히 묘사되어 있는데, 흥부 아내는 용정방아(곡식 찧는 방아) 키질하기, 매주가(賣酒家: 술집)에서 술 거르기, 초상집에서 제복 짓기, 신사(神祀: 귀신을 모시는 곳)에서 떡 만들기, 언 손 불고 오줌 치기, 해빙(解氷)되면 나물 뜯기, 춘모(春麰: 봄보리) 갈아 보리 놓기 등의 허드렛일을 하였다. 흥부는 가래질하기, 전답 무논 갈기, 입하(立夏) 전에 면화 갈기, 이집 저집 이엉 엮기, 더운 날에 보리 치기, 비 오는 날 멍석 걷기, 산의 시초(柴草: 땔감으로 쓰는 풀) 하기, 말짐 싣기, 마철(馬鐵: 말편자) 박기 등 갖은 잡일을 하면서 품을 팔았다.

그러나 이러한 막노동도 생활에 별로 도움이 되지 못하였다. 그야말로 "온갖 일을 다 하여도 굶기를 밥 먹듯 하여 살길이 없었던" 것이다. 하루는 생각다 못한 흥부가 읍내로 들어가서 나라 곡식 한 섬 꾸어다 먹으리라 마음먹고 관청에 들어간다. 환곡이나 좀 얻어먹자고 왔다는 흥부의 말에 이방은 "가난한 백성이 막중한 나라 곡식을 어찌 달라고 하는가" 하며 "연 생원은 매를 맞아 보았소?"라는 이야기로 매품 거래를 시작한다. 『흥부전』에서 독자의 연민을 가장 자극하는 것이 바로 이 흥부의 '매품팔이' 장면이다.

이방은 고을 송사에 휘말린 김씨 성을 가진 부자를 대신하여 매를 맞으면 삼십 냥을 줄 것을 제안하고 흥부는 흔쾌히 이를 수락한다. 매품까지 떠맡아야 했던 가난하고 불쌍한 농민의 처지가 흥부를 통해 표현된 것이다. 그러나 운이 없는 놈은 뒤로 넘어져도 코가 깨진다고, 흥부가 매품을 팔기로 한 날 나라에서 사면령(赦免令)을 내려 흥부는 그나마 기대했던 매품도 팔지 못하고 터벅터벅 집으로 돌아온다.

그러나 아무런 희망도 없이 절망의 나락에서 허우적대던 흥부에게도 행운의 기회는 찾아온다. 다리를 고쳐 준 제비가 은혜를 갚기 위해 물어다 준 박씨에서 그야말로 '대박'이 터진 것이다. 이것은 비록 상상의 세계에서나 가능한 일이지만, 하루하루 고달픈 일상을 사는 가난한 농민들에게는 신분 상승과 경제적 풍요의 희망을 전해 주는 복음이 되었을 것이다.

흥부의 대박과 놀부의 쪽박

『흥부전』에서 가장 극적인 장면은 뭐니 뭐니 해도 흥부가 제비의 다리를 고쳐 주고 얻어 키운 박에서 '대박'을 터뜨리는 대목이라고 할 수 있다.

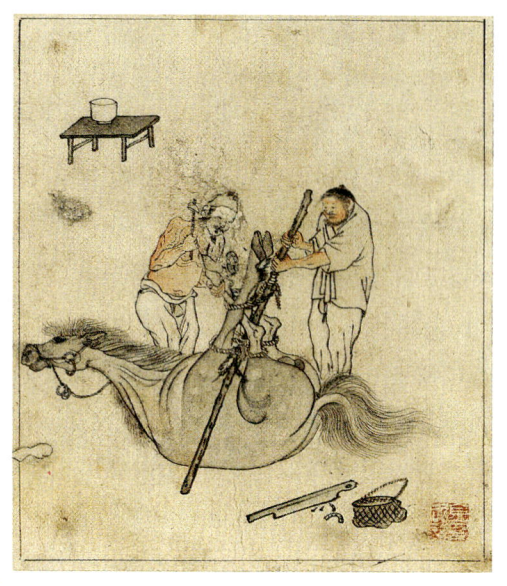

● **김홍도의 〈편자 박기〉**
대장장이가 말굽에 징을 박는 광경으로, 말이 괴로운 표정을 짓는 것과 달리 대장장이는 매우 여유로운 표정을 하고 있다. 국립중앙박물관 소장.

또한 흥부의 행운에 심통이 난 놀부는 흥부와 똑같이 하다가 결국에는 '쪽박'을 차게 되는데, 이러한 뒤집기를 통해 독자들은 통쾌함을 느끼게 된다.

흥부의 박에서 나온 물건과 놀부의 박에서 나온 물건 또한 여러 메시지를 전하고 있다. 슬근슬근 톱질한 흥부 부부의 첫 번째 박에서는 죽은 사람을 살리는 환혼주(還魂酒), 소경 눈을 뜨게 하는 개안주(開眼酒), 벙어리도 말하게 하는 개언초(開言草)를 비롯하여 불로초, 불사약 등 값을 가늠할 수 없는 귀한 술과 약재들이 무수히 쏟아져 나온다. 그러나 이를 본 흥부는 밥보다 못하다는 생각에 실망감을 감추지 못한다.

이어 탄 박에서는 각종 세간과 책이 나온다. 자개 함롱·삼층장·동래반상·안성 유기 등과, 『동몽선습』·『사략』·『통감』·『논어』·『맹자』 등이 그것이다. 박 속에 책이 들어 있다는 설정은 자못 흥미로운데, 이는 농민들도 열심히 공부하면 신분 상승을 할 수 있다는 뜻을 담고 있다.

조선 후기의 대표적 화원 김홍도의 그림 〈자리 짜기〉에는 실을 뽑고 자리를 짜는 중년 부부 뒤로 초롱초롱한 눈망울로 책을 읽고 있는 아이의 모

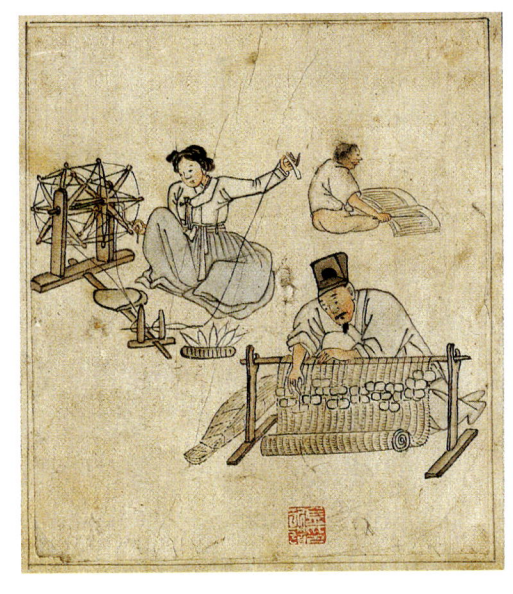

● 김홍도의 〈자리 짜기〉
돗자리를 엮는 남편과 물레를 돌려 실을 잣는 부인 뒤로 책을 읽는 아이가 보인다. 글자를 짚어 가며 독서에 열중하는 아이의 모습에서 신분 상승의 의지를 엿볼 수 있다. 국립중앙박물관 소장.

습이 그려져 있는데, 여기서도 신분 상승의 의지를 엿볼 수 있다. 가난은 자신의 대에서 그치게 하고자 자식 교육에 투자하는 농민의 의지를 김홍도의 풍속화에서, 그리고 박 속에 책을 넣어 둔 『흥부전』 작가의 의식 속에서 읽을 수 있는 것이다.

　세 번째 박에서는 집을 짓는 목수와 흥부 내외가 그토록 고대하던 오곡(五穀)이 나온다. 동편 곳간에 벼 5천 석, 서편 곳간에 쌀 5천 석을 비롯하여 잡곡·참깨·들깨가 산더미처럼 쌓인다. 이외에도 돈과 비단·베·모시 등 의복류 일체가 박 속에서 쏟아져 나온다. 온갖 곡식과 돈에 환호하고 비단으로 온몸을 감아 보는 흥부 부부의 모습에서, 돈벼락을 맞고 풍성한 곡식과 화려한 의복을 마음껏 갖고 싶어 한 가난한 농민들의 염원이 고스란히 전해져 온다.

　이어지는 줄거리는 흥부의 대박 소식에 놀란 놀부가 흥부를 찾아가 저간의 사정을 전해 듣고 자신도 흥부와 똑같이 하다가 도리어 화를 당하는 내용이다. 이러한 설정은 혹 떼러 갔다가 혹 붙이고 돌아온 '혹부리 영감'이나 '금도끼 은도끼' 이야기 같은 우리 전래 동화에서 흔하게 찾을 수 있는 것으로, 그 결말도 거의 유사하다.

　　동지섣달부터 제비를 기다린 놀부는 마침내 그물 막대로 제비를 잡는데 성공한다. 그리고 제비 다리를 일부러 부러뜨린 뒤 고쳐 주고는 고대하던 박씨를 얻는다. 그해 가을, 흥부네에 열렸던 박만큼이나 커다란 박이 주렁주렁 열린다.

　　그런데 흥부의 박과 달리 놀부의 첫 번째 박에서는 상제(喪制)가 나와 제물(祭物) 값을 요구하고, 두 번째 박에서는 팔도 무당이 나와 굿판 비용을 요구한다. 돈 욕심을 부리는 자에게 도리어 돈으로 날벼락을 맞게 한 것이다.

　　그 다음 박에서 나온 양반은 놀부에게 "삼대(三代)가 우리 종이다"라고 한 후 속냥가(贖良價) 5천 냥을 바치라고 한다. 이 대목은 놀부의 신분이 천민이었음을 드러내, 결국은 놀부가 졸부임을 폭로하고 있다.

　　조선 후기 사회 경제적 변화 속에서 급속하게 부를 축적한 일부 농민과 천민들은 자신이 그토록 원했던 양반 신분을 돈으로 샀다. 이름만 비워 놓은 양반 신분첩인 공명첩(空名帖)을 돈으로 사고파는 일이 유행하면서 양반층은 그 수가 급격히 증가하였다. 『흥부전』은 이처럼 돈으로 산 가짜 양반의 모습도 풍자하고 있다.

　　이후에도 놀부는 '혹시나'를 기대하면서 여러 통의 박을 타 보지만 그때마다 박에서는 등짐꾼, 사당거사 등이 나와 돈을 빼앗아 가거나 만여 명의 왈자(曰字: 언행이 단정하지 못하고 수선스러운 사람)들이 나와 어수선한 분위기를 연출한다. 마지막 박에서는 누런 똥이 나와 집을 똥 바다로 만들고 놀부를 완전히 망연자실하게 한다.

　　그런데 『흥부전』을 읽고 있노라면 흥부는 양반으로 설정되는가 하면, 놀부는 원래 천민이었다는 식으로 뒤죽박죽 앞뒤가 맞지 않는 내용이 자주 눈에 띈다. 이것은 『흥부전』이 완벽하게 인물을 설정하고 이야기를 전개한

● 신재효 고가　신재효는 판소리를 여섯 마당으로 정리하여 독특한 판소리 사설 문학을 이룩하였는데, 〈흥부가〉도 그중의 하나이다. 전북 고창읍 소재. ⓒ 김성철

것이 아니라 그때그때 상황에 따라 이야기를 풀어 갔고, 또 민간에 전승되는 과정에서 서로 다른 이야기들이 섞였기 때문일 것이다.

　판소리 〈흥부가〉는 조선 후기의 대표적인 판소리 작가 신재효(1812~1884)가 정리하였는데, 광대들에 의해 구연(口演)되며 전승되는 과정에서 그 내용이 부분적으로 변하기는 했지만 기본적인 줄거리는 유지한 채 서민들에게 꾸준한 인기를 누려 왔다. 〈흥부가〉는 판소리 여섯 마당의 하나로 〈흥보가〉, 〈박타령〉이라는 이름으로도 널리 알려졌으며, 정조 때의 권삼득, 순조 때의 염계달은 〈흥보가〉 명창으로 이름을 날렸다. 현대에도 판소리 〈흥보가〉는 인간문화재 고(故) 박동진 선생 등에 의해 널리 전승되어 왔다.

해학으로 풀어 간 부자와 빈자의 갈등

『흥부전』은 동물 보은 설화, 선악 형제 이야기, 모방의 실패담 등 다양한 근원 설화를 바탕으로 구성된 소설로, 조선 후기 서민 사회의 실상을 흥미 있게 전해 준다. 장자 상속제로 형이 동생보다 훨씬 많은 재산을 소유할 수 있고, 그 재산을 이용해 공명첩을 사서 양반 행세를 하는 세태, 빈곤층으로 전락한 농민이 임노동자가 되어 품을 파는 상황 등 조선 후기의 사회상이 곳곳에 풍자되어 있다. 또 토지가 고르게 분배되어 계층 간 갈등 없이 고르게 잘살기를 희망하는 농민의 염원도 배어 있다. 그리고 무엇보다 착하게 살면 복을 받는다는 믿음, 자신을 그토록 괴롭히던 형과도 마침내 화해하는 우리네 농민의 착한 심성과 순박미가 소설 전체를 관통하고 있다.

『흥부전』은 부자와 빈자의 갈등 같은 사회 문제를 다루면서도 갈등을 해학적으로 풀고 있다. 즉 흥부의 비참한 생활상을 묘사한 부분에서도, 놀부의 끝없는 욕심을 묘사한 장면에서도 웃음을 자아내고 있다.

자신에게도 언젠가는 대박이 터져 지긋지긋한 가난의 굴레에서 벗어날 수 있으리라는 한 가닥 희망, 제비와 박으로 상징되는 그 희망의 메시지를 통해 『흥부전』은 가난한 농민들의 가슴을 파고들었다. 강자와 약자, 가난과 부가 역전되는 상황 속에서 농민들은 엄청난 대리 만족을 느꼈을 것이다. 『흥부전』이 영원한 고전으로 남아 있는 것은 형제간의 우애, 권선징악, 조선 후기 사회상의 반영 같은 주제 의식 때문이기도 하지만, 다른 한편으로는 오늘날에도 고달픈 삶 속에서 대박을 꿈꾸며 살아가는 사람들에게 흥부가 하나의 모델로 자리하고 있기 때문이지 않을까?

제비가 간 강남은 어디일까?

흥부에게 박씨를 물어다 주고 강남으로 간 제비. 도대체 제비들이 떠나간 강남은 어디일까?

제비는 9월 9일 중양절에 강남에 갔다가 3월 3일 삼짇날에 돌아온다고 한다. 이와 같이 양수가 겹치는 날에 갔다가 양수가 겹치는 날에 돌아오므로 감각과 신경이 예민하고 총명한 영물(靈物)로 인식하여 예부터 길조(吉鳥)라 여겼다.

제비는 철새로서, 여름에는 우리나라에서 번식하다가 날씨가 추워지면 대만·필리핀·타이·베트남 등 동남아에서 겨울을 나고 다시 우리나라로 돌아온다. 이러한 점에 착안하여 소설 속에서는 따뜻하면서도 선비들이 머물고 싶어 한 이상향, 즉 중국 양쯔 강 남쪽 지역인 강남을 끌어들여 이곳을 제비가 머물다 오는 곳으로 설정하고 있다.

18세기에 이익이 쓴 『성호사설』에는 제비가 끝까지 신의를 지키는 새임이 기록되어 있다. 「만물문」의 정연(貞燕) 대목에는 "이황의 문인인 황응규의 집 문밖에 제비 한 쌍이 집을 짓고 있었는데, 하루는 수컷이 고양이에게 물

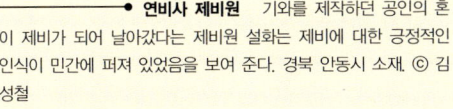
연비사 제비원 기와를 제작하던 공인의 혼이 제비가 되어 날아갔다는 제비원 설화는 제비에 대한 긍정적인 인식이 민간에 퍼져 있었음을 보여 준다. 경북 안동시 소재. ⓒ 김성철

흥부전   351

려 죽자 외로이 남은 암컷은 집을 빙빙 돌면서 슬피 울기만 하였다. 이후에 과부가 된 황응규의 부인 최씨가 이사를 하자 제비도 따라왔다. 혹 딴 제비가 와도 이를 물리치고 오직 최씨가 부르면 왔다고 한다. 내가 이를 듣고 '정연'(貞燕)이라 하였다"는 글이 적혀 있다.

제비에 얽힌 설화도 있다. 경북 안동의 연비사(燕飛寺)에 있는 제비원에는 기와를 제작하던 공인(工人)이 지붕에서 떨어져 몸은 산산조각이 났으나 그 혼은 제비가 되어 날아갔다는 이야기가 전한다. 최선을 다한 공인의 혼이 제비로 변신했다는 사실에서 제비에 대한 긍정적인 이미지가 반영되어 있음을 짐작할 수 있다.

『흥부전』에서 제비는 '은혜를 갚는 자'라는 점과 함께 '구원받아야 할 자'로서의 성격을 동시에 지니고 있다. 영물, 의리 등을 상징하는 제비의 이미지는 박씨로 보답하는 것으로 나타났다. 『흥부전』에서는 제비가 흥부 앞에 떨어뜨린 박씨에 '보은표'(報恩瓢)라는 금글씨가 새겨져 있었다는 이야기를 통해 박씨가 보은의 상징임을 독자들에게 친절하게 설명하고 있다.

제비가 '구원받아야 할 자'로 설정된 것은 철새라는 점 때문이다. 인간이 사는 가장 가까운 곳에 둥지를 틀고 먼 여행으로 지친 몸을 쉬는 제비의 생태에 착안하여, 다리가 부러진 절박한 상황에서 구원의 손길을 찾게 함으로써 흥부와 제비의 구원과 의리를 극대화시키고 있는 것이다.

채봉감별곡

매관매직의 사회사

작품 설명

「채봉감별곡」(彩鳳感別曲)은 기존의 가사를 채용하여 소설화한 작품으로 일명 『추풍감별곡』(秋風感別曲)으로도 불린다. 벼슬에 눈이 먼 아버지 김 진사 때문에 사랑하는 약혼자 강필성(姜弼成)과 헤어져 허 판서의 첩이 될 뻔했던 채봉(彩鳳)이 온갖 역경을 딛고 다시 약혼자와의 사랑을 이루는 줄거리로 이루어져 있다.

『채봉감별곡』은 일반인들에게는 생소하지만 국문학계에서는 그간 많은 논의가 있었던 작품이다. 논의의 초점은 대개 두 가지인데 하나는 창작물로 볼 수 있느냐 하는 것이고, 다른 하나는 고전 소설로 보아야 하느냐 신소설로 보아야 하느냐 하는 것이다.

독창성의 문제를 제기하는 이들은 『채봉감별곡』이 중국 명나라 말기의 소설집인 『고금기관』(古今奇觀)에 수록된 「왕교란백년장한」(王嬌鸞百年長恨)의 번안이라고 주장한다. 두 작품에 유사한 점이 있기는 하지만 내용이나 구성이 달라 번안이라고 보기는 힘들다. 고전 소설이냐 신소설이냐의 논란은 『채봉감별곡』이 1910년대에 활자화되었다는 사실에서 기인한다. 실제로 『채봉감별곡』은 영조나 정조 이전의 고전 소설에서 보이는 한문식 문투에서 벗어나 비교적 언문일치에 접근하였고 기괴한 내용에서 크게 탈피하였다는 점 등에서 신소설적인 모습을 띠고 있다. 이런 점을 고려할 때 이 소설은 19세기에 들어서야 작품화된 것으로 추정된다.

문학사적으로 논란의 여지는 있지만 『채봉감별곡』이 조선 후기의 문란한 사회상, 특히 매관매직의 실상을 반영하고 있음은 분명하다. 역사적인 측면에서 『채봉감별곡』이 주목되는 것은 바로 그 때문이다.

🌙 사랑마저 가로막는 부패한 사회 현실

『채봉감별곡』은 일반인들에게 비교적 낯선 작품이기 때문에 먼저 대략적인 줄거리를 이야기해야 할 것 같다. 평양성 밖에 김 진사라는 인물이 살고 있었다. 그는 조선시대의 남성이라면 누구나 지니고 있을 법한 평범한 소원 두 가지를 가지고 있었다. 하나는 벼슬자리를 얻는 것이었고, 다른 하나는 금지옥엽처럼 키운 딸 채봉에게 좋은 배필을 구해 주는 것이었다. 이 두 가지 목적을 달성하기 위해 김 진사는 서울행을 결심했다.

적지 않은 돈을 마련해 서울로 올라간 김 진사는 내로라하는 권문세가를 부지런히 쫓아다녔다. 그 당시 서울에서 제일 힘을 쓴다는 사람이 허 판서였다. 그래서 김 진사는 우선, 허 판서에게 뇌물을 바쳐 양주 목사 자리를 얻고 매관매직의 뚜쟁이 노릇을 하고 있던 김양주라는 사람과 친해졌다. 김양주에게 천 냥을 맡긴 김 진사는 그의 주선으로 드디어 허 판서를 만나게 되었다. 허 판서는 김 진사에게 과천군 현감 자리가 어떻겠느냐며 만 냥을 요구했다.

그런데 허 판서와 벼슬자리 흥정을 벌이던 김 진사의 눈에 순간 멋진 청년의 모습이 보였다. 딸 채봉의 배필감을 생각하던 김 진사는 '저렇게 멋진 아이를 사위로 맞을 수 있으면 얼마나 좋을까' 하는 말을 내뱉었다. 무심코 던진 이 한마디가 불행의 시작이었다. 탐욕스러운 허 판서는 그 말을 들

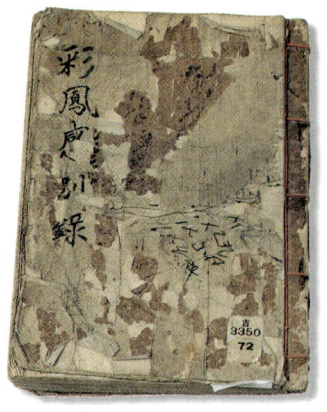
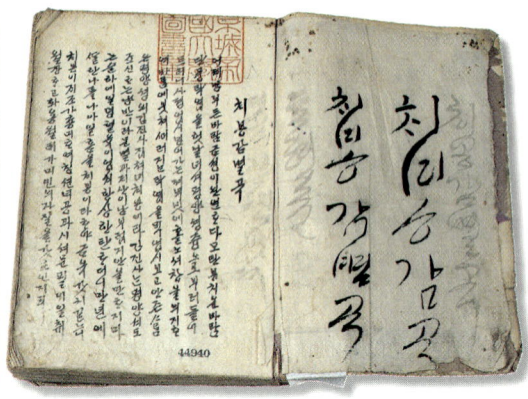

●「채봉감별곡」 조선 후기의 문란한 사회상, 특히 매관매직의 실상을 잘 보여 주는 작품이다. 서울대학교 규장각 소장.

고 "내가 자네 사위 노릇을 해 보고 싶은데 어떻게 생각하나?"라며 노골적으로 김 진사에게 딸을 바칠 것을 요구했다. 김 진사는 처음에는 농담하지 말라며 손을 내저었지만 허 판서의 집요한 요구에 굴복하여 딸을 데려오겠다는 약속을 하고 평양으로 돌아왔다.

김 진사가 서울로 떠나던 날 채봉은 배필을 구하러 간 아버지 때문에 마음이 산란하기도 하고 봄 날씨가 좋기도 해서 산에 올라 경치를 감상하고 있었다. 그러던 중 자신을 뚫어지게 바라보는 눈길을 느꼈는데, 그는 준수한 용모를 가진 강필성이라는 도령으로 선천 부사(宣川府使)의 아들이었다. 채봉과 필성은 시를 화답하며 서로의 사랑을 확인하고 백년가약을 맺기로 약속하는 사이가 되었다. 그러니 서울에서 돌아와 자초지종을 설명하는 아버지의 말은 채봉에게 그야말로 청천벽력이 아닐 수 없었다. 하지만 아버지의 말을 거역할 수 없었던 채봉은 부모에게 억지로 끌려가다시피 서울로 발걸음을 옮겼다. 물론 머릿속에는 온통 강필성 생각뿐이었다.

그런데 하늘이 도우려는지 밤에 유숙하는 중에 갑자기 화적 떼가 나타나 주변이 아수라장이 되었고, 채봉은 그 틈을 타 평양으로 줄행랑을 쳐버렸다. 난리 통에 딸이 없어진 것을 안 김 진사는 크게 낙담했지만 이미 약속을 한 터라 허 판서 집으로 찾아갔다. 화적에게 빼앗겨 돈을 가져오지 못한 것은 물론 채봉도 데려오지 못한 것을 안 허 판서는 노발대발하며 김 진사를 하옥시키고 김 진사의 부인에게 채봉을 찾아오도록 협박하였다.

한편 화적 떼의 습격을 틈타 도망친 채봉은 평양으로 돌아와 계집종 추향의 집에 머물고 있었다. 채봉의 거처를 알게 된 채봉의 어머니는 딸을 찾아가 아버지가 하옥되어 있다는 사실을 알리고 서울로 가자고 졸랐다. 채봉은 아버지를 구하기 위해 몸을 팔아 기생이 되기로 작정하고 기생어미로부터 돈을 받아 어머니에게 준다.

기명을 '송이'라고 한 채봉은 예전에 강필성에게 화답하여 보낸 한시를 내놓고 그것을 풀이하는 사람에게 몸을 허락하겠다고 했는데 아무도 풀지 못하였다. 그 한시를 듣고 이상하게 여긴 필성은 마침내 채봉을 만나고, 둘은 그 뒤 밤마다 사랑을 속삭인다. 한편 평양 감사 이보국은 송이의 서화가 뛰어나다는 말을 듣고는 몸값을 지불하고 데려와 곁에 두고 서신과 문서 처리하는 일을 맡긴다. 채봉을 잃은 필성은 그녀를 그리워하며 고민으로 지내다가 감영의 이방이 되어 채봉을 만나고자 하였다.

필성을 그리워하던 채봉은 어느 달 밝은 밤에 「추풍감별곡」을 지어서 부른다. 이 노래를 들은 감사는 채봉을 불러 천한 이방을 사모한다고 질책하고, 이에 채봉은 현재 이방으로 와 있는 필성과의 관계를 고백한다. 감사는 두 사람의 사랑을 가상히 여겨 필성을 불러 상면하게 하고, 자신이 혼례와 관련된 일들을 주관하여 두 사람의 인연을 성취시켜 준다.

줄거리에서 볼 수 있는 것처럼 『채봉감별곡』의 주제는 사랑이다. 그리고 그 바탕에는 청춘 남녀의 사랑마저 가로막는 부패한 사회 현실에 대한 비판 의식이 놓여 있다. 그렇다면 『채봉감별곡』에서 특히 문제 삼고 있는 매관매직의 실상은 과연 어떠했을까?

☾ 매관매직의 실상

돈으로 관직을 사고파는 매관매직은 동서고금을 막론하고 존재해 온 일종의 관행이었다. 몇 년 전 교육감 선거를 둘러싸고 지지를 조건으로 후보자들 간에 좋은 자리를 사고파는 빅딜이 이루어졌음이 밝혀져 사회에 큰 충격을 던졌다. 시·군 교육장 자리는 2천만 원, 학무 과장 자리는 1천만 원에 거래되었다고 한다. 가장 깨끗할 것으로 믿었던 지금의 교육계마저 이 지경이니 조선시대에야 어떠하였을까 하는 생각이 든다.

하지만 막상 사료를 살펴보면 18세기까지는 매관매직에 관한 구체적인 자료가 많이 보이지 않는다. 매관매직이라는 것이 워낙 은밀하게 이루어지기 때문이기도 하겠지만 조선 말기에 비해 상대적으로 국정이 정상적으로 운영되었음을 방증하는 것이기도 하다. 많지 않은 사료 가운데 효종의 부마였던 정재륜(鄭載崙)이라는 사람이 쓴 『공사견문록』에 두 가지 이야기가 들어 있어 매관매직의 실상을 살피는 데 참고가 된다.

하나는 정재륜이 아내의 보모였던 상궁 김씨로부터 들은 이야기이다. 상궁 김씨의 말에 따르면 광해군 때 운산 군수(雲山郡守)를 뽑을 때 1, 2, 3위 후보 모두가 각기 조정에 줄을 대는 바람에 수개월 동안이나 광해군이 재가를 내리지 못하고 있었는데, 그 가운데 한 사람이 논을 팔아 장만한 많은 뇌물을 광해군의 총신 김가시(金可屎)에게 바쳐 군수로 임명되었다고 한다.

다른 하나는 광해군 때의 일을 잘 아는 노인으로부터 들었다는, 관직을 얻기 위해 부인을 팔아먹은 자에 대한 이야기이다. 광해군 때 모든 관리의 인사 임명권을 쥐고 흔들 정도의 막강한 권력을 지닌 관리가 있었다. 자연 그의 주변에는 뇌물을 써서 관직을 얻고자 하는 사람이 줄을 섰다. 그 가운데 한 사람이 그를 찾아가 잘 아는 예쁜 기생이 있는데 원하면 불러오겠다며 아첨을 하였다. 그 이야기를 들은 관리가 좋다고 하여 약속 날짜까지 정했는데 공교롭게도 약속한 날 마침 기녀가 출타하고 없었다. 사정이 다급해진 청탁자는 자기 부인에게 "내가 만일 약속을 지키지 못하면 평생 관직을 얻기 틀렸으니 부인이 기생을 대신해 그 사람과 동침해 줄 수 없겠소? 밤이 늦었으니 나하고 부인밖에는 알 사람이 없소"하고 간곡하게 설득했다. 하지만 부인이 말을 듣지 않자 강제로 부인을 관리의 방에 밀어 넣었다고 한다.

두 이야기가 실제로 있었던 일인지는 알 수 없다. 특히 두 번째 이야기는 엽기적이어서, 설마 관직을 얻기 위해 자기 부인을 바치는 자가 있었을까 하는 생각이 들기도 한다. 어쨌든 그런 이야기가 만들어졌다는 자체가 매관매직이 이루어지고 있었음을 반증하는 것인데, 이러한 이야기가 구전되면서 『채봉감별곡』 같은 소설로 작품화되었다고 할 수 있다.

매관매직은 『채봉감별곡』의 배경이 되는 조선 말기에 들어서면서 크게 성행하였다. 주한 일본 외교관의 기록에 따르면 1866년(고종 4)의 시세로 감사는 2만 냥에서 5만 냥, 부사는 2천 냥에서 5천 냥, 군수와 현령은 1, 2천 냥에 거래되었다고 한다. 황현(黃玹, 1855~1910)도 『매천야록』에서, 수령·진장을 비롯하여 감사·유수·병사·수사 등에 이르기까지 외직은 모두 매도되었는데 돈을 많이 써야 실직을 받을 수 있었기 때문에 만 냥을 주고 벼슬을 제수받기도 하였다며 개탄했다. 1863년(고종 1) 함경도 이원 땅에 사는 장세흡(張世洽)이라는 사람은 3만 냥을 내고서야 겨우 수령 자리를 하나 보장받을 수 있었다.

매관매직은 수요에 비해 공급이 턱없이 부족했기 때문에 공정한(?)

거래가 이루어질 수 없었다. 먼저 돈을 내더라도 마치 경매를 하는 것처럼 돈을 더 내는 사람이 있으면 그 사람을 관직에 제수하는 바람에 부임하던 중간에 돌아오거나 부임한 달에 바로 해임되는 진풍경이 벌어지기도 했다. 그 때문에 벼슬을 구하려다 가산을 탕진하는 사람들이 적지 않았다. 소설 속에서 김 진사가 화적 떼를 만나 벼슬을 사려고 마련한 돈을 모두 빼앗기는 대목은 관직을 구하려다 패가망신한 이들의 모습에 다름 아니다.

관직을 구하는 자들이 먼저 손을 내미는 경우도 많았지만 거꾸로 관에서 먼저 돈을 요구하는 경우도 적지 않았다. 원납전(願納錢)이 바로 그러한 경우인데, 본래는 관직을 원하는 사람이 내는 돈을 말하지만 돈이 필요한 관에서 본인의 의사와는 상관없이 관직을 내리고는 막무가내로 돈을 요구하는 것이 보통이었다. 원납전은 경복궁 중건 등으로 막대한 재정이 필요했던 흥선 대원군 정권에서 본격화되었다. 19세기 후반 양반가의 일기에는 참봉 벼슬을 제수하는 대가로 3만 냥을 요구받았다는 기사가 여러 곳에서 보인다. 민간에서는 이렇게 울며 겨자 먹기로 제수받은 반갑지 않은 관직을 '벼락감투'라고 하였다. 갑자기 벼슬을 얻었다는 의미가 아니라, 한번 관직에 임명되면 가산을 탕진하는 것이 마치 벼락을 맞은 것과 같다는 뜻에서 나온 말이다.

당시 관의 요구가 얼마나 집요하였는지를 보여 주는 재미있는 일화가 하나 있다. 충청도 어느 고을에 강씨 성을 지닌 나이 든 과부가 있었는데, 집은 부유한 편이었지만 자식이 없어 '복구'라는 개를 기르며 살았다. 그런데 원납전을 거둘 요량으로 마을을 뒤지던 관에서 마침 '복구야' 하고 부르는 소리를 듣고는 남자로 착각하여 '강복구'라는 이름으로 감역 자리를 만들고는 원납전을 요구하여 강씨를 기가 막히게 만들었다. 이때부터 충청도에서는 '구감역'(狗監役: 개에게 내린 감역 벼슬이라는 뜻)이라는 말이 생겨나게 되었다고 한다. 『매천야록』에 실려 있는 이야기다. 같은 내용이 『대한계년사』

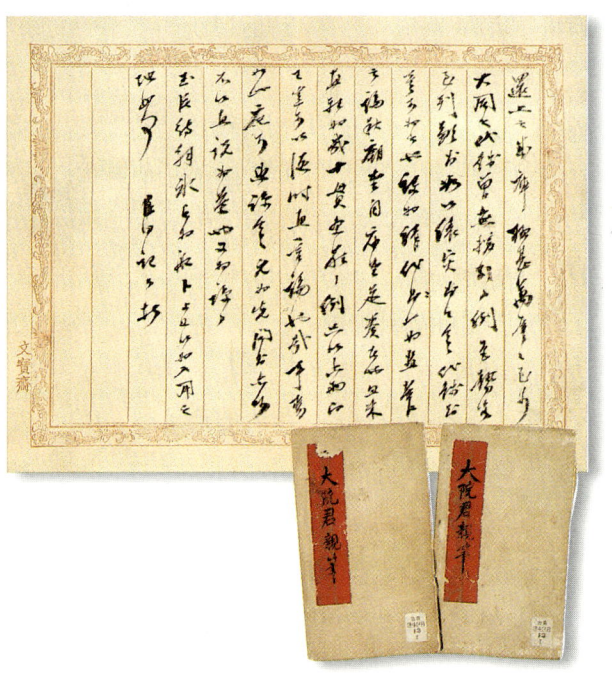

● **흥선 대원군 이하응의 글씨** 흥선 대원군은 서원을 철폐하고 호포를 거두는 등 과감한 개혁 정치를 폈지만 원납전을 징수하여 백성의 원망을 사기도 했다. 서울대학교 규장각 소장.

《大韓季年史》에도 기록되어 있는데, 여기에는 기가 막힌 과부가 개를 보고 "네가 비록 개이나 관직을 받았으니 어찌 함부로 할 수 있겠느냐?"며 개에게 감투를 씌워 주었다는 내용이 추가되어 있다. 이렇게 두 책에 동시에 소개된 것을 보면 개에게 관직을 제수하고 돈을 받았다는 이 일화가 전혀 근거 없이 꾸며 낸 이야기는 아닌 듯하다. 도대체 어떻게 개에게까지 관직을 제수하는 황당한 일이 벌어질 수 있었던 것일까?

절대 부패하는 절대 권력

『채봉감별곡』이 쓰인 시기는 19세기로 추정되고 있다. 매관매직 등의 부패한 사회상이 19세기의 모습일 것으로 보이기 때문이다. 잘 알려져 있다시피 19세기는 세도 정치와 함께 시작되었다. 세도 정치란 어린 임금이 즉위하면서 왕의 외척이 전면에 부상하여 정국을 주도적으로 운영하는 것을 말한다. 이러한 세도 정치의 빌미를 제공한 임금은 영조와 정조였다. 왕권을 강화하고자 했던 두 임금은 자신의 친위 세력을 키우기 위해 벌열 가문과 손잡았는데 이들 가문이 후일 핵심 세도가를 형성하게 된 것이다.

예를 들어 19세기 안동 김씨의 수장이었던 김조순(金祖淳)은 정조가 생전에 사돈으로 미리 점찍어 놓았던 인물로, 정조 사후 그는 정조의 생전 약속을 근거로 자신의 딸을 순조의 비로 들이면서 핵심 세도가로 급부상할 수 있었다. 영조나 정조는 강한 카리스마를 가지고 있어 벌열 가문들을 통제할 수 있었지만 이후 어린 임금이 등장하면서 통제력을 상실하자 몇몇 세도 가문이 정권을 장악하게 되었던 것이다.

정권을 잡은 세도 가문은 권력을 독점하였다. 세도 정국의 큰 화를 입었던 다산 정약용은 1804년 여름 어느 날 유배지 강진에서 술잔을 기울이며 다음과 같은 시로 가슴에 쌓인 울분을 토로했다.

위세도 당당한 수십 가에서 대대로 국록을 먹어 치우더니
그들끼리 붕당이 나누어져서 엎치락뒤치락 죽이고 물어뜯어
약한 놈 몸뚱인 강한 놈 밥이라 대여섯 호족 가문이 살아남아
이들만이 경상(卿相)이 되고 이들만이 악목(岳牧)이 되고
이들만이 후설(喉舌)이 되고 이들만이 이목(耳目)이 되고
이들만이 백관(百官)이 되고 이들만이 옥사(獄事)를 감독하네

세도 가문의 정치 행태에 대한 신랄한 비판이다. 세도 정치에 관한 연구에 따르면 정조-철종 연간에 15개의 유력 가문 출신이 문과 합격자의 32%를 차지한 것으로 나타난다. 세도가들은 자신들에게 유리한 시험을 수시로 실시하여 주변 인물들을 합격시켰는데, 그 가운데는 세도가의 자제만을 선발하기 위한 '통과'(統科)라는 시험도 있어 미리 합격자를 정해 놓고 순서에 따라 합격시켰다고 한다.

과거를 통해 일단 관계에 진출한 세도가의 인물들은 도당록에 이름을 올렸다. 도당록이란 의정부에서 홍문관의 교리와 수찬을 선임하기 위한 추천 기록을 말하는데, 도당록에 이름을 올리게 되면 당상관 진출에 매우 유리한 발판을 마련할 수 있었다. 15개 유력 가문 출신이 그 당시 도당록에 기재된 인물의 무려 53%를 차지한 것으로 나타난다. 도당록의 반을 차지하였으므로 당상관의 반을 점하게 되는 것은 당연한 일이어서 15개 가문의 인물들이 당상관의 55%를 차지하였다. 결국 유력 가문 출신들은 과거에 대거 합격하고, 일단 과거에 합격하면 도당록을 통해 당상관으로 승진하는 출세 코스를 밟아 나갔던 것이다.

이렇게 권력을 독점했던 유력 가문의 대표가 바로 안동 김씨와 풍양 조씨였다. 김씨들은 장동(壯洞)에 살았고 조씨들은 전동(磚洞)에 살았기 때문에 각각 장김과 전조로 불렸던 이들은 외척의 지위를 이용하여 권세를 유지하였다. 정조-철종 연간의 문과 급제자 배출 가문 가운데 김씨와 조씨는 각각 전체 2위와 4위를 차지하였으며, 도당록에 이름을 올린 인물 순위에서는 각각 3위와 2위를 차지하였다. 두 부문에서 모두 1위를 차지한 것은 왕족인 전주 이씨였으므로 왕족을 제외하면 김씨와 조씨가 전체 1, 2위를 다투었음을 알 수 있다. 안동 김씨는 특히 권세가 대단하여 김병학(金炳學), 김병국(金炳國) 등 병(炳) 항렬에 속한 여덟 사람을 가리키는 팔병(八炳)과, 행랑이 열두 채나 되는 큰 집을 지칭하는 십이랑(十二廊)이라는 말이 생겨날

황현 초상 1865년 생원시에 장원으로 급제하였으나 세상이 혼탁하다 하여 출사를 포기하였다. 1905년 을사조약이 체결되자 절명시 4수를 남기고 음독 자살하였다. 구례 매천사 소장.

정도였다.

    요직을 독차지한 세도가들은 '수령 천거법' 같은 제도적 장치를 통해 지방의 말단 수령 임명에 대한 영향력을 행사하였다. 1837년(헌종 3)에 만들어진 수령 천거법은 비변사 당상이나 관찰사를 지낸 신하들에게 몇 명의 수령을 추천할 수 있는 권한을 부여한 것인데, 세도가들은 그러한 권한을 이용하여 자신들과 연결된 인물을 마음대로 기용할 수 있었다. 마음만 먹으면 관직의 매매가 가능한 통로가 마련된 셈이다. 돈을 내면 현감 자리를 제수하겠다는『채봉감별곡』의 허 판서와 같은 인물이 19세기에는 실제로 존재할 수 있었던 것이다.

    이처럼 매관매직이 가능해지면서 사회적 모순이 격화되었는데 그로 인한 가장 큰 피해자는 일반 백성들이었다. 돈을 바치고 관직을 얻은 수령들이 관리가 되기 위해 투자한 금액 이상을 회수하기 위해 각종 비리를 저질렀기 때문이다. 매천 황현은 세도가들의 비리로 인한 백성들의 고통을 다음과 같이 탄식하였다.

아, 이 어찌 원통한 일이 아닌가? 우리나라를 망친 것이 바로 장김인데 어찌 이런 말을 하는가. 지금 많은 잘못된 정사는 모두 장김들이 세력을 잡았을 때 생겼다. 뇌물이 공공연하게 행해지고, 재물에 탐욕을 부리는 작태를 징계하여 다스리지 않아 결국 이것이 더욱 백성들의 재물을 훑어 가는 근원이 되었다. 그런데도 백성들은 밭도랑이나 산골짜기에 쭈그리고 앉아 울부짖기만 할 뿐 하소연할 곳조차 없었고 마침내 막힌 곳이 극에 달하자 저절로 무너져 내렸다.

억눌린 백성들의 고통과 원망은 결국 1862년(철종 13) 삼남 지방을 중심으로 한 임술민란으로 폭발하였다.

난장판 과거 풍경

일찍이 이익(李瀷, 1681~1763)은 과거제가 지나치게 많은 인원을 무계획적으로 선발하여 과다한 관리 후보자를 만들어 냄으로써 결국 당쟁의 원인이 된다고 지적한 바 있다. 이익의 지적은 정확한 것이었다. 소과인 생원시와 진사시에서 각각 100명, 정기 시험인 식년시에서 문과 33인이 선발되므로 무과와 잡과는 제외하더라도 30년이면 2,330명의 생원, 진사, 문과 합격자가 배출된다. 그런데 식년시 외에 알성시, 춘당대시 등의 특별 과거가 수시로 설행되었을 뿐 아니라 별시·정시·중시 등의 임시 과거도 있었기 때문에 합격자 수는 이보다 훨씬 많았다.

그에 반해 과거 합격자들이 진출할 수 있는 실제 관직 수는 500여 자리에 불과하였다. 따라서 인사 적체는 불을 보듯 뻔하였다. 자연 생원·진사의 경우 세력가들과 친해야 벼슬자리라도 하나 얻을 수 있었으며, 문과에 급제해도 뒤를 봐주는 사람이 없으면 한번 벼슬에서 물러난 뒤에는 다시 진출하기 어려웠다. 그 때문에 항간에는 관직자도 아니고 그렇다고 일반 백성도 아닌 생원·진사로 늙어 죽는 자가 셀 수 없이 많았다. 『채봉감별곡』의 주인공 김 진사도 바로 그런 사람 가운데 하나였다.

과거 제도가 정상적으로 운영된다고 해도 구조적인 모순을 피할 길이 없는데, 19세기에 들어 파행적으로 운영되면서 문제는 더욱 증폭되었다. 과거 제도는 부패한 권력과 검은돈으로 얼룩졌다. 지방에서 시행되는 초시는 200~300냥에 합격 여부가 가려졌으며, 문과는 훨씬 많은 돈을 내야 했다. 의주 부윤 남정익(南廷益)은 1877년 10만 냥을 내고 자신의 아들 남규희(南奎熙)를 문과에 장원으로 급제시킬 수 있었다.

권력과 돈에 의해 움직이는 과거제는 보기에도 민망할 정도였다. 특정 인물을 뽑기 위한, 또는 돈을 뜯어내기 위한 목적이 앞서다 보니 우선 실시 횟수가 크게 늘었다. 특히 고종 때에 그런 양상이 심화되었는데 어떤 때는 한 달간 무려 네 차례의 과거가 설행된 적도 있었다. 일주일에 한 번씩 과거를 치른 셈이다. 1801년부터 과거 제도가 폐지되는 1894년까지 93년간 100회의 과거가 실시되어 1,915명이 문과에 급제하였는데, 고종 연간에만 81회의 과거가 실시되어 1,692명이 급제하였으니 얼마나 파행적으로 운영되었는지 짐작하고도 남음이 있다.

이처럼 권력과 돈만 있으면 과거는 형식에 불과하였다. 답안지를 대신 지어 주는 거벽(巨擘)이라는 사람이 있었으며, 사수(寫手)라고 하여 글씨를 대신 써 주는 사람도 있었기 때문에 과거가 열린다는 소식이 들리면 거벽과 사수가 어디 있는지 찾기만 하면 그것으로 끝이었다. 심지어는 아예 시험장에 나가지 않고 집에서 답안지를 써서 올리는 일도 비일비재하였다. 이를 '외장'(外場)이라고 하였다. 사정이 이렇다 보니 민간에서는 '공자가 시험관

● 한시각의 〈북새선은도〉(부분)   17세기 함경도에서 열린 외방 별시 광경이다. 많은 인원을 무계획적으로 선발하는 문제점을 안고 있던 과거제는 조선 후기 들어 부패한 권력과 검은돈이 개입되면서 더욱 파행적으로 운영되었다. 국립중앙박물관 소장.

이 되더라도 석숭(石崇: 중국 진나라 때 무역으로 큰돈을 벌었던 인물)을 장원으로 뽑을 것'이라는 민요가 유행하기도 하였다.

　　해이해질 대로 해이해진 과거 시험장은 난장판이나 다름없었다. 혼란을 틈타 입신해 보려는 온갖 무리들이 과거장으로 몰려들었다. 시험 공고만 있으면 공부 한번 제대로 해 본 적 없는 사람들이 모두 태연히 유건을 쓰고 시험장에 들어가니 사정을 모르는 중국 사람들은 이를 보고 "조선에는 인재도 많다"고 감탄하기도 하였다. 온갖 사람들이 모여 있으니 욕설과 싸움질이 난무하였음은 물론이요, 부정행위도 공공연하게 이루어져 한 사람이 글을 지으면 그것을 돌려 가며 그대로 베끼기 일쑤였다.

　　아무리 그래도 과거제가 그렇게까지 문란했을까 하는 생각이 들 수도 있다. 하지만 백범 김구(白凡 金九, 1876~1949) 선생이 1892년 고향에서 시행된 과거에 응시했던 일을 기록해 놓은 것을 보면 결코 과장이 아님을 알 수 있다. 백범이 본 과거 당일의 풍경은 이러했다. 글방, 그러니까 요즘으로 치면 입시 학원의 깃발을 든 사람을 따라 각기 패를 지어 새끼줄이 쳐진 과장 안으로 들어가는데 서로 좋은 자리를 차지하려고 다투는 등 질서라고는 찾아볼 수 없었다. 또 과장 밖에서는 나이 든 노인들이 새끼줄 구멍 사이로 고개를 밀어 넣고는 "소생의 성명은 아무이옵는데, 먼 시골에 살면서 과거마다 참여하여 금년에 일흔 몇 살이옵니다. 요 다음은 다시 참여할 수 없으니 이번에 초시라도 합격시켜 주시면 죽어도 한이 없겠습니다"라고 대성통곡하는 바람에 어수선하기가 이를 데 없었다.

　　한편 백범 자신도 사실은 부정 입시생이었다. 과거에 급제하지 못한 아버지의 한을 풀어 드리기로 결심한 백범은 아버지 이름으로 답안지를 제출하였다. 그런데 답안지의 내용은 스승이 미리 작성해 준 것이었으며 글씨는 그의 효성에 감복한 어떤 사람이 대신 써 준 것이었다. 총체적인 부정 시험이었던 것이다. 그렇게까지 했지만 과거에 합격하지 못하자, 크게 실망한 백범은 아무리 글공부를 해 봤자 세도가 자제들의 글이나 대신 써 주다가 인생을 마감할 수밖에 없겠다고 생각하여 인생의 방향을 바꾸었다.

　　사람들이 매관매직의 길로 나선 것은 이렇게 문란하게 운영된 관료 선발 제도에 그 원인이 있었다. 백범도 권문세족들에게 합격을 구하는 편지를 보내거나 시험관의 수청 기생에게 옷감이라도 한 필 끊어 주는 것이 가장 효과적인 합격법이라는 사실을 잘 알고 있었다. 하지만 백범처럼 가난한 이들은 애초에 그런 방법을 쓸 수 없었다. 재산이 있던 『채봉감별곡』의 김 진사 같은 이들이 가장 확실한 방법을 사용한 것은 그 당시로서는 당연한 일이었다고 할 수 있을지도 모른다.

과거 낙방자들

중국이나 조선의 지식인들에게 과거가 얼마나 중요한 의미를 갖는지는 새삼스럽게 이야기할 필요가 없다. 주자(朱子, 1130~1200)는 과거 공부가 인간성을 해친다는 이유로 과거에 응시하는 것을 탐탁지 않게 생각했지만 자식들이 과거를 보는 것은 말리지 않았다. 주자도 어쩔 수 없을 만큼 과거의 위력은 대단했던 것이다.

과거에 급제한 이들의 환희는 말로 표현하지 못할 정도였겠지만 반대로 낙방한 이들의 실망감 또한 이만저만한 것이 아니었다. 실력 부족 때문이라면 어쩔 수 없는 일이겠지만 잘못된 사회 탓이라고 생각하게 되면 자칫 불만이 폭발할 수도 있었다. 그러다 보니 변혁기에 활동한 개혁가들 가운데는 과거 낙방생들이 적지 않았다.

중국의 경우 당나라 말기에 일어나 세상을 떠들썩하게 만들었던 '황소(黃巢)의 난'의 지도자 황소가 과거 낙방생이었으며, 지상에 태평천국을 건설하고자 했던 청나라 때의 홍수전(洪秀全) 역

●《평생도》중 《소과 응시》(부분) 소과에서는 초시와 복시를 통해 진사·생원 각 100명을 선발하였다. 끼리끼리 모여 응시하고 있는 풍경이 흥미롭다. 국립중앙박물관 소장.

시 과거 낙방생이었다. 지방 향시에 네 차례나 응시했지만 번번이 탈락의 고배를 마셨던 홍수전은 결국 공맹의 가르침과 인연을 끊고 태평천국 건설의 길로 나아가게 되었다.

우리나라의 경우 과거에 낙방하면서 인생의 진로를 바꾼 대표적인 인물은 김구와 이승만(李承晩, 1875~1965)이다. 김구 선생은 15세 때인 1890년 과거에 응시했으나 실패하고 1892년에 해주에서 시행된 경과에서도 낙방한 뒤 길을 바꾸어 민족의 지도자가 되었다. 김구 선생과 라이벌 관계에 있던 이승만 전 대통령 역시 젊은 시절 수차례 과거에 응시했으나 번번이 낙방하여 우울한 나날을 보내다가 배재 학당에 입학해 신학문을 공부하면서 진로를 바꾸게 되었다.

현재 우리 사회에서는 10만 명이 사법 고시에 매달려 매년 9만 9천 명의 고시 낙방생이 배출(?)되고 있다. 그 가운데 다른 분야에서 두각을 나타낼 수 있는 뛰어난 인재들이 많이 섞여 있음을 생각하면 안타까움을 금할 수 없다.

심청전

조선시대 맹인들은 어떻게 살았을까?

작 품 설 명

　　　　　　『심청전』(沈淸傳)은 작자와 연대를 알 수 없는 판소리계 소설이다. 일명 『심청왕후전』(沈淸王后傳)이라고도 하는데 한문본과 국문본 등 다양한 이본이 전한다. 내용은 잘 알려져 있다시피 효녀 심청이 아버지 심 봉사의 눈을 뜨게 하려고 공양미 300섬에 몸을 팔아 인당수의 제물이 되었으나, 사해용왕(四海龍王)에 의해 구출되어 천자의 황후가 되고 맹인 잔치를 열어 아버지를 만나게 되는데 그 과정에서 심 봉사 또한 눈을 뜬다는 줄거리로 되어 있다.

　　일반적으로 『심청전』은 효행 설화를 바탕으로 형성된 것으로 보는데, 『심청전』의 근원 설화로는 인도의 전동자(專童子)·묘법장자 전설(妙法長子傳說), 일본의 소야희(小夜姬), 우리나라의 효녀 지은 설화, 전남 송광사의 관음사 연기 설화(觀音寺緣起說話) 등이 거론되고 있다. 한편 효행 설화라는 점보다는 안녕을 위해 사람을 제물로 바치는 인신공희(人身供犧)가 『심청전』의 주된 근원 설화라는 주장도 있으며, 무가(巫歌)에서 비롯되었다는 설도 있다.

　　기원을 다르게 보고 있는 만큼 『심청전』의 주제에 대해서도 유교적인 효, 불교적인 효, 왕생극락 등 다양한 의견이 제시되어 있다. 또 『심청전』을 관통하고 있는 사상도 불교 사상이라고 보는 견해가 우세하지만 공양미 300섬이 아무런 효험을 보여 주지 못했다는 점을 들어 오히려 반불교적이라는 의견도 있으며, 도교 사상이 바탕에 깔려 있다는 지적도 있다. 『심청전』 속에 이처럼 다양한 요소가 포함되어 있다는 것은 이 소설이 그만큼 다양한 부류의 사람들에게 널리 향유되었음을 의미한다.

효녀 심청의 부활

　몇 년 전 한 방송사에서 심청이 실존 인물이었을지도 모른다는 내용의 역사 다큐멘터리를 내보낸 바 있다. 전남 송광사 박물관에 소장되어 있는 「관음사사적기」가 그 근거로 제시되었다. 이 글에는 삼국시대에 원홍장(元洪莊)이라는 처녀가 중국 사람들에게 팔려 갔으며 중국에서 불상을 만들어 보내 아버지의 눈을 뜨게 했다는 설화가 적혀 있는데, 여기에 등장하는 원홍장이 바로 심청의 실제 모델이라는 것이다. 따라서 심청은 300년경에 살았고 고향은 관음사가 있는 전남 곡성이며, 심청이 빠졌다는 인당수는 변산반도 격포 앞바다의 임수도일 것으로 추정하였다.

　전남 곡성군에서는 심청의 고장이라고 구전되어 오던 이야기를 수집하여 타당성을 분석하고 학술적·역사적 사실을 고증하기 위해 한 대학 연구소에 조사를 의뢰하였다. 연구 팀은 관음사의 역사 기록인 「관음사사적기」를 조사하여 심청을 실존 인물이라 추정하였다. 그 내용이 전파를 타면서 세간의 관심을 끌게 되었고, 곡성군에서는 심청의 캐릭터화 작업을 완료하고 관광 상품 개발에 착수하였다.

　그간에는 백령도가 『심청전』의 무대로 널리 알려져 있었다. 백령도 북쪽에 있는 황해도 황주가 심청의 고향인 황주 도화동이며, 북한 지역인 장산곶 왼쪽의 대간바위 앞이 바로 인당수라는 것이다. 그래서 옹진군은 막대한

예산을 투입하여 1999년 백령도에 심청각을 건립하는 등 이곳을 심청의 고향으로 부각시키기 위해 지금까지 많은 노력을 기울여 왔다. 그러던 차에 심청의 고향에 대한 새로운 설이 제기되었으니, 홍길동의 고향을 두고 전남 장성과 강원 강릉 사이에 벌어졌던 논란이 심청의 고향을 두고 재연되지 않을까 하는 걱정이 벌써부터 앞선다. 문화 관광이 지방 자치 단체의 주요 수입원이 된 지금 어느 쪽도 쉽게 『심청전』의 무대를 포기하려 들지 않을 것이 분명하기 때문이다. 심청이 어느 지역의 효녀 노릇을 하게 될지는 지켜볼 일이다.

『심청전』의 원형 「관음사사적기」

일반인에게는 잘 알려져 있지 않지만 학자들 사이에서는 일찍부터 「관음사사적기」가 『심청전』의 원형으로 주목받아 왔다. 「관음사사적기」의 대략적인 줄거리는 다음과 같다.

충청도 대흥(大興)에 원량(元良)이라는 맹인이 있었다. 그는 일찍 아내를 여의고 딸 홍장(洪莊)과 함께 살았다. 그러던 어느 날 원량이 밖에 나갔다가 마침 홍법사(弘法寺)의 승려 성공(性空)을 만나게 되었는데, 성공은 원량에게 시주해 줄 것을 부탁하였다. 재산이 없는 원량은 결국 딸아이를 시주하였고 그로 인해 홍장은 스님과 함께 집을 떠나게 되었다. 스님과 홍장이 하루는 바닷가에서 쉬고 있는데 갑자기 진(晉)나라의 배가 나타나 세상을 떠

● **황주 읍성 지도** 오랫동안 황해도 황주가 심청의 고향인 황주 도화동으로 알려져 왔으나 최근에는 전남 곡성이라는 설이 새롭게 제기되고 있다. 서울대학교 규장각 소장.

난 황후를 대신하여 황후가 되어 줄 것을 간청하였다. 황후를 잃고 실의에 빠진 진나라 성상의 꿈에 신인(神人)이 나타나 백제 땅에 황후가 될 여인이 있다고 계시하였는데 바로 홍장의 관상이 신인이 예언한 황후의 상이라는 것이었다.

홍장은 진나라 사람들이 가져온 폐백을 스님에게 바치고 중국에 들어가 황후가 되었다. 황후가 된 후에도 백제를 사무치게 그리워하던 홍장은 자신의 원불(願佛)로 조성하여 모시던 관음성중(觀音聖衆)을 석선(石船)에 실어 백제로 보냈다. 옥과(玉果: 지금의 전남 곡성군 옥과면)에 사는 성덕(聖德)이라는 여자가 집을 나섰다가 우연히 그 배를 발견하고는 관음상을 안치할 곳을 찾던 끝에 마땅한 장소를 골라 모시고 성덕산 관음사라 이름 하였다. 한편 홍장의 아버지 원량은 딸과의 이별을 슬퍼하며 눈물을 흘리다가 홀연히 눈을 뜨고 95세까지 명을 누렸다.

홍장이 중국 천자의 황후가 되고 홍장의 아버지 원량이 눈을 뜬다는 대략의 줄거리가 『심청전』과 흡사하여 이 두 이야기는 깊은 관련이 있어 보인다. 하지만 위의 이야기를 역사적 사실과 관련시키는 것은 아무래도 무리가 있다. 이 이야기를 사실로 믿는다면 충청도 대흥에 또 하나의 심청 마을이 조성되어야 할 상황이며, 성덕이라는 여인 또한 새로운 추앙의 대상이 될 듯싶다.

「관음사사적기」는 관음사 창건 당시에 기록된 것이 아니라 1729년(영조 5) 송광사의 백매 선사가 관음사의 장로인 덕한 선사에게서 들은 이야기를 적은 것이다. 따라서 내용을 그대로 믿기는 어렵다. 관음사 승려가 홍장 설화를 이야기한 것을 보면 관음사 창건에 맹인과 그의 딸이 관련되어 있는지도 모를 일이다. 그렇다 하더라도 1,400여 년 동안 구전되어 온 이야기 속에 얼마만큼의 진실이 담겨 있을까 의심하지 않을 수 없다.

사찰은 소원이 이루어지기를 갈구하기 위해 찾는 장소이다. 맹인은 누구보다도 그 소원이 간절한 사람 중 하나이다. 아마도 수많은 맹인들이 불상 앞에서 빛을 보게 해 달라고 기원했을 것이며, 또 맹인의 딸들 역시 아버지를 위해 헌신적인 노력을 기울였을 것이다. 특히 한국의 관음 신앙은 정토 신앙과 함께 일반 서민들에게 깊은 영향을 끼치고 있는데, 그 이유는 관음 신앙이 내세의 신앙으로 확대되어 현실적인 고뇌를 해결해 주는 역할과 아울러 초현세적인 해탈을 도와주는 기능도 하기 때문이다. 그래서 관음 신앙은 평민이나 하층 신분과 밀접한 관련을 맺고 있었으며, 영험한 이야기들이 민간에 전승되었던 것이다. 「관음사사적기」 역시 그러한 영험담의 하나라고 할 수 있다.

그런 점에서 볼 때 심청이 실존 인물인지를 따지고, 나아가 주 활동 무대가 어디인지 거론하는 것은 사실상 무의미한 발상이라고 할 수 있다. 심청은 어느 때, 어느 곳에서나 존재했을 수 있는 인물인 것이다. 『삼국유사』에는 부잣집에서 노역하면서 맹인 어머니를 봉양한 한 여인에 관한 이야기가 실려 있는데, 그녀 역시 또 다른 심청이라고 할 수 있다.

『심청전』이 언제 창작되었는지 정확히 고증할 수는 없지만, 18세기 송만재(宋晩載)의 「관우희」(觀優戱)에 판소리로 공연된 사실이 기록되어 있고, 조수삼(趙秀三, 1762~1849)의 『추재집』(秋齋集) 「기이」(紀異) 편에는 전기수(傳奇叟: 이야기책을 전문적으로 읽어 주던 사람)가 다른 작품들과 함께 『심청전』을 읽었다는 내용이 들어 있다. 또 19세기 후반의 이유원(李裕元)과 이건창(李建昌)의 문집에도 『심청전』을 열람한 사실이 기록되어 있다. 이로 보아 『심청전』은 18세기에 창작되어 19세기에 널리 보급되었던 것으로 추측된다. 따라서 『심청전』에는 그 저본이 되는 설화적 요소와 함께 18세기 당시 조선 사회의 상황이 반영되어 있다고 할 수 있다.

🌙 생업 전선에 뛰어든 맹인들

심청의 아버지 심학규(沈鶴圭)는 황주 도화동에 사는 맹인이었다. 그는 대대로 벼슬을 하던 명망 있는 집안 출신이었으며 십대까지만 해도 정상인이었다. 하지만 점차 가운이 기울어 가난해진 데다 설상가상으로 실명까지 하게 된 심학규는 시골에서 궁벽하게 지냈다. 도와주는 친척도 없고 눈까지 멀고 보니 누구 하나 대접하는 사람이 없었지만, 본래 양반의 후손으로 청렴하고 정직하며 지조와 기개가 고상하여 경솔하게 행동하지 않았기 때문에 동네 사람들의 칭찬을 받고 있었다.

심학규에게는 곽씨 성을 가진 부인이 있었다. 『예서』와 『시경』 중에 본받을 만한 대목은 모르는 것이 없고 제사를 받드는 법이나 손님을 대접하는 법도 잘 안다고 한 것으로 보아 양갓집 규수였음에 틀림이 없다. 곽씨는 앞을 못 보는 남편을 대신하여 살림을 꾸려 나갔다. 삯바느질, 빨래, 길쌈, 음식 만들기, 술 빚기 등 몸을 돌보지 않고 일 년 365일 동안 품을 팔아 집안 제사를 받들고 남편의 시중을 들었다. 심 봉사는 착한 부인을 둔 덕에 아무 일도 하지 않으며 편히 지낼 수 있었다. 심 봉사는 분명 특별한 경우였다. 그러면 조선시대 일반적인 맹인의 처지는 어떠했을까?

어느 시대나 마찬가지이지만 조선시대에도 예외 없이 맹인은 사회적·경제적으로 열악한 처지에 있었다. 앞을 보지 못하니 책을 읽어 과거에 급제하는 것은 애초에 불가능한 일이었다. 물론 논이나 밭을 갈 수도 없었으며 수공업에 종사하기도 쉽지 않았다. 그렇다고 사회 보장 제도가 잘 되어 있어 국가에서 생활을 보장해 주는 것도 아니었다. 굶지 않으려면 무슨 일인가 했어야 할 텐데, 맹인은 어떤 일을 할 수 있었을까?

조선시대에 맹인들이 주로 종사한 생업은 점을 치는 일이었다. 맹인이라고 점을 특별히 더 잘 칠 턱은 없지만, 사람들은 맹인의 경우 사악한 것

―――――● 〈기산풍속도첩〉 중 〈판수독경〉   점복을 주업으로 하는 장님인 판수의 모습이 보인다. 판수가 경문을 외며 병귀(病鬼)를 잡으려 하고 있고, 판수 옆에는 그 집 주인이 신장(神將)대를 잡고 병귀가 대에 오르기를 기다린다. 독일 함부르크 민족학박물관 소장. ⓒ 조흥윤

을 보지 않기 때문에 마음이 깨끗할 것이라는 생각을 갖고 있었다. 잡다한 세상사를 눈으로 접하지 않아 고도의 정신 집중이 가능하며 따라서 그만큼 신통력이 있을 것으로 여겼던 것이다.

　　또 다른 측면에서 맹인들이 점업을 하는 데 절대적으로 유리한 부분이 있었다. 대개 점을 보는 사람은 부녀자들이었는데, 정상인이라면 부녀자와 쉽게 접촉할 수 없지만 맹인은 그런 것에 구애받지 않고 안방을 마음대로 출입할 수 있었기 때문이다. 그런 연유로 일부러 맹인 행세를 하면서 점을 치는 사람도 있었다. 황윤석(黃胤錫, 1729~1791)의 『이재난고』(頤齋亂藁)에는, 어떤 사람이 맹인을 자처하며 재상집을 마음대로 드나들었는데 부인이

심청전　381

담배를 피우다 불똥이 치마에 옮겨 붙자 불이 났다고 소리치는 바람에 들통이 나 쫓겨났다는 이야기가 실려 있다.

유교 사회인 조선에서 점치는 일은 물론 천한 일에 속하였다. 하지만 점을 치는 일은 공급보다 수요가 많았으므로 잘만 하면 적지 않은 재산을 모을 수 있었다. 그 때문에 총명한 맹인들은 음양학(陰陽學)을 익혀 다른 사람들의 점을 쳐 주며 생계를 꾸려 나갔다.

맹인의 신통력은 때로 국가의 이용 대상이 되기도 하였다. 주로 큰 가뭄이 들어 기우제를 지내야 할 때 무당, 스님과 함께 맹인들을 모아 하늘에 기우하도록 하였다. 서울 정동에 있던 명통시(明通寺)는 맹인들이 모여 비를 내려 주기를 빌던 곳이다. 정부에서는 음양과(陰陽科: 조선시대 잡과의 하나) 안에 명과학(命課學: 길흉화복을 점치는 학문)을 설치하고 맹인을 시험하여 관직을 주기도 하였다. 그러나 주술을 행하는 것에 대한 비판도 만만치 않아 맹인을 동원해 기우하는 일은 결국 효종 때 폐지되기에 이르렀다. 그래도 기우 행위가 완전히 없어진 것은 아니어서 심한 가뭄이 들었을 경우에는 간혹 맹인을 다시 부르곤 했다.

조선시대에는 점술로 이름을 떨친 맹인이 적지 않았다. 지화(池和)라는 맹인은 젊어서부터 길흉을 잘 점치는 것으로 소문이 나서 태종 때부터 궁중에 출입하였는데 궁중의 관료들도 감히 똑바로 보지 못할 정도로 위세가 등등했다. 태종대의 맹인 승려 유담(柳湛) 또한 점을 잘 쳤는데, 비록 주위의 반대로 실패하긴 하였지만 태종은 그를 검교 호조 전서(檢校戶曹典書)에 제수하고자 하였다. 경상도 하양 땅에 살던 맹인 김학루(金鶴樓)는 『명경수』(明鏡數)로 점을 쳤는데, 사람의 수요화복(壽夭禍福)을 정확히 알아맞히는 것으로 유명해 세종이 직접 불러 본 후 집을 하사한 일도 있었다.

이름을 떨치지는 못했더라도 귀신같은 점술을 부렸던 맹인 점쟁이는 심심치 않게 있었다. 오희문(吳希文, 1539~1613)이라는 양반은 자신의 앞

날이 궁금했던지 삼십대 말에 맹인 김자순(金自順)이라는 사람을 불러 점을 치게 하였다. 54세 때인 임진년(1592)에 큰 횡액을 만나고 그것만 잘 피하면 70이 넘게 살겠다는 점괘가 나오자 오희문은 그냥 흘려듣지 않았다. 그런데 신기하게도 임진년부터 그에게 액운의 그림자가 짙게 드리워졌다. 1591년 11월 전라도 지방으로 여행을 떠났다가 1592년 정월에 중병에 걸려 목숨이 위태로운 지경에까지 이르렀으며, 4월에는 임진왜란을 만나 피난 생활을 하게 된 것이다. 오희문은 김자순의 점괘를 떠올리면서 과연 헛된 말이 아니었다며 감탄하였다. 오희문은 죽을 고비를 넘긴 후 75세까지 살았으니 그야말로 기막힌 점괘가 아닐 수 없다.

이이첨(李爾瞻, 1560~1623)은 광해군대의 최고 권력자였는데 워낙 정치적 상황이 복잡했던 때라 그의 아들들이 한 맹인을 불러 점을 쳤다. 그런데 그 맹인 점쟁이가 "계해년(1623) 3월이 반드시 흉하다"고 대답하자 노하여 옷과 갓을 찢으며 구타하여 유혈이 낭자하게 만든 후 내쫓아 버렸다. 하지만 점괘대로 1623년 3월 인조반정이 일어나자 이이첨은 반군에게 체포되어 처형당하고 말았다. 역시 신기한 점괘다.

이렇게 점술로 유명한 맹인이 많았기 때문에 이수광은 『지봉유설』에서 조선이 자랑할 만한 것 가운데 하나로 맹인의 점술을 들기도 하였다.

맹인은 그 신통력 때문에 뜻하지 않게 역모에 연루되는 경우도 적지 않았다. 역모를 꾸미는 자들이 세력을 규합하기 위해 맹인 점술가를 끌어들이는 경우가 많았기 때문이다. 세조는 역모를 꾸몄다는 이유로 안평 대군을 제거할 때, 맹인 점술가 지화에게 안평 대군이 왕이 될 운세를 타고났다고 부추겼다는 죄를 뒤집어씌웠다. 정조대에 모반을 주도했다는 이유로 체포된 장지항(張志恒)의 경우에도 맹인 점술가와 긴밀한 관계를 맺었다는 사실이 심문 과정에서 드러났다.

한편 악기 연주도 맹인들이 담당한 주요한 업(業) 가운데 하나였다.

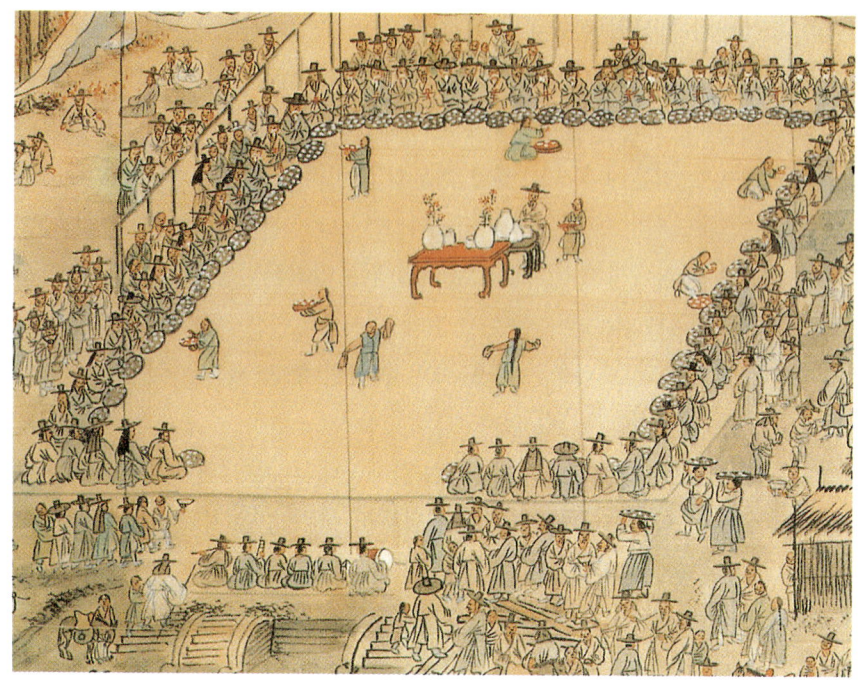

● 김홍도의 〈기로세련계도〉(부분) 1804년 개성의 노인 64명이 송악산 아래에 있는 만월대에서 계회를 벌이고 있는 모습이다. 맹인들은 이런 잔치 등에 불려 다니며 악기를 연주하였다. 개인 소장.

 고대에도 제왕들이 맹인에게 음악을 담당토록 했다고 하는데, 조선시대 맹인들 중에도 악기 다루는 일에 종사한 이들이 많았다. 악기를 다루기 위해서는 오랜 시간 연마해야 했기 때문에 젊은 맹인은 기피하는 경우가 많고 주로 나이가 찬 맹인이 활동하였다. 이들은 사대부의 잔치 등에 불려 다니며 비파나 거문고를 연주하기도 했다.
 어떤 맹인들은 관습도감(慣習都鑑: 조선시대에 음악을 맡아본 관청)에 소속되어 악공으로 복무하기도 하였는데, 세종대 박연(朴堧, 1378~1458)은 이들에게 관직을 제수하여 음악 활동을 독려하도록 건의하였다. 남성에 비해 활동 폭은 좁았지만 여성 맹인들의 경우 가무업에 종사하였다.

　　이처럼 조선시대 맹인들은 힘들기는 했지만 나름대로 삶을 개척하며 살아갔다. 그런 점에서 심 봉사는 후천적인 실명이라는 점을 감안해도 부인에게 의지해 살아가는 나약한 인물이었다고 할 수 있다. 그런 심 봉사였기에 부인이 세상을 떠나자 할 수 있는 일이라고는 동냥밖에 없었다.

❆ 장애인을 위한 조선시대의 다양한 사회 보장 제도

　　부인과 금슬 좋게 살아가던 심 봉사에게는 한 가지 바람이 있었는데 그것은 아이를 갖는 것이었다. 그래서 심 봉사는 명산대천에 치성을 드리도록 부인에게 당부하였다. 부인의 치성 덕에 부부는 마침내 심청을 갖게 되었지만, 불행히도 아이를 낳은 뒤 부인이 시름시름 앓더니 결국 세상을 떠나고 말았다. 만사를 부인에게 의지해 살아가던 심 봉사에게는 그야말로 청천벽력 같은 일이 아닐 수 없었다.

　　다른 맹인들과 달리 아무런 생활 능력이 없는 데다 젖먹이까지 딸렸으니 살아 나갈 일이 그야말로 막막하였다. "얼어서도 죽을 테요 굶어서도 죽을 것이니 나와 함께 갑시다"라는 심 봉사의 통곡에는 미래에 대한 절망감이 그대로 배어 있다. 하지만 심 봉사는 얼어 죽지도 않았고 굶어 죽지도 않았다. 도대체 심 봉사는 그 힘든 시간을 어떻게 버텨 낼 수 있었던 것일까?

　　소설 속에서 심 봉사는 동냥젖으로 심청을 키우며 구걸로 연명한 것으로 나타난다. 여기에서 하나 궁금한 것이 있는데 그것은 바로 조선시대의 사회 보장 제도이다. 생활이 불가능한 장애인들을 정부는 아무런 조치도 취하지 않고 그대로 방치하였을까?

결론부터 말하면 조선시대에도 비록 불충분하지만 나름의 사회 보장 제도가 있었다. 생산력이 낮았던 시대에 무엇보다도 심각한 문제는 기근이었다. 이 때문에 정부에서는 굶주리는 백성을 보호하는 데 각별한 주의를 기울여, 춘궁기에 먹을 것이 없는 사람들에게 환곡을 나누어 주었으며 무료 급식을 시행하기도 하였다. 또 가난하여 장사(葬事)를 지낼 수 없는 사람을 2년에 한 번씩 조사하여 도와주고, 버려진 아이는 7세가 될 때까지 일정한 장소에서 보호하도록 법제화하고 있었다. 생활 능력이 약한 맹인 역시 주요한 구휼 대상이었다.

한양의 경우 춘궁기가 되면 굶는 사람들을 동·서 활인원(活人院)에 수용하여 구제했는데 맹인은 다른 사람들보다 더 오래 그곳에 머무를 수 있도록 배려하였다. 또 국왕은 수시로 맹인들에게 쌀을 내리도록 명하였으며, 맹인들이 집단적으로 궁핍함을 호소하여 혜택을 받은 경우도 적지 않았다. 태종이 개성에 행차했을 당시 맹인 20여 명이 나타나 어려움을 호소하자 쌀 한 섬씩을 내려 주도록 한 일이 있었고, 세종이 개성에 행차했을 때에도 맹인 114명이 수레 앞에 나와 어려움을 고하자 쌀 40섬을 나눠 주었다.

세종대에는 혼자 살던 여자 맹인 29인이 환곡을 갚을 수 없으니 대신 돈으로 바치게 해 달라고 호소하자 소원을 들어주도록 지시한 바 있다. 또 1423년(세종 5)에는 박전(朴甸)의 건의로 맹인들에게 거두던 세금을 혁파하는 조치를 취하였다.

맹인은 범죄에 연루된 경우 장애인이라는 이유로 정상이 참작되어 감형을 받는 일도 있었다. 세종대에 함경도 홍원에 살던 맹인 김성길(金成吉)은 살인을 저질러 당연히 사형에 처해져야 했지만 장애인이라 하여 사형을 감면받았다. 역시 세종대 경상도 영천에 살던 맹인 김고음룡(金古音龍)이 요사한 말을 꾸며 사람들을 현혹한 죄로 체포되었을 때에도 유배 보내는 선에서 사건을 마무리하였다.

◆ 〈홍화문사미도〉 1795년(정조 19). 정조는 현륭원에 행차하는 것을 기념하여 홍화문 앞에서 빈한한 이들에게 쌀을 나누어 주었다. 『원행을묘정리의궤』 중. 서울대학교 규장각 소장.

심 봉사도 정부에서 시행하던 이러한 구휼 정책의 혜택을 받을 수 있었을 것이다. 시기만 잘 맞았다면 정부의 도움으로 부인의 장례를 치를 수도 있었을 것이며, 기근이 심할 때는 정부의 급식을 받을 수도 있었다. 또 도저히 기를 자신이 없어 심청을 버렸다고 해도 심청은 쉽게 굶어 죽지 않았을지 모른다.

하지만 이러한 혜택에 의지해 살아간다는 것은 현실적으로 거의 불가능한 일이었다. 무료 급식은 대개 기근이 심할 때 한시적으로 시행되었으며, 설사 급식이 항상 시행된다 해도 맹인이 제 발로 활인원에 찾아가 숙식을 해결한다는 것은 매우 어려운 일이었다. 심청이 버려질 경우 당장 굶어 죽지는 않는다고 해도 7세가 넘으면 아무런 보호를 받을 수 없었으므로 그 후에는 다른 사람에게 자신의 몸을 맡길 수밖에 없었다. 정부의 조치만 믿고 있다가는 심 봉사는 굶어 죽고 심청은 평생 노비로 살아갈 수밖에 다른 도리가 없는 것이다.

정부로부터 최소한의 혜택밖에 받지 못했을 심 봉사의 삶을 지탱해 준 것은 마을 공동체였다. 곽씨 부인이 세상을 떠났을 때 가난한 집안의 초상이었지만 동네가 힘을 모아 정성껏 차려 매우 현란했다고 적혀 있다. 전통 시대의 사람들은 신앙적 혹은 경제적 활동을 수행하는 과정에서 일찍부터 공동체 조직을 형성하고 있었으며, 그러한 조직 안에서의 활동을 통해 정신적 유대감을 강화하면서 사회적 결속을 다져 나갔다. 우리가 잘 알고 있는 계는 그 대표적인 조직이었다.

농민들은 농사에 관련된 일을 공동으로 수행하기 위해 농계(農契)·농구계(農具契)·우마계(牛馬契) 등을 조직하였으며, 상례를 치르기 위해 상계(喪契)·상여계(喪輿契) 등을 결성하였다. 계가 얼마나 활성화되어 있었는지는 "우리나라의 풍속이 도성에서 시골구석에 이르기까지 모두 마을의 계 모임이 있어 사사로이 약속을 맺고 서로 검칙 규제한다"는 1573년(선조 6) 좌의정 박순(朴淳)의 언급으로도 확인할 수 있다. 심 봉사 부인의 상례에도 그러한 계 조직이 이용되었을 것이다.

또 마을 사람들의 순박한 인심은 불쌍한 심청의 처지를 외면하지 않았다. 상례가 끝난 후 배가 고파 자지러지게 울어 대는 심청을 끌어안고 동냥젖을 먹이러 돌아다녔을 때 문전박대한 집은 한 군데도 없었다. 오히려 아낙네들은 어렵게 생각하지 말고 언제든지 찾아오도록 당부까지 하였다. 조선시대 최고의 사회 보장 제도는 마을 그 자체였던 셈이다.

심청이 살아나지 못했다면 심 봉사의 운명은?

현실성을 유지하던 『심청전』의 내용은 심청이 인당수에 빠진 순간부터 환상과 상상의 세계로 치닫는다. 옥황상제는 사해용왕에게 하늘이 낸 효녀 심청이가 물에 빠질 것이니 기다렸다가 구해 다시 인간 세계로 돌려보낼 것을 명하고, 용왕들은 한 치의 실수도 없이 심청을 구해 낸다. 심청은 용궁에서 꿈에도 그리던 어머니를 만날 수 있었으며 인간 세계로 돌아와서는 천자의 부인, 즉 황후가 된다. 황후가 되었지만 한시도 아버지를 잊을 수 없었던 심청은 불쌍한 맹인들을 위한 잔치를 열게 해 달라고 황제에게 부탁하여 잔치를 열고, 그 잔치에서 심 봉사를 만난다. 자신의 욕심 때문에 딸을 사지로 보낸 죄책감과 그리움으로 한숨의 나날을 보내던 심 봉사는 잔치 자리에서 딸의 목소리를 듣고는 마침내 번쩍 눈을 뜨게 된다. 황당한 내용이기는 하지만 『심청전』의 클라이맥스 부분이다.

그런데 만약 심청이 인당수에 빠진 뒤 살아 나오지 못했다면 『심청전』의 이야기는 어떻게 달라졌을까?

철저한 유교 사회인 조선에서 가장 중요시되던 덕목은 충과 효였다. 충과 효는 국가를 지탱하는 이념으로 인식되어, 세종대에는 중국과 우리나라의 역대 문헌에서 행실이 뛰어난 인물들의 이야기를 모은 『삼강행실도』(三綱行實圖)라는 책을 간행하여 백성들을 교육시키도록 하였다. 정조대에도 『오륜행실도』(五倫行實圖)를 언문으로 출판하여 보급하는 등 충·효 이념을 뿌리내리기 위해 각별한 노력을 기울였다.

또한 충신과 효자에 대해서는 정부에서 대대적으로 표창하였다. 지방의 충신이나 효녀를 찾아내는 일은 지방관의 몫이었다. 특이한 효녀가 있으면 수령은 관찰사에게 보고하고, 관찰사가 이를 다시 예조에 알리면 예조에서 그에 합당한 시상을 임금에게 건의하였다. 주요한 시상 내역은 쌀을 비롯한 물건을 내린다거나, 역(役)을 면제해 준다거나, 벼슬을 내린다거나 정려(旌閭)한다거나 하는 등이었다.

정부의 이런 정책 때문인지 조선시대에는 특이한 효녀들이 많이 배출되었다. 무시무시한 호랑이의 공격으로부터 부모를 지키기 위해 몸을 던진 효녀가 한둘이 아니었다. 어머니를 물고 가는 호랑이를 끝까지 잡고 늘어져

● **열녀 추증 문서** 조선시대 정부는 충신, 열녀, 효자에 대해 대대적인 표창을 하였으므로 심청이 다시 살아나지 못했다 하더라도 심 봉사는 국가의 충분한 지원을 받았을 것이다. 사진은 「유씨부인열녀포증요청소지」, 대전 선비박물관 소장.

마침내 어머니를 살린 지윤분(池允分)이나, 호랑이가 어머니를 물어뜯자 어미를 끌어안고 고함을 질러 시신을 보존한 수양대(首陽臺)가 그 대표적인 경우이다.

또 부모를 살리기 위해 자신의 신체 일부를 아낌없이 절단하는 일도 드물지 않았다. 세종 때 평안도에 살던 손면시(孫面時)는 미친병에 산 사람 고기가 특효라는 말을 듣고 어머니를 구하기 위해 기꺼이 자신의 손가락을 잘랐으며, 함경도의 노비 연이(連伊) 역시 아버지를 구하기 위해 손가락을 잘랐다.

이들은 지금의 우리들로서는 감히 상상하기도 힘든 효녀지만, 효성의 강도로 본다면 심청에게 미치지 못한다. 심청은 자신의 목숨을 희생했기 때문이다. 만약 심청이 옥황상제의 도움을 받지 않고 그대로 하늘나라로 가 버렸다면 그녀에게 대대적인 표창이 내려졌을 것임은 미루어 짐작하기 어렵지 않다.

  심청의 행적은 즉각 관찰사를 통해 중앙 정부에 보고되어 우선 집 앞에 효녀 집안임을 상징하는 붉은 칠을 한 정문(旌門)이 세워지게 된다. 그리고 혼자 남겨진 심 봉사를 위해 일체의 세금을 면제해 주고 상당량의 물품을 지원했을 것이다. 심 봉사가 생활 능력이 없는 장애인이므로 매년 그의 생활을 돌보아 주는 특별한 조치도 고려되었을 것이다. 심청이 살아나지 못했다면, 비록 눈을 뜨지는 못했겠지만 심 봉사는 그리 구차한 삶을 살지는 않았을 것이다.

신묘한 맹인 점술가 이광의와 허균

『홍길동전』을 지은 허균의 문집에는 점술로 유명한 이광의(李光義)라는 맹인 점쟁이가 소개되어 있다. 이광의는 본래 사족 출신으로 충의위(忠義衛)의 6품 관직에 있던 인물인데, 어느 날 눈병이 나서 시력을 잃고 말았다. 그래서 결국 관직을 버리고 그때부터 음양학을 공부하였다.

그런데 점치는 기술이 매우 신이(神異)하여 점을 쳤다 하면 모두 들어맞았다고 한다. 임진왜란 중에는 강원도 이천에서 병화(兵火)를 피하였는데, 번번이 왜적이 쳐들어올지 여부를 미리 점쳐 사람들을 인솔하였다. 그 때문에 목숨을 구한 자가 매우 많았으며 사람들은 이광의를 신(神)이라고 불렀다. 그는 평안도 중화(中和)에 있던 자신의 집 이름을 '탐원와'(探元窩)라고 했는데, 이는 '근원을 탐색하여 군생(群生)을 교화한다'(探元化群生)는 말에서 따온 것이었다. 점치는 음양학을 근원으로 생각하고 그를 통해 사람들을 구원한다는 뜻이 담겨 있다.

허균은 원래 점술을 좋아하지 않는 편이어서 일찍이 이광의를 여러 번 만났지만 한 번도 자신의 점괘를 물어보지 않았다. 그러다 언젠가 중화에 여행을 갔다가 이광의와 함께 잠을 자게 되었는데 이때 자신의 운명이 어떤지 물어보았다. 이광의는 "당신의 목숨은 마땅히 연장될 것이고 지위도 마땅히 높아질 것입니다. 그러나 내년 여름에는 황해도 좌막(佐幕)이 될 것이니, 나는 마땅히 황강(黃岡)으로 그대를 찾아가겠습니다"라고 대답하였다.

그런데 그 다음 해 허균은 정말 황해도 지방의 좌막이 되었으며, 황강에 도착한 지 며칠 후 이광의가 찾아와 "내 말이 맞습니까?"라고 물었다. 허균은 하도 신기하

●「성소부부고」(惺所覆瓿藁) 1611년에 허균이 유배지에서 자신이 평생 지은 글들을 다양한 문체로 나누어 엮은 문집이다. 이 문집의 권7 「탐원와기」에는 이광의에 관한 내용이 실려 있다. 연세대학교 중앙도서관 소장.

여 "아, 세상 사람들이 점술을 믿고 점치기를 즐기는 것은 모두 이렇게 해서 걸려드는 것이구려" 하고 말했다. 그러자 이광의는 아무 해는 길하고 아무 해는 흉하며, 아무아무 해는 감사가 되고 경이(卿貳: 좌찬성과 우찬성)가 된다고 술술 이야기하는 것이었다. 그 이야기를 들은 허균은 "내 앞길은 내가 익히 알고 있소. 나는 하늘에 맡기고 명에 맡기는 사람이오. 하늘과 운명이 내게 부여한 것은 비록 그대가 예언하지 않더라도 나는 이를 향유할 수 있소"라고 하였다.

중요한 것은 예언이 아니라 삶 그 자체라는 의미 있는 말이다. 현실 개혁과 체제 변혁을 꿈꾸다 역적으로 몰려 최후를 맞은 허균에게 예언 따위는 아무짝에도 쓸모없는 거추장스러운 것이었는지도 모르겠다.

참고 문헌

연대기 · 법전

『경국대전』(經國大典)
『대명률』(大明律)
『대전통편』(大典通編)
『대전회통』(大典會通)
『속대전』(續大典)
『승정원일기』(承政院日記)
『일성록』(日省錄)
『조선왕조실록』(朝鮮王朝實錄)

사전 · 도록

『고법전용어집』, 법제처, 1979
『규장각 명품도록』, 서울대학교 규장각, 2000
『민족생활어사전』, 이훈종, 한길사, 1993
『한국민족문화대백과사전』, 한국정신문화연구원, 1991
『한국인명자호사전』, 이두희 등 편, 계명문화사, 1988
『한국한자어사전』, 단국대학교 출판부, 1996

문집

『공사견문록』(公私見聞錄), 정재륜(鄭載崙)
『과정록』(過庭錄), 박종채(朴宗采)
『단암만록』(丹巖漫錄), 민진원(閔鎭遠)
『대동기문』(大東奇聞), 강효석(姜斅錫)
『대동야승』(大東野乘)
『매월당집』(梅月堂集), 김시습(金時習)
『매천야록』(梅泉野錄), 황현(黃玹)
『오하기문』(梧下記聞), 황현
『삼국유사』(三國遺事), 일연(一然)
『삼봉집』(三峰集), 정도전(鄭道傳)
『성소부부고』(惺所覆瓿藁), 허균(許筠)
『성호사설』(星湖僿說), 이익(李瀷)
『쇄미록』(瑣尾錄), 오희문(吳希文)
『어우야담』(於于野談), 유몽인(柳夢寅)
『연려실기술』(燃藜室記述), 이긍익(李肯翊)
『연암집』(燕巖集), 박지원(朴趾源)
『열하일기』(熱河日記), 박지원
『이재난고』(頤齋亂藁), 황윤석(黃胤錫)
『지봉유설』(芝峯類說), 이수광(李睟光)
『청장관전서』(靑莊館全書), 이덕무(李德懋)

『한경지략』(漢京識略), 유본예(柳本藝)

지도
『1872년 군현지도』
『대동여지도』
『해동지도』

단행본 · 논문
강명관, 『조선의 뒷골목 풍경』, 푸른역사, 2003
강효백, 『협객의 칼 끝에 천하가 춤춘다』, 한길사, 1995
고동환, 『조선 후기 서울 상업발달사 연구』, 지식산업사, 1998
권두환, 「배비장전 연구」, 『한국학보』 17, 일지사, 1979
김구, 『백범일지』, 돌베개, 1997
김기동, 「채봉감별곡의 비교문학적 고찰」, 한국동방문학비교연구회, 1985
노명흠 편, 김동욱 역, 『국역 동패락송』, 아세아문화사, 1996
김명호, 『열하일기 연구』, 창작과비평사, 1990
김명환 외, 『한국대표고전소설』, 빛샘, 1998
김상태, 「지역감정은 언제부터」, 『우리는 지난 100년 동안 어떻게 살았을까』 2, 역사비평사, 1998
김영상, 『서울 6백년』, 태학당, 1996
김용숙, 『조선조 여류문학의 연구』, 숙명여자대학교 출판부, 1978
김용숙, 『조선조 궁중풍속 연구』, 일조각, 1987
김용숙, 『한중록 연구』, 정음사, 1987
남동신, 「불교의 사회관과 국가관」, 『한국사상사의 과학적 이해를 위하여』, 한국역사연구회, 청년사, 1997
민영대, 『계축일기 연구』, 한남대학교 출판부, 1990
박광용, 『영조와 정조의 나라』, 푸른역사, 1998
박병호, 『한국의 전통사회와 법』, 서울대학교 출판부, 1985
박종채 저, 박희병 역, 『나의 아버지 박지원』, 돌베개, 1998
박희병, 『한국 고전인물전 연구』, 한길사, 1992
성현경, 『이고본 춘향전』, 열림원, 2001
손찬식, 『조선조 도가의 시문학 연구』, 국학자료원, 1995
신병주, 『66세의 영조, 15세 신부를 맞이하다』, 효형출판, 2001
신병주, 『남명학파와 화담학파 연구』, 일지사, 2000
신병주, 『하룻밤에 읽는 조선사』, 랜덤하우스 중앙, 2003
심경호, 『김시습 평전』, 돌베개, 2003
심재우, 「조선 후기 인명사건의 처리와 '검안'」, 『역사와현실』 23, 한국역사연구회, 1997
안길정, 『관아 이야기』 1·2, 사계절, 2000
오수창, 『조선 후기 평안도 사회발전 연구』, 일조각, 2002
유봉학, 『연암일파 북학사상 연구』, 일지사, 1995
유봉학, 『정조대왕의 꿈』, 신구문화사, 2001
윤병로 편, 『한국 대표 고전소설선』 상·하, 미래문화사, 1995
이가원, 『이조 한문소설선』, 교학사, 1984
이덕일, 『당쟁으로 보는 조선 역사』, 석필,

1997
이복규, 『설공찬전―주석과 관련 자료』, 시인사, 1997
이상택·성현경 편, 『한국 고전소설 연구』, 새문사, 1983
이성무, 『조선시대 당쟁사』 1·2, 동방미디어, 2000
이승복, 『고전소설과 가문의식』, 월인, 2000
이우성, 『한국의 역사상』, 창작과비평사, 1982
이욱, 「허생전과 조선 후기 상업의 발달」, 『역사비평』 2001 겨울, 역사비평사, 2001
이이화, 『역사풍속기행』, 역사비평사, 1999
이이화, 『허균의 생각』, 여강, 1991
이재선, 『한국 단편소설 연구』, 일조각, 1975
이재창, 「임진록에 나타난 민중의식 연구」, 목포대학교 석사 학위 논문, 1993
이종호, 『매월당 김시습』, 일지사, 1999
장덕순 외, 『한국문학사의 쟁점』, 집문당, 1986
장병인, 『조선 전기 혼인제와 성차별』, 일지사, 1997
장양수, 『한국 의적소설사』, 문예출판사, 1991
전재경, 『복수와 형벌의 사회사』, 웅진출판, 1996
정연식, 『일상으로 본 조선시대 이야기』 1, 청년사, 2001
정옥자, 『조선 후기 문학사상사』, 서울대학교 출판부, 1990
정옥자, 『조선 후기 문화운동사』, 일조각, 1990
정옥자, 『조선 후기 역사의 이해』, 일지사, 1993
조광국, 『기녀담·기녀 등장 소설 연구』, 월인, 2000
조동일, 『한국문학통사』 3, 지식산업사, 1984

최기성, 「19세기 후반 고부의 폐정 실태」, 『전라문화논총』 7, 전북대학교 전라문화연구소, 1994
최문정, 『임진록 연구』, 박이정, 2001
최봉영, 「임오화변과 영조말·정조초의 정치세력」, 『조선 후기 당쟁의 종합적 검토』, 한국정신문화연구원, 1992
최완수, 『겸재 정선 진경산수화』, 범우사, 1993
최완수 외, 『우리 문화의 황금기 진경시대』 1·2, 돌베개, 1998
최윤오, 「흥부전과 조선 후기 농민층 분화」, 『역사비평』 2001 겨울, 역사비평사, 2001
한국고문서학회 편, 『조선시대 생활사』 1·2, 역사비평사, 1996·2000
한국역사연구회, 『모반의 역사』, 세종서적, 2001
한국역사연구회, 『조선시대 사람들은 어떻게 살았을까』 1·2, 청년사, 1996
한명기, 『광해군』, 역사비평사, 2000
한명기, 『임진왜란과 한중 관계』, 역사비평사, 1999
한영우, 『다시 찾는 우리 역사』, 경세원, 1997
한영우, 『조선 후기 사학사 연구』, 일지사, 1989
한우근, 『유교 정치와 불교』, 일조각, 1993
허경진, 『허균 평전』, 돌베개, 2002
홍순민, 『우리 궁궐 이야기』, 청년사, 1999
황윤실, 「채봉감별곡 연구」, 한국언어문화학회, 1994
황패강, 『조선 왕조 소설 연구』, 단국대학교 출판부, 1978
KBS 역사 스페셜 팀, 『역사 스페셜』 1~4, 효형출판, 2001